【作者简介】

朱葵菊

女，1940年生，辽宁沈阳人。曾任中国新闻学院副教授，中华朱子学会理事，武夷山国际兰亭学院客座教授。1964年毕业于辽宁大学哲学系，1982年至1984年于中国社会科学院研究生院学习。曾在沈阳鲁迅美术学院、辽宁省社会科学院从事教学和科研工作，主要致力于中国哲学史的研究。主要著作有《中国传统哲学》、《论人·人性》（合著）、《中国历史上的人性论》（合著），发表学术论文三十余篇。

·湖北省社会公益出版专项资金资助项目·

中国思想通史

【清代卷】

朱葵菊 著

图书在版编目(CIP)数据

中国思想通史.清代卷/朱葵菊著.—武汉:武汉大学出版社,2011.7
ISBN 978-7-307-08462-9

Ⅰ.中… Ⅱ.朱… Ⅲ.思想史—中国—清代 Ⅳ.B2

中国版本图书馆 CIP 数据核字(2011)第 000992 号

责任编辑:朱凌云　　责任校对:黄添生　　版式设计:马　佳

出版发行:**武汉大学出版社**　(430072 武昌 珞珈山)
(电子邮件:cbs22@whu.edu.cn 网址:www.wdp.com.cn)
印刷:武汉中远印务有限公司
开本:720×1000 1/16 印张:27 字数:387 千字 插页:4
版次:2011 年 7 月第 1 版 2011 年 7 月第 1 次印刷
ISBN 978-7-307-08462-9/B · 295 定价:59.00 元

总　序

姜国柱

中国是世界文明古国之一，中华民族是世界上最古老的民族之一。在中国五千年的历史发展过程中，中华民族虽历经磨难，屡遭变乱，但终能由乱返治，使民族命脉繁衍不绝，生生不息，并创造了光辉灿烂的思想文化，为人类思想文化的发展作出了巨大历史贡献。这些优秀而丰富的思想文化遗产，不仅是中华民族聪明智慧的结晶，而且是人类思想文化宝库中的珍品。

中国哲学思想是一个不断发展，前后相承的连续体，它有艰苦探索的昨天，才有辉煌发展的今天，更有朝气蓬勃的明天。在中国思想发展的悠久历史中，向世人展示出它是：源远流长，绵延不断，思想纷繁，内容丰富，博大精深，影响深广的人类思想瑰宝。

中国历史思想的发展，与整个人类思想的发展一样，充满了矛盾，经历着曲折，它依赖于不同社会发展的历史阶段。社会发展的阶段性而呈现出思想起落的阶段性，由殷周时代先民思想的萌芽和初期宗教观念的产生，春秋战国时代诸子百家争鸣局面的形成，汉代经学的出现，魏晋玄学的滥觞，南北朝佛学与反佛学斗争的展开，隋唐时代思想的发展，宋明理学的创立，清代经世致用之学的深化，无一不呈现出哲学思想发展的阶段性及其对社会经济发展的依赖性，同时又呈现出哲学思想发展的相对独立性和思想的继承性。每个阶段思想的发展，都有其完整的发展过程，从观点的提出，矛盾的展开，范畴的演化，讨论的深入，到观点的论证，问题的解决，思想的总结，都有一个相对独立的逻辑发展过程。在这个发展过程中，由于客观矛盾的发展和主观认识能力的深化，思想认识发展经历着曲折和反复，肯定和否定，由低到高，由浅人深，而形成螺旋式的发展，波浪式的前进。这便是人类思想认识发展的共同规律，中国思想史的发展亦是如此。

在丰富多彩、纷繁宏大的中国思想发展史中，我们可以看到，它虽然经历着漫长而曲折的历史发展过程，但却不是“周而复始”的简单循环，也不是万古一系的圣学道统的简单流年，而是源远流长的中华民族的思想智慧的光辉结晶和人类认识真理的光辉记录。我们不论总观几千年中国思想发展的历史长河中的各种思潮的历史发展，还是具体分析一个思想家思想发展的具体表现，都可以看出中国思想史上的若干认识的曲折性和波浪性，它充分地显示了中国思想发展的阶段性和内容的丰富性。

中国思想发轫之初，与其他地域的思想，虽有相似之处，但因社会经济、政治、自然环境诸条件之异，经过历代哲人智士的创造发明、增益充实，而形成了中华民族独具特色，优异于其他民族的思想文化。中华民族善于吸取和消融外来思想文化，从不照搬照抄，而是经过加工、改造，使之中国化。外来思想文化到了中国，如不改变成为中国的模式，就无法立足、存在，因为我华夏思想文化有着悠久的历史，深厚的经济、政治根基，形成了自己独特的民族性格和完整的思想体系。中国思想史不仅是国内各民族思想文化交流、融合的结晶，而且也吸取、改造外来的思想文化来丰富、充实自己体系的内容，如汉魏以后吸收和消融了佛教的思想，宋代理学以儒家思想为基础，吸取佛、道二家思想，将儒、佛、道三家思想融为一体，而构筑成最完备而严密的理学思想体系。中国思想史在构成东方世界文明及对世界思想文化的发展作出了巨大的历史贡献。

中国历史上出现了许许多多伟大的哲学家、思想家和博学者，如春秋时期的老子、孔子、孙子；战国时期的墨子、孟子、庄子、荀子、韩非子；汉代以后的董仲舒、王充、王弼、向秀、郭象、范缜、王通、韩愈、柳宗元、刘禹锡、玄奘、惠能、李觏、邵雍、周敦颐、司马光、张载、王安石、程颢、程颐、朱熹、张栻、吕祖谦、陆九渊、陈亮、叶适、陈献章、王守仁、罗钦顺、王廷相、吴廷翰、李贽、黄宗羲、顾炎武、王夫之、方以智、颜元、戴震等。其人物之多，思想造诣之精微，理论体系之博大，思维程度之严密，都是外国中世纪思想家所无法比拟的，是世界思想史上所仅见的。只是到了明朝中期以后，由于封建社会步入了后期，封建统治者的思想禁锢，以及传统思想的某些消极作用的限制，而使中国仍停滞于封建社会，此时西方已进入了资本主义的时代，这样中国便渐渐地落后了。尤其是清朝统治者的反动统治，使中国这个伟大的文明古国成为时代的落伍者，处于被动挨打的境地。即使这样，中国清代也出现了龚自珍、魏源、严复、康有为、谭嗣同、章炳麟、梁启超、孙中山等思想家，他们首开风气，打破"万马齐喑"的局面，而向西方寻求救国救民的真理，成为先进的中国人。

中国思想的发展，贯通古今数千年，对于这样恢弘巨大、内容丰富的思想发展史，要进行全面的历史的分析论述，是一件极为艰难的事业，并近于不大可能。我们只能根据充分的历史资料，本着实事求是的态度，遵循思想家所走过的轨迹，而进行探索研究、分析论述。

这部《中国思想通史》，依据历代思想发展、演变、思潮起伏、内容繁简而分为六卷。以华夏民族的思想认识为开端，论证中华民族思想的产生、形成、发展的历史演进的逻辑过程，以先秦时期为第一卷。汉承秦制，从社会政治到经济体制都是一脉相承，秦汉时代的思想，是为封建大一统的政治集权制立论的，故以秦汉时期为第二卷。魏晋隋唐时期，佛教传入、发展，道教建立、兴盛，儒学玄学化，儒、释、道三教，互争雄长，彼此攻讦，互相吸取，宗教思想颇为发展，故以魏晋隋唐时期为第三卷。宋元时期，理学创立，并形成理论严密、博大精深的思想体系，故以宋元时期为第四卷。明代，理学进一步发展、完善，反理学思想亦进一步形成、发展，理学与反理学思想都在论争中深化、展开，加之明代思想研究专著尚少，故以明代为第五卷。清代，明清之际，天崩地解，群星灿烂，思想纷呈，清代晚期，即将步入近代，在历史变动时期，思想活跃，内容繁杂，为充分展现这一时代的思想内容、特点，故以清代为第六卷。我们之所以这样分卷，既考虑历史时代的划分，又考虑思想发展的特点，尤考虑思想内容的繁简。因为随着历史的前进，思想的发展愈来愈丰富，所以从宋代以后而分为三卷加以论述。

中国思想史，就是中华民族思想发展的历史。纵观世界各个国家，各个民族的思想文化，有的国家、民族的思想文化，古代辉煌灿烂，后来消沉式微；有的国家、民族的思想文化，近代煊赫震烁，古代却渺茫无迹；有的国家、民族的思想文化，虽中世纪繁华鼎盛，但却昙花一现，不久即衰落下去。唯我中华民族的思想文化，历经阽危，而久盛不衰，并融合各民族、各国的优秀思想文化，而使之百川归大海，最终形成中国思想文化。中国思想史是中华民族优秀精神文明的集中表现。我们撰写《中国思想通史》，旨在弘扬中华民族的优秀思想、民族精神，增强民族凝聚力，提高民族自豪感，树立爱国主义精神，创造美好的未来。

目　录

第一章　清代的社会背景和思想概况

清代是中国封建社会最后一个专制主义王朝，这个时期，特别是明清之际，阶级矛盾和民族矛盾极其尖锐、复杂，成为中国历史上一个“天崩地解”的时代，与此同时，在思想领域形成了“别开生面”的局面。

第一节　清代思想产生的社会背景

明代中期以后，封建制度开始衰落，封建统治更加腐朽，阶级斗争十分尖锐。由于明王朝的皇室、贵族、官僚、大地主的疯狂搜刮、兼并土地、兴建庄田，使土地高度集中，广大农民陷入破产的深渊，农民无地耕种，真是“富者田连阡陌，贫者无立锥之地”，顾炎武说：“吴中之民有田者什一，为人佃作者十九。”①吴中之民如此，其他各地情况，更是可想而知。随着万历以来江南各地工商业的发展，更刺激了统治者的胃口，他们以矿税为名，到处敲诈勒索。统治者穷奢极欲，大兴土木建筑供自己享乐，加之庞大的军费开支，沉重的徭役赋税，使广大劳苦群众流离失所，无法生活。当时水旱蝗灾连年发生，统治者的贪欲奢求毫无收敛，结果造成赤地千里人相食的凄惨景象。广大农民在忍无可忍、走投无路的情况下，终于爆发了农民大起义。明末农民起义领袖李自成颁布的檄文中说：“贿通官府，朝廷之威福日移；利入戚绅，闾左之脂膏尽竭。”“公侯皆食肉纨袴，而恃为腹心；宦官悉龁糠犬豚，而借其耳

① 《菰中随笔》卷二上。

目。狱囚累累，士无报礼之思；征敛重重，民有偕亡之恨。”[①]这就深刻地揭露了封建统治集团的罪恶本质和广大劳动者的切齿之恨。广大劳动者面对着横征暴敛，敲骨吸髓的惨重局面，只好“揭竿而起”了。公元1627年(天启七年)，陕北大饥，白水县农民王二，率领饥民闯入澄城，杀死了残害人民、严催赋税的县官张斗耀，揭开了明末农民大起义的序幕。1628年(崇祯元年)，高迎祥、李自成等领导农民军在陕北起义。1630年(崇祯三年)，张献忠在米脂领导农民起义。各路农民起义军汇合成浩浩荡荡不可阻挡的洪流，终于在1644年，李自成领导的农民起义军攻占了北京，推翻了明王朝的封建统治。

在明朝后期封建统治力量日趋衰弱之时，满族在明朝的东北地区发展起来。1616年，努尔哈赤做了大汗，建国号为金。1626年，努尔哈赤率军进攻宁远卫(今辽宁兴城)，明守将袁崇焕坚决抵抗，努尔哈赤伤亡。他的儿子皇太极继承汗位，把女真人改为满洲人。从1629年起，满人屡次越过长城，侵入河北一带，掠夺人口和财物。1636年，皇太极称皇帝，改国号为清。

1644年，明朝将领吴三桂勾结清兵入关占领了北京。清兵占据北京后，继续长驱南下，清朝贵族实行残酷的民族压迫和阶级压迫，民族矛盾加剧，各地汉族人民奋力反抗清朝贵族的统治。清朝贵族为了维护其统治地位，极力挑起民族间的仇恨，残酷镇压各民族的反抗。清摄政王多尔衮下令，如不“削发投降”，“大兵一到，尽行屠戮”。[②] 经过多年的反复斗争，清朝统治者把各地抗清斗争镇压下去，逐步确立了在全国的统治地位。清朝代替明朝后，继承了明朝的封建专制统治制度和政策。

清王朝的统治，同样有其兴起、强盛和衰亡的过程。在“乾嘉盛世”之后，转为腐朽没落、衰败不堪，阶级矛盾极为尖锐，危机重重。这种危机，到了鸦片战争的前夜，充分地暴露出来。龚自珍说：“今中国生齿日益繁，气象日益隘，黄河日益为患，大

① 《明季北略》卷二十。

② 《国榷》卷一〇一。

官非不忧，朝廷非不谙，而不外乎开捐例、加赋、加盐价之议。譬如割臀以肥脑，自啖自肉，无受代者。自乾隆末年以来，官吏士民，狼艰狈蹷，不士、不农、不工、不商之人，十将五六；又或殰菸草，习邪教，取诛戮，或冻馁以死。……自京师始，概乎四方，大抵富户变贫户，贫户变饿者，四民之首，奔走下贱，各省大局，岌岌乎皆不可以支月日，奚暇问年岁？"①龚自珍生动地揭露了清朝封建统治的腐朽没落。天灾人祸日益加剧，无业流民日益增多，广大群众日益贫困，封建统治步入"衰世"，已经朝不保夕，气息奄奄。

但是，腐朽没落的清朝统治者，却闭关自守，妄自尊大，面对西方一些发展起来的资本主义国家，仍然盲目地以"天朝"、"上国"自居，以腐朽没落的封建制度对抗资本主义制度。以英国为首的西方资本主义，从18世纪中期到19世纪40年代进入了迅速发展的时期，成为工业发达的资本主义国家。它们为了广泛的寻求国外市场和殖民地，向中国进行海盗式的侵略。英国以印度为基地，先输入鸦片毒害中国人民，继之以军舰大炮轰开中国的大门。外敌的侵略，加速了清朝封建统治的崩溃。清朝统治集团内部，出现了以林则徐为代表的抵抗派，在广大人民的支持下，在广东进行了禁烟运动，给英国侵略者以沉重的打击。英国侵略者为了保护其鸦片贸易，在1840年发动了侵略中国的鸦片战争。战争以中国失败而告终。1842年，清政府同英国侵略者签订了丧权辱国的《南京条约》，从此中国逐渐地沦为资本主义列强的半殖民地，中国一步一步地变成了一个半封建半殖民地的社会。此后，帝国主义列强为了进一步瓜分中国，加紧了对中国的侵略。1856年，英法联军发动了第二次鸦片战争。1858年，英法侵略军攻占天津，强迫清政府订立卖国的《天津条约》。1860年，英法侵略军攻占北京，清政府又与侵略者订立了《北京条约》。1900年，八国联军占领北京，1901年，清政府与帝国主义者签订了卖国的《辛丑条约》。清政府与帝国主义者签订的一系列丧权辱国的卖国条约，使中国国家主权

① 《龚自珍全集》第一辑《西域置行省议》。

日益丧失，领土日益被瓜分，中华民族危机日益加重，中国人民陷入水深火热之中。

帝国主义与中国封建主义相勾结，把中国变成半封建半殖民地社会的过程，也是中国人民不断地进行反抗、斗争的过程。1900年的义和团运动，沉重地打击了帝国主义侵略者和清朝的反动统治，推动了中国民主爱国运动的高涨。1911 年，爆发了辛亥革命运动，推翻了清朝封建帝制，建立了中华民国，结束了清朝统治。

第二节 清代思想发展的主要特征

明代中叶以后，伴随着封建制度的衰落和资本主义萌芽的产生，出现了一股反映新兴市民阶层要求初步民主的社会思潮，有的学者把它称为早期启蒙思潮，有的称为自我批判思潮，有的称为经世致用思潮，有的称为人文主义思潮，有的称为明清实学思潮。不管怎么说，在这个“天崩地解”的时代，在思想战线上显示出“别开生面”的时代精神。在这个时代里涌现出一大批进步的思想家，如：朱之瑜、陈确、傅山、黄宗羲、方以智、顾炎武、熊伯龙、王夫之、李颙、唐甄、颜元、戴震等。他们中有的参加过抗清复明的武装斗争，有的终生隐居不仕，有的逃往外国避难，他们都有强烈的爱国心和士人志，为了总结明朝覆灭的教训，回答现实提出的问题，他们积极从事理论研究和思想探讨，进而认识到远人事尚天道、重空浮不务实际的宋明理学对社会造成的危害，试图对宋明理学进行批判性的总结。他们的批判思想，在一定程度上反映了市民阶层的民主要求，有些言论触及封建专制主义的反动本质，包含着民主个性解放的新思想，显示出不同于以往时代的思想特征。主要表现为：

(一)批判思想。明末清初的许多思想家，不仅从哲学思想上对宋明理学进行了批判性的总结，而且对封建专制主义进行了较深刻的批判。他们从哲学、经学、史学、伦理学及文学、艺术、自然科学等方面，对封建传统思想进行了冲击，在批判中闪耀着新思想的光辉。同时对封建专制政治的积弊，封建统治者的腐朽、黑暗也作了揭露、鞭挞。黄宗羲说："天下之大害者，君而已矣！"①唐甄说："自秦以来，凡为帝王者皆贼也。"②他们把批判矛头直指封建专制帝王，真是打中了要害。在批判中，他们提出了民主思想，冲击了"纲常名教"。

(二)经世思想。明末清初的许多进步思想家认为理学末流空谈心性，"教人半日静坐，半日读书"③而放弃了"孔孟以前"的"实文实行、实体实用"④之学。针对这种空谈天理、心性之虚学，他们提出要"崇实黜虚"，在各个领域提倡"崇实"的"实学"，诸如："实体"、"实用"、"实文"、"实践"、"实行"、"实心"、"实念"、"实理"、"实事"、"实功"、"实言"、"实才"、"实政"、"实风"，等等。他们研究理论、参与政治、培养人才、著书立说等，都是为了"明道救世"、"负荷担道"、"经世致用"、"利济苍生"，都从"实"字着眼，反对虚浮。

(三)科学精神。明末清初的"别开生面"、"崇实黜虚"思想的一个重要特征是科学精神。本来中国在科学文化上居于世界领先地位，只是到了明朝中叶以后，欧洲才开始超过了中国。由于西方传教士来中国，使"西学东渐"，中国和西方有了接触，中西文化有了冲撞，随着西方科学知识的传入，中国的科学家在总结中国古代科学技术文化的同时，也吸取了西方在自然科学方面的成就，出现了一批著名的科学家和一些总结性的科学著作。如李时珍的《本草纲目》、朱载堉的《乐律全书》、徐光启的《农政全书》、宋应星的《天工开物》、徐弘祖的《徐霞客游记》、方以智的《物理小识》、王锡阐的《晓庵新法》、梅文鼎的天算之学、刘献廷的舆地之学等，都具有新的时代风貌和划时代的贡献。

(四)启蒙意识。由于商品经济的发展，资本主义萌芽的孕育，市民意识的觉醒，在思想文化领域中，出现了反映市民阶层利益和

---

① 《明夷待访录·原君》。

② 《潜书·室语》。

③ 《朱子语类评》。

④ 《存学编》卷一。

愿望的启蒙意识。这种启蒙意识表现在各个方面。在土地制度上，他们反对国有土地制和大地主占有制，提出“自由私产”的思想主张，有平均土地，耕者有其田的思想。如颜元说：“岂不思天地间田，宜天地间人共享之。”①在经济思想上，他们反对传统的“以农为本”，“崇本抑末”思想，而主张“工商皆本”，发展工商业。在政治上，他们提倡以民为本，主张人身自由解放，反对封建枷锁束缚，抨击封建君主是“天下之大害”，要求君臣共治天下。在教育上，他们主张“兴学校”，“举人才”，“正大经”，学校要议政事，言论要自由。顾炎武说：“政教风俗，苟非尽善，即许庶人之议矣。”②在哲学思想上，他们注意人的主体意识和人的社会价值，反对“存天理，灭人欲”的说教，抨击“以理杀人”甚至于“以法杀人”，破除封建偶像崇拜，否定以圣人之是非为是非之论。他们要以“七尺从天乞活埋”，“坐集千古之智”的精神，开拓时代的新篇章。明末清初的思想，向世人展现出其时代的丰富内容和基本特征。

清朝统治的二百多年间，占统治地位的封建思想体系是理学，程朱理学被抬高到官方哲学的位置，人们是“非朱子之传义不敢言”，足见其地位之重要。但是，到了 19 世纪上半叶，尤其是鸦片战争以后，一大批先进的思想家为了救国救民，批判了理学的空疏，要求改变帝制的弊政，向西方寻找思想武器。当时的情况是旧思想的没落和新思想的兴起，梁启超说：“鸦片战役以后，志士扼腕切齿，引为大辱奇戚，思所以自湔拔，经世致用观念之复活，炎炎不可抑。又海禁既开，所说‘西学’者逐渐输入；始则工艺，次则政制。学者若生息于漆室之中，不知室外更何所有；忽穴一牖外窥，则粲然者皆昔所未睹也；还顾室中，则皆沉黑积秽，于是对外求索之欲日炽，对内厌弃之情日烈。欲破壁以自拔于此黑暗，不得不先对于旧政治而试奋斗；于是以其极幼稚之‘西学’知识，与清初启蒙期所谓‘经世之学’者相结合，别树一派，向于正统派公然

① 《存治编·井田》。

② 《日知录》卷十九《直言》。

举叛旗矣。此则清学分裂之主要原因也。”①这是说，在鸦片战争失败的“大辱奇戚”的刺激下，经世致用之学开始复活、兴盛起来；“西学东渐”输入中国，使“西学”与“中学”结合起来，树立一个新的学派，即代表新兴阶级的新文化派；这个新文化派向封建旧文化派举起批判的旗帜。直到1919年“五四”运动以前，中国思想文化战线上的斗争，都是资产阶级新文化同封建阶级旧文化的斗争。

在新学与旧学的斗争中，新兴资产阶级的思想家们，主张向西方学习科学技术和社会思想学说，要求对封建制度、封建思想进行改良。他们较系统地翻译介绍了西方的自然科学知识，引进了达尔文的进化论和资产阶级的天赋人权论等，为他们的改良变化立论。这一时期资产阶级哲学思想反对封建哲学思想的斗争的主要表现是：

（一）以实学反对空疏之学。清代晚期的思想家，继承了明清之际的“崇实黜虚”的时代精神，继续提倡和发扬“经世致用”之学，并将这种学说与西方形而上学机械唯物主义哲学结合起来，对传统旧学的烦琐玄虚和空疏无用进行了批判。梁启超说：“夫清学所以能夺明学之席而与之代兴者，毋亦曰彼空我实也；今纷纭于不可究诘之名物制度，则其以为空也，与言心言性者相去几何？……以不能贯彻一‘实’字而衰。”②他们既反对宋明理学的空疏，又反对清代考据学的烦琐，而以唯物主义“实学”代之。严复说：“天下事所不可逃者，实而已矣，非虚词饰说所得自欺，又非盛气高言所可持劫也。”③正是此义。

（二）以“变易”思想反对“不变”理论。封建守旧派固守“祖宗之法不变”的传统祖制和“天不变，道亦不变”的形而上学世界观，来对抗“变”的思想。资产阶级改良派思想家则认为“变”是宇宙发展的普通规律，宇宙中的事物都是渐变的。龚自珍引申《周易》的

① 《清代学术概论》。

② 《清代学术概论》。

③ 《严复集·救亡决论》。

“穷则变，变则通，通则久”的“变易”思想，认为“一祖之法无不敝”①，主张不“拘一祖之法”，要变法图强。康有为说：“物新则壮，旧则老；新则鲜，旧则腐；新则活，旧则板；新则通，旧则滞：物之理也。”由此得出“法既积久，弊必丛生”②的变法思想。梁启超认为“变”是“天之道也”，宇宙中的一切都是“无时不变，无事不变”③的，“凡在天地之间者，莫不变”，“变者，古今之公理也”。④ 他们以变为改良变法立论。

(三)反对封建旧学与反对封建专制主义的斗争紧密地结合起来。鸦片战争以后，阶级矛盾日趋激化，民族危机不断加深，随着新学的兴起，旧学的衰微，为了拯救国家、民族，就要变革封建的旧制度，“变易”思想的提倡，变法主张的推行，就是要变革封建制度的积弊，所以要“冲决网罗”，实行“开明专制”。孙中山要以“革命”推翻清朝帝制，并把“革命”理想变为现实，结束了清朝封建专制统治。

在清末反对封建黑暗统治的斗争中，造就了一大批改良主义者和进步思想家，他们的思想虽有时代的局限性，但却有许多光彩之处。

① 《龚自珍全集》第一辑《乙丙之际箸议第七》。

② 《上皇帝第六书》。

③ 《变法通议·自序》。

④ 《变法通议·自序》。

第二章　朱之瑜的实学及爱国思想

第一节　矢志抗清、务实为民的一生

朱之瑜，字鲁屿，号舜水，浙江余姚人，寄籍松江。生于公元1600年(明朝万历二十八年)，卒于公元1682年(清朝康熙二十一年)。朱之瑜的先祖和明太祖朱元璋是族兄弟，虽为皇族，但因族系绵远而早已另立门户。朱之瑜一生经历了明朝灭亡、清朝贵族入主中原的过程。

朱之瑜青少年时代，正是明朝灭亡前阶级矛盾和民族矛盾十分尖锐、社会剧烈动荡的时代。他目睹了明朝腐败覆灭和清朝野蛮暴虐的统治，这使他矢志抗清，务实为民。他虽出生于官僚士大夫家庭，但在他9岁时，因父亲去世，家道中落，使他"自幼食贫，虀盐疏布"。他天资聪颖，勤奋求学，颇有成就。"初为南京松江府儒学学生，所谓秀才也。少抱经济之志，动辄适礼。"后考取恩贡生，考官吴锺峦称为"开国来第一"。①朝廷诏征，他屡辞不就，认为求学"惟在有为"，经世济民，不应以官高、身贵、禄厚、恩及子孙为荣，而应以得行人道、忧国忧民、解民倒悬为任。他说：

> 世俗之人以加官进禄为悦，贤人君子以得行其言为悦。言行，道自行也。盖世俗之情，智周一身及其子孙。官高则身荣，禄厚则为子孙数世之利，其愿如是止矣。大人君子包天下以为量。在天下则忧天下，在一邦则忧一邦，惟恐民生之不

---

① 《朱舜水集》附录《舜水先生行实》。

> 遂。至于一身之荣瘁，禄食之厚薄，则漠不关心，故惟以得行其道为悦。①

贤人君子做官是为了为民行道，治国安邦，康济万民，不在谋高官厚禄。他平生反对八股，不求官位，不满时政，厌于仕进；他为人诚实正直，不阿谀奉迎，不攀龙附凤，表现出“务实不好虚荣，倔强不肯攀援”的高尚品格。

朱之瑜20岁到40岁时，正是清朝贵族不断入侵中国内地时期。他怀着强烈的民族义愤和爱国正义感，积极参加抗清斗争。公元1645年，清兵攻占南京后，朱之瑜和经略直浙兵部左侍郎、舟山守将王翊等密商恢复明朝之策，并多次去日本借兵求援，但没有成功。舟山失守后，朱之瑜亡命日本、安南、暹罗等国。他经常潜回国内，继续组织抗清斗争。虽然屡遭挫折，但抗清意志始终不变。清廷多次威胁利诱，他都不屈不受。公元1658年，明将郑成功和张煌言会师入长江时，朱之瑜应郑成功的邀请，参加了这次战役，“常往来两军间”，攻克瓜洲，打下镇江，他都亲历行阵。郑成功失败后，朱之瑜鉴于复明无望，为了保存民族气节，决心学习鲁仲连不帝秦的精神，东渡日本，留居长崎，客居守节。

朱之瑜定居日本后，每日“向南而泣血，向北而切齿”。他年近八十，还写信教育子孙要“读书孝亲”，“自食其力”，“不亏志节”，“惟有虏官不可为耳!”子孙中如有“为虏官者”，他拒不会见，“亦不以为孙”。② 朱之瑜到日本时，正值日本德川幕府锁国时期，禁留华人，“日本三四十年，不留一唐人”。③ 朱之瑜因其学问、才德而被破例留下。

朱之瑜从60岁寓居日本讲学，到83岁去世，在日本整整23年。其间同日本各界人士有广泛接触，并招收学生，讲授中国思想文化，造就许多日本学者，加强了中日思想文化交流。

---

① 《朱舜水集》卷五《与冈崎昌纯书二首·二》。

② 《朱舜水集》卷四《与诸孙男书》。

③ 《朱舜水集》卷九《与小宅生顺书》。

日本学者安东省庵等，极为钦佩朱之瑜的学问、道德，请他留住日本，并上书长崎镇巡，破例批准他留住长崎讲学，为时七年之久。

公元1665年，日本水户藩主德川光国仰慕朱之瑜的才德，特派儒臣小宅生顺到长崎拜访朱之瑜，聘请朱之瑜为宾师，请他移居到首都江户（今东京），讲授儒学。从此，朱之瑜在江户、水户等地公开招收弟子，讲授儒家思想，传播中国文化。当时盛况空前，朱之瑜描写道："水户学者大兴，虽老者白须白发，亦扶杖听讲。且赞儒道大美，颇有朝闻夕死而可之意。"①日本学者崇敬、服膺朱之瑜的爱国精神，高尚风骨、渊博学识，从四面八方来求教。德川光国尊奉朱之瑜为师，经常询问有关国家施政大计，礼乐典章制度，文化学术问题，朱之瑜备受礼遇优待。朱之瑜以诲人不倦的精神，讲授中国文化，直到终年。

朱之瑜的著作，在他谢世后，由日本弟子们多次编辑刊行，辛亥革命后，开始传入中国，多次出版发行。公元1981年，中华书局出版了由朱谦之整理的《朱舜水集》，是迄今朱之瑜著作最完善的版本。

第二节　"经邦弘化，康济艰难"的实学思想

明清之际，在中国思想领域占统治地位的官方思想体系是程朱理学，另有与之抗衡的陆王心学。明亡之后，有许多进步的思想家在总结明王朝灭亡的经验教训时，对这两大学派的思想理论进行了批判和总结。朱之瑜作为这个时代思想界五大师之一，以广博的学识，熔铸经史，博采众家，反对空疏弄虚，援儒入禅之学，而提倡实理、实功、实用之学，进而建立了自己的实学思想。

朱之瑜从小就立下经世济民之志，他看到明王朝政治的腐败，经济的崩溃，学风的败坏而导致民心的背离，在揭露这种积弊的同时，提出了自己的思想主张。他说：

① 《朱舜水集》卷七《与安东守约书》。

明朝中叶，以时文取士。时文者，制举义也。此物既为尘饭土羹，而讲道学者，又迂腐不近人情。如邹元标、高攀龙、刘念台等，讲正心诚意，大资非笑。于是分门标榜，遂成水火，而国家被其祸，未闻所谓巨儒鸿士也。巨儒鸿士者，经邦弘化，康济艰难者也。①

朱之瑜深刻地认识到，由于虚浮空疏的性理之学的流弊，使国家、人民遭祸，但却无巨儒鸿士救国济民，为了救民复国，他以“经邦弘化，康济艰难”作为学术要旨，而同“迂儒”划清界限。他指出，为学要“有益天下国家，不在乎纯弄虚脾，捕风捉影”②的虚伪浮夸之学，而在于实行、实用之学。他批评宋儒之学时说：

宋儒辨析毫厘，终不曾做得一事，况又于其屋下架屋哉?③

朱之瑜批评宋儒之学虽然义理辨得精微仔细，但却是屋下架屋，不解决实际问题的学问。他批评朱熹的理学是古板的形式主义之学。他说：

“足容必重，手容必恭”，《礼》特言其大要尔。自朱子言之，俨然泥塑木雕，岂复可行于世！贤契人品已成，学识已裕，循循深造，雅俗相安，小有过差之处，但当随事省改，一心不懈，自至纯全之境，何得有百事俱非之理?④

他进而指出，如果空究性理，而不实行，不仅对己对国不利，而且

① 《朱舜水集》卷十一《答林春信问》。
② 《朱舜水集》卷八《答奥村庸礼书》。
③ 《朱舜水集》卷七《与安东守约书》。
④ 《朱舜水集》卷七《答安东守约书》。

有害。所以说：

> 若欲穷尽事事物物之理而后致知，以及治国平天下，则人寿几何，河清难竢。故不若随时格物致知犹为近之。至若"居敬"工夫，是君子一生本等，何时何事，可以少得？仆谓治民之官与经生大异，有一分好处，则民受一分之惠，而朝廷享其功，不专在理学研穷也。晦翁先生以陈同甫为异端，恐不免过当。①

朱之瑜认为，程朱理学的穷尽天下事事物物之理后，再求致知和治国平天下，这种义理之学，不能使国受益，人民受惠，所以于世无补。他对朱熹与陈亮的"王霸义利"之争，显然是赞同陈亮的义利双行，王霸并举的主张，而不赞同朱熹的重义轻利，重理轻欲的主张。朱之瑜的思想，在当时是有积极意义的。

朱之瑜在批评程朱理学的同时，对陆王心学也进行了批评：

> 问：阳明之学近异端，近世多为宗主，如何？
>
> 答：王文成亦有病处，然好处极多。讲良知，创书院，天下翕然有道学之名；高视阔步，优孟衣冠，是其病也。……其徒王龙溪有《语录》，与今和尚一般。其书时杂佛书语，所以当时斥为异端。②

朱之瑜批评王守仁的"病处"，主要是指"致良知"之学。在朱之瑜看来，由于王守仁大讲"致良知"之学，而使"道学"风靡一时，所以他不喜观"道学"，也不愿意回答有关"道学"的问题。朱之瑜说：

> 王文成即有高才，何得轻诋之？不过沿陆象山之习气耳！王文成固染于佛氏，其欲排朱子而无可排也，故举其格物穷

① 《朱舜水集》卷十一《答野节问》。

② 《朱舜水集》卷十一《答安东守约问》。

理，以为訾议而已。愚谓此当争其本源，不当争其末流。……王文成为仆里人，燃灯相炤，鸣鸡相闻。……官大司马，封新建伯。后厄于张璁、桂萼、方献夫，牢骚不平之气，故托之于讲学。若不立异，不足以表现于世。故专主良知，不得不与朱子相水火，孰知其反以伪学为累耶？愚故曰："文成多此讲学一事耳。"①

朱之瑜批评王守仁的讲良知、言心性之学，是"援佛入儒"的"禅学"。因此，他批之甚烈。

朱之瑜指出，不论是程朱学派的"道问学"，还是陆王学派的"尊德性"，"便不必论其同异"，"到究竟总是一般"。② 就是说，程朱理学与陆王心学是殊途同归，实质是一样的"浮夸虚伪"，"捕影捉风"，"不近人情"之学。朱之瑜说：

晦庵先生得力于"道问学"，尚与"尊德性"者分别顿渐，朱、陆之徒遂尔互相牴牾。凡此皆实理实学，与浮夸虚伪岂不风马牛不相及乎？浮夸虚伪以文其奸，以售其术，此小人无行之尤者，而谓君子为之乎？……所谓浮夸虚伪者，明明白白，自有立言之旨。……足下既不知古今原委，又不知国朝典故，宜乎一闻此言，遂嚣嚣不自禁也。……今世远事殊，而必于葫芦书样，吾恐其谬于圣贤者不啻千里矣。……若后生小子，未知洒扫进退之节，未达爱亲敬畏之方，而遽于天人、理欲、义利、公私之际与之辨析之毫芒。……其曰"所论益精，所就益寡者，为不用世"，及"天地泰否"等，其言果何谓也？不佞徒以避难苟全，本非倡明道学而来，亦不以"良知赤白"自立门户。足以幸勿再生葛藤，以滋烦扰。③

① 《朱舜水集》卷五《答佐野回翁书》。
② 《朱舜水集》卷十一《答安东守约问》。
③ 《朱舜水集》卷五《答某书》。

朱之瑜在批评程朱、陆王的“说玄说妙，言高言远”之学的基础上，返诸事实，提倡实学。

他说：

> 世之学圣人者，视圣人太高，而求圣人太精。谓圣人之道，一皆出于自然，而毫无勉强。故论议臻于寥廓，析理入于牛毛，而究竟于圣人之道去之不知其几千万里而已也。几千里而已也，容有至之之时；卒之马牛其风，愈趋而愈远，是皆好高喜新之病害之也。①

朱之瑜认为，圣人之道是出于自然的实在之道，不是高妙玄远之道。如果把圣人之道看成是高不可攀，远不可至，而“论议臻于寥廓，析理入于牛毛”，就会相差几千万里，而风马牛不相及，愈趋愈远，永远达不到目的。朱之瑜指出，圣人孔子就不是“说玄说妙，言高言远”的，如颜渊“问仁”，孔子便告之以“非礼勿视，非礼勿听，非礼勿言，非礼勿动”的平常之事，而不是“告之以精微之妙理”，这不是因为孔子不能“说玄说妙，言高言远”，也不是因为颜渊不能“为玄为妙，骛高骛远”，而是因为圣贤之学“止于日用之能事，下学之工夫”，所以朱之瑜反对“高远玄虚之故习，茫如捕风”之虚学，提倡“学知利行”②的实学。

朱之瑜极力主张“实理实学”，他强调为学之要，贵在“实”字。所谓“实”包括实理、实用、实功、实事、实行等。朱之瑜认为，一种理论的真实价值，不在于其议论如何高远玄妙，而在于其是否能取得实际效果。他针对理学家所宣扬的“天理”，而提出“实理”主张。关于什么是“实理”，他说：

> 先儒将现前道理每每说向极微极妙处，固是精细工夫。不佞举极难重事，一概都说到明明白白，平平常常来，似乎肤浅

① 《朱舜水集》卷十六《勿斋记》。

② 《朱舜水集》卷十六《勿斋记》。

庸陋。先儒之言,“惟危”“惟微”,“惟精惟一”之旨也。不如此,不足以立名……末世已不知圣人之道,而偶有问学之机,又与人辨析精微以逆折之,使智者诋为刍狗,而不肖者望若登天,则圣人之道必绝于世矣。①

所谓“实理”就是“明明白白,平平常常”的“眼前道理”,不是“说得天花乱坠”,使人摸不着边际的无用之理。朱之瑜从“实理”出发,提倡“实学”。他说:

为学当有实功,有实用。……吾道之功,如布帛菽粟,衣之即不寒,食之即不饥;非如彼邪道,说玄说妙,说得天花乱坠,千年万年,总来无一人得见。……可惜无限聪明人,俱被他瞒却,诚可哀痛!吾道明明现前,人人皆具,家家皆有;政如大路,不论上下、男女、智愚、贤不肖,皆可行得,举足即有其功。②

学问之道,不是“说玄说妙,说得天花乱坠”,而在使人得其意,用其功,得其效,这种学问是在现实中随时都可以学到的。所以说:

学问者亦何必废时荒业,负笈千里,而后为学哉?家有母,学为孝;家有弟,学为友;家有妇,学为和;出而有君上,学为忠慎;有朋友,学为信,无往而非学矣。其不得其意者,时取古人之书,以印之、证之、扩之、充之,即此是学矣。③

朱之瑜认为,为学之道在于实,实为实实在在,明明白白在眼前,

① 《朱舜水集》卷七《答安东守约书》。

② 《朱舜水集》卷十一《答小宅生顺问》。

③ 《朱舜水集》卷九《答小宅重治书》。

人人皆具，家家都有，就是说时时可学，处处可学，不是虚无玄妙不可见之学。

朱之瑜进一步指出，他的“实学”，不仅重“学”，尤其重“行”。因此，他提出“贵行”的思想。他说：

> 学问之道，贵在实行。……圣贤之学，俱在践履。①

朱之瑜十分强调“行”的重要作用，反对为学空谈不行的风气。他认为，理学家之大弊就在于言而不行，言行脱离，只讲空学，不讲实行。他主张致知与力行统一的知行观。他说：

> 兼致知力行，方是学，方是习。若空空去学，学个甚底？习，又习个甚底？慎思明辨，即是此中事。②

朱之瑜认为，致知与力行是不能分开的，所谓学习，就是二者的结合、兼举，不能把二者对立起来，割裂开来，更不能把学看成是一回事，行看成是另外一回事，等到知尽再去行。因此，朱之瑜强调学问之道，“身体力行，方为有得”。他说：

> 若夫汲汲世事，皇皇职务，遂谓荒废学业，则必明窗净几，伊吾占哔，而后谓之学矣；则身体力行者非学，而吟诗作文者为学矣。是殆不然。③

就是说，读书作文不算是真正的学，真正的知，勤于职务，身体力行才算是真正的学，真正的知。朱之瑜的重知尤重行的知行统一观，强调了行的重要性，批评了理学家的“知先行后”的观点。朱之瑜的重行、贵行的思想是可取的。

---

① 《朱舜水集》卷十《答安东守约问》。

② 《朱舜水集》卷十一《答野节问》。

③ 《朱舜水集》卷十《答古市务本问》。

第三节 性成于“学习”的人性论

朱之瑜从他的实学思想出发论述了人性思想。他批评理学家们关于禀气清浊决定人性善恶的先验人性论，认为人性是后天环境教育培养形成的，不是由先天禀受气质决定的。他在回答奥村庸礼关于人的贤愚与受气清浊的关系问题时，详细地说明了人性善恶是由教育、学习培养形成的，与禀气的清浊无关。他说：

> 贤者受其清，愚者受其浊，儒者固有是说，不足异也。然此天赋之乎，抑人受之乎？既有受之者，则必有予之者矣。果尔，则天地常以清气私贤智，而以浊气困愚不肖，如种瓜得瓜，种豆得豆。然则悬不肖之为不善，乃其理所应尔，是则天地有过，而愚不肖无罪也。又何以天则降之百殃，而人主则施之刑戮耶？至于“虽愚必明，虽柔必强”者，或有改行从善者，又何以称焉？岂清浊气相杂而禀欤？抑前禀其浊而后禀其清欤？亦有素行皆贤，一旦为利回，为害怵，不保其末路者，又何以称焉？尧、舜之民，比屋可封，桀、纣之民，比屋可诛。岂尧、舜之民之气皆清，而桀、纣之民之气皆浊哉？试观孩提之童，无不知爱其亲，无不知爱其兄；乳之则喜，威之则啼，薄海内外，天性无少异也。及其长也，父母之训教也无方，世俗之引诱也多故，习之之久，灵明尽蔽，昏惑奸狡横生，相去遂有万万不侔者。……若夫礼义道德之训，昏昏而不知，是皆习俗之害也。……譬之水然，渭之源，至清也，及其支流派别，入于潢汙，小秽者小浊，大秽者大浊，是岂渭之有所区别哉？譬之监然，时时磨莹，光烛须眉，委之泥涂，昏翳如铁，如瓦砾，不辨形貌，是岂监之本然哉？①

朱之瑜的这一大段话旨在说明以禀受气之清浊来解释人之贤愚，性

① 《朱舜水集》卷十《答奥村庸礼问》。

之善恶的天赋人性论，在道理上讲不通，在事实上不存在。如果人们把人的智愚、贤与不肖、人性的善恶，都说成是禀气之清浊而形成的，这不仅不能揭示出人性善恶的来源和人由恶变善的道理，而且是把人之过说成是天之罪，这容易产生懒惰的性根。朱之瑜明确指出，初生的孩童，天性无异，待其长大之后，由于教育方法不同，环境习染的差别，久而久之，形成了千差万别的人性。这就像渭之水源极清纯，由于其支流混浊的水流入而被污染，这与水源没有关系；再如明镜照人，眉目清秀，如果灰尘满镜面，照出的相貌就不清晰，这不是镜子的本然状态，所以说人性的善恶不是由先天禀性清浊不同决定的，而是由后天环境教育，“习之之久”决定的。朱之瑜反对先验的天赋之性，而强调“人自取其”性，告诫人们对于这个问题切不可“昏昏而不知”，为“习俗之害”；更不能为“世俗之引诱”，“灵明尽蔽”，而“自暴自弃”，要积极进取。他指出，世界上有谁见过几个“上智下愚不移”之人呢?

在这个人性思想基础上，朱之瑜进一步强调人要立志力行，学之不已，只要这样做就可以变恶为善，成为圣人。他说：

> 性非善亦非恶，如此者，中人也。中人之性，习于善则善，习于恶则恶，全藉乎问学矣。学之则为善人，为信人；又进而学之，则为君子；又进而学之不已，则为圣人。①

朱之瑜认为，中人之性是非善、非恶的，习于善则为善，习于恶则为恶，善与恶全在于后天的学习，不在先天的本性。人通过学习，通晓事理，明辨是非，认识真伪，不为物欲所蔽障，不为邪说所欺骗。人要达到这种境界，就必须做好清、慎、勤这三件事。这三件事非学无以能成，所以要孜孜问学。朱之瑜在这里讲了“中人之性”是“非善亦非恶”的，而没有讲“圣人之性”是纯善的，“斗筲之性”是至恶的。他的思想主旨是强调“中人”，即绝大多数人的性是没有先天善恶之分的，他们的善恶是后天学习得到的。

---

① 《朱舜水集》卷十《答古市务本问》。

朱之瑜所讲的“学”，主要是学习封建伦理道德，即儒家的“王者圣贤之道”，以“克己复礼”为主要内容的道德观念。人懂得了这个为学的思想要旨，就可以全性成圣了。他说：

> 所谓“克己复礼”者，未易言也。“非礼勿视，非礼勿听，非礼勿言，非礼勿动”，可循循而学也；循循而学之，可能也。已克而礼复，则仁者之事，已得其性之全矣，未可一蹴而至也。但在吾子勉之而已矣！强勉不已，速成自然，人固未易量也。①

人性的善恶，不是先天具有的，也不是一蹴而就的，是后天循循而学成的。因此，人应该勉之不已，积学成善。

朱之瑜认为，人初生之时，根本没有什么善恶之分，人人都有一颗“赤子之心”，这赤子之心，是“浑然天真，绝无一毫私伪。惟知父母为当爱，兄长为当敬而已”。② 人爱父母，敬兄长，都是出于自己的天性。人生之后，由于“为物欲外诱放了去”③，而使“赤子之心”失去了。所以要学习存心，不失赤子之心，就可以恢复其本初的自然天性。在这里，朱之瑜把“赤子之心”的美好天性，说成是自然属性，是天真无私的善性；把后天的“物欲外诱”说成是“放了”“赤子之心”的恶性。这样便出现了既承认先天之性，又承认后天之性的矛盾。当他进一步说明人的道德观念的来源时，便只好求助于天了，所以说：“仁义礼智，天之所赋。”④当他解释仁、义、礼、智时，则把自然的东西与社会的现象混为一谈，把人的伦理道德规范与天理自然秩序混为一谈。他在对“仁、义、礼、智、信”的解释中，就表现出这种思想倾向。他说：

① 《朱舜水集》卷十《答古市务本问》。

② 《朱舜水集》卷十一《答加藤明友问》。

③ 《朱舜水集》卷十一《答加藤明友问》。

④ 《朱舜水集》卷十七《杂著·忠恕》。

仁者，吾心恻隐之微，而施之天下，则足以保四海。君子未尝有四海之贵，宜先具足保之体。①

义者，万物自然之则，人情天理之念。譬之水然，或遇方而成珪，或因圆而成璧。②

礼为仁义之节文，天伦秩序，故曰："天秩有礼。"又曰："礼，经国家，定社稷，卫民人，利后嗣者也。"③

智为是非之心，知斯弗去，甚为平易切近，人人可能，非必其神而明之也。④

信于四德非班也，君子隮而埒之，如天之有五行，爵之有五等。⑤

在朱之瑜的仁、义、礼、智、信的涵义中，我们可以看到，他把人的道德观念普遍化、扩大化，把社会意识说成是自然本性，从而使他的人性论、道德论抽象化、永恒化。人在这种人性面前，只有听其自然，顺其本性，就可自足天性，切不可害其性，违其道。所以他说：

不害其长，即所以硕而莪之；不抑耗其实，即所以蕃之。顺其天以致其性，如斯而已矣。是故小物也，而可通于大道，养民者亦知之乎？⑥

人的主观能动性在这里不见了，只有顺其天以致其性了。

朱之瑜在人性论的基础上，论述了道德修养论。他认为，人心本来是"虚灵不昧"，"明强纯一"的，由于物欲之蔽扰，而使心不

① 《朱舜水集》卷十七《杂著·仁》。
② 《朱舜水集》卷十七《杂著·义》。
③ 《朱舜水集》卷十七《杂著·礼》。
④ 《朱舜水集》卷十七《杂著·智》。
⑤ 《朱舜水集》卷十七《杂著·信》。
⑥ 《朱舜水集》卷十七《杂著·致性》。

明不灵，为了恢复心的本然虚明之体，就要加强道德修养。他说：

> 吾心本体，原自纯一，物欲劳扰之，则不空；本来光湛，物欲锢蔽之，则不明。是故虚则必灵，虚已灵已，尝自惺惺，自然不昧。……学者舍其固有，而求之外铄，何异提灯乞火矣。①
>
> 人生本然之体，无有不明，无有不强者。有物蔽焉则昏，有欲挠焉则馁。然则如之何哉？充之以学问而已矣。博学、审问、慎思、明辨、笃行之功，极而至于己百己千，无时无地少有懈弛，则蔽者尽彻，挠者尽祛，明德自明，而强干自植。②

人要加强自己本心的道德修养，使其本然之体“虚灵不昧”，“复明自强”，这就要排除物欲的劳扰、锢蔽。如何排除物欲之蔽挠呢？朱之瑜指出，要靠学问。经过学问，使本心蔽者尽彻，挠者尽祛，明德自明。修养的方法是：“庄敬”、“积诚”、“谨慎”、“静观”等。他说：“敬为德之聚，是敬乃德之本也；敬为礼之舆，是礼由敬以行也。”“君子以礼存心。”③“君子庄敬日强，小人则反是矣。”④“君子”以“庄敬”“聚德”，敬包括敬天、敬地、敬心、敬人。君子不仅要“庄敬”，而且要“积诚”。所以说：“修身处世，一诚之外更无余事。故曰：君子诚之为贵。”⑤从天子到庶人，未有舍诚而能行者，诚不是一朝一夕可成者，而是不断积累而成的，因此要读书、请教，这才是“积诚”。一个人要修养自己还必须“谨慎”从事，做事适宜、得当，“谨者，如盐梅之于五味，无所往而不宜者也”。⑥“慎者，美德也，而过用之，则流于葸。是以君子之道，先有敬以

---

① 《朱舜水集》卷十七《杂著·虚灵不昧》。

② 《朱舜水集》卷十七《杂著·明强》。

③ 《朱舜水集》卷十七《杂著·敬六首》。

④ 《朱舜水集》卷十七《杂著·庄》。

⑤ 《朱舜水集》卷十七《杂著·诚二首》。

⑥ 《朱舜水集》卷十七《杂著·谨》。

为之主，故美也。"①"谨慎"不等于"畏葸"，其要在于"敬谨"，不乱动，一个人要修养心性，"畏首畏尾"的"葸"不成，急躁乱动也不成，而要"静观"，"人之所以多误者，恒由动与噪耳。若夫一心澄澈、众棼不扰，能安能虑，自然之理也。万物静观皆自得，殆以是夫！"②人要以仁、义、礼、智、信为道德规范，以庄敬、积诚、谨慎、守静、静观为修养方法，不断地排除物欲之劳扰、诱惑，修养自己的本心、本性，就可以由恶变善，超凡入圣了。

第四节　传播中国文化，培育日本学子

朱之瑜在日本生活的23年中，收徒讲学，身体力行，为人师表，严肃认真，不分贵贱，以诚相待。除此之外，还与日本各界人士都有较广泛的接触，与日本学者经常研讨各种学术问题，博得日本学者的尊敬和爱戴，被称为"日本的孔夫子"。朱之瑜在日本讲学，对传播中国文化，造就日本学者，加强中日文化交流，发展日本文化，都作出了积极的贡献。梁启超在《近三百年学术史》中评价说：

> 舜水以极光明俊伟的人格，极平实淹贯的学问，极诚挚和蔼的感情，给日本全国人以莫大的感化，德川二百年，日本整个变成儒教的国民，最大的动力实在舜水。……所以舜水不特是德川朝的恩人，也是日本维新致强最有力的导师。

梁启超的这个评价是公允的，合乎事实的。对此，日本学者也是公认的。如日本男爵后藤新平说：

> 若明季征君朱之瑜，邻邦所贡之至琛又至宝也。道义则贯心肝，学术则主王业，不得行怀抱于故国，而却传衣钵于我

① 《朱舜水集》卷十七《杂著・慎》。

② 《朱舜水集》卷十七《杂著・静观》。

邦。为朱明可哭，为之瑜宁可贺也。……从明室恢复之志不成，而以满身忠愤之气，寓之一篇楠公之题赞。烛大义，阐王道，使东海之日月有光于千载，岂不亦贤乎！之瑜既义不帝秦，坚守鲁连之志，遂来蹈东海，得义公之知遇，乃为与湊川之碑不朽千古之人。况于其纯忠尊王之精神，滂溥郁屈，潜默醖酿，可二百年。而遂发为志士勤王之倡议，一转王政复古，乃至翼成维新之大业，以致国运今日之蔚兴。我之所得于之瑜也固大矣！①

朱之瑜的思想、学说，对日本的影响是广泛而深刻的，据日本《文苑遗谈》记载，日本的许多学者，如：安东省庵、山鹿素行、木下顺庵、德川光国、小宅生顺、安积觉、栗山潜锋等，都深受朱之瑜的思想影响。

朱之瑜对日本思想的影响，主要有以下几个方面：

第一，实学思想影响。朱之瑜的时代，正是中国和日本都处于封建专制时代，当时的统治者和儒学者，大都信奉程朱理学或陆王心学。朱之瑜平生为学，以批评宋明空疏之学为主旨，以实理、实用、实行、实学为特点，上承陈亮、叶适，下启颜元和日本学者。他教导日本学者："宋儒之习气不可师。"②因为在他看来，宋儒之学是"做不得一事"的"说玄说妙"、"浮夸虚伪"之学。他以"实学"教导日本学者，这不仅开启了日本学界的一代新风，并为日本学界的务实学风，奠定了思想基础。

第二，教育思想影响。朱之瑜客居日本 23 年，先后在长崎、江户、水户等地进行公开讲学活动。他开创的水户学派为日本培养了大批学者和治国人材；他影响的古学派为日本的唯物主义哲学和实学的发展奠定了基础；他提倡的"文武合一"论，为日本造就了一批文武全才的人物；他的学问道德，成为日本学者的楷模，成为他们"最有力的导师"。日本教育事业的发展，与朱之瑜有密切关

① 《朱舜水集》附录《朱舜水全集序》。

② 《朱舜水集》卷十一《答加藤明友问》。

系。朱之瑜积极支持德川光国兴办学校；德川光国正式建立学宫，请朱之瑜制定释奠仪注，并率诸生释奠礼。

第三，史学思想影响。朱之瑜在经世致用之学的基础上，在史学思想上提倡“尊史破经”论。他教育日本诸生，在治史的态度和方法上要做到：(一)坚持自己所求之道，兼收并蓄各家之长。他对学生说：“学问之道如治裘，遴其粹然者而取之。若曰吾某代学、某代学，则非所谓博学审问之谓也。”①各家学说都各有所长，各有所短，只有打破门户之见，博采众家之长、广取众家之精，才是正确的治史方法。(二)钻研史籍是为了通经史而致其用。朱之瑜说：“为学之道，外修其名者，无益也。必须身体力行，方为有得。故子贡天资颖悟，不得与圣道之传，无他，华而不实也。”②朱之瑜认为，治史的目的是为了济世之用。不知史，不知古是“可耻”的，只知古不知今是无益的，只知古而明今而不知用，也是有名无实的，所以要知古明今，把治史与治政联系起来，才有实功、实用。“读史之有益于治理。”③(三)下学上达，自开手眼。朱之瑜认为，治史要打破迷信，从经书的教条中解放出来，做到“得之史而求之经，亦下学而上达耳”。④ 只有“自开手眼”，才能使“六经供我驱策”，不使自己为经书束缚住。在朱之瑜的史学思想、方法的指导、影响下，德川光国组织编写了《大日本史》，以朱之瑜的亲传弟子安积觉为总编纂，为日本史学奠定了基础。

第四，农圃工艺学的影响。朱之瑜不仅是一个博学的思想家、教育家，而且是一个擅于农工之事的技术能手。他的日本学生称他是：“格物穷理，志虑精纯，古今礼仪而下，虽农圃梓匠之事，衣冠器用之制，皆审其法度，穷其工巧。识者服其多能而不伐，该博而精密也。”⑤他把中国的科学技术——工程设计、建筑技术、农圃

---

① 《朱舜水集》附录《舜水先生行实》。

② 《朱舜水集》附录《舜水先生行实》。

③ 《朱舜水集》卷八《答奥村庸礼书》。

④ 《朱舜水集》卷八《答奥村庸礼书》。

⑤ 《朱舜水集》附录《舜水先生行实》。

园艺、生物地理知识、衣冠裁制等，都介绍到日本去。他在江户的小石川，模仿中国杭州西湖和庐山风景，为德川光国设计了后乐园，成为日本著名的园林之一。他按自己所著的《学宫图说》监造了东京汤岛的“圣堂”，这个建筑群，十分精巧。这些建筑物是17世纪中日科技交流的证据，也是朱之瑜功绩的记载。朱之瑜还亲自参加园堂的建筑工作，并与民间匠人有过接触，因此有人传说他“是南京之漆工”。① 朱之瑜对日本的影响是广泛而巨大的，他为中日文化交流作出了不可磨灭的贡献。

① 《先哲丛谈》卷二。

第三章　陈确的哲学思想

第一节　生平与著作

陈确，初名道永，字非玄，明亡后改名确，字乾初，浙江海宁人，生于公元1604年(明万历三十二年)，卒于公元1677年(清康熙十六年)。他是明清之际一位具有进步倾向的思想家。

据吴骞《陈乾初先生年谱》记载：陈确祖宗"本姓高氏……始祖谅，元时赘海宁陈氏，遂其姓，世居凰冈垷。高祖中益，字守裕，号梅冈，廪贡生，江南吴江县训导。曾祖公廷，字曰胪，号鸣梧，庠生。祖侯佐，字维相，号理川，庠生。父颖伯，字师端，号觉庵，庠生"。陈确兄弟四人，长兄名贲永，仲兄名思永，叔兄名祥龙。贲永、思永为增生，祥龙为庠生。陈家虽"为浙西望族"，但陈确家境却较为贫寒。他从7岁入小学到20岁这一期间，大致随兄长学习。他说："余兄弟四，家贫，力不能从师，尝以兄为师。伯仲皆余师，三兄则尝仝予师伯兄，不予师者，而余之惮三兄者，乃甚于伯仲。"①陈确受三兄教育影响较大。

陈确勤奋好学，"幼以孝友称，长以文学著，器韵拔俗，诗文清真大雅，寄托深远，其论学明理，尤多心得。为人刚直，尚气节，遇公正，发愤为乡邑去害，不挠于势位。自幼寄兴潇洒，书法得晋人遗意，抚琴吹箫，时奏于山颠水涯，篆刻博弈诸好无不工"。② 他是一个博学多才的学者，40岁时才从学于刘宗周。在刘

---

① 《陈确集》卷十二《我旋兄传》。

② 《陈确集》首卷《海宁县志理学传》。

宗周的教育影响下，陈确思想发生了根本的变化。“自奉教蕺山(刘宗周)，一切陶写性情之技，视为害道而屏绝之；其勇于见义，遇不平而辄发者，亦视为任气而不复蹈。惟皇皇克己内省，黜伪存识，他不暇顾也。”①陈确受业刘宗周后，与刘门弟子广泛交友，谈学论道，尤其与祝渊过从甚密，获益匪浅。陈确拜师刘宗周后，一连串的事件，对他刺激很大，诸如甲申清兵入关，明朝的覆灭，尊师刘宗周和好友祝渊相继殉明，都促使他的思想发生了深刻的变化。他的长子陈翼说：“甲申、乙酉(清兵南下，刘宗周和祝渊殉明)沧桑变革，动魄惊魂，先君子思俭德避难，挫明用晦，与祝开美(祝渊字开美)同游阴山先生之门，奉先生慎独之教，益从事于暗然之学，而操其功于知善必迁，知过必改，以无歉其所独知，益动静，合人己，无往而非独，即无往而非慎。已而学益邃，识益卓，则见其胸怀恬旷而践履真笃，议论切实而理致精微。于诸儒中，独喜阳明‘知行合一’之说，谓可与孟子道性善同功。其所论述，前人所已言者不言也。故即偶然落笔，出其心得，具有发明，理归一贯，绝非支离驳杂，依傍装排，如近世儒者拾古人牙后，附会影响，出口入耳之学，自欺而欺天下也。”②陈确是个不墨成说，不依傍旧说而勇于探索，敢于创新的思想家。随着“学益邃，识益卓”，而更加大胆坚定了。黄宗羲说：“其学无所依傍，无所瞻顾，凡不合于心者，虽先儒已有成说，亦不肯随声附和，遂多惊世骇俗之论。……夫圣贤精微要渺之传，倡一而和十，悉化为老生常谈陈腐之说，此先生之所痛也。”③他为学不随声附和，依傍旧说而坚能自信，力求创新，这种精神在当时是难能可贵的。

陈确的著作，十分丰富，但长期被埋没。直到1854年(清咸丰四年)，才由无名氏初次刊行他的《葬书》。1887年(清光绪十三年)海昌羊复礼在他所编的《海昌丛书》中刊入了《乾初先生文钞》二卷、《诗钞》一卷。1959年年初，中华书局访知南京图书馆藏有《陈

① 《陈确集》首卷《海宁县志理学传》。

② 《陈确集》首卷《乾初府君行略》。

③ 《陈确集》首卷《陈乾初先生墓志铭》。

乾初先生遗集》钞本，不久，又得知上海图书馆有钞本，依据这两个钞本，经过编辑、整理、点校，于 1979 年 4 月出版了《陈确集》，这是迄今最好最全的版本。

陈确的哲学思想著作，主要是《葬书》、《大学辨》、《性解》等书。《葬书》阐发了他的无神论，《大学辨》阐发了他的知行观，《性解》阐发了他的人性论。下面我们就依次来分析论述他的思想。

第二节　天地不能主宰祸福的无神论

陈确在其《葬书》中，主要讨论了天地与鬼神的问题，从中可以窥见他的宇宙观和无神论。陈确认为，天与地是广袤无限的物质自然，是无意志、无目的、无主宰性的自然存在。他说：

> 夫形家之言，谓地有不善，谓天亦有不善耶？天无私覆，故雨露之施不择物。物之材不材，自为枯荣焉，非天有意枯荣之也。地承天施，亦犹是耳。①

陈确针对神学家关于天与地有善与不善的说法，强调天与地的自然性，无意志性，天覆地载万物，既没有目的性，又没有选择性，万物以自然规律而生长、衰落，这是万物“自为枯荣”，不是“天有意枯荣之也”。“地承天施”是说天与地互相配合、互相作用而养育万物，繁盛万物，二者是相辅相成的关系。所以说：

> 天施地生，圣人与能，故为财成辅相以兴民利，而非以厉民也。岂形家之谓哉！……地之气，本于天而演于水者也。本于天，故有升降，此地之变于寒暑者然也。本于天，故异阴阳，此地气之限于南朔者然也。演于水，故亦有衰旺，故旱竭而枯，淫溢而灾，近山而刚，近水而柔，近海而咸，近河而淡。大抵疏达者肥美，壅滞者瘠卤，则民居之刺疾、草木之菀

① 《陈确集·别集》卷六《葬论》。

> 枯应之，古之人恒致慎焉。盖以生物承生气，达阳之理也。①

万物的生长、枯荣是由天地、阴阳之气自然变化形成的。在陈确看来，整个宇宙万物的种种变化，都是“地承天施”的自然变化，不是由冥冥之神主宰的有意变化。

在这个自然观的基础上，陈确就葬地选择问题，驳斥了“形家妄言祸福”的“虚妄”之言，阐发了无神论观点。陈确在《葬书》中提出了一系列的无神论思想，主要内容有：

第一，吉凶祸福由人自择，不由天地、鬼神主宰。当时流行的“葬师之说”认为，看风水择坟地可以决定人的吉凶、祸福、善恶等，针对这种神学迷信观念，陈确在据理予以反驳的同时，用具体事例宣传了无神论思想，指出天地、鬼神不能决定、主宰人的吉凶、祸福、善恶。他说：

> 人之善不善，自为祸福焉，非天与地能祸福之也。何不善地之有！藉曰有之，于草木则有之。草木本乎地，非得土气则不生，故不无瘠美之地之异焉。人本乎亲，故善人常生善，不善人常生不善，地安能为！②

人本乎亲，不本乎地，所以葬地不能决定人的善恶、祸福。陈确教诫人们不要相信“葬师之说”，“勿轻造新坟，勿妄言祸福”。③ 要相信人力，做到人和万事兴。陈确说：

> 不听葬师之言，则兄弟和；兄弟和，故不约而固矣。无求福之念，则精神专；精神专，故不戒而成矣。④

---

① 《陈确集·别集》卷七《地脉论》。

② 《陈确集·别集》卷六《葬论》。

③ 《陈确集·别集》卷六《与同社书》。

④ 《陈确集·别集》卷六《葬论》。

陈确指出，人与草木不同，草木生长的好坏与土地的肥沃和贫瘠有关系，人却不是如此。有人说："地能移人，如北人常强，南人常弱，非地气然哉?"对此，陈确的回答是："若子之言也者，生人之地也。吾昔之所言，死者之地也。譬之草木，当其发荣，则瘠美之地不无异态；及乎黄萎，归之泥土，则均之朽腐耳，又何瘠美之异之有哉!"①陈确区别了人与草木所本不同，而说明土地不能决定人的吉凶、祸福；在这里又进一步区分了生与死的不同，承认地理条件影响人的体质、性格，但对如同草木枯萎的死人，却不会发生影响。因此，不要相信"葬师言"而"择地"，要相信自己而"自择"，结论是："择天地不若自择。"②

第二，地脉根本不存在，龙脉之说，纯属儿戏。形家、葬师认为，有地脉的存在，他们大谈龙脉之说。对此，陈确持否定态度，指出这是毫无道理的"儿子戏"。他说：

> 龙脉则吾未之闻，若地脉，固未始有间也，而又奚俟其来乎！地脉绝，则斯花木之芸然者何所滋而荣焉？今夫地之厚，吾不知其几道里；其横亘也，益不知其几何道里。起自足下，以至九夷八蛮，无弗连属也，于何有间？四海之广深，皆载于土。不能截土，而谓兹沟浍之水足以间之，何异管窥蠡测之智。彼愚师者又为之扣池筑堰以相通塞，直儿子戏耳。③

广阔无垠、深厚无量的大地，只是无意识、无目的的生长、繁育万物，根本不存在什么地脉、龙脉，也没有听说有这类东西存在，那种地脉、龙脉之说，只不过是那些愚蠢的"葬师"的欺人的"儿子戏"。有人不相信陈确的这些无神论思想，而说："蒙恬筑长城，绝地脉，以杀其身，兹非其验与?"陈确反驳道："恬筑长城，不惟

① 《陈确集·别集》卷六《葬论》。

② 《陈确集·别集》卷六《葬论》。

③ 《陈确集·别集》卷七《地脉论》。

杀其身，且速秦亡，穷民力焉故也，而致疑绝地脉乎！”①陈确肯定蒙恬之所以杀其身、速亡秦，不是因为“筑长城，绝地脉”，而是因为“筑长城，穷民力”之故，就是说非“绝地脉”所致，而是由“穷民力”所招。

第三，祸福之说起自葬师之欲。既然葬地不能决定人的吉凶、祸福，又没有地脉、龙脉的存在，那么这种“虚妄之言”为什么还能够兴起和泛滥呢？为了揭穿“葬师之言”的欺骗，陈确深挖了“祸福之说”产生的原因。他说：

> “然则祸福之说何自起乎？皆妄者也？”曰：“起于葬师之欲贿也。彼知人子哀亲之心必不胜其避祸邀福之心也，而夸其辞以动之，则重贿立至，不虞夫愚失妇之终惑其说而不悟也。非惟愚夫妇为然也，贤知之士皆终惑之而不悟也。②

在陈确看来，祸福之说之所以发生，就在于葬师们的“欲贿”，他们为了满足自己的欲望，利用人们的孝亲、哀亲之心，夸夸其辞，愚弄人们，使人们上当受骗，惑而不悟。就是说因为愚者不悟使骗者得行其术，这个揭露是深刻的，正切中其要害。

第四，“葬师”害民，甚于暴君污吏。陈确指出，由于人们受“葬师之说”的欺骗，而流行看风水择坟地的陋习，为了埋葬“朽骨”，而占据大片“腴田”，结果造成了“以死伤生”的现象，这种罪过不亚于、无异于暴君污吏害民。所以说：

> 且欲以一人之朽骨，长据数亩之腴田，其茔封开广者，或更至数十亩，苟此俗不变，地何以给？民何以堪？此何异暴君污吏之多为园囿洿池以害民者乎？顾古之为暴者，国止一君；今之为暴者，一乡有数十师，一师阡数十坟。……每一拭目，平原旷野，垒树弥望，率皆沃壤，耕夫拱手，民业日促，可为

① 《陈确集·别集》卷七《地脉论》。

② 《陈确集·别集》卷六《葬论》。

寒心！……故明知之士，不以死伤生，诚达于分义之至也。①

陈确哀生人受葬师之害而带来的灾难，故对葬师深恶痛绝，要人们“尽焚天下之葬书”。② 他指出：“葬书”是“诬”书，“葬师又甚焉”，“葬师”害人，尤甚于“庸医”杀人。因为庸医虽然“杀人无算”，但“十人为医，得裕后者犹得一二。至于葬师，虽百千万亿中，未有能善其后者”。所以他告诫人们万万不要“信妖人之伪书，废族葬之良法，以无为有，以是为非，隔绝天伦，广废耕田”。③ 陈确认为，人生可以“聚族而居”，死不必“聚族而葬”，从而做到“不以死伤生”。陈确的这个思想，是建立在无神论的鬼神观的基础上的，因而是合理的，可取的。

第五，择所弃无用之地而葬以利农业生产发展。人死总是要埋葬的，不葬不行，葬在什么地方要有选择。据此，陈确提出了他的“择地而葬”的主张。他认为，葬人要择地，但不是选择风水、龙脉的好地做坟地，而是要选择那些不妨碍农业生产、城市建筑、道路交通的，为人所弃之地为坟地。他说：

“然则地固不必择乎?”曰：“古人之营国邑也，则景度之，绳正之，葬地则未之闻。……成子高曰：‘吾生无益于人，死可害于人乎！吾死，则择不食之地而葬我焉。’君子以为达。程子曰：‘择葬地，当避五患：使他日不为城郭，不为道路，不为沟池，不为势家所夺，不为耕犁所及。’若由是观，所谓择，择人之所弃者而已，非今之所谓择也。”④

陈确所择的“葬地”是“择人之所弃者”，“择不食之地”，这与“葬师”所择之地正好相反。这种“择地而葬”的主张，不仅有针对性，

① 《陈确集·别集》卷六《与同社书》。

② 《陈确集·别集》卷六《与同社书》。

③ 《陈确集·别集》卷六《与同社书》。

④ 《陈确集·别集》卷六《葬论》。

而且有现实性，有利于民生。陈确依据他的无神论思想，还主张俭葬，反对厚葬。总观他的《葬书》中所阐发的葬论，既贯穿着无神论，又强调了人的作用，而排除了鬼神的主宰性，这是光彩的。

第三节　知行并进无穷的知行观

陈确的知行统一观，是从对《大学》的批判入手而建立起来的。他认为，《大学》一书，由于程、朱推崇，而使“后人直奉为圣经”，究其实“非孔、曾之言”①，因此不能不辨。他在给好友沈朗思的信中说：“《大学》言知不言行，必为禅学无疑，此一篇之纲也。”②为了辨《大学》，陈确写了《大学辨》一书，集中论述了他的知行观。

陈确指出，《大学》的“八条目”提出的“欲诚其意者，先致其知；致知在格物”，把格致、诚意作为求知为学的开始，是没有道理的。《大学章句》的集注者朱熹在《大学》首章的引言中说《大学》指明了“为学的次第”，朱熹说：“程子曰：‘《大学》孔氏之遗书，而初学入德之门也’，于今可见古人为学次第者，独赖此篇之存。”《大学》所说的“为学次第”是：

> 古之欲明明德于天下者，先治其国；欲治其国者，先齐其家；欲齐其家者，先修其身；欲修其身者，先正其心；欲正其心者，先诚其意；欲诚其意者，先致其知，致知在格物。

按照这个为学求知的次第，是把格致、诚意作为开端。对此，陈确极力反对。他认为，人为学求知不能从“诚意”开始，也不能从“格致”开始。在陈确看来，《中庸》讲的“诚”包括“自诚明”和“自明诚”，“诚者，非自成己而已也，所以成物也。成己，仁也；成物，知也；性之德也，合内外之道也”。就是说，“诚”不仅是“成己”，而且是“成物”，是由外入内，由内出外，兼举内外。陈确认为，

---

① 《陈确集·别集》卷十四《大学辨一》。

② 《陈确集·别集》卷十五《大学辨二》。

程、朱所讲的“诚”，只限于内，而忽略外，即只顾“诚意”，不顾“成物”，其实是不诚。陈确说：

> “古之欲明明德于天下”云云者，尤非知道者之言也。……至“正心”以往，益加舛缪。既言“正心”，不当复言诚意。既先诚、正，何得又先格、致？夫心之与意，固若此其二乎？故《大学》之所谓诚者非诚也。凡言诚者，多兼内外言。《中庸》言诚身，不言诚意。诚只在意，即是不诚。朱子之解“诚意”曰：“实其心之所发。”……则是心之所发犹虚而不实也，而何以谓之诚乎？①

陈确认为，“诚”是兼内外而言，程、朱所讲的“诚意”，包括“诚”和“意”两个概念，应当合意于身，统成于身。“诚”是求知的结果，而不是为学的开始。

陈确指出，为学求知也不能从“格物致知”开始。人要想格物、致知，就需要有一个比它们更高的东西来支配它们，以不迷失方向，这就是要由主体意识支配，因为“心”为“身之主”，所以“格物”、“致知”，必先“正心”。陈确说：

> 而所谓致知、格物者，非即以吾心致之，吾心格之乎？心者，身之主也。存心公恕，夫后能知己之过，知物之情。知己之过，故修之而无勿至；知物之情，故齐、治、平之可以一贯也。今不先求之正心，而欲徐俟之格致之后，正所谓“倒持太阿，授人以柄”，鲜不殆矣。心之不正，必且以未致为已致，未格为已格，又孰能从而定之？②
>
> 若乃正心之于格致，则正心为指南之针，格致乃辨方之盘，针摇不定，虽盘星灿然，度分刻画又安所取乎？③

① 《陈确集·别集》卷十四《大学辨一》。

② 《陈确集·别集》卷十四《大学辨一》。

③ 《陈确集·别集》卷十四《大学辨一》。

“心”为思维器官，支配感觉器官，要获得正确的认识，就要“正心”，心正了，才能发挥其指南针的作用，否则摇摆不定，就无法正确认识事物，获得真知。

为学求知，不能从“格致”开始，应当从什么开始呢？陈确主张从“定志”开始。他说：

> 学莫先定志，志为圣贤，而后有圣贤之学问可言。格物致知，犹言乎学问之耳。故曰：志于功名者，富贵不足以移之；志于道德者，功名不足以移之。故志于富贵，则所格所致皆富贵边事矣；志于功名，则所格所致皆功名边事矣；志于道德，则所格所致皆道德边事矣。此非格致之异，而吾心之异也。①

为学求知当“先定志”，志定则事成。因此，陈确强调“定志”、“正心”。在他看来，“人特患不立志耳，不用力耳；能立志，能用力，而真知出矣”。② 定志、立志，用力、力行，出真知，这个思想不无合理之处。

陈确认为，知和行是一个“如环无端”，相互并进的发展过程。他不同意程、朱的“知先行后”说，而主张“知行并进”，针对朱熹的“如人行路，不见便如何行”③和张履祥的“如眼前一步，必先见得，然后行得”④的说法，他进行了反驳，并提出自己的看法：

> 此谓知先于行，可谓切喻；然亦是行得到此，故又见此一步耳。兄能见屋内步，更能见屋外步乎？能见山后步，更能见山前步乎？欲见屋外步，则必须行出屋外，始能见屋外步。欲见山前步，则更须行过山前，始能见山前步。所谓行到然后知

① 《陈确集·别集》卷十四《大学辨一》。
② 《陈确集·别集》卷十六《大学辨三》。
③ 《朱子语类》卷九。
④ 《陈确集·别集》卷十六《大学辨三》。

道者，正以此也。[1]

这是说，要想知，就必须行，行一步，才能知一步，行中求知，不是知先于行。陈确还以例证说明这个道理。他说：

> 譬如乱后而至京师，风波荆棘，不容不访，但走在路上，虽至愚极蠢之人，必能问讯，必能到京。若终日坐在家里，虽聪明强记之人，将两京十三省路程稿子倒背烂熟，终亦无益！后儒格致之学，大率如此。[2]

陈确在给友人的书信中，反复说明知识的获得离不开同外物的接触，主观与客观的接触、结合，是通过“力行”来实现的，“知”在“行”中知，“行”为“知”的前提，如果“半日静坐，半日读书”是不能取得真知的，即使度过一生，也不成个样子。他说：“至相传要诀，以半日静坐，半日读书为为学之法，然乎，否与？孟子之‘必有事’，《中庸》之‘须臾勿离’，读书耶，静坐耶？禅和子受施主供养，终日无一事，尝半日打坐参禅，半日诵经看语录，便了却一生，使吾儒效之，则不成样矣。”[3]只知不行，不能取得真知；参禅、诵经既不能求真知，又于国家、自身无用，所以不可“效之”。

基于这种思想认识，陈确论述了他的“知行并行”的知行统一观。陈确的知行统一观，是在批判宋儒的“知先行后”说的基础上建立起来的，在这一点上他与王守仁相通。王守仁的“知行合一，正是治病的药”。[4] 即是治“知先行后”之病的药。陈确认为，王守仁的“知行合一”说，是为了解决“知先行后”，“言而不行”的流弊而提出的。因此，他赞同王守仁的这个观点。他说：“阳明子言

---

① 《陈确集·别集》卷十六《大学辨三》。

② 《陈确集·别集》卷五《答朱康流书》。

③ 《陈确集·别集》卷五《学解》。

④ 《王文成公全书》卷一《传习录上》。

‘知行合一’，‘知行无先后’，‘知行并进’，真是宋儒顶门针子。”①在陈确看来，王守仁的这些说法，是把知与行紧密地统一起来，“行”在认识中的地位，不是微不足道，无足轻重，而是“知”的前提，与“知”同行并举的。“不知必不可为行，而不行必不可为知。知行何能分得。”②行与知都是同样重要、不可缺少的。

陈确在论述了知与行统一并进的同时，论述了知和行是一个首尾相衔，无限前进的发展过程。他说：

> 道虽一贯，而理有万殊；教学相长，未有穷尽。学者用功，知行并进。故知无穷，行亦无穷；行无穷，知愈无穷。先后之间，如环无端，故足贵也。③

知无穷，行亦无穷；行无穷，知愈无穷。知行是相须相资并进无限发展的，没有穷尽的。陈确在这里论述了知行无限发展的辩证法，这个思想是相当精彩的。

依据知行并进无限发展的辩证法思想，陈确批评了《大学》的“知止”、“止于至善”的思想。陈确认为，《大学》的“知止”二字，是禅家说梦。他说：

> 《大学》前篇，语语说梦。其尤虚诞近禅者，在“知止”二字；其全神所注，亦只在此二字。所谓格物、致知者，亦惟欲致其知止之知而已。从此下手，那得不禅！④

陈确认为，人的认识和求知是无穷无尽的，没有“知止”之说，“格物致知”是一个活到老、学到老的贯彻始终的过程，也不存在朱熹所说的“推类以尽其余，则天下之事，皆有以知其所止而无疑”，

① 《陈确集·别集》卷十六《大学辨三》。

② 《陈确集·别集》卷十六《大学辨三》。

③ 《陈确集·别集》卷十四《大学辨一》。

④ 《陈确集·别集》卷十六《大学辨三》。

“《大学》始教，必使学者即凡天下之物，莫不因之已知之理而益穷之，以求至乎其极，至于用功之久，而一旦豁然贯通焉，则众物之表里精粗无不到，吾心之全体大用无不明矣。此谓格物，此谓知之至”①的境界。陈确肯定：“道体本无穷尽。……故道无尽，知亦无尽。”②就是说，因为宇宙万物及其发展规律是无穷无尽的，所以人的认识也是无穷无尽的。人不可能一次穷知穷尽无限无尽的事物，更不可能达到“一旦豁然贯通”，“表里精粗无不到，吾心之全体大用无不明”的“了悟”、“彻悟”境界。如果认为有这种“知止”、“知至”的境界，那不过是“禅者”“说梦”罢了。据此，陈确在极力反对“知止”的思想的同时，提出了“知无穷”的思想。他说：

> 夫学，何尽之有！有善之中又有善焉，至善之中又有至善焉，固非若邦畿丘隅之可以息而止之也。……且吾不知其所谓知止者，谓一知无复知者耶，抑一事有一事之知止，事事有事事之知止；一时有一时之知止，时时有时时之知止耶？如其然也，则今日而知止，则自今日而后，而定、静、安、虑、得之无不能，不待言也。脱他日又有所为知止焉，则他日之知，非即今日之所未知乎？是定、静、安、虑、得之中，而又纷然有所为未定、静、安、虑、得者存，斯旨之难通，固已不待其辞之毕矣。③

宇宙万物万事是无限的，即使有此一事，此一时的“知止”，也不能说是“知止”，因为还有彼一事、彼一时的存在；如果说有今日的“知止”，那么今日而后的“知”，亦不能说“今日知止”。认识就是一个由此时到彼时、由此事到彼事、由今日到明日、由这一代人到下一代人的无限的向上发展过程，这是一个有限与无限、相对与绝对的辩证统一，永无止境的发展过程。从客观认识对象来看，认

① 《大学章句》。

② 《陈确集·别集》卷十四《大学辨一》。

③ 《陈确集·别集》卷十四《大学辨一》。

识没有“知止”之境。从主观认识能力来说，一个人、一代人都不可能穷尽一切知识。陈确肯定地说：

> 君子之于学也，终身焉而已。则其于知也，亦终身焉而已。故今日有今日之至善，明日又有明日之至善，非吾能素知之也，又非可以一概而知也，又非吾之聪明知识可以臆而尽之也。……天下之理无穷，一人之心有限，而傲然自信，以为吾无遗知焉者，则必天下之大妄人矣，又安所得一旦贯通而释然于天下之事之理之日也哉？①

陈确从认识对象的无限性、人的生命的有限性的矛盾上来驳斥“知止”说，从主体与客体的矛盾关系上来阐发“道无尽，知亦无尽”的思想。陈确的知行辩证统一观，充满着唯物辩证思想的光辉。

第四节　教养成善的人性论

陈确在《性解》中，集中阐发了他的人性思想。

在人性观点上，陈确赞同孔子的“性相近也，习相远也”和孟子的“性善论”，反对宋儒的“天地之性”和“气质之性”的人性二元论。陈确认为，人性只有一个善性，没有恶性，也没有善恶混之性。由于孔子的“性相近”和孟子的“性善论”的创立，而使人性理论“自此大定，学者可不复语性矣”。② 因此，陈确主张人性善论，人应当尽心于善。既然孔子、孟子的人性观点，使人性理论“大定”，那么孔子、孟子以后的学者，不必要重复讨论人性善恶的问题，只要慎习为善、教人成善就行了。人们不应空口言性之善恶，而应当身体力行，改过迁善，这才是真正的知性。据此，陈确十分强调后天环境对培养善性、保全善性的重要作用。这如同滋培长养一草一木一样，生民之性也需要教养成就，以全其性。陈确说：

① 《陈确集·别集》卷十四《大学辨一》。

② 《陈确集·别集》卷四《性解上》。

> 今老农收种，必待受霜之后，以为非经霜则谷性不全。此物理也，可以推人理矣。是故资始流行之时，性非不具也，而必于各正保合见生物之性之全。孩提少是之时，性非不良也，而必于仁至义尽见生人之性之全。继善成性，又何疑乎？……今夫一草一木，谁不曰此天之所生，然滋培长养以全其性者，人之功也。庶民皆天之所生，然教养成就以全其性者，圣人之功也。非滋养能有加于草木之性，而非滋培长养，则草木之性不全。非教养成就能有加于生民之性，而非教养成就，则生民之性不全。①

人有本然的善性，但要使这种本然的善性得到全面发展，就要滋培长养，否则性不全。人的善恶的养成，和植物生成、五谷成熟一样，有待于后天的加工、长养、教习，所以陈确强调教养成就以全生民之性。

陈确认为，孔子的“性相近”讲的是性善之意，不过孔子没有明确说出，孟子领会了孔子的思想宗旨，将孔子的性善之意“和盘托出”，“截而言之”“人性善”，使人性理论“益明”。孔、孟之后的学者不必重复讨论人性问题，只要不断慎习、迁善、改过就行了。陈确说：“既经孔、孟指点，学者可不复言性，只廪廪慎习，孳孳为善而已。孳孳为善，虽不言性，而性在其中矣，此孔、孟之意也。”②在陈确看来，孟子性善论的提出：“使自暴自弃一辈更无处躲闪，然后相近之说益为无弊，有功于孔门最大。要之，即本孔子之意言之耳。然孟子却得有根据，非脱空杜撰者。”③为什么这样说呢？关键在于孟子的“尽其心者知其性也”一语，这是孟子“道性善本旨”。陈确说：

① 《陈确集·别集》卷四《性解下》。

② 《陈确集·别集》卷三《知性》。

③ 《陈确集·别集》卷四《性解上》。

盖人性无不善，于扩充尽才彼见之也。如五谷之性，不艺植，不耘耔，何以知其种之美耶？故尝谆谆教人存心、求放心，充无欲害人之心……学者果若此其尽心，则性善复何疑哉！①

人性本善，扩充全善，所以说："性善之言，千古不易也。"②陈确断定：人性善论是千古不变的定论，是有事实根据的实见，不是凭空杜撰的空论。因此，不需要二辩哉！不容许"疑哉！"

陈确还指出，孟子之所以"道性善"，是因为"天下多不善人"，为了教育、唤醒不善之人返于善，从而使天下人都归于善；又因为"荀、告、韩、杨各是所见，铢铢较量，可谓愚甚；后儒之说，更极支离"。孟子的性善论，"是欲人为善"。③ 使人"知善而能为善"，这便是圣贤立教之旨。陈确说：

凡圣贤立教，非有大关系，不苟为异；非有大证据，不妄自是。学者不深维立言之旨，而苟习其肤陋之说，群咻无已。如所谓"性有不善"，"气才情不善"……此吾之所谓愚甚也。……盖孟子道性善，初非缪为是言，以姑诱人于为善而无其实者。性善自是实理，毫无可疑。今人只是不肯为善，未有为善而不能者。惟其为善而无不能，此以知其性之无不善也。④

就是说，孟子道性善，既是有事实根据的实理，又是谆谆教人存心为善的良言。然而有的人却只是空口言性，自谓知性，实际上却不肯迁善改过，不肯躬行为公。这是自欺而欺人，自诬而诬天下，其实这种人并不知道何以为性。陈确认为，只有孟子的道性善和扩充善性，才是知性。他说：

① 《陈确集·别集》卷四《性解上》。

② 《陈确集·别集》卷十六《大学辨三》。

③ 《陈确集·别集》卷五《原教》。

④ 《陈确集·别集》卷五《原教》。

> 恻隐之心人皆有之，能尽恻隐之心，然后知吾性之无不仁。羞恶之心人皆有之，能尽羞恶之心，然后知吾性之无不义。辞让是非之心，莫不皆然。故所谓尽心，扩而充之是也。苟能充之，虽曰未尝知性，吾必谓之知性。①

尽心于性，扩充善端，培养善性，全其善性，才是知性。

陈确认为，中国古代的人性理论，由于孔子的"性相近"和孟子的"道性善"，本来已使人性学说之旨愈明，其论已定，可是由于告子的"性无善恶"论的提出，加之"荀、韩之说，未尽蠲告子之惑。至于诸儒，惝恍弥远"②，因而使孔、孟的圣学不能统一天下，异端邪说日兴，造成人性理论的混乱，是非不分，正邪不辨。特别是宋儒们创立了"天地之性"和"气质之性"后，更使人性理论混乱不堪，矛盾百出。因此，陈确反复论说宋儒人性理论之非。他说：

> 圣学异学之分，邪与正而已。邪正之分，是与非而已。是非之辨，何容淆乱！孔、孟而后，学者无真是非，是者非之，非者是之，世道衰微，邪说并作，庸可长耶！即如孟、告之辨性，决无两是之理，亦决无两非之理。宋儒言"孟子道性善，是谓本然之性，本然之性，原无不善，孟子之说是也；告子生之谓性，是言气质之性，气质之性，原有善有不善，告子之说亦是也"，则两是矣。"但告子只说得气质之性，遗却本然之性，孟子亦说得本然之性，遗却气质之性，未若张、程之说为全"，又两非矣，而可乎？且以孔子言相近，是指气质之性言，隐然跻告于孔，有是告非孟之意，非特两是而已。此说之至怪者也，而学者奉之为圣书，确甚惧焉。③

① 《陈确集·别集》卷三《知性》。

② 《陈确集·别集》卷四《性解上》。

③ 《陈确集·别集》卷三《圣学》。

陈确认为，宋儒的“天地之性”和“气质之性”的人性学说，与告子以来的人性学说之非是一脉相承的，他们是“既本荀、告”，又“全堕佛、老”，因而使“性学日淆”。本来“荀、扬语，已是下愚”，可是“宋儒又强分个天地之性，气质之性”，这更是下愚之举。他们企图调和孟子与告子人性学说的矛盾，于性中分出“气质之性”是为了感谢告子，分出“天地之性”是为了感谢孟子。他们不了解只有“一性”，“岂有二”的道理。离开气质有何本体可言？丢弃本体何性之有？由于这种做法，使性学混乱，使学者从“空中摸索，白首茫然，为可大哀”，这种理论实为佛、老之学。陈确批评说：

> 宋儒分本体、气质以言性，何得不支离决裂乎？性即是本体，又欲于性中觅本体，那得不禅！其曰“气质之性”者，是为荀、告下注脚也；曰“本体之性”者，是为老、佛传衣钵也。两者皆从何处捞摸！①

陈确从各个方面批评了宋儒“天地之性”和“气质之性”学说之非。陈确的全部人性理论，旨在肯定孔子的“性相近”、“习相远”和孟子的“性善论”，反对告子、荀子、韩非、扬雄及宋儒的人性论，强调躬行实践、教养、扩充成善，这些思想在当时是中的之论。

① 《陈确集·别集》卷十七《大学辨四》。

第四章 傅山的爱国和追求个性解放思想

第一节 遗民气节的爱国思想

傅山，又名真山，字青主，号朱衣道人，生于公元1607年(明万历三十五年)，卒于公元1684年(清康熙二十三年)，山西阳曲(今太原)人。

傅山是明清之际我国思想文化界的一位杰出的爱国主义者、思想家、博学者，又是一位诗人、画家、书法家、医学家。在他的家乡山西，人们崇敬他的爱国气节，珍爱他的遗墨，怀念他的为人，传颂他的医德，称之为“傅仙”，敬之为神话中的人物。

傅山出生于累世显贵望族，远祖原居大同府。六世祖天锡，迁居忻州。曾祖朝宣任宁化府仪宾承务郎时，又迁居阳曲。父亲傅之谈，是明万历年间贡生，博学多能，以教书为业，傅山从小受到严格的家庭教育，在“目不窥园”的读书生活中度过了童年。他自幼聪颖过人，全祖望说：傅山“少读书，上口数过即成诵”。① 傅山自己也谈到他的惊人记忆力，说：“戊辰会试卷出，先兄子由先生为我点定五十三篇，吾与西席马生较记性，日能多少。马生亦自负高资，穷日之力，四五篇耳。吾栉沐毕，诵起，至早饭成，唤食，则五十三篇，上口，不爽一字。马生惊异，叹服如神。自后凡书，无论古今，皆不经吾一目。”②傅山 15 岁时，补博士弟子员。20 岁

① 《鲒埼亭文集·阳曲傅先生事略》。

② 《霜红龛集》卷二十五。

时，读完了十三经、诸子及大量史书，为廪生。30岁时，山西提学使袁继咸整顿“三立书院”，傅山被选入院深造。他刻苦钻研、孜孜以求，因此，他的学问博大精深。他为学不囿于陈说，不为腐儒之论束缚，而自辟蹊径，勇于创新。他说：

> 好学人那得死坐屋底，胸怀既因怀居卑劣，闻见遂不宽博。故能读书人，亦当如行脚阇黎，瓶、钵、团、杖，寻山问水，既坚筋骨，亦畅心眼；若再遇师友，亲之取之，大胜塞居不潇洒也。①

傅山自20岁后，交游颇多。在山西境内先后游历了昔阳、盂县、阳城、五台、大同、曲沃、绛州、龙门、平陆等地。53岁时，南下浮淮渡江到金陵、海州。59岁，偕侄傅仁游关中、登华山、过富平访李因笃，广泛结交爱国志士以及高风亮节的诸大儒如顾炎武、阎若璩、朱彝尊、全祖望等大师。顾炎武、阎若璩都两次不远千里来看望他。76岁后，不再外游，居家读书。

傅山生性任侠，富有正义感，嫉恶如仇，不能容忍恶腐势力，在公理正义面前，敢做敢为。他30岁时，袁继咸被巡按张孙振诬陷，押解北京。傅山联合曹良植、薛宗周等同学百余人赴京请愿，为老师伸冤，几经周折，终获胜利。张孙振被捕入狱，袁继咸复官。

公元1644年，李自成的农民起义军攻占太原，傅山怀着“忠君”思想，离家奉母旅居。清兵入主中原后，他义愤填膺，着朱衣黄冠为道人，晦迹山林。他并非真要做隐士，而是要保持爱国风骨，他希望有朝一日能投笔从戎，去参加“共逐骚人鹿”的复明大业。傅山目睹国破山河变的惨状，怀着对故国的一片真情，多次想参加抗清复明的斗争。他在诗中写道：

> 三十八岁尽可死，栖栖不死复何言。

① 《霜红龛集》卷二十五。

徐生许下愁方寸，庚子江关暗一天。
蒲坐小团消客夜，烛深寒泪下残编。
怕眠谁与闻鸡舞，恋著崇祯十七年。①

又云：

掩泪山城看岁除，春正谁辨有王无？
远臣有历谈天度，处士无年纪帝图。
北塞那堪留景略，东迁岂必少夷吾。
朝元白兽尊当殿，梦入南天建业都。②

在傅山的诗文中，深刻地表现出他那时时不忘祖国的忧愤之情和重建祖国河山的志念。直到71岁回首往事时，傅山依然怀着同样的感念："耻不殇于国，囚濒死向圜，申公低耳属，徐庶绝心悬，岂后期相见，从拼不两全，良友为道地，耄母待终天，不辱颜徒强，行吟毗决穿。"③面对国殇之势，他感到耻辱，要像申包胥那样怀着复国的忧思，又同徐庶那样心悬着老母的晚景，许多好友为着反清复明殉道而捐躯，自己却忍着亡国之耻活在世上，在尽忠效死已无补于事时，他不能简单地一死了之，因为还有人世间的责任和义务。

康熙十七年，傅山已72岁，清廷诏举博学宏词，网罗知名人士。给事中李宗孔、刘沛先推荐傅山应试，傅山称病推辞。次年，康熙诏旨免试，特授"中书舍人"。对此，他十分鄙视，不肯谢恩。在午门外向康熙谢恩时，"出乖弄丑"，以示反抗。不久，被放回山西，离京时，相国以下官员，都恭送出城，他"觚觚拐拐自有性，娉娉婷婷原不能"，表现出坚强不屈的个性和高风亮节的品格，在历史上留下爱国的美名。

① 《霜红龛集》卷十。
② 《霜红龛集》卷十八。
③ 《霜红龛集》卷十一。

傅山的著作主要有《霜红龛集》，集中体现了他的学术思想和爱国主义思想。另有医学著作《傅青主女科》、《傅青主男科》、《傅青主儿科》等。

第二节 批评理学，提倡实学

清朝初年，康熙皇帝为了加强封建专制主义思想统治，极力提倡程、朱理学，一批儒学耆儒因而受到重用，他们不讲华夷之辨，大讲君臣之礼，“天理”与“人欲”之辨，以此为清朝统治制造理论根据。在这种情况下，傅山对理学进行了批判。与此同时，傅山认识到，由于理学的空浮使明朝灭亡，为了“济世”和“救时”，他要跳出理学的空浮圈子，批判“腐儒”的“空言”，积极提倡“实学”。全祖望称他“思以济世自见，而不屑为空言”。① 傅山批判理学，提倡实学是有深厚历史根源的。

在宋明理学家那里，“理”是一个弥纶天地、秩序万物、规范人伦的无所不包、无所不能的唯一者，宇宙万物都是它的派生物。这样就使封建纲常成为神圣不可侵犯的东西。傅山为了驳斥“鄙儒”崇理之谬，花费很大气力考察先秦大量典籍，确定理的本义是“文理”，而非宋儒所言之“天理”。他说：

> 文理密察之理，犹之乎条理之理，从王从里，义实蕴藉。……《老子》八十一章绝无理字，何也？妙哉！无理字，所以为《道经》。即道亦强名之矣，况理乎！理之一字，在先圣赞《易》初见之：“君子黄中通理。”理从里，从田，从土，皆属地者。坤卦，地道也，故言理。物之文理之缜密精微者，莫过于玉，故理从玉。玉几于无理者也，言其细也。圣人于坤卦说理，而乾卦中无理字者，乾，天也，不可以理字概也。《系辞》“穷理尽性以至于命”，下学上达之旨耶？韩非曰：“理者，成物之文也。”解理字最明切矣。“乾知大始，坤作成物”，

① 《鲒埼亭文集·阳曲傅先生事略》。

> 故乾不言理而坤言理。黄中，地之德也，《象》曰：“黄裳元吉，文在中也。”有文而后见其理，黄中以通之。一土之色，而有青白赤黑，其色各有所自来，总在黄之中也。①

傅山在考察了《尚书》、《周礼》、《周易》、《诗经》、《孟子》、《老子》、《庄子》、《韩非子》等大量先秦典籍后，对“理”字本义作了全面的阐发。在他的思想观念中，“理”的涵义主要有：一，“理”是“成物之文”，“文理密察”，“条理之理”，理是事物的文理，有物方有文，有文才见理，无物便无理，就是说，理不是先于事物的悬空孤玄之理，而是事物之理。二，“乾不言理而坤言理”，因为“乾”为宇宙的开始，开始无物，无物不可言理；“坤”为“成物”，有物才有理，故坤可以言理。三，地是黄色，地中包含着各种颜色，各种颜色的条文，便呈现文理，“理”从田、从土，有地才有文，有文才有理，故理在地中，即理在物中，不在天上。四，“理”为事物存在和发展的规律。“《系辞》‘穷理尽性以至命’，‘下学上达’之旨”，是“圣人”“全自上观变于阴阳，发挥于刚柔来”②的，就是说，是从宇宙万物的阴阳、刚柔、动静的矛盾变化而得出对事物的条理——规律性认识。

傅山以古代典籍的“理”的本义，驳斥宋儒论“理”之非。他说：

> 宋儒的缠理字。理字本有义好字，而出自儒者之口，只觉其声容俱可笑也。如《中庸》注“性即理也”，亦可笑，其辞大有漏，然其窍则自《易·系》“穷理尽性以至于命”来。似不背圣人之旨，不背则不背其字耳。③

傅山认为，理学家虽然用先圣贤们的“理”，却歪曲了“理”的本义。他从阐释“理”的本义入手，批评理学家所讲的“理”既不符合本义，

① 《傅山手稿一束》，见《中国哲学》第十辑。

② 《傅山手稿一束》，见《中国哲学》第十辑。

③ 《傅山手稿一束》，见《中国哲学》第十辑。

又违背圣人之旨，所以是站不住脚的。

傅山进一步指出，理学家所说的“理在气先”，实则是理在物先，这就使理成为“无着落”的虚妄者。他说：

> 老夫尝谓气在理先，气蒸成者始有理，山川、人物、草木、鸟兽、虫鱼皆然。若云理在气先，但好听耳，实无着落。①

在万物产生之前，宇宙中只有浑沦无间的物质之气，这种气没有聚合成为万物，故没有条理、文理可言，也就无从谈论什么理了。由于气之蒸发、凝聚而形成大地，然后有了理，随之出现了山川、人物、草木、鸟兽、虫鱼等，万事万物莫不如此。所以说“气在理先”，不是“理在气先”。如果把“理”说成是在万物之前就存在的，这就使理成为虚无缥缈的“实无着落”者。

傅山认为，由于理学家把“理”抽象化、悬空化，使之脱离物而存在，因而把“理”普遍化、永恒化，在此基础上又把“理”赋予人性化、伦理化的意义，从而大讲“性即理也”，“穷理尽性”之说，这是十分可笑、大有漏洞之论。傅山说：

> 圣人之所谓理者，圆备无漏；才落儒家之口，则疏直易寻之理可见，至于盘根错节之理，则不可知矣。……宋儒之所谓理者，似能发明孟子“性善”之义，以为依傍大头颅，并不圆通四炤。理之有善有恶，犹乎性之有善有恶，不得谓理全无恶也。即树木之理，根株枝节，而忽有纠拏杂糅之结，斤斧所不能施者，谓此中无理耶！②

理学家认为“理”体现在人身上为“性”，理是纯善的，故“性即理”之性，亦是纯善的。为了解释善与恶的来源问题，他们创立了“天

① 《傅山手稿一束》，见《中国哲学》第十辑。

② 《傅山手稿一束》，见《中国哲学》第十辑。

地之性”和“气质之性”，前者体现天理而为至善的，后者表现为人欲而为可善可恶的。对此，傅山进行了批判，他说性有善有恶，理亦有善有恶，善有善之理，恶有恶之理，如果把理视为纯粹至善，便是只见善理，不见恶理。无论弯曲、盘根错节的树木，都有理的存在，不能把直木视为有理，曲木视为无理。如此说来，宋儒所说的理，“并不圆通四炤”，他们自认为“发明孟子性善之义，以为依傍大头颅”，其实并不然。因为在傅山看来，“孟子道性善也是平地里起骨堆”。① 孟子的性善论是错误的，宋儒的“性即理”更是错上加错。

傅山认为，由于理学家内部的程朱与陆王两派，为了争道统、扶纲常而挑起门户之争，虽然争之甚烈，如同冰炭不可共器，但却于世无补、无用。对这种“空言”，傅山十分鄙视。他说：“我不曾辨朱陆买卖。……闻此等说如梦。”②傅山之所以如此对待理学，就在于他认为理学是尚空言、不务实际的，不能经世致用。他说：

> 经术蔽腐儒，文章难救时。谯却富典故，建议草降辞。龌龊处人国，缓急将安稗？③
>
> 宋人议论多而成功少，必有病根，学者不得容抹过。④

他认为那些“正统”的“理学先生”，都是些“一味版拗”之人，只会作“沿袭工夫”，成天钻在故纸堆里，在注脚中讨分晓。他说：“明王道，辨异端，是道学家门面，却自己只作得义袭工夫。”⑤“义袭”是理学家的重要方法。他们以注经为手段，搞烦琐哲学，埋头钻在故纸堆里，脱离实际，误国害民。傅山在深究诸家典籍后，愈感到理学“不济事”。他说：“吾以《管子》、《庄子》、《列子》、《楞

① 《霜红龛集·例言》。
② 《霜红龛集》卷四十。
③ 《霜红龛集》卷三。
④ 《霜红龛集》卷三十六。
⑤ 《霜红龛集》卷三十六。

严》、《唯识》、《毗婆》诸论，约略参同，益知所谓儒者之不济事也。”[①]在傅山看来，由于理学空疏、不济事，所以他要以事功之学反对理学。

傅山对提倡事功之学的陈亮十分称颂。“或强以宋诸儒之学问，则曰：‘必不得已，吾取同甫先生。’”[②]傅山之所以要采取陈亮之学，是因为陈亮不纸上谈兵，而是济世救时。他对陈亮与朱熹关于“王霸义利”之争的态度是：“龙川似水火，其实知程朱。”[③]“愚谓同文容得朱晦翁，而晦翁不能容同文。”[④]他表示要站在陈亮一边，“取同甫”之学。

傅山认为，人生最大的危险在于空谈议论，舞文弄墨，不务实际，不办实事；人生最大的耻辱在于胡作妄为，不学无术。人们只有寡言实干，才能途坦进步；只有知耻，才能不殆；只有知惭，才能前进。他指出，那些钻在故纸堆里的“道学”“书生”，是无前途而可悲的。他说：“书生故纸万重围，暗吃椰子自大亏。好山好水来不得，耽耽漠漠落中堕。”[⑤]因此，傅山极力反对脱离实际，不切实用的死读书，他主张读切实可用之书。他说：“读书不必贪多，只要于身心有实落受用处，时时理会。”[⑥]读无用之书是“玩物丧志”，读有用之书要“时时理会”，“钻研穷究”。这样就“可以立身，可以御侮，可以成德，可以济物”。[⑦] 傅山一生，不断进取，孜孜以求，他决心要“老作学生”，不以学者先生自居。他说：“老夫每道宁可老作学生，不可少作学者。‘生’不可量，‘者’则者矣。‘者’者，著也。著始者，无所著者，渠不者。人之为人，岂可自者。”[⑧]人要活到老，学到老。学要切实际、实用，不能只停留在书

① 《霜红龛集》卷二十六。
② 《鲒埼亭文集·阳曲傅先生事略》。
③ 《霜红龛集》卷四。
④ 《霜红龛集》卷三十七。
⑤ 《霜红龛集》卷九。
⑥ 《霜红龛集》卷三十八。
⑦ 《霜红龛集》卷三十八。
⑧ 《霜红龛集》卷三十六。

本上，只停留在书本上的空学是没有用的。学要通过亲身体察，体验事物，才能认识事物。傅山说：

> 学之所益者浅，体之所安者深，闲习礼度，不如式瞻仪型；讽味遗言，不如亲承音旨。①

傅山的实学思想开创了颜元的习行践履之学的先河。所以丁宝铨、缪荃孙、罗振玉等在《霜红龛集序》中说："颜习斋为近今巨儒，乃极称同甫，所著《习斋记余》者四。傅、颜论议，先后一辙，由是以言颜氏学风，啬庐所渐渍者也。"陈亮——→傅山——→颜元，是实事实功之学的前后相承者。这是非常有道理的。

第三节　反对奴儒，提倡个性

在长期的封建专制制度和文化专制主义的统治下，培养了奴儒，造就了奴性，禁锢了思想，抹杀了个性。傅山有感于比，而反对奴儒、奴俗、奴性，提倡个性解放。

傅山反对奴性的思想武器是"反常之论"。这种"反常之论"是以人性自然论为基础的。他在《文训》中说：

> 贫道昔编《性史》，深论孝友之理，于古今常变多所发明。取二十一史应在《孝友传》而不入者，与在《孝友传》而不足为经者，兼以近代所闻者，去取轩轾之，二年而稿几完。遭乱失矣。间有其说存之故纸者，友人家或有一二条，亦一斑也。然皆反常之论，不存此书者，天也。②

傅山的《性史》是"深论孝友之理"，说明他是深论人性道德学说的；"反常之论"，说明他的人性道德学说是批判封建宗法道德的。

---

① 《霜红龛集》卷二十五。

② 《霜红龛集》卷二十五。

傅山的"反常之论"，在人性理论上主要表现是反对奴性，主张个性解放，人性自然。他认为，人性就是指人的自然属性，不被封建礼法束缚的个性解放之性。他说：

> 不解吾何索？惟知彼自然。人人劳赠答，我我度周旋。小枝分愁率，孤情获野偏。由来方外者，当孰步趋焉。底事古人法，还于今我缠。①

傅山人性理论的主旨是"惟知彼自然"。他主张人性要自由发展，不能为"礼法"束缚，被"古法缠今"。所以傅山说："道人之性也，支离率易，不衷于法。"②人性不要被法所拘。他在批点《庄子》的"欲同乎德而心居焉"一语时说："心居二字，正是与性之自为相反，岂不本自然之道？才欲同乎使人之德，而心已执着不化矣，安能化天下哉！"③"心居"是"同德心居"，是不符合"自然之道"，是"与性之自为相反"的。

傅山以人性自然论，极力反对"法"对人性的束缚。他在《哭子诗》中说："法本法无法，吾家文所来。法家谓之野，不野胡为哉！……一扫书袋陋，大刀阔斧裁。号令自我发，文章自我开。"他主张人性不要为封建礼法所禁锢，要大刀阔斧，自我发号施令，即要求个性解放，不屈服法之威严。傅山认为，每个人在人格上都是平等的，他说："王侯皆真正崇高圣贤，不事乃为高尚，其余所谓王侯者非王侯，而不事之，正平等耳。"④他十分称赞李白不摧眉折腰事权贵的精神，"李白对皇帝如对常人，作官只如作秀才"。⑤他反对把忠君思想归结为人性，如果把忠君思想视为人性，那么做君主的就无法所事其忠，这岂不是没有人性了吗？所以说："性情

① 《霜红龛集》卷十一。

② 《霜红龛集》卷十八。

③ 《庄子批点》卷五《天地》。

④ 《霜红龛集》卷三十一。

⑤ 《霜红龛集》卷三十六。

之事，不得单复究之自忠自孝耳。自忠自孝乃所以忠，看当奈之何?”①在傅山看来，人性、人格都是自然平等的。据此，他极力反对奴颜卑膝，遇事迁就的“奴君子”。他公开宣称自己极不喜观“奴性”、“迁就”，认为“迁就便不是率性之道”。② 他痛斥那些奴性十足的人为狗为鼠。他说：“不拘甚事，只不要奴。奴了，随他巧妙雕钻，为狗为鼠已耳。”③傅山对奴性的态度是：一不听，二不用，三反对。他在《评诗》中说：

古人一枝，奴人乱嚷，又是法哩，又是气哩，又是炤应哩，我都不待听。真古大气法全分不出，气之来处即是法之始，气之止处即是法之终，气之回复处即是法之周旋，原无一定之法。④

傅山主张不泥古、不为定法所拘，要遵循性之自然而自由驰骋，这样方可作出好诗，绘出好画。这便是“得性情之正”。当有人反对他的观点和做法时，他驳斥道：

曾有人谓我：“君诗不合古法。”我曰：“我亦不曾作诗，亦不知古法。即使知之亦不用。呜呼！古是个甚？若如此言，杜老是头一个不知法三百篇底。”⑤

顺从事物发展的自然趋势，不为古法所拘，才能写出有气势的诗文，绘出有神采的画卷。傅山认为，作诗、绘画，如果泥古、守法，没有主见、己意，就如同矮子观场，瞎子看戏，随人说笑。他说：

---

① 《傅山手稿一束》，见《中国哲学》第十辑。
② 《霜红龛集》卷三十六。
③ 《霜红龛集》卷三十八。
④ 《傅山手稿一束》，见《中国哲学》第十辑。
⑤ 《傅山手稿一束》，见《中国哲学》第十辑。

矮人观场，人好亦好，瞎子随笑所笑，山汉啗柑子，直骂酸辣，还是率性好恶而随人夸美，咬牙捩舌，死作知味之状，苦斯极矣！不知柑子自有不中吃者，山汉未必骂中也。……然柑子即酸辣不甜，亦不借山汉夸美而荣也。①

傅山对那些奴性十足，随人说和，没有自己见解的人，极为厌恶，所以给予尖锐的讽刺。傅山反对奴性的目的在于恢复和发扬人的自然本性，求得个性解放。

关于人性善恶的问题，傅山不同意性善论，也不同意性恶论，他认为在人性中，有善的因素，也有恶的因素。他说："孟子道性善也是平地里起骨堆。"②说明他不同意孟子的性善论。他对《荀子·性恶》篇中的"直木不待隐栝而直者，其性直也"一语的旁批是："如此句，则人亦有自然善者。"③说明他承认人有自然的善性。在傅山看来，孟子的性善论含有恶的因素，荀子的性恶论含有善的因素。由此他推论出："圣人"有"为恶之时"，"小人"也有"为善之时"。他说：

圣人无为善之时，而有为恶之时；君子有为善之时，而无为恶之时；小人无为恶之时，而有为善之时。夫圣人无为善之时，非不善也，非知其善之为善而为之者也，不可以时择也；有为恶之时者，知其为恶而不得为之，即能为之，即敢为之，圣人之所以救天下，天下所以望于圣人之时也。君子有为善之时者，知善之为善而为之者也，可以时择之也；无为恶之时者，无圣人能为恶、敢为恶之才，力遇有所不过，叹息而已，不得已，言以舒忿而已。小人无为恶之时者，亦不知其恶之为恶而为之者也，与圣人无为善之时同也；而有为善之时，则又与君子有为善之时异，知其为善而为之，急而祈免于鬼神也，

① 《霜红龛集》卷三十七。

② 《霜红龛集·例言》。

③ 《荀子批点》卷十七《性恶》。

> 而其为善之时，即圣人为恶之时也。……故圣人不辞恶。[1]

傅山一反儒家的传统观点。儒家学者认为，圣人的天然本性是善性，圣人为善不为恶，他们体现了天理之公理；小人只追求人欲，小人的天然本性是恶性，小人为恶不为善。儒家学者以此为根据提出了“存天理、灭人欲”的思想主张，这是封建的伦理道德观念“三纲五常”立论的出发点。傅山明确指出：“小人无为恶之时”与“圣人无为善之时同也”。这就打破了儒家的圣人性善和圣人有理的传统思想，肯定“圣人为恶”，“圣人不辞恶”的思想。

傅山所以肯定圣人为恶而不辞恶，是因为他认识到“恶”的作用。他认为，恶与善是对立统一而存在的，没有恶就无所谓善，有了恶之行，方有善之义。因此“圣人为恶”而“不辞恶”。他说：

> 圣人者，天地之大匠也。阴阳、风雨、震电、崩嵈，天地为之。而人心之积习无仁义，闵不畏，天地不屑屑也，乃命圣人为之。为之奈何？杀之而已。杀者，善之义也。圣人之才，天地之际也。为圣人杀者，曰圣人恶也。故圣人不辞恶。[2]

杀人，从一般观点来看，当然为恶了。而傅山则认为，“杀者，善之义也”。就是说，为制止恶行的蔓延而杀人，就是为善，这种恶之行是出于善之义。善与恶是相互联系的，不是截然分开的。傅山不同意人性善、人性恶的片面性，肯定人性善与恶的统一性，具有其合理性。

第四节　爱众而利众的道德观

傅山在他的“反常之论”——人性自然论的基础上，建立了“爱众利众”的伦理道德观。

---

① 《圣人为恶篇》，见《中国哲学》第十三辑。

② 《圣人为恶篇》，见《中国哲学》第十三辑。

傅山认为，天下人应当平等相待、同等相处，他反对王侯贵族以权势、地位欺人、压人。他指出，那些占据高位的王公贵族，只知道自己高位、尊名既立，就可以常有天下而不易，却不知“天下者，非一人之天下，天下之天下也”①的道理。天下是天下人之天下，天下人共同平等地拥有天下，不应当以权势、名位压人。所谓“王侯”是指品德说的，不是指地位说的。他说：

> 王侯皆真正崇高圣贤，不事乃为高尚。其余所谓王侯非王侯，而不事之，正平等耳，何高尚之有？苟图衣食之人，看其所事者王侯，自命为攀龙附凤之人，故以高尚无用之名遗人，其实以用世之才自命耳。②

就是说，只有那些品德高尚，待人平等，拥有知识，不用人事之的人，才是真正的圣贤，可以称之为“王侯”，其余的人都不配称作“王侯”，也不必事之。世间只有那些苟衣求食的人，才把自己所事奉的人看成是“王侯”，这种攀龙附凤的人，其目的是为了抬高自己而夸耀主子。傅山对这种人极为鄙视。

傅山对“忠君”思想十分痛恨。他指出，所谓“忠君”，其实是制臣、约民。真正的人臣，并非忠其君，而要立志治国为民；人民亦不能盲目地忠君。真正的臣民，不是“忠其君”，而要“择其君”。他说：“臣亦择其君，原不仅区区福禄之计。名可言，言可行，永终无弊，归妹之象，仕进之箴也。”③真正的忠臣，应该是立志于“国事”的“济世”者，要为国家办事，而不是为区区利禄去效忠其君，因为天下是天下人之天下，所以要为天下人之利而做官。“如有职官之人，不得背公为私也。”④为国家、为天下人是为公，为皇帝、为己利是为私，做官为宦，应当为公，不能为私。

---

① 《霜红龛集》卷三十二。

② 《霜红龛集》卷三十一。

③ 《霜红龛集》卷三十一。

④ 《霜红龛集》卷三十五。

傅山对儒家传统的愚孝主张，也不以为然。他认为，“养儿方知父母恩”，人为父母所生，因此，应当敬其亲、爱其亲、孝其亲，使双亲得到温饱，免除饥寒冻馁，这是人之常情。如果提倡愚孝，规定许许多多不近人情、不合人性的礼制，甚至连哀哭也规定了种种奇形怪状的仪式，一旦人们不按这种仪式行事，就成为不孝之子。这种“孝”，是只“知孝子为美名”，要求为人子者“立身扬名，显亲于后世”，不知孝子之实。傅山指出，与其父母死后厚葬、恸哭、守丧、尽孝，还不如父母在世时，尽力事奉，“冀得亲之一欢一笑”更有意义。事实上，那些“立身扬名”的人，都“必有贼其亲之心”。儒家之徒，吃饱肚子，无事可做，大搞花样，制造礼仪，宣扬孝亲，大讲厚葬。他说：“儒家治厚葬，以利其得一孝名耳。”“博一孝名，以利心则名而已矣。”①这种虚伪烦琐的礼仪形式，是违反人性毁灭人性的。因此，傅山说：

> 人有父死而哀毁庐墓几至于灭性者，而孝之名归焉。邻遂有其母死而亦效其哀毁以几灭性，孟子知孝子为美名，而惟恐不似其丧父之人，人亦群孝子如其丧父之人。及问其母，则其父之再娶。……不知其哀毁之何所能也！②

傅山认为，虚伪烦琐的行孝礼仪制度，既束缚人性，又违反人性，所以是不可取的，不可行的。

傅山在其“反常之论”的政治伦理思想的基础上，提出了“爱众利众”的伦理道德学说，对封建礼教进行了较为深入的批判。他在解释《墨子·大取》篇的“兼爱相若，一爱相若，其类在死也”时，发挥了墨家的“爱无差等”的“兼爱”思想，阐发了他的“爱众”思想。他说：

> 兼爱爱分，一爱爱专，我之于人，无彼此，皆爱。与无二

---

① 《霜红龛集》卷三十五。

② 《霜红龛集》卷三十一。

爱之专一爱同意也。人皆有生，而我皆以一爱爱之，除无生者我不爱之，其类如人莫不有死，而我莫不有爱，谓于人定爱之也。①

傅山认为，人类产生以后，就必然形成群居，只有群居，才能强而有力，并能创造财力。由于“人必群”，“所以必须爱众”。只爱寡，不爱众，不算是爱。只有爱众，才算是爱。他对于人，则是“无彼此，皆爱”。他说：“爱众与爱寡相若，若但能爱寡不能爱众，不可为爱也。”②傅山所爱的众，是爱为天下国家兴利除弊的众人，而不是爱祸乱天下，与妖作怪的恶鬼，所以说：“用爱者，为其人也；至于鬼，则非人矣。”③爱人不爱鬼，爱好人不爱恶人，这便是“爱众”之意。

傅山进一步指出，爱众必须利众，利众要有实功、实绩，不能空为其名，也不能半途而废，要坚持到底。他说：

圣人为天下，必于见其功，如追迷子者，必获而归之，或寿或卒，无半途而返之理。

圣人之利天下也，不为名，为名之无益于己也。若利天下而指以为名，与赞美石头何异?④

为天下兴利除害，要有实功、实利，为了见其功，求实效，要持之以恒，追求到底，不能半途而废，同时要不为扬名，不求私利，要使义利统一起来。傅山反对重义轻利的义利观，而主张义利统一、合宜的义利观。他对自董仲舒以来的“正其谊不谋其利，明其道而不计其功”的义利观进行了批评。他说：

① 《霜红龛集》卷三十五。

② 《霜红龛集》卷三十五。

③ 《霜红龛集》卷三十五。

④ 《霜红龛集》卷三十五。

> 义者，宜也；宜，利；不宜，害。兴利之事，须实有功，不得徒以志为有利于人也。且如马，以秦马而良者，而人有之，是实有其有于马之才也。何也？马非自从秦来也，是其人之智力来自马也。功也，非徒有有马之志也。①

傅山认为，义和利是统一的，“义者，宜也；宜，利；不宜，害”。人求利的标准是“宜”，“宜”者为“利”，“不宜”者为“害”。兴利除害，要有实际功绩。

傅山的“爱众”、“利众”思想，除了强调实见其功，坚持到底之外，还有一个突出特点是舍生忘死、舍己利人。他认为，人不必爱己，因为己已经包括在“所爱之中”，所以爱己必须首先爱人、利人，只有首先爱人、利人才是真正的爱众、利众。他说：

> 将爱己爱人也，非圣人之爱人也。圣人则不自爱以爱人，但恶自有疾病不能去爱人，不恶外之有危难也。即有危难，圣人不辞其苦，正其体以济之，其中略不动摇，只欲人之有利而无害也。初不恶人之爱我也，何也？我利人，人必爱我，不必回护之。②

爱人就是要为天下排除危难，消除祸患，不要专为自己打算，私爱一己。傅山主张，只要能为天下兴利除害，哪怕是断腕丧生，也要在所不辞，不要退缩。他说：“杀人存天下，毕竟是杀人，不如杀己以利天下。”“必须不顾害之大者，使尽爱天下之义，苟可以利天下，断腕可也，死可也。”③仁者以天下为己任，为兴天下之利而尽己之力，要做到“死而后已也”。只要利天下，生与死是一样的，要不惜自己的生命，“生以利天下与死以利天下名一，则生亦可不

① 《霜红龛集》卷三十五。
② 《霜红龛集》卷三十五。
③ 《霜红龛集》卷三十五。

惜也”。[①] 一个人能够这样的爱人、利人，同样也会使别人这样爱我、利我。由于圣人能首先爱人，所以才获得人之爱。傅山平生以圣人之志为志，不辞辛苦地“爱众”、“利众”，“只欲人之有利而无害”[②]，而“以医术活人”，以实际行动实践了自己的道德学说，因而颇得众人赞颂。

傅山认为，爱天下人，利天下人，不得以偏害正，更不能以私背公，而要公正无私，为此，他提出一个“正”的标准。他说：

> 所谓正也，不受其请也。故圣人之于人，拊渍而无私利一人、私爱一人之心。拊，抚也；渍，平也。贵为天子而利人者，莫贵于正。正犹反偏为正之正，取诸民者有定，不横征以病之。正如墙之可以蔽御，又可以墙界而不过。故正之原于人也，为拊渍，为知堵，取之有度，爱之不偏。[③]

由于人人都需要利，“天下之利弗能去”，但又不能无限制地争利求利，更不能为一己之利而私虑。因此，要有一个标准，这个标准就是“正”。要做到“正”，就必须平等，不私爱、私利一人，要公而不私，爱而不偏。这如同一堵公墙一样，任何人都可以用它庇护、蔽御，不过界限。特别是作为天子，更要“莫贵于正”，要取民有定制，不横征暴敛以害正。傅山提出的“天子莫贵于正”，在当时是对当权的统治者的挥霍无度、横征暴敛罪行的一种抗争和限制，这是一种大胆而中的之言。

傅山以他的义利、理欲统一观，对封建伦常、礼教，进行了揭露、抨击。他认为，礼义与人心、人欲是对立的，礼是束缚人心的枷锁。他反对理学家所提倡的“天理人欲之辨”的理论。他说：“明于礼义而陋于知人心，中国之大儒如此而已。鄙儒乎哉!”[④]傅山以

---

① 《霜红龛集》卷三十五。

② 《霜红龛集》卷三十五。

③ 《霜红龛集》卷三十五。

④ 《圣人为恶篇》，见《中国哲学》第十三辑。

具体事实，揭露了封建礼教对妇女的束缚和造成的危害。他对程颐的"饿死事极小，失节事极大"的说法，予以严厉的抨击。他说："饿死事小，失节事大，如此真有饿不杀底一个养法。"①他指斥封建礼教是杀人不见血的软刀子。

傅山承认人心是有私欲的，如男女之情欲是出于人的本心之动。他说："蠢之心动，亦有女怀春，妙字，不必以淫心斥之。"②傅山在《霜红龛集》中，有三十多首(篇)诗文，是描述男女爱情的。通过这些爱情诗文，说明男女之间产生爱慕之心，建立真正感情，是合乎人的自然本性的。他一再热情赞扬与讴歌敢于反抗封建礼教家法束缚，追求恋爱自由的青年男女，表达了他的同情心。他说："乾坤即有郎，不可郎无妾。请郎腰下剑，看妾颈上血。郎有万里行，不得随郎去。郎若封侯归，一盏酹侬墓。"③他在乐府诗《方心》中，描述青年男女为爱情自由而私奔，挣脱封建礼教枷锁束缚的纯真情感，鼓励青年男女要为爱情自由而斗争。他在诗的长序中，叙述了燕(北京)之酒家女方姬与太原张生相爱而订立婚约，由于父母阻拦最终抱病死去。诗中说："郎担名，妾饮恨，一恨爷娘拗，不许女随情；二恨爷娘穷，无钱买妾命；说起三恨来，有泪无处洒；有口没处写。那里不生长，生长北京家，教人当瘦马。"最后写道："黄泉有酒妾当垆，还待郎来作相如，妾得自由好奔汝。"④作者借方姬之口，表达了对封建礼教的憎恶和追求自由的心情。

傅山在《犁娃从石生序》中，通过犁娃和石生终生相爱的事实，歌颂犁娃"不爱健儿，不爱衙豪，单爱穷板子秀才"的可贵精神，怒斥了"诸老腐奴啧啧"的可耻行为。傅山通过自己五六十年所亲见的"岫云以从非其人抑郁而死，翠元从河西财虏无异屠沽儿，弱娟从袁生不得终其盟，令狭邪齿冷"的种种严酷事实，揭露了封建

① 《霜红龛集》卷四十。
② 《霜红龛集》卷三十七。
③ 《霜红龛集》卷十二。
④ 《霜红龛集》卷二。

礼教的罪恶本质。他对这些被封建礼教吞噬的女子，表示深切的同情，“吾实怜之，每欲取常所亲见，略为风尘异人杂记，俾此辈不以不幸终湮没无闻”。① 因此，他要为犁娃和石生作序，借此“长穷板子志气”。②

傅山的反抗封建礼教，提倡男女自由相爱的伦理道德观，在当时是难能可贵的，并对以后产生了积极的影响。

① 《霜红龛集》卷十六。

② 《霜红龛集》卷十六。

第五章 潘平格的“求仁”思想

第一节 “嘐嘐进取”的一生

潘平格，字用微，浙江慈溪县人。约生于公元1610年(明万历三十八年)，约死于公元1677年(清康熙十六年)。

潘平格幼年父母双亡，由祖母抚养成人。他“奉事祖母极孝”。① 十五六岁时，便以豪杰自命，“谓忠孝节义之事，我优为之”。② 17岁时，有必为圣贤之志，又深恐为世俗纠缠，埋没本性，常思入山学道，“尝自叹曰：我其不能为孔孟乎！”③希望成为孔孟式的圣贤。因此，他积极进取，孜孜努力。他后来回忆这段经历时，说：“愚少时嘐嘐进取，或有以圣贤皆天生为讥者。愚闻之，大书壁云：‘我自为之，何必是天所特生；我能为之，何必非天所特生！’”④他靠自己主观积极努力，不靠上天禀赋。

关于如何成为圣贤？他在程、朱、王、罗、佛、老之学中，泛观求索。他20岁时，“从事于程、朱之学”。⑤由于程、朱理学被统治者抬到官方哲学的至尊地位，成为束缚人们思想的枷锁，这对于积极有为的潘平格来说，是一种沉重的精神桎梏，使他不能成为圣贤。因此，5年后，他“又从事于王(守仁)、罗(洪先)之

① 毛文强：《潘先生传》。

② 毛文强：《潘先生传》。

③ 毛文强：《潘先生传》。

④ 《求仁录辑要》卷九。

⑤ 毛文强：《潘先生传》。

学”。① 由于王、罗心学注重内心修养，脱离客观事物，不能使他满意，“后又从事于老、庄之学者半载，禅学者二年”。② 均不能使他满意。正当潘平格在求为圣贤之路上深思、追索时，发生了明朝灭亡、清兵入关的剧变，面对严酷的现实，他反思、怀疑程、朱、王、罗、老、庄、禅之学究竟有没有用？求之能否成圣贤的问题。他说：“自有祸乱以来，杀人盈城，杀人盈野。予与诸皆目击之。”③潘平格目睹清兵烧杀劫掠、惨绝人寰而理学先生无所作为的现状，慎思程、朱理学与王、罗心学的现实价值，经过痛苦的沉思、反思，潘平格终于认识到这些学说，是不符合孔、孟之学的，学之、求之是不能成为圣贤的。他说：

> 因念程、朱、王、罗之学，既不合于孔、孟，而二氏之学，益不合于孔、孟，竭力参求，惭痛交迫者四十年如一日，而亲证浑然天地万物一体。当下知孔、曾一贯之道，当下知佛、老之异于孔、孟，当下知程、朱、王、罗之皆不合于孔、孟，是时盖三十八岁冬十月也。④

潘平格经过反思后，认为程、朱、王、罗、佛、道思想，都不合于孔、孟之学，不是成圣贤之学，为了求为圣贤，他几经周折后，否定他学，径接孔、孟。他说：

> 某学问有年，几次出荆棘入荆棘，几次拔足迷途顿足迷途。一旦知孔、孟之道昭昭乎揭日月而行，含悲茹痛，悯孔、孟之大道而埋没者二千年。……故不惮直敷心腹肾肠，昭告天下曰：“孔、孟之大道如是，孔、孟之正学如是，其非孔、孟

① 毛文强：《潘先生传》。
② 毛文强：《潘先生传》。
③ 《求仁录辑要》卷六。
④ 毛文强：《潘先生传》。

之大道正举者如是。”①

潘平格经过多年探索、思考，“几次出荆棘入荆棘，几次犮足迷途顿足迷途”之后，而找到孔、孟之大道正学，提出浑然万物一体、格物致知、笃志力行、孝悌为先的“求仁”思想。

38岁以后，潘平格以孔、孟之大道正学的继承者的身份，开始讲学活动。据《慈溪县志》卷三十一《潘平格传》载：他“孜孜讲学不为贫窭困，寓居山阴十载”。在清顺治时，他已招生徒讲学，“一生自庚子春初再见，颇信先生之学”。② 庚子为顺治十七年，即公元1660年，足见他在顺治时已开始讲学。是年，归庄到昆山讲学，寓西寺。归庄在1665年，拜潘平格为师，同寓东寺。不久，归庄改称潘为友。公元1668年，黄宗羲复创宁波甬上证人书院，潘平格曾在该书院讲学。黄宗羲的高足弟子万斯同听到潘平格在证人书院讲学的议论后，说：“闻四明有潘先生者曰‘朱子道，陆子禅’，怪之。往诘其说，有据。”③因同轰言万斯同叛其师，黄宗羲亦怒，万斯同此后不再讲学。黄宗羲另一位弟子毛文强，也赞同潘平格的“求仁”思想，并自称是潘平格的私淑弟子，而为潘作传。毛文强十分关心《求仁录》的刊行。他说：

> 先生之学，孔、孟之真血脉也。一时同人皆为举业所缠，集注所拘，未有可与言者。余恐其久而湮没也，因写副本一册携入都门，冀得一二有志之士，共明先生之道，继往开来，以昌明其道，而卒不得其人。康熙丁酉，郑义门读《求仁录》而心契焉。慨然镌之以行于世。④

尽管黄宗羲因其弟子万斯同等“信”潘平格之学而“大怒”，而他的

① 《求仁录辑要》卷七。

② 《求仁录辑要》卷九。

③ 李塨：《恕谷后集》卷六《万季野小传》。

④ 毛文强：《潘先生传》。

弟子却有几个人益信之，而推崇之。再如黄宗羲的弟子郑梁父子对潘平格的理论也十分称赞。郑梁称潘平格的学说“甚贯穿”，其子郑性和毛文强刻《求仁录》，并承认受潘平格思想影响甚深。郑性说：“性平生失学。……年至十五尚不知立志。迨阅潘子《求仁录》，嗣从王丰川二曲李氏(李颙)之学，然后顽稍廉，懦稍立(止)。”①郑性称潘平格是“径接孔、孟，旁斥佛者”。② 潘平格讲学，教育诸多学生，影响很大。

潘平格的著作，据毛文强说，有《求仁录》十卷、《著道录》十卷、《四书发明》六卷、《孝经发明》二卷、《辨二氏之学》二卷、《契圣录》五卷。将殁，潘平格将平生所著之书授给同乡学生颜曰彬。毛文强于公元1673年，因万斯同得潘平格书而笃信之，而从颜曰彬处求得潘平格所著书。至公元1717年，毛文强与郑性刻之，即《求仁录辑要》十卷。今惟此书尚存，其他均未传世。

第二节 “浑然天地万物一体”的“求仁”论

潘平格平生治学、为学，旨在“求仁”、“为圣贤”。他认为，孔、孟之学为圣学，其主旨是“仁”，《大学》是仁学经典。由于孟子之后诸儒，没有真正理解、继承孔、孟圣学之旨，而以己意杜撰、附会孔、孟圣学，结果歪曲了圣学之意，加之佛、老之学乱之，使圣学混乱不堪，乃至断绝。他说：

> 自孟子后，圣学久绝。诸贤各以意为学，各以意发明《大学》，而《大学》之道贸乱而无所适从。③
>
> 孔、孟之道，昭如日星，坦如大路。自诸贤以佛、老之说乱之，以杜撰之学障之，遂使世之学者以圣贤之书就诸圣贤之说，以后贤之宗旨摄前圣之真诠，而孔、孟之学脉遂不可复

① 《郑南溪诗文集》、《复向荆山书》。

② 《求仁录辑要序》。

③ 《求仁录辑要》卷一。

> 问。淬其坚志，策其毅力，辛苦一生，而终成违孔悖孟之学术。呜呼！岂不可痛乎？岂不可伤乎？吾实痛之！吾实伤之！①

潘平格对后儒以佛、老之学混乱孔、孟圣学，以杜撰之学蔽障孔、孟圣学，使学者无所适从的现实情况伤之、痛之。为了正本清源，恢复圣学，他提出了"求仁"学说。就是说，潘平格为了救圣学而"求仁"。

潘平格"求仁"的另一个目的是为救世。他生当明末清初，目睹明朝灭亡，清兵残暴，人民被屠杀的惨景，朦胧地认识到这一切祸乱发生的根源是少数人尤其是残暴的统治者只为一己私利，不为百姓死活而使然的。为了救世、救人，他要讲"求仁"，提倡以天下万物、天下国家为一体的"求仁"思想。他说：

> 某少读《五代史》，叹彼世界不知余几百姓，作何过活？读《孟子》"父子不相见，兄弟妻子离散，老羸转乎沟壑，壮者散而至四方"，即恻然伤心。今日世界，恰是如此。乱离之惨，杀戮之痛。不知多少无辜，死于兵刃，死于蹂践，死于水火，死于饥寒，死于恐怖。父子兄弟夫妻老幼，或死或伤，不得一见。言念至此，锥心刺骨，泪出痛肠。而举世之人，或争一时之名者研举业，争久远之名者醉诗文，自好者以高尚为奇行，混迹者以清浊为得策，学仙者辟谷清静求长生，好佛者看佛参宗了生死。即自谓有志正学者，亦不过遏念制欲为克己，提醒把捉为操存，闭户于穷巷，独善于闾里为修身，或又以活泼自在为受用，识取光景为妙悟，卜度于书理，采择于见闻为学识。而绝不以天下生民为念，治道学脉为心，亦太忍哉！②

在潘平格看来，由于世道衰微，学风之坏，而使世人学子争名逐

① 《求仁录辑要》卷七。

② 《求仁录辑要》卷九。

利，闭门修行，求佛成仙，“而绝不以天下生民为念”，救生民于水火涂炭之中。更为严重的是当国家危亡时，也不动其恻隐之心，并视为固然。他说：“从来立朝之彦，忠奸固不一。至有视君父如路人，视国变为固然，如甲申(公元1644年，明亡之年)之事，岂非大怪?”①潘平格感慨当时社会的世风、学风，以“接孔、孟”之圣学，救世事之鄙风，“以天下生民为念”，以天下国家为一体，提出了“求仁”思想。

潘平格的“求仁”思想，是以“浑然天地万物一体”为核心，以“致知格物”和“笃志力行”为两翼有机组成的完整的思想体系。

关于“浑然天地万物一体”的“求仁”思想，潘平格说：

> 孔门之学，以求仁为宗。仁，人性也。求仁，所以复性也。自后，孟子曰：“仁，人心也。学问之道无他，求其放心而已矣。”不仁，即放心。求其放心者，求仁也。孔、孟之学，求仁而已矣。仁也者，浑然天地万物一体，而充周于未发，条理于发见，吾人日用平常之事也。孩提之童，无不知爱其亲，及其长也，无不知敬其兄。不虑而知，不学而能，浑然亲长一体，则浑然天地万物一体者也。今人乍见孺子将入于井，怵惕恻隐，勃然而发，直捷痛切，不自知觉，浑然孺子一体，则浑然天地万物一体者也。浑然一体之充周于日用，条理于发见，如此，则知扩而充之，以保四海，岂难事哉?故曰：“有能一日用其力于仁矣乎?我未见力不足者。”②

潘平格对他的“浑然天地万物一体”为“仁”的思想，从各个方面进行了阐发，具体说来主要有这样几个内容：

第一，“仁”为“人”与“天地万物之一体”的宇宙观。潘平格把“求仁”作为自己思想体系的基础和核心，其学“以求仁为宗”，故把“仁”视为其宇宙观的最高范畴。所以说：“浑然天地万物一体

① 《求仁录辑要》卷六。

② 《求仁录辑要》卷一。

者，仁也。”①“仁也者，浑然天地万物一体，而充周于未发，条理于发见，吾人日用平常之事也。”就是说，人与天地万物，虽然彼此不同，但是都处于宇宙中，彼此以一定的关系组成一个相互联系、不可分割的、浑然为一的整体。天地、人、万物，相互仁爱、和谐、友善，共居于宇宙之中，形成一个统一、和谐的局面。如果每个人都能这样认识，对待自己、他人、天地、万物，那么大家都会按照自己的本性行事，从而使人和人，人和自然的关系和谐一致，于是就实现了“浑然天地万物一体”之“仁”了。

第二，“仁”为“浑然天地万物一体”的人性论。潘平格说：

> 吾性，浑然天地万物一体，吾人本浑然天地万物一体之人。今人不能浑然天地万物一体者，即其一身亦不浑然一体也。②
>
> 浑然天地万物一体者，仁也。吾性一仁而已。③
>
> 浑然天地万物一体者，真性也。分人分我者，习见也。习能昧性，不能灭性，故浑然一体之真性时常发见于日用之间。④

“浑然天地万物一体者”为“真性”，为“吾性”，“吾性一仁而已”。这种“性”显然是善性，如“乍见孺子将入于井，怵惕恻隐，勃然而发”，这是与“孺子”为“浑然一体”。这种恻隐之心，不忍人之心是与其善性“浑然一体”的。人有了不忍人之心的善性，才能有不忍人之善为。所以说：

> 吾人处人伦日用中，时时有所不忍不为，即是真心之发现。⑤
>
> 惟达不忍于所忍，达不为于所为，充无欲害人之心而仁不

① 《求仁录辑要》卷五。

② 《求仁录辑要》卷一。

③ 《求仁录辑要》卷五。

④ 《求仁录辑要》卷一。

⑤ 《求仁录辑要》卷二。

> 可胜用，充无穿窬之心而义不可胜用，然后复吾浑然天地万物一体之本。①

人只要讲仁、讲义，有恻隐之心，便是做到与天地万物浑然一体，即复其浑然天地万物一体的本性。在潘平格看来，人的善性是先天具有的，是“不虑而知，不学而能”的。由于有的人，后天不仁、不义，而使本然的善性丢掉了，为了恢复善性，所以要“求仁”。“仁，人性也。求仁，所以复性也。”这就是他“求仁”思想的一个宗旨。

第三，“仁”为“浑然天地万物之一体”的伦理观。潘平格在他的宇宙观、人性论的基础上，提出了他的伦理道德观。他的“浑然天地万物一体”的“求仁”思想的另一个重要宗旨，是要建立人与人之间彼此和谐一致，彼此相爱相敬的政治伦理关系，消除人与人之间的“隔碍”。他说：

> 有志于复性者，即我日用之发见，扩而充之，以通人我之隔碍而已。夫子曰：“己所不欲，勿施于人。”孟子曰：“有是四端，扩而充之。”不欲勿施，以我通之人也。扩充四端，以此通之彼也。……故夫子曰：“能近取譬，可谓仁之方。”曰：“有一言而可以终身行之者，其恕乎！”孟子曰：“老吾老以及人之老，幼吾幼以及人之幼，言举斯心加诸彼而已。”②

“求仁”是扩充善端，保存善心，其目的是为“通人我之隔碍”，即“以我通之人”，“以此通之彼”。人与人之间达到彼此相通，无隔碍，人人都爱己爱人，推己及人，就是实现“浑然天地万物一体”之“仁”了。为了达到这个理想境界，就要推行“忠恕”之道，要“己所不欲，勿施于人”。所以潘平格说：“求仁之学，舍格通人我，又奚适哉?”“求仁必在恕也。”③“恕”道即为“仁”道，求仁必在能恕，不恕不能为仁。能恕为仁，则能做到“浑然一体”，如此方可

① 《求仁录辑要》卷一。

② 《求仁录辑要》卷一。

③ 《求仁录辑要》卷一。

亲亲、仁民、爱物。“浑然一体，则亲亲而仁民，仁民而爱物。”①据此，潘平格对当时社会中存在的既不爱物，更不仁民的思想、行为进行了批评。他说：

> 夫今人不能浑然天地万物一体者，止是彼我两人不浑然一体也。彼我两人浑然一体，则天地万物无不浑然一体矣。今人乍见孺子将入于井，岂非彼我两人哉？而怵惕恻隐之心，则浑然天地万物一体者也。②

就是说，要想做到与天地万物为浑然一体者，就要从“彼我两人”做起，彼我两人有了同情之心，互相友爱，浑然一体，由近及远，扩而充之，方可达到与天地万物为浑然一体了。潘平格认为，“求仁”而达到“浑然天地万物一体”是一个自然而然、由近及远的发展过程，并非“难事”。他说：

> 今之不能浑然天地万物一体者，正是其父子兄弟不能浑然一体也。若父子兄弟已浑然一体，有不浑然天地万物一体乎？自然而爱，真爱由然；自然而敬，真敬盎然。浑然父子兄弟一体，浑然天地万物一体矣。③

只要父子、兄弟间，通过自然而然的真爱、真敬，达到浑然一体，就能达到与他人的浑然一体，进而达到与天地万物浑然一体了。所以说是“日用平常之事”，而不是不可企及的“难事”。

潘平格的“求仁”思想，是以爱人、救国为目的的。他说：“三代之学皆明人伦。以此为学，即以此为教、为治。学、教、治只是一辙。故人才易成，天下以致太平。”④他把治学、从教与治世、救国视为一辙、融为一体，既是为“接孔、孟”之圣学，斥责异学，

---

① 《求仁录辑要》卷五。

② 《求仁录辑要》卷一。

③ 《求仁录辑要》卷六。

④ 《求仁录辑要》卷六。

又是针对当时社会现实弊政的感慨之言，可谓智者之见。

第三节 “格物致知”论

潘平格在“求仁”思想的基础上，解释、阐发了“格物致知”论，而“格物致知”则是他“求仁”的方法和途径。

潘平格认为，“求仁”是“通人我之隔碍”，即实现“以我通之人”，“以此通之彼”。因此，他以“格通人我”来解释《大学》的“格物致知”论。他说：

> 致知在格物，盖有是明明德于天下之欲自能直追病源，知平日人我习见之为碍，必务格而通之也。……格者，通也。物，即物有本末之物。物有本末之本末，即本乱末治之本末。本者，身也。末者，家、国、天下也。格物，即格通身、家、国、天下也。①

“物”是“有本末之物”，“本”是人身；“末”是家、国、天下。“格物”是格通“人我”、“彼此”之“隔碍”，“即格通身、家、国、天下也”。所以说：“格者，通也。”

潘平格所讲的“物”是不分彼此、没有内外的“浑然一体”之物。他说：

> 物者，身、家、国、天下也。身、家、国、天下，浑然一物。故言物有本末，而不言有彼此。
>
> 身、家、国、天下，浑然一物，则修、齐、治、平，浑然一事。故言事有始终，而不言有内外。②

就是说，物有本末，没有彼此；事有始终，没有内外。事物没有彼

① 《求仁录辑要》卷一。

② 《求仁录辑要》卷一。

此、内外之分，都是“浑然天地万物一体”的。身、家、国、天下，都是“浑然一物”的整体。“格物”就是格通“本”——身与“末”——家、国、天下的“隔碍”。通过这种“格物”，来正确理解身、家、国、天下的相互关系，使之成为一个“浑然一体”、“浑然一物”的和谐整体。这样就达到了“修、齐、治、平”的“仁”理想境界。这样“格物”便成了“物格”。如此说来，“格物”就是格通身、家、国、天下的关系；“物格”就是努力实现修身、齐家、治国、平天下的理想境界。二者是有机联系、密不可分的。潘平格说：

> 物有本末，事有始终，两语已尽一贯。古之欲明明德于天下者，一语已尽一贯。格物是打通一贯，物格是实到一贯。物格而后知至，知至而后意诚，意诚而后心正，心正而后家齐，家齐而后国治，国治而后平天下，浑然一贯。①

“格物是打通一贯，物格是实到一贯”，依靠什么来实现“打通一贯”，“实到一贯”呢？潘平格认为，靠的是“良知”的扩充。所谓“良知”，就是“不虑而知”之知。“知者，吾性之良知也。孟子所谓不虑而知者是也。”②“致知在格物”，靠扩充先天的“良知”、“善端”，就可达到浑然一贯之境。他说：

> 致知在格物……知即良知，所谓爱亲敬长，不忍觳觫，乍见恻隐，时常发见于日用之间者是也。……不忍觳觫之知，在推恩以及百姓。乍见孺子之怵惕恻隐、良知也。致乍见恻隐之知，在扩充以保四海。孩提稍长之爱亲敬长，良知也。致爱亲敬长之知，在达之天下。推恩以及百姓，扩充以保四海，仁义而达之天下，格物也。推恩以及百姓，而后不忍觳觫之知至。扩充以保四海，而后乍见恻隐之知至。仁义达之天下，而后爱

① 《求仁录辑要》卷一。

② 《求仁录辑要》卷三。

> 亲敬长之知至。物格而后知至也。①
>
> 致知即是扩充四端。四端非悬空无事而扩充之也。故孟子曰:“人皆有所不忍达之于其所忍,人皆有所不为达之于其所为。”此致知在格物之旨也。②

“致知在格物”之“知”是“良知”,“良知”是“不虑而知”的先天之知。人人都具有这种不忍人之心的“良知”。如果把这种“良知”加以不断地扩充,由爱亲敬长到推恩以及百姓,扩充以保四海,便可以仁义达之天下,这就是“物格而后知至”了。因此,“致知”就是以先天的仁、义、礼、智四端扩充于实事实物,以不忍人之心去推恩以及百姓,兼善以达天下,这就是“致知在格物之旨也”。

潘平格认为,人要把先天的“良知”,推之于物,施之于事,实现“浑然天地万物一体”,就要处理好己与人、人与物的各种关系,即要实行“恕”道。据此,他以“恕道”来解“格物”。他说:

> 格物之道,格通身、家、国、天下。而身、家、国、天下,正非悬空无事而格之也。己所不欲,勿施于人。爱人不亲,反其仁敬。老吾老以及人之老,幼吾幼以及人之幼。举斯心加诸彼,大有事在。故曰:“先王有不忍人之心,斯有不忍人之政。”又曰:“古之人所以大过人者无他焉,善推其所为而已矣。”③

“格物之道”就是“格通”身、家、国、天下,这是实实在在的功夫,不是悬空无事而空格者。格物的关键是在能“恕”,一个人能推行恕道,推己及人,扩充善端,推恩以及百姓,以不忍人之心,行不忍人之政,达到“浑然天地万物一体”,就是“格通”了万物。就这个意义上说,格物全在强恕。潘平格说:

① 《求仁录辑要》卷一。

② 《求仁录辑要》卷三。

③ 《求仁录辑要》卷一。

格物全在强恕反求，全是爱敬恻隐之真心密运。强恕日笃，则所不欲处愈见之细，愈不忍不体贴之尽。当下人己无问，反求日密，则有不得处，愈见之清，愈不忍使人有未慊之隐。当下人己浑然，如是深造，而一日自得之，则浑然身、家、国、天下一体，齐家、治国、平天下，浑然吾身之事，自不得不汲汲皇皇，忧世忧民。①

“恕”在潘平格的思想体系中占有重要的地位。他认为，求仁必在恕，格物全在恕。因此，他把“格物”训为“恕物”。他说：“格物全是恕，物格则仁矣。”②又说：“格物全是恕物，格则仁矣。”③“恕”是格物的重要方法和途径，又是对己、对人、对物的态度和精神。在潘平格看来，只要泛爱万物、推善于人，对人、对物都怀有恻隐之心，同情之意，己所不欲，勿施于人，就能格人、物、我，格通身、家、国、天下，而实现“浑然天地万物一体”之“仁”了。潘平格指出，强恕反求是平常道理、日用平常之事，所以要身体力行，躬行实践。他说：

道理甚是平常，但言孝弟，言强恕反求已尽。自悔前日提浑然天地万物一体之张皇。④

对于这样一个平常道理、平常之事，本来是人人都应该也能够做到的。可是，人们却往往做不到，常常不能“恕”，原因在于人心有私而心不正、意不诚。潘平格说：

夫人之大患在于有我，有我则于人相对待。分我分人，初

① 《求仁录辑要》卷一。
② 《求仁录辑要》卷十。
③ 《求仁录辑要》卷一。
④ 《求仁录辑要》卷十。

> 以为理势之当然，无甚大害。孰知意之不诚，心之不正，身之不修，家之不齐，国之不治，天下之不平，无不由此。①

由于人有私心而分人我，便不能“恕”。不能恕，就会使身不修、家不齐、国不治、天下不平。这一切后果，都由此——私心所造成的。为了“格物”，“强恕”，就要消除“人我”之私之蔽。其办法是“强恕反求”，“克己修身”。所以说：

> 重在修身，则物格、知至、意诚、心正，永无渗漏，而可为齐、治、平之基。故特提曰：自天子以至于庶人，壹是皆以修身为本。斩关之脚，定此准绳，以定学者之命也。学者果实到浑然身、家、国、天下一体，自知家、国、天下总系于吾身，齐、治，均平总托于吾修。苟吾身之不立，而家、国、天下已痿痺；吾修之或忽，而齐、治、平已无基本，焉得而不战战兢兢?②

修身是齐家、治国、平天下之基，离开修身这个基础，一切都谈不到。从天子到庶民百姓，任何人都不例外，都要从修身上下功夫。修身则可以“贯乎齐、治、平”，与“天地万物一体”。潘平格的“格物致知”论，是和他的以国家天下为一体的求仁、救世论紧密相联的。

第四节 “笃志力行”论

潘平格认为，“格物致知”是“求仁”、“复性”的方法和途径，明白这个道理，便是有了求贤成圣和恢复圣学的可能性，要把这种可能性变为现实，把崇高的理想付诸现实实践，就要付出艰苦的努力，这就是“笃志力行”。据此，他提出了“笃志力行”论。

---

① 《求仁录辑要》卷三。

② 《求仁录辑要》卷一。

潘平格十分重视笃志力行，他把笃志和力行统一起来，因为在他看来，求贤成圣、担当圣学并不难，关键在于笃志和力行，做到这二者，就可以"为圣贤"，所以他把笃志和力行合而为一。他说：

> 说笃志处即是说力行，说力行处即是说笃志。盖未有笃志而不力行者，亦未有力行而非笃志者，何可分也。①

笃志即力行，力行即笃志；有笃志处即有力行，有力行处即有笃志，二者是合一的，不可分的。

笃志在立志，立志在思量，一个人在幼年初学之时，就要"思量如何做人"，"做何等人结局"②的问题。做什么人，如何做人？是人一生中的大事，所以不可不思量，不能不思量。潘平格说：

> 初学，思量即是工夫。当下思量，全体精神凝聚，心不散乱，念不间杂，当下人我交涉自不肯不尽本分，自不容丝毫欺妄。当下思量，即是当下工夫。思量之久，则志之植根深而有力，坚而不退，自不回惑于世情，自不摇夺于旁议，自不为私欲所挠，自不退悔倒堕。思量到津津不容已处，精神勃勃，如草木之怒生，一趋直入，一日千里，深潜缜密，入真入微，复性在当下，知性在目前。故思量是立志丹头，立志又是力行丹头，力行是复性丹头，复性又是知性丹头。耐久工夫，只在思量能耐久。思量则志立而力行在其中，复性在当下，知性自有日矣。呜呼！其莫轻此思量也哉！其莫暂不思量也哉！③

思量是立志丹头，人在初学之始，就要思量自己一生应该做个什么样的人，有了做人的志向就会积极努力，去实现这个志向。因此，为学之初，做人之始，要重在思量，当下思量。思量是工夫，要集

---

① 《求仁录辑要》卷十。
② 《求仁录辑要》卷十。
③ 《求仁录辑要》卷十。

中精力，聚精会神，心不散乱，念不间杂，要诚实，不欺妄。思量之久，则会使志向根深蒂固，毫不动摇，不屈不挠，勇往直前，永不退缩，这样就可以达到理想的目标。

潘平格所讲的思量、立志，所要达到的理想目标是担当圣学，求为圣贤。所以说：

> 先生每对人，辄教人思量，云："圣学一无所难，难在无志。人安能便有志？须是思量方有志。一出母胎，便名为人，须思量如何做人？到老有死之日，须思量做何等人结局？如此打长思量，便能分出路径。……思量自上古五帝、三王以至孔、孟，皆不过出世为百十年之人，而穷神极圣，参天赞地。我亦出世为人，岂得以浩浩一生，草草结局。思量至此，便立身在圣贤路上，不甘堕落，路径已是分明。又思量人皆可以为尧、舜。尧、舜之道，孝弟而已矣。果孝弟，已尽尧、舜之道，我安有不可为尧、舜之理？……夫孝弟已尽尧、舜之道，尧、舜之道已尽于我。孩提稍长时，何故自生迷昧？或时为富贵热中，或时为勋名热中，或时为诗文博学热中，或时为才智伎俩热中，反欲为汉、唐以来人物，反以做得汉、唐以来人物为豪杰能事，岂不可惭可愧？……须再密密思量，以至一月、两月，或至终岁，蚤暮无间，愈久愈切，惭惭愤愤，自过不得，忽不觉真志油然不容已，是谓有志。是真志为学，如真种落地，自然达生，自然发荣滋长，深造自得，而几于美大圣神。一日千里耳，何难之有哉？"①

思量即是立志、笃志，"志"为求圣成圣之志，这"志"不是求"富贵"、"功名"、"勋名"、"博学"、"才智"、"伎俩"等"无实用"、"无实功"之志，而是"思量自上古五帝、三王以至孔、孟"，"而穷神极圣、参天赞地"，"立身在圣贤路上"之志。思量并成就这种志功，并不是难事，只要立志成圣，"尽尧、舜之道"，便"可为尧、

① 《求仁录辑要》卷十。

舜"，只要尽其在我，"真志为学"，就能"一日千里耳，何难之有哉?"因为在潘平格看来，"宇宙内事，皆我分内事。家、国、天下具系属在吾身"。[1]"吾身"与"天地万物""浑然一体"，所以只要在吾身上下工夫、立志向，就可以求贤成圣了。

潘平格所"笃"之"志"是圣贤之志；所"力"之"行"是践履圣贤之道，而不是个人的自由思想意志和行动。他说：

> 时时密切思量，则志不容不笃。志不容不笃，行自不容不力矣。其"不容不"处，即自然也。[2]

以圣贤的思想意志为自己的行动规范，久而久之就自己担当圣学，成就圣贤了。"思量"即为"笃志"，"笃志"才能"力行"，所以思量、笃志、力行是一种做圣的工夫。"思量即是工夫"，"为学只是笃志力行，本无工夫，自悔从前说工夫之为多事"。[3]"吾身"与宇宙万物浑然一体，宇宙内事，即我分内事，所以笃志即是力行了，不是笃志之外另有力行。他说："立志则行自力，亦不必另说力行。近日友朋有以只说立志不说工夫为某病者。恐未为是。"[4]"立志则行自力"，"说笃志处即是说力行"，笃志与力行不可分，实是王守仁的"知行合一"说的再版。潘平格对王守仁的"致良知"和"知行合一"说是赞同而吸取的。他的笃志力行之说，正渊源于王守仁的这些思想。潘平格对此是承认的。他说："立志之始，须刻刻自提。""提志之法，略具阳明先生《立志说》中。"[5]因此，唐鉴说：潘平格"一守阳明之致良知与责志之说，而特以格通身、家、国、天下释格物，以原不入阳明窠臼。"[6]这是中肯之言。

① 《求仁录辑要》卷九。
② 《求仁录辑要》卷十。
③ 《求仁录辑要》卷十。
④ 《求仁录辑要》卷十。
⑤ 《求仁录辑要》卷十。
⑥ 《学案小织》卷末。

潘平格的“笃志力行”论，是一种强调主体意识，注重精神修养的切实工夫，不是静虚玄想的空头议论。他说：

> 君子之道，譬如行远必自迩，登高必自卑，但能于孝弟忠信实地真切行之，圣贤之道，不外是矣。若徒志愿空阔，而当下不切实，是妄而已。①

笃志力行，要从当下之事切实去做，不要空有大志，不徒实做。有理想、志向，而又见诸行动、付诸实践，才能真正有用，并能救世治国，解民倒悬。潘平格的“笃志力行”论，是为其救世、救民的社会实用目的服务的。他说：

> 尧不容不以不得舜为己忧，舜不容不以不得禹、皋陶为己忧；溺由己溺，禹不容不八年于外；饥由己饥，稷不容不胼胝手足；民坠涂炭，汤不容不放桀；毒痡四海，武不容不诛纣；匹夫匹妇有不被其泽，若己推而纳之沟中，伊尹不容不幡然应聘；既取我子，无毁我室，用闵于天越民，周公不容不维音哓哓；春秋僭王猾夏，弑父弑君，孔子不容不周流列国；战国杀人盈城，杀人盈野，孟子不容不历说齐、梁。盖吾性本浑然天地万物一体，则吾道自浑然天地万物一体。虽有穷达之分，而吾性无分于穷达，吾道无分于穷达。此所以道为天地间所不可少之道，人为天地间所不可少之人。若以默坐澄心为学的，以活泼见成为妙用，以了生脱死为究竟，以长生自利为全真，则亦何贵乎此道，何贵乎此人哉？吾性不如是，故吾道不如是也。②

潘平格认为，“吾性”、“吾道”都是“浑然天地万物一体”的，道为天地间不可缺少之道，人为天地间不可缺少之人。道为“担荷”救

① 《求仁录辑要》卷二。

② 《求仁录辑要》卷一。

世、救民之圣道，人为“求仁”“笃志力行”圣道之人，而不是“以默坐澄心为学的，以活泼见成为妙用，以了生脱死为究竟，以长生自利为全真”为目的的道和人。因此，潘平格反对佛、道两家以静坐玄虚为道，以了生脱死、长生自利为人生的理论，尤其是反对理学家的操持、涵养、静坐的主内工夫。他说：

> 有操持，则分内外，心意为内，事物为外。以心意为内，则见满前无非引心之境，益不得不提省。照管、操持、涵养，使此心常在于腔子。夫吾心，浑然天地万物一体者也。而照管、操持，欲使之常惺惺于腔子，则心劳。真心，主也。意识，贼也。操持意识以为心，则至宾杂糅。心劳，则神思不安而魂梦扰乱。主宾杂糅，亦宜神思不安而魂梦扰乱。故日间执持，有满前无非引心之苦；向晦燕息，有魂梦颠倒不宁之苦。①

在潘平格看来，理学家所讲的操持、涵养、静坐工夫，是把主体与客体分开，以心意为内、为体，以事物为外、为用，当见到外界事物时，恐怕内心被外物牵累、诱惑，而不得不提省、照管、操持、涵养，使此心常在于腔子内，而不知“吾心”是“浑然天地万物一体者也”的道理，结果是主内、主心而遗外、弃物。如果懂得心是浑然天地万物一体者的道理，而不分内外体用，就会动静自如，各得其宜，而不存在“有体无用之患”，所以说：

> 有操持则有内外，分体用，则必喜于静坐，为立本工夫。或去人欲，或息思虑，或澄心，收拾放心。夫言己则必不离人，言理则必不遗事。既无遗人之己，无遗事之理，安得默然静坐，离人而遗事？②

① 《求仁录辑要》卷二。

② 《求仁录辑要》卷二。

潘平格从“心”为“浑然天地万物一体者”的思想出发，对“朱子道，陆子禅”，“老、庄之说”，“佛氏真性”的“玄微妙道”，“提醒照管”，“操持涵养”，“澄定心神”，“有绝远于圣人者”的“异端”之学，进行了批判。其目的是“辨清学脉”，“求仁成功”。他说：“圣学从力行入，禅学从疑入。以力行入者，自得其浑然一体之仁。”①“读书”旨在“审知圣学脉路”②，求得“浑然一体之仁”。因此，他反对静坐论道，空谈修养，而主张“笃志力行，担荷斯道”。③ 他认为，脱离实际而尚空谈的人，如同“未播种而忧五谷之不熟，未盐梅而忧滋味之不适口，虽愚者亦知其非矣”。④ 他主张人们既要努力读圣贤之书，“孔子亦好古敏以求之，孟子亦愿学孔子，学者焉得不以圣人为依归？学者知圣人之道，始知《学》、《庸》、《论》、《孟》真切有味，直如布帛菽粟，晷刻不可无”。⑤ 又要“笃志力行”，“笃志力行之士，虽一草一木之事到前，无不尽心料理。无分大事小事，无分于人事我事，凡我之所当为，俱我当自尽”。⑥读圣贤之书与笃志力行，都是不可偏废的。这样便是达到了“浑然天地万物一体”的“求仁”之境。

潘平格的“求仁”思想，既是为了“径接圣学”，又是为救世救民。他在“仁者”“浑然天地万物一体”的思想主旨下，所阐发的“求仁”思想，是颇有见地的，有其时代意义。

---

① 《求仁录辑要》卷七。

② 《求仁录辑要》卷七。

③ 《求仁录辑要》卷九。

④ 《求仁录辑要》卷三。

⑤ 《求仁录辑要》卷七。

⑥ 《求仁录辑要》卷二。

第六章　黄宗羲的实学及民主思想

第一节　求实爱国的一生

黄宗羲，字太冲，号南雷，学者梨洲先生，浙江余姚人。生于公元1610年（明万历三十八年），卒于公元1695年（清康熙三十四年）。他是我国明末清初著名的哲学家和政治思想家。

黄宗羲生活的时代，是一个阶级矛盾、民族矛盾都极为激烈的“天崩地解”的时代。明朝中叶以来，中国封建社会发生了很大的变化，封建制度已经出现了腐朽衰败的征兆。明王朝皇室、贵戚与官僚地主豪绅们沆瀣一气，疯狂地兼并土地，横征暴敛，肆意盘剥，各级官吏腐化无能，欺压百姓，人民处于水深火热之中。封建统治阶级已经越出了常轨，不可能照旧统治下去了。朱明王朝，为了维护其摇摇欲坠的腐朽统治，采取了高压政策，实行极端的君主专制独裁手段，镇压进步力量的反抗。到了天启年间，则形成了宦官魏忠贤的专政，朝政掌握在最腐败的阉党手里，不但广大劳动者遭到残酷的镇压、剥削，而且封建统治阶级内部一些正直、有为之士，也惨遭迫害。万历二十二年，顾宪成被罢官回无锡，与高攀龙等在东林书院讲学，四面八方学者闻风而至，论学议政。他们的政治观点与当朝者相反，“外论所是，内阁必以为非；外论所非，内阁必以为是”①，形成了政治上的反对派。由于他们聚集在东林书院，被称为东林党人。

东林党人原本是一些儒家的正直学者，他们坚持儒家的伦理纲

---

① 《明儒学案》卷五十八《东林学案》。

常，主张以儒家思想整饬朝政。他们严于修己、坚持原则，“一党师友，冷风热血，洗涤乾坤”。① 许多人为坚持正义而牺牲了身家性命。他们是封建地主阶级中的正直派、有胆识的志士仁人。因此，许多人都团结在东林党的周围，形成“凡一议之正，一人之不随流俗者，无不谓之东林。若似乎东林标榜遍于域中，延于数世”②的局面。

黄宗羲的父亲黄尊素是东林党的著名首领，是一位有名的学者。天启五年，黄尊素因弹劾魏忠贤被削籍下狱，次年为阉党所害。黄宗羲 14 岁即随父在京，深受父亲及杨涟、左光斗、魏大中等东林党人的影响，从他们那里学习了许多新知识，对于当时政治黑暗和学术斗争都有了解，懂得了“朝局的清流浊流”，目睹了东林党人被阉党所害的惨状，尤其是父亲黄尊素死于诏狱，对他刺激极大。国患家难，更激发了黄宗羲的爱国之志。他 19 岁时，崇祯皇帝即位，阉党失势，魏忠贤被诛。他进京告状，为父讼冤，上疏请诛阉党曹钦程、李实等。在法庭审问阉党分子许显纯、崔应元时，黄宗羲当场出袖锥锥击许显纯，痛打崔应元，拔掉其胡须，伸张正义，为父报仇，名震朝野。

黄宗羲由京回浙后，努力学习。他遵父遗命，拜山阴著名学者刘宗周为师，广学深研各种学问，为他一生的学问奠定了深厚的基础。

崇祯十一年，黄宗羲 29 岁时，宦官势力又有抬头，阉党余孽阮大铖等，在南京蠢蠢欲动，黄宗羲再次起来进行反对宦官的斗争。他与复社其他名士顾果、杨廷枢、沈士柱、万泰等正直有为青年一起，作《留都防乱揭》，揭露了阮大铖的阴谋，发动了反阮运动。这场运动，使崇祯皇帝决心坚持反宦官斗争和太学清议的活动。

不久，清兵南下，明朝灭亡。南京失守后，黄宗羲还乡，组织黄竹浦子数百人，组成“世忠营”，直接投入抗清斗争。后来又和

---

① 《明儒学案》卷五十八《东林学案》。

② 《明儒学案》卷五十八《东林学案》。

王正中合军，得三千人。他们由海道入太湖，联络吴中的义军抗清。由于明军主力在钱塘江上失败，黄宗羲率军退入四明山，结寨自守。此后又随鲁王转移到海上。在这前后近十年时间里，他历尽苦难，有关这阶段的痛苦生活，他自述道："自北兵南下，悬书购余者二，名捕者一，守围城者一，以谋反告讦者二三，绝气沙墠者一昼夜，其他连染、逻哨之所及，无岁无之，可谓濒于十死者矣。"①"落日狂涛，君臣相对，乱礁穷岛，衣冠聚谈。是故金鳌橘火，零了飘絮，未罄其形容也。有天下者，以此亡国之惨，图之殿壁，可以得师矣。"②面对清朝政府的镇压、追捕、海上漂泊之苦、亡国弃家之惨，黄宗羲在精神上和肉体上都是痛楚万端的。黄宗羲虽然日夜操劳，力图复明，但由于明朝的腐朽无能，阉党弄权，而最终不能挽救南明小朝廷。到公元1653年，鲁王在海上失败，黄宗羲看到复明无望，便停止了抗清复国的武装斗争，返乡奉母，著书立说。

从公元1654年到1695年的41年间，黄宗羲奉母家居，致力于著述和讲学。其间清朝政府曾多次征召他应博学鸿词科，作监修《明史》的顾问，但他坚辞不就。他始终矻矻于学术研究，从不稍懈，从未间断。他于政治、经济、军事、经学、史学、哲学、法学、数学等，无所不研，无所不论，写下了许多著作，取得辉煌的成就。

黄宗羲学问甚博，成就很大，注重实学，反对空谈，讲究创新，不守成说，开启一代学术新风。全祖望评价说：

> 公谓明人讲学，袭《语录》糟粕，不以《六经)为根柢，束书而从事于游谈，故受业者必先穷经，经术所以经世，方不为迂儒之学，故兼令读史。又谓读书不多，无以证斯理之变化，多而不求于心，则为俗学。故凡受公之教者，不堕讲学之流弊。公以濂洛之统，综会诸家，横渠之礼教，康节之数学，东

① 《怪说》。

② 《鲁纪年》。

莱之文献、艮斋、止斋之经制，水心之文章，莫不旁推交通，连珠合璧，自来儒林所未有也。①

黄宗羲以王学为主，博采众家，朝气勃勃，多有创新。

黄宗羲的著作颇丰，主要有《明夷待访录》、《孟子师说》、《易学象数论》、《明儒学案》、《宋元学案》、《南雷文案》等。

第二节　君为天下大害的民主思想

黄宗羲目睹明末朝政的腐败、亲感明亡的痛苦，痛定思痛，使他深究了以往的政治制度，总结了历史经验教训，深刻地认识了封建专制制度的弊病。因此，他对封建君主专制制度展开了尖锐的批判，提出了具有启蒙性质的民主政治思想。

黄宗羲的民主政治思想集中地体现在《明夷待访录》中。在该书里，黄宗羲根据古代天子禅让的传说，指斥后世君主把天下作为“一人一姓”的私有物，对封建专制制度进行了系统的批判。书中尖锐地指出：“为天下之大害者，君而已矣。”②黄宗羲认为，在上古时代，最初设立君主，是由于他们能为天下兴“公利”，除“公害”，以天下万民之事为事，不是为自己谋私利，“不以一己之利为利，而使天下受其利，不以一己之害为害，而使天下释其害”，因此，受到人民的拥护和爱戴。后世的君主则不然，而成为“天下之大害”，“天下之人怨恶其君，视之如寇仇，名之为独夫”。③ 为什么会是这样的呢？黄宗羲指出：

后之为人君者不然，以为天下利害之权皆出于我，我以天下之利尽归于己，以天下之害尽归于人，亦无不可；使天下之人不敢自私，不敢自利，以我之大私为天下之大公。始而惭焉，

① 《鲒埼亭文集·梨洲先生神道碑文》。

② 《原君》。

③ 《原君》。

> 久而安焉，视天下为莫大之产业，传之子孙，受享无穷。……古者以天下为主，君为客，凡君之所毕世而经营者，为天下也。今也以君为主，天下为客，几天下之无地而得安宁者，为君也。是以其未得之也，屠毒天下之肝脑，离散天下之子女，以博我一人之产业，曾不惨然，曰："我固为子孙创业也。"其既得之也，敲剥天下之骨髓，离散天下之子女，以奉我一人淫乐，视为当然，曰："此我产业之花息也。"然则为天下之大害者，君而已矣。向使无君，人各得自私也，人各得自利也。①

黄宗羲抓住封建君主把天下视为自己的家产，把自己的"大私"说成是天下的"大公"这个要害，对封建君主专制制度进行了猛烈的抨击。他们为了自己取得天下，使人民妻子离散，肝脑涂地。他们对人民敲骨吸髓，以满足自己荒淫无耻的生活。他们把天下视为自己的产业，把敲剥人民的劳动果实而过的淫乐生活，说成是自己产业的利息。"以为天下利害之权皆出于我"，从而把天下之利尽归于己，把天下之害尽归于人，所以这种"君"为天下之大害，人民当然要把他们视为"寇仇"、"独夫"，人民的公敌。有这样的君主，还不如没有为好。"向使无君，人各得自私也，人各得自利也。"人人都是一样的，都应当平等地占有私利，何尝不可让人人都各求其私利而让君主一人独占一切利益呢！"岂天地之大，于兆人万姓之中，独私其一人一姓乎！"②据此，黄宗羲痛斥了"小儒"们的忠于一人一姓的忠君思想，他指出"小儒规规焉以君臣之义无所逃于天地之间"③实在是荒唐之言。

黄宗羲的"以天下为主，君为客"的思想，表现了相当明确、极为可贵的民主思想。由此出发，他进一步论述了君与臣的关系。

黄宗羲认为，君与臣的关系，应当是"师友"关系，不应当是"主奴"关系。他说：

---

① 《原君》。

② 《原君》。

③ 《原君》。

出而仕于君也，不以天下为事，则君之仆妾也；以天下为事，则君之师友也。①

就是说，君与臣之间是师友关系，其责任是共治天下。如果臣不以天下为事，而只为一人一姓效忠，就是君的奴婢。这些“小儒”正是“舍其师友之道而相趋于奴颜婢膝之一途”。② 黄宗羲尤其憎恶“宦官宫妾之心”和为君“奔走服役之人”“不以天下万民为事”③的“仆妾”之行。他批判了封建君主把天下人民视为“橐中之私物”的专制思想，区别了“臣”与“仆”的关系，提出了“君臣共治”天下的思想。他说：

缘夫天下之大，非一人之所能治而分治之以群工。故我之出而仕也，为天下，非为君也；为万民，非为一姓也。④

天下是天下人的天下，做官为臣者，应该“为天下万民起见”，不应该为“君之一身一姓起见”。如果是为天下万民办事，那么天下之大，并非一人所能独治，而必须君与臣联合起来共同治理之。治理天下如同拉大木头，前边的人和后边的人，必须配合好，前呼后应，才能顺利前进。黄宗羲说：

夫治天下犹曳大木然，前者唱邪，后者唱许。君与臣，共曳木之人也；若手不执绋，足不履地，曳木者唯娱笑于曳木者之前，从曳木者以为良，而曳木之职荒矣。⑤

① 《原臣》。
② 《奄宦上》。
③ 《原臣》。
④ 《原臣》。
⑤ 《原臣》。

君与臣，如曳木者前唱后许，呼喝相应，一方不配合就不能前进。君与臣是这种关系，所以说："臣之与君，名异而实同耶?"①这种"名异而实同"的君臣关系，是一种等级之差的关系，并不是君权至高无上的君尊臣卑关系。黄宗羲说：

> 原夫作君之意，所以治天下也。天下不能一人而治，则设官以治之；是官者，分身之君也。……盖自外而言之，天子之去公，犹公、侯、伯、子、男之递相去；自内而言之，君之去卿，犹卿、大夫、士之递相去；非独至于天子遂截然无等级也。②

君主不过是比公、卿高一级的官，这如同公比侯高一级，卿比大夫高一级一样，如此说明君主不是至尊至贵的。黄宗羲指出，为臣者应当为"天下之治"而努力尽职，不应当为"一身一姓"之私而尽忠。所谓治就是人民的欢乐。他说："盖天下之治乱，不在一姓之兴亡，而在万民之忧乐。是故桀、纣之亡，乃所以为治也；秦政、蒙古之兴，乃所以为乱也。"③治与乱的关系是人民的安乐与愁苦，不是一个朝代的兴盛与衰落。黄宗羲完全从天下万民之事来解释治乱，这是有积极意义的。

黄宗羲在批判封建君主专制制度后，又进一步批判了封建专制主义的法制。他从"天下之法"与"一家之法"的区别，来说明"一家之法"为"非法之法"的道理。他认为，"三代以上之法"是为天下而设立的，是为了解决人民的生养和教化问题而设立的，"固未尝为一己而立也"。④ 而"三代以下"的法，是为了保护君主一家一姓之私利而设立的。他说：

① 《原臣》。
② 《置相》。
③ 《原臣》。
④ 《原法》。

> 后之人主，既得天下，唯恐其祚命之不长也，子孙之不能保有也，思患于未然以为法。然则其所谓法者，一家之法而非天下之法也。是故秦变封建而为郡县，以郡县得私于我也；汉建庶蘖，以其可以藩屏于我也；宋解方镇之兵，以方镇之不利于我也；此其法何曾有一毫为天下之心哉，而亦可谓之法乎?①

黄宗羲指出，秦汉以来的封建法制，都是历代皇帝为了保住一家一姓之私利和防患于未然而制定的，因此，法网愈来愈细密，其危害亦愈来愈深重，究其实，这种法则为“非法”。黄宗羲说：

> 后世之法，藏天下于筐箧者也；利不欲其遗于下，福必欲其敛于上；用一人焉则疑其自私，而又用一人以制其私；行一事焉则虑其可欺，而又设一事以防其欺。天下之人共知其筐箧之所在，吾亦鳃鳃然日唯筐箧之是虞，向其法不得不密，法愈密而天下之乱即生于法之中，所谓非法之法也。②

判定这种一家一姓之法，是为了保住一家一姓之私利，为了使“利不欲其遗于下，福必欲其欽于上”，于是法愈密，乱愈多，结果使治乱之法成为致乱之因，而愈益祸乱天下人民，“法愈密而天下之乱即生于法之中”，对于这种“非法之法”，不论是创立者，还是破坏者，都是“害天下”的。黄宗羲说：“夫非法之法，前王不胜其利欲之私以创之，后王或不胜其利欲之私以坏之；坏之者固足以害天下，其创之者亦未始非害天下者也。”③在这里，黄宗羲从正面和负面揭露了封建法制为保护君主私利而损害人民利益的罪恶本质。

黄宗羲主张坚决废除保护君主私利的“一家之法”，恢复保护万民利益的“天下之法”。他提出“有治法而后有治人”的法制思想。

---

① 《原法》。

② 《原法》。

③ 《原法》。

有了正当的法制，依法办事，才能办出好事；如果法制不合理，即便有“能治之人”，也要受到法的制约，只能在法制规定的范围内办事，也不可能做出特殊的成绩来。所以说：

> 吾以谓有治法而后有治人。自非法之法桎梏天下人之手足，即有能治之人，终不胜其牵挽嫌疑之顾盼；有所设施，亦就其分之所得，安于苟简，而不能有度外之功名。使先王之法而在，莫不有法外之意存乎其间；其人是也，则可以无不行之意；其人非也，亦不至深刻罗网，反害天下。故曰有治法而后有治人。①

这就是说，要改革法制。要把为国君一家一姓之法，改变为天下万民之法。黄宗羲把“一家之法”与“天下之法”对立起来，主张废除前者，而恢复后者，在这里进一步表现了他的反封建的民主思想。

为了实现“天下为主，君为客”的原则和废除“一家之法”，恢复“天下之法”的主张，黄宗羲总结了历史经验，批判了现实弊端，设计了未来的改革方案。黄宗羲所设计的理想社会方案是：

第一，学校议政，限制君权。

黄宗羲认为，自古以来，学校就是培养人才的地方，为了充分发挥学校的作用，不仅应当培养人才，敦化风俗，而且要把学校变成议政机关。只有这样扩大学校的职能，使治理天下的政治设施都出自学校，才会使学校的意义完备。他说：

> 学校，所以养士也。然古之圣王，其意不仅此也，必使治天下之具皆出于学校，而后设学校之意始备。②

就是说，学校不仅仅是培养人才、传播文化的教育机关，而且是制定政策、决定是非的最高机关，这样便可以限制君主至高无上的权

① 《原法》。

② 《学校》。

力。黄宗羲说:

> 天子之所是未必是,天子之所非未必非,天子亦遂不敢自为非是而公其非是于学校。是故养士为学校之一事,而学校不仅为养士而设也。①

学校作为最高议政机关,有决定是非的权力,皇帝要服从学校的公议政论,不能以皇帝个人言论之是非为是非,而要以学校公议之是非为是非,“公其是非于学校”。“在朝廷者,以其所非是为非是”。② 黄宗羲在这里一反封建社会的“天下之是非一出于朝廷。天子荣之,则群趋以为是;天子辱之,则群擿以为非”③的是非观,而以学校作为评定是非的机关,是对传统观念的否定。

黄宗羲指出,学校议政历来都是合法的、公正的。如“东汉太学三万人,危言深论,不隐豪强,公卿避其贬议;宋诸生伏阙搥鼓,请起李纲;三代遗风,惟此犹为相近”。④ 如果当时的朝廷以学校的是非为是非,则可以使“君安而国可保也”。⑤ 学校不仅有议政、决定是非的权力,而且还有监督政府,弹劾郡县各级官吏的权力。黄宗羲所讲的学校,近似于议会。这种设想,在封建专制制度下是不可能实现的,但是对反封建专制独裁统治却具有巨大的进步意义。

第二,计户授田,工商皆本。

在经济思想方面,黄宗羲提出了发展资本主义经济的主张。明朝末年土地高度集中,豪绅地主兼并土地,各种赋役苛税都落到劳动人民头上而使他们无法生活,对此,黄宗羲说:“吾见天下之赋

---

① 《学校》。
② 《学校》。
③ 《学校》。
④ 《学校》。
⑤ 《学校》。

日增，而后之为民者日困于前。”①黄宗羲认为，明朝的土地制度，实是“乱世苟且之术也”②，“是有天下者之以斯民为仇也”。③ 因此，他极力谴责这种不合理的土地、赋税制度。为了减轻农民的负担，他主张取消土地使用和赋税负担上的封建特权，实行“丈量天下田土”④，然后“以实在田土均之”，“每户授田五十亩”⑤，分田后剩余的土地，再“以听富民之所占”⑥，这样就不会使土地过分集中在少数人手里，而可以解决贫富悬殊的问题。赋税要以“授田于民，以什一为则；未授之田，以二十一为则；其户口则以为出兵养兵之赋；国用自无不足，又何事于暴税乎！”⑦实行这种制度，便可以“遂民之生，使其繁庶”。⑧ 黄宗羲的这些思想有其一定的合理性。

明朝末年以来，东南沿海地区出现了带有资本主义萌芽的工商业。封建统治者生怕其破坏封建的经济基础，继续顽固地推行先秦以来所奉行的“以农为本”，“工商为末”，“崇本抑末”的政策，从而限制了经济的发展。黄宗羲从发展经济的现实需要出发，一反传统的农业为本，工商为末的观点，提出了工商皆本的思想。他说：

> 治之以本，使小民吉凶一循于礼；投巫驱佛，吾所谓学校之教明而后可也。治之以末，倡优有禁，酒食有禁，除布帛外皆有禁。今夫通都之市肆，十室而九，有为佛而货者，有为巫而货者，有为倡优而货者，有为奇技淫巧而货者，皆不切于民用；一概痛绝之，亦庶乎救弊之一端也。此古圣王崇本抑末之道。世儒不察，以工商为末，妄议抑之；夫工固圣王之所欲

① 《田制一》。
② 《田制一》。
③ 《田制三》。
④ 《田制三》。
⑤ 《田制二》。
⑥ 《田制二》。
⑦ 《田制三》。
⑧ 《田制二》。

来，商又使其愿出于途者，盖皆本也。[1]

黄宗羲指出，农、工、商都是本，都是推动社会生产的根本力量。封建社会的重农业抑工商是为了维护自给自足经济所制定的政策，而不是绝对地排斥工商。只有那些不事生产的佛巫、倡优者，才是末，他们"皆不切于民用"，所以要"一概痛绝之"。对这些为奢侈迷信服务的商业，如果不加以"痛绝"，就会使天下"习俗未去，蛊惑不除，奢侈不革，则民仍不可使富也"。[2] 在禁绝这些末业的同时，大力发展工商业，就可以使"天下安富"。[3] 为促进工商业的发展，黄宗羲主张改革弊制，整顿物价，扩大流通，从而"使封域之内，常有千万财用流转无穷，此久远之利也"。[4] 黄宗羲的这些思想反映了新兴市民的经济利益要求。

第三，反对科举，提倡绝学。

明朝以八股取士，广大士子囿于旧说，按照统治者规定的几部书，转相沿袭，固守经义，熟读成诵，便可成就举业。久而久之养成了空谈性理，不切实用，毫无己意的腐朽空疏学风，这不仅坑害、窒息了学子、人才，而且于国无补、于民无用。对这种科举取士制度，黄宗羲给予尖锐的批判。他说：

> 举业盛而圣学亡，举业之士亦知其非圣学也，第以仕宦之途寄迹焉尔！而世之庸妄者，遂执其成说，以裁量古今之学术。有一语不与之相合者，愕贻而视曰："此离经也，此背训也。"于是《六经》之传注，历代之治乱，人物之臧否，莫不各有一定之说。此一定之说者，皆肤论瞽言，未尝深求其故，取证于心。[5]

① 《财计三》。
② 《财计三》。
③ 《财计一》。
④ 《财计三》。
⑤ 《南雷文案·恽仲升文集序》。

黄宗羲指出，科举八股取士制度，既使学士拘于“一定之说”，满足于“肤论瞽言”，造成思想僵化，养成懒惰性根，而不能“深求其故，取证于心”，只为求功名利禄而欺世盗名，而不能为国、为民负荷担道，不关心国家的兴衰，民族的存亡，而热衷于性理经义、词章成说。黄宗羲对此慨叹道：“取士之弊，至今日制科而极矣。”“空疏不学之人皆可为之也。”①为了废除空疏之学，使“天下之士”“趋于平实”，“而通经学古之人出焉”②，黄宗羲主张改革试卷判定标准，即不能只看其“皆不离经义”，而要看其“诸儒之说，一一条于前，而后申之以己意，亦不必墨守一先生之言”。③ 就是说，要看其有没有自己独立的见解而定取否。这比用专一的八股文取人为好。黄宗羲的批判是切中时弊的。

黄宗羲认为，要发展生产，治理国家，就必须广开门路，广招贤才，严格录用，防止侥幸仕进。为此，他提出“绝学”、“上书”的取士选才方法。他说：

> 绝学者，如历算、乐律、测望、占候、火器、水利之类是也。郡县上之于朝，政府考其果有发明，使之待诏；否则罢归。
>
> 上书有二：一，国家有大事或大奸，朝廷之上不敢言而草野言之者……一，以所著书进览，或他人代进，详看其书足以传世者，则与登第者一体出身。若无所发明，纂集旧书，且是非谬乱者……部帙虽繁，却其书而遣之。④

如此广开言路，匡正时弊，对发现人才，发展科学技术，发展社会经济，推动社会进步，都大为有益。黄宗羲的这些思想，反映了广大市民阶层参政、议政的愿望，透露出反对封建的民主思想特征。

---

① 《取士上》。

② 《取士上》。

③ 《取士上》。

④ 《取士下》。

第三节 “气外无理”、“心即是气”的哲学思想

黄宗羲生活的时代，正是理学和心学互争雄长、彼此竞争正统地位的时代。在黄宗羲看来，不论是理学，还是心学，都不能适应“天崩地解”时代的需要。他说：

> 奈何今之言心学者，则无事乎读书穷理，言理学者，其所读之言不过经生之章句，其所穷之理不过字义之从违，薄文苑为词章，惜儒林于皓首，封己守残，摘索不出一卷之内，其规为措注，与纤儿细士不见短长。天崩地解，落然无与吾事，犹且说同道异，自附于所谓道学者，岂非逃之者之愈巧乎?①

为了适应“天崩地解”时代的需要，黄宗羲对以往的哲学进行了批判性的历史总结，形成了具有时代特征的哲学思想。

理气关系是宋明哲学家们经常讨论的一个重要问题。黄宗羲继承其师刘宗周“离气无所为理”②的正确观点，对宇宙本原、理气关系、心物关系等作了说明。

黄宗羲认为，天地之间都由一气充塞，人和万物都是由气流行变化而产生的。他说：

> 天地之间只有一气充周，生人生物，人禀气生。③
>
> 夫大地之流行，只有一气充周无间。时而为和，谓之春；和升而温，谓之夏；温降而凉，谓之秋；凉升而寒，谓之冬。寒降而复为和，循环无端，所谓生生之为易也。圣人即以升降之不失其序者，名之为理。……皆一气为之，《易传》曰：“一阴一阳之为道。”盖舍阴阳之气，亦无从见道矣。……苟非是

① 《南雷文案·留别海昌同学序》。

② 《明儒学案》卷六十二《蕺山学案》。

③ 《孟子师说》卷二。

气，则天地万物为异体也，央然矣。①

黄宗羲肯定，宇宙中的人和万物，都是“一气为之”，由于“气”的变化流行，生生不息，产生了万事万物。“气”是永恒的、无限的，“通天地，亘古今，无非一气而已”。② 黄宗羲的“一气”思想，说明了“气”对万物的根源性和万物统一于“气”的物质统一性的思想。

在气本论的基础上，黄宗羲阐发了理与气的统一关系。黄宗羲认为，由于气的变化流行，循环无端，而形成万事万物。万事万物虽然变化多端，循环往复，但却变而不乱，不失其序，就因为“理”在其中。所以在《孟子师说》中说：“流行而不失其序，是即理也，理不可见，见之于气。”没有气，万物就失去存在的物质基础；没有理，万物则会杂乱无章，紊乱无序，而失去其支配者。黄宗羲说：“草木之荣枯，寒暑之运行，地理之刚柔，象纬之顺逆，人物之生化，夫孰使之哉？皆气之自为主宰也，以其能主宰，故名之曰理。……其在于人，此虚灵者气也，虚灵中之主宰即理也。”③宇宙万物的变化，其所以不失其序，就在于理的支配作用。

黄宗羲认为，所谓“理”，就是“气”之“流行而不失其序，是即理也”。“理”存在于“虚灵”之气中，是不可见的，所以说：“莫知其所以然而然，是即所谓理也。”④理与气是不可分离的，但“气”是基础、根本的。“理不能离气以为理。”⑤“理为气之理，无气则无理。”⑥理为气之理，气外则无理。黄宗羲的理与气的关系论，是在坚持唯物主义基础上的理气统一论。因此，他十分赞同罗钦顺的理气关系的正确观点。他对罗钦顺的理气论的评价是：

① 《南雷文案·与友人论学书》。
② 《宋元学案》卷十二《濂溪学案下》。
③ 《明儒学案》卷三《魏崇仁学案三》。
④ 《宋元学案》卷十二《濂溪学案下》。
⑤ 《明儒学案》卷三十八《甘泉学案二》。
⑥ 《明儒学案》卷七《河东学案上》。

> 盖先生之论理气最为精确，谓通天地，亘古今，无非一气而已。气本一也。……千条万绪，纷纭胶轕，而卒不可乱，莫知其所以然而然，是即所谓理也。初非别有一物，依于气而立，附于气以行也。①

理是依气而存在，随气而变化的，不是“别有一物”离气而单独存在的。所以说：

> 天地之间，只有气，更无理。所谓理者，以气自有条理，故立此名耳。②
>
> 理气之名，由人而造，自其浮沉升降者而言，则谓之气，自其浮沉升降不失其则而言，则谓之理。盖一物而两名，非两物而一体也。③

就是说，气是实体，理是气之条理，并非气之外另有一个独立的实体，理与气是“一物而两名”，说的是同一物质运动过程中两种存在属性，而不是两个事物合在一体，“非两物而一体也”。这就正确地说明了物质本体及其运动规律统一性的原理。

黄宗羲还力图以气本体论，来解释气、理、心三者的关系。他说：

> 理也，气也，心也，歧而为三，不知天地间只有一气，其升降往来即理也。人得之以为心，亦气也。④
>
> 人禀是气以生，心即气之灵处。理不可见，见之于气。性不可见，见之于心。心即气也。⑤

---

① 《明儒学案》卷四十七《诸儒学案中一》。

② 《明儒学案》卷五十《诸儒学案中四》。

③ 《明儒学案》卷四十四《诸儒学案上二》。

④ 《明儒学案》卷三《魏崇仁学案三》。

⑤ 《孟子师说》卷二。

在黄宗羲看来，天地间只有一气为人和万物的本体，理为气之条理，心为人得气而生之灵处。从根本上说，心亦是气。所以说理、气、心为一，而不可“歧而为三”。从这个思想出发黄宗羲批评了理学家的“理能生气”、“理本气末”和佛学家的“无能生气”、“有物先天地”的唯心主义观点。他说：

> 盖离气无所谓理，离心无所谓性。佛者之言曰：“有物先天地，无形本寂寥，能为万象主，不逐四时凋。”此是其真赃实犯。奈何儒者亦曰：“理生气。”所谓毫厘之辨，竟亦安在?①
>
> 佛氏明心见性，以为无能生气。故必推原于生气之本，其所谓本来面目，父母未生之前……离气以求心性，吾不知其所明者何心，所见者何性也?②

黄宗羲指出，“理生气”与“无生有”的实质是一个，都是在气之先寻找一个更根本、更原始的本体，作为宇宙万物的根源。黄宗羲进而指出，佛教的“万法唯心”、“明心见性”论，是离间宇宙本体的气，来妄谈心、性的，究其结果是无所谓心、性的。而理学家的“理在气先”论，不过是佛教的“无能生气”的翻版。他说：“盖佛氏以气为幻，不得不以理为妄，世儒分理气为二，而求理于气之先，遂堕佛氏障中。”③在黄宗羲看来，世儒与佛氏的理气论，虽然说法不尽相同，但是其唯心主义本质是一样的。

由于黄宗羲没有把物质现象与精神现象严格的区别开来，因而在阐明心与气的关系时，把二者混淆起来。他说：“志即气之精明者也。”“知者，气之灵者也。”④他把意志和视、听、言、动等知觉说成是精灵之气，这就是混淆了物质与精神的界限，并以精神、意志化的气为中介，达到主体与客体的一体化，进而得出“我与天地

① 《明儒学案》卷六十二《蕺山学案》。

② 《孟子师说》卷二。

③ 《明儒学案》卷二十《江右王门学案五》。

④ 《孟子师说》卷二。

万物一气流通，无有碍隔，故人心之理即天地万物，非二也”①的结论，如此则是“万物皆备于我”了。

当黄宗羲进一步论证心与物的关系时，便提出了“盈天地皆心也”的命题。他说：

> 盈天地皆心也，变化不测，不能不万殊。心无本体，工夫所至，即其本体，故穷理者，穷此心之万殊，非穷万物之万殊也。②

人与天地万物为一体，而天地万物“皆心也”，即天地万物都在“吾心之中”，因此，穷天地万物之理，就是“穷此心之万殊”，“非穷万物之万殊”。在这里，黄宗羲没有跳出王守仁的心学深潭。

第四节　人性本善的人性思想

黄宗羲在“理与气一”的宇宙观的基础上，建立了“心与性一”的人性论。

黄宗羲认为，天地之间充满着气，气之生生不息的无穷变化，产生了人和万物。理为气之条理，“理与气一”，有气而有生，有生而有心，有心而有性，据此，他建立了“心与性一”的人性论。他认为“理不可见，见之于气，性不可见，见之于心”③，“离气无所谓理，离心无所谓性”。④“理与气”为一和“心与性”为一是一致的。性不在心之外，而在有明觉、能思维、有条理的“心”中。因此，他评论罗钦顺的理气、心性论时，说：

> 盖先生之论理气最为精确，谓通天地，亘古今，无非一气

① 《明儒学案》卷二十二《江右王门学案七》。

② 《明儒学案序》。

③ 《孟子师说》卷二。

④ 《明儒学案》卷六十二《蕺山学案》。

> 而已。……千条万绪，纷纭轇轕，而卒不克乱，莫知其所以然而然，是即所谓理也。……夫在天为气者，在人为心，在天为理者，在人为性。理气如是，则心性亦如是，决无异乜。人受天之气以生，只有一心而已，而一动一静，喜怒哀乐，循环无已。当恻隐处自恻隐，当羞恶处自羞恶，当恭敬处自恭敬，当是非处自是非，千头万绪，感应纷纭，历然不能昧者，是即所谓性也。初非有一物，立于心之先，附于心之中。①

黄宗羲认为，宇宙中没有离气之理，即先天存在之理；也没有离心之性，即先天存在之性。在天为理气者，在人为心性；理气如是，心性亦如是，“决无异也”。因此，理气与心性亦“决无异乜”。黄宗羲说：“凡动静者，皆心之所为也，是故性者心之性，舍明觉自然，自有条理之心，而别求所谓性，亦犹舍屈伸往来之气，而别求所谓理矣。”②不能离气求理，亦不能离心求性。

在理气、心性统一论的基础上，黄宗羲论述了性情统一论。他肯定性与情是统一不可分离的，“离情无一见性”。③只能指情言性，不能离情见性，性情是一，不是二。他说：

> 心即气之聚于人者，而性即理之聚于人者，理气是一，则心性不得是二，心性是一，性情又不得是二。使三者于一分一合之间，终有二焉，则理气是何物？心与性情又是何物？天地间既有个合气之理，又有个离气之理，既有个离心之性，又有个离性之情，又乌在其为一本也乎？④

理气、心性、性情三者，都为一本，都是一体，“不得是二”，因为“理气是一”，所以“心性”和“性情”都“不得是二”，这就是说，

① 《明儒学案》卷四十七《诸儒学案中一》。

② 《明儒学案》卷四十七《诸儒学案中一》。

③ 《孟子师说》卷六。

④ 《明儒学案·师说·罗钦顺》。

“气”为一切之本体、根源。据此，黄宗羲批判了佛教的“明心见性”，“离气以求心性”论，指出：离气而求心性，则不知所明者何心，所见者何性，一句话离气则没有心性可言。

人不能离气而求心性，没有心外之性，不能离开气而言性，因此，人性只有一个“气质之性”，根本不存在离气而生的“义理之性”。黄宗羲明确地反对张载、二程、朱熹把人性分为“气质之性”和“义理之性”的人性二元论，并把“气质之性”看成是恶的根源的人性观点。他说：

> 夫盈天地间，止有气质之性，更无义理之性，谓有义理之性不落于气质者，臧三耳之说也。师于千古不决之疑，一旦指出，使人冰融雾释。①

黄宗羲认为，气质之性不是坏的。他引述老师刘宗周的话“止有气质之性，更无义理之性”，来驳斥宋明理学家离开气质而大谈义理，指出这种观点是诡辩论，即“臧三耳之说”。

关于人性善恶的问题，黄宗羲主张人性善论。因为人和万物的性，都由气所生，由气质决定，“人之气本善，故加以性之名耳。如人有恻隐之心，亦只是气，因其善也，而谓之性”。② “人之气本善”，所以禀气而成之性，亦为善。黄宗羲说：“人和万物并立于天地，亦与万物各受一性，如姜桂之性辛，稼穑之性甘，鸟之性飞，兽之性走，或寒或热，或有毒无毒，古今之言性者，未有及本草者也。”③万物有万性，同类则同性；人禀善气而生，有不忍人之性，所以人性是善的。

人的不忍人之性的本质是“仁”。黄宗羲说：

> 人得天地之气以为人，则曰仁。自其裁制而言之则曰义，

① 《南雷文案·先师蕺山先生文集序》。

② 《明儒学案》卷五十《诸儒学案中四》。

③ 《南雷文案·马雪航诗序》。

> 自其节文而言之则曰礼，自其明断而言之则曰智，而总一仁之周流，亦非截然分而为四也。①
>
> 盈天地间皆气也，其在人心，一气之流行，诚道诚复，自然分为喜怒哀乐、仁义礼智之名，因此而起者也。不待安排品节，自然不过其则，即中和也。此生而有之，人人如是，所以谓之性善，即不无过不及之差，而性体原自周流，不害其为中和之德。学者但证得性体分明，而以时保之，即是慎矣。②

人禀善气而生则为“仁人”，仁为人的本性，义、礼、智是仁的发动和运用。仁、义、礼、智，是“人生而有之”者，是来自“人心”的，是“人心”自生的“人性”，“人人如此”，“所以谓之性善”。

黄宗羲力主性善论，反复论证性善论。他在对王守仁的四句话“无善无恶心之体，有善有恶意之动，知善知恶是良知，为善去恶是格物”的解释中，不同意前两句。他说：“其实无善无恶者，无善念恶念耳，非谓性无善无恶也。下句意之有善有恶，亦是有善念有恶念耳，两句只完得动静二字。”③人性是本善无恶的，有善有恶与无善无恶只是一种念头，不是人的本性。

关于人性善恶的问题，黄宗羲与其同学陈确有过一番辩论。陈确认为，人性只有一个善性，没有恶性，也没有善恶混之性。由于孔子的“性相近”和孟子的“性善论”的创立，使人性理论“自此大定，学者可不复语性矣”。陈确强调后天环境的作用，只有加强后天教育，培养善性，才可以保住本来的善性，这如同培养一草一木的成长一样，所以陈确说：“人性无不善，于扩充尽才后见之也。如五谷之性，不艺植，不耘耔，何以知其种类之美耶？”④他肯定“性善之言，千古不易也”。⑤ 陈确主张性善论，但强调后天“扩充

---

① 《南雷文案·刘伯绳先生墓志铭》。

② 《明儒学案》卷六十二《蕺山学案》。

③ 《明儒学案》卷十《姚江学案》。

④ 《陈确集》卷四《性解上》。

⑤ 《陈确集·别集》卷十六《大学辨三》。

尽才”，重视环境教育的作用。黄宗羲亦主张性善论，但不同意后天“扩充尽才”的作用。他认为：“性之为善，合下如此，到底如此，扩充尽才，而非有所增也；即不加扩充尽才，而非有所减也。”①因为在黄宗羲看来，“人性”就在“人心”之中，是本来就有的，人人都如此的，所以不必要“扩充尽才”，即使“扩充尽才”，也不能对善性有所增减。黄宗羲在《陈乾初先生墓志铭》中，详细引述了陈确关于人性的基本观点后，评论道：

> 乾初之言，大抵如此。其于圣学，已见头脑。故深中诸儒之病者有之；或主张太过，不善会诸儒之意亦有之。夫性之善，在孩提少长之时已有弥纶天地，不待后来；后来之仁至义尽，亦只还得孩提少长分量，故后来之尽不尽在人不在性也。乾初必欲以扩充到底言性善，此如言黄钟者，或言三寸九分，或言八十一分。夫三寸九分非少，八十一分非多，原始要终，互见相宣，皆黄钟之本色也。②

陈确承认人性善，但又肯定后来扩充到底才可以言性善；黄宗羲亦承认性善论，但认为不待后来扩充而先天性善。所以黄宗羲说陈确的性善论，有合圣学之意——人性无不善；有不合圣学之意——后来扩充尽性之善。黄宗羲说：“若必扩充尽才始见其善，不扩充尽未可为善，焉知不是荀子之性恶，全凭矫揉之力而后至于善乎？老兄(陈确)虽言‘惟其为善而无不能，此以知其性之无不善也’；然亦可曰‘惟其为不善而无不能，此以知其性之有不善也’。是老兄之言性善反得半而失半矣。”③黄宗羲认为，陈确的性善论，承认后天扩充尽才见性之善，这有陷入荀子性恶论的危险，善是“全凭矫揉之力”而后成的说法，这是“主张太过”而不善会“圣学之意”的半得半失之论。因此，黄宗羲坚持先天性善论。

---

① 《南雷文案·与陈乾初论学书》。

② 《陈确集》首卷《陈乾初先生墓志铭》。

③ 《南雷文案·与陈乾初论学书》。

第五节　综合百家、约之在我的学术思想

黄宗羲既是一个著名的政治思想家、哲学家，又是一个著名的史学家、博学者。

黄宗羲为了“辨明国家治乱之原”，“提出生民根本之计”，他用毕生的精力“穷探古今”。在清理道学的过程中，黄宗羲主持编纂了《宋元学案》，亲手撰写了《明儒学案》。他开了浙东史学的先河，两部《学案》开创了系统编写中国学术思想史的先例。因此，梁启超称他为清代“史学之祖”。黄宗羲的学术思想主要贡献为：

第一，尊重历史，注重实事。

黄宗羲认为，学术思想是复杂的，有如《易·系辞》所云：“天下同归而殊途，一致而百虑。”对于各种不同学派、不同观点、不同水平的学术思想言论，都要依据其历史发展状况、学术思想渊源等，如实反映、评论、介绍，不能“专主一家之学”，以个人意见来杜撰。如果这样做，就会像周海门的《圣学宗传》和孙锺元的《理学宗传》那样：

> 且各家自有宗旨，而海门主张禅学，扰金银铜铁为一器，是海门一人之宗旨，非各家之宗旨也。钟元杂收，不复甄别，其批注所及，未必得其要领，而其闻见亦犹之海门也。①

不根据历史史实，“非各家之宗旨”，只根据“一人之宗旨”胡乱批注，把各家思想杂混为“一器”，或者“杂收”，不加“甄别”不得要领的批注，即使“若执定成局，终是受用不得”。② 这两种主观主义态度，黄宗羲都是反对的。他主张本着“一本而万殊”的精神，对各家思想的真伪异同要“甄别”，只有掌握详尽的史料，从“纂要钩玄”中把握其“宗旨要领”，才能领会精神实质。那种“不能通知一

① 《明儒学案·发凡》。

② 《明儒学案序》。

代盛衰的始终，徒据残书数本，谀墓单辞，便思抑扬人物”的著作，不过是“盗名之秘经而已”。① 根本谈不上是史学著作。黄宗羲治学，不仅重视历史事实，尤其注重现实事实。他反对评古而略今的做法，他立足于现实，重点在明代。所以他编《明文海》，撰《明儒学案》等。他的这些著作，都是在广泛搜集数百家著述，参考有关文献、人物传记、典章制度、地理水利、天算历法等资料的基础上写成的，不是据“一人之事”，“一人之闻见”而杜撰的，因而是有极高价值的著作。

第二，综合百家，把握宗旨。

学术有百家，要从百家的史料中，清理出思想要领，这就要有“经史之功”。只有这样才能综合诸家、把握要旨。他说：

> 大凡学有宗旨，是其人之得力处，亦是学者之入门处。天下之义理无穷，苟非定一二字，如何约之，使其在我。故讲学而无宗旨者，即有嘉言，是无头绪之乱丝也。学者而不能得其人之宗旨，即读其书，亦犹张骞初至大夏，而不能得月氏要领也。②

讲学著书，一定要了解、把握其人、其书的思想宗旨，不能只抄录其材料、语录，而不加分析、取舍，这种只见“语录”，不得“要旨”者，是不会有成就的。如果占有详尽的材料，在此基础上进一步进行去粗取精，去伪存真，“纂要钓玄”的加工制作，便可以从“语录”中“透露”出其思想“精神”。黄宗羲说：

> 每见钞先儒语录者，荟撮数条，不知去取之意谓何。其人一生之精神未尝透露，如何见其学术？是编皆从全集纂要钓玄，未尝袭前人之旧本也。③

① 《南雷文定·谈孺木墓表》。

② 《明儒学案·发凡》。

③ 《明儒学案·发凡》。

分清主次、精粗，就能掌握宗旨、精神，如此便能了解学派创立者的“得力处”，又使研究者有了“入门处”，进而才能综合百家，约之在我，穷究义理。否则如乱丝一团，理不出头绪，抓不住要领。

黄宗羲就是通过长期的认真读书，仔细的推敲研究，“自《明十三朝实录》，上溯《二十一史》，靡不究心，而归宿于诸《经》。既治《经》，则旁求之九流百家，于书无所不窥者”。① 正因为他能穷经究史，综会诸家，才能把握“九流百家”之旨，用简炼的语言概括、表达出各家的思想宗旨。如他对佛学、理学、心学经过研究比较后，认为佛学的“外理守心”、理学的“心外寻理”、心学的“心即是理”，究其实质“儒、释界限只一理字”②，真是一语中的。

第三，辨清源流，提倡创见。

黄宗羲深知学术思想发展前后继承性的道理，一个学派不是孤立形成的，而是有其前后相承的思想渊源关系，是在彼此交流、交融、冲撞中发展起来的，各个学派之间虽然由于历史条件、理论水平之不同，而有深浅、醇疵等不同，但都是思想家的理论成果。因此，要从比较其宗旨的异同中，分清学派源流，了解学脉发展。黄宗羲说：

> 羲为《明儒学案》，上下诸先生，深浅各得，醇疵互见，要皆功力所至，竭其心之万殊者，而后成家，未尝以懵懂精神冒入糟粕。于是为之分源别派，使其宗旨历然，由是而之焉，固圣人之耳目也。③

黄宗羲在《明儒学案》中，对明代的学术思想发展脉络作了探究，揭示了其“宗旨历然”，“学脉一贯”的源流关系。

黄宗羲之所以做到这些，是他认识到历史上的思想家们能“竭

① 《鲒埼亭文集·梨洲先生神道碑文》。

② 《明儒学案》卷十《姚江学案》。

③ 《明儒学案序》。

其心之万殊者，而后成家”，而不是“以懵懂精神冒入糟粕”，就是说以创造性的理论思维来发展、创新前人的思想精华，不是因袭思想糟粕。因此，黄宗羲提倡学术创新精神，反对囿于前人的思想成说，固守前人的思想框框。他说：

> 是以古之君子，宁凿五丁之间道，不假邯郸之野马，故其途亦不得不殊！奈何今之君子，必欲出于一途，使美厥灵根者，化为蕉芽，绝港。①

有作为的思想家是有独到见解，会独辟蹊径的，思想发展是生动复杂的，这就要求思想家以新的眼光、新的见解来总结研究不断发展的新思想，所以要有创见。如果研究者缺乏创新的眼光、见解，而用固定的框框、模式来对待古人的思想，就会使生动活泼的思想发展史变为僵死的“焦芽”，走入枯竭的“绝港”。黄宗羲把发展创见作为编写思想史的基本原则。他说：

> 学问之道，以各人自用得着者为真。凡倚门傍户，依样葫芦者，非流俗之士，则经生之业也。此编所列，有一偏之见，有相反之论，学者于其不同处，正宜着眼理会，所谓一本而万殊也。以水济水，岂是学问！②

推动思想发展的不是固守成说，而常常是“相反之论”；“相反之论”往往是“一偏之见”；“一偏之见”可能是某些合理的思想。因此，学者为学，要着力于“不同处”，注意“一偏之见”和“相反之论”，以“一本”为主线而总结出“万殊”的思想发展史。相反，“以水济水”则不是“学问”，也没有出路。

第四，经世致用，反对空谈。

黄宗羲治学在反对固守成说，提倡创见的同时，提倡经世致

① 《明儒学案序》。

② 《明儒学案·发凡》。

用，反对空谈。黄宗羲的时代，正盛行尚空谈而崇空疏的理学。一些人平日陷溺于“科举抄撮之学”，以“陈言套括，移前撮后”①，拼成文章，博取功名。明之后，他们的表现更是可恶可恨。“余观今世之为遗老退士者，大抵龌龊治生。其次丐贷江湖，又其次拾番嗣法。科举场屋之心胸，原无耽耽；治乱存亡之故事，亦且愦愦。”②国破家亡，却毫无民族气节取媚于清朝统治者，而置国家的“治乱存亡”之事于度外。这些平日里热心于“科举场屋”之人，于国于民是没有用途的。尤是理学末流学者，平日高谈性命，穷究义理，欺世盗名。一旦国家有难，需要报国之时，他们便如坐五里云雾之中，毫无实用。黄宗羲说：

> 儒者之学，经纬天地，而后世乃以语录为究竟，仅附答问一二条于伊、洛门下，便厕儒者之列，假其名以欺世，治财赋者，则自为聚敛，开阃杆边者，则目为粗材。读书作文者，则目为玩物丧志，留心政事者，则目为俗吏。徒以生民立极，天地立心，万世开太平之阔论，钤束天下。一旦有大夫之忧，当报国之日，则蒙然张口，如坐云雾。世道以是潦倒泥腐，遂使尚论者以为立功建业，别是法门，而非儒者之所与也。③

黄宗羲对于空浮、腐朽的学风的遗害认识是深刻的，批判是中肯的。为了改变、扭转这种空疏、空谈、迂腐的学风，黄宗羲以“经纬天地”，“经世致用”为治学的根本目的，反对盲从空谈，力倡经世致用。经过他的提倡，当时学风为之一变。对此，全祖望评论说：

> 自明中叶之后，讲学之风，已为极敝，高谈性命束书不观，其稍平者则为学究，皆无根之徒耳。先生始谓学必源本于

① 《南雷文约·辞视年书》。

② 《南雷文约·韦菴鲁先生墓志铭》。

③ 《南雷文定·弁玉吴君墓志铭》。

> 经术，而后不为蹈虚；必证明于史籍，而后足以应务。元元本本，可据可依。前此讲堂锢疾，为之一变。①

读书治学“必源本于经术”，不拘泥于章句，不是为了空谈，而是为了“应务”。简言之为了经世致用。

黄宗羲是明清之际著名的思想家，他的思想和著作在当时和以后都产生了重大的影响。他关心人民疾苦和国家民族命运，抨击专制制度，揭露封建积弊，提倡民主思想，清除理学弊端等，都是与封建正统的“相反之论”。这些都成为清末教育青年、揭露清朝黑暗的重要思想武器。梁启超在《中国近三百年学术史》中说：《明夷待访录》“对于三千年专制政治思想为极大胆的反抗。在三十年前——我们当学生时代，实为刺激青年最有力之兴奋剂。我自己的政治运动，可以说是受这部书的影响最早而最深”。“此书乾隆间入禁书类，光绪间我们一班朋友曾私印许多送人，作为宣传民主主义的工具。”黄宗羲的爱国民主思想，对清代民主政治运动所产生的积极影响是必然的，他的贡献是不能低估的。

① 《鲒埼亭集外编》卷十六《角上证人书院证》。

第七章　方以智的“通几质测”之学

第一节　历经坎坷的一生

方以智，字密之，号曼公、愚者，又号药地、极丸等，安徽桐城人。生于公元1611年(明万历三十九年)，卒于公元1671年(清康熙十年)。他是我国明末清初著名的哲学家和科学家。

方以智出生于官宦、儒学世家，从小就受到严格的教育。3岁前，曾祖父方学渐和父亲方孔炤就对他进行童蒙教育，5岁时曾祖父死，父亲便教他吟诗作文。7岁时，方孔炤以进士筮仕嘉定(今四川乐山)，方以智从此便随父亲宦游蜀、闽、幽、燕、齐、鲁等地，阅历名山大川，目睹京华风物，有所兴怀，放开视野，立志做一个“过古人者”，负起历史重任。15岁时，其父方孔炤因反对权奸魏忠贤侄封伯一事而忤魏忠贤，被革去官职。方以智失去了居京的条件，只得返籍课读。先后随祖父方大镇读书于桐城浮山，就学于著名学者白瑜、王宜等。

青年时代的方以智，“好悲歌”，常常“歌至半夜”，达到如痴如狂的地步。时人以“狂生”目之，他自己以“狂生”自诩：“人人以我等狂生，我等亦谓天下狂生也。”①17岁时，他游池阳、登九华，泛舟独山湖，作客庐江之后，在返家时作《丁卯冬作》诗中云：“雠史怀班固，注《易》嗟王弼，从师究天人，今年已十七。少承父母训，嗜学戒放逸；余名曰以智，字余取密藏；蹉跎无一成，归来愧有室。”说自己游逸山水，浪费了时光，虽胸怀大志，

① 《稽古堂二集·孙武公集序》。

可是到了成年之时，却无有成就。经过反省、深思，到18岁时，方以智觉醒了，认识到自己讲武不如孙武，论文不如贾谊，从此矢志读书。

20岁时，方以智开始离家东游浙江，当他与新婚不久的妻子告别时，有“悠悠二十年，一往不复返”的想法。认为“读书无所用，为何空闭关”，他走出书斋，走“男儿贵结交”的道路。东游期间，先后结交了许多江南才子、复社名士。如：瞿式耜、钱澄之、梅三郎、沈士柱、周镳、沈寿民、文震孟、钱谦益、杨廷枢、陈子龙、徐天麟、魏学谦、李舒章等，一时名扬东吴，收益甚大。24岁时，因避当地民变威胁，流寓南京。其间行为放浪，跃马饮酒，娶妾曼歌，出入妓院。他虽受南京奢华风气影响，为之所误，但终能所悟，并没有泯灭灵性，而时感内疚，常常自责，没有被酒色所毁。

30岁时，方以智考中进士，在南京任工部观政，翰林院检讨，跻身于公卿之列。32岁时，崇祯皇帝任命方以智为定王的讲官。33岁时，任永王讲官。此时，李自成、张献忠领导的农民大起义节节胜利，清兵入蓟州、下山东，明廷面临覆灭的局势。他经过激烈的思想斗争后，于34岁时，即公元1644年1月24日向崇祯皇帝奏《请缨疏》，要求辞去永王讲官，奔驰沙场，报效朝廷。崇祯不准。李自成农民起义军攻克北京，明朝灭亡，崇祯帝死，方以智历经万死，逃到南京，投奔南明弘光政权，表示愿意为复明效力，但不为弘光政权所容，时有谣传他曾投降农民起义军，弘光帝听信诬告，“命逮以智”。方以智面临性命危险，遂变姓名亡命南奔，先流亡浙南天台山、雁荡山，后抵福建太姥山，于冬末至南粤。流亡期间，方以智以卖药为生。公元1646年，方以智卜居德庆。恰值瞿式耜路过德庆，强邀方以智一同到肇庆，参与拥立南明永历的活动，起草了永历监国诏书，后任左中允，少詹事，翰林院侍讲学士。不久，因受阉臣排挤而挂冠弃职跑到粤西、湘桂等少数民族地区，过着艰难困苦的野居生活。他在诗中描写当时的生活情景是：“五岳看久起寒尘，向禽岂谓病兼贫。曲肱茅屋鸡同宿，举火荒村鬼作邻。愁是三更风雨夜，梦回九死乱离人。呻吟达旦谁怜者，惟有寒螀助苦辛。”①方以智在天雷苗地栖居不久，清兵入沅州，他便逃入深山，隐窜于黔湘深林中。后出山入桂林，以修史为任。

公元1650年（清顺治七年），清兵南下，方以智被清兵所捉，他答应出山，不再过隐居生活。面对清兵威胁，他宁死不屈服清廷。他面临隐居不成、报国无望、投清为耻的现实，只有“披缁为僧”了。公元1650年10月，方以智在昭平仙回山削发为僧。由入世到出世，这是他一生中的重大转折。公元1652年冬天，方以智回到故乡桐城。

回乡后，方以智拒绝了地方官吏的举荐，并于公元1653年春到南京皈依天界寺高僧觉浪禅师道盛，做了和尚。其原因是：“癸巳春，两遇煴火，业缘难避，安于所伤耳。”②他自己标明再次离别亲人出家为僧，是因为“两遇煴火”之逼，就是清廷官僚两次逼他做官，要他为清廷效力。迫于无奈，只好逃禅。方以智的儿子方中通对此有说明：“操抚李公，迎老父入皖，赠以袍帽。老父斥之，直奔天界，时杖人翁主天界法度也。三省马公又欲特荐，属父执刘阮仙趋行。杖人翁云：‘拉得去是你手段，站得定是他脚根。’借以得免。老父于天界圆具后，闭关高座寺看竹轩。”③公元1664年，受庐陵县令于藻和吉安人士及诸山僧侣敦请，方以智主持吉安青原山静居寺佛事，并收徒讲学，论述儒释一家，告诫弟子：身在空门仍要务实。

公元1670年10月26日，方以智在青原山庆祝了60诞辰，许多人前来贺寿。不久，因病居于泰和首山，后迁栖陶庵。次年春，方以智因“粤难”发作，再次被卷进了政治斗争的漩涡中。3月27日，檄下桐城，方家被围，中通被捕。不久，方以智在庐陵就监，虽有好友多方周旋营救，但终未能将他救出监狱，囚于南昌狱中。五月被押解赴岭南。在押解途中，因天气炎热中暑，“背病发，卒

① 《方以智密之诗钞·流离草·天雷苗夜病中作》。

② 《建初集·涅盘矢》注。

③ 《陪诗》卷一《迎亲集·癸巳春省亲竹关》。

于万安途次”。① 公元1672年冬，方中通兄弟扶方以智灵柩归桐城浮山，安葬在报亲庵中。在他墓前的楹柱上镌刻着：

博学清操垂百世，名山胜迹共千秋。

方以智家学渊源颇深。曾祖父方学渐(公元1540—1616年)，举乡贡，尚理学，精医学，融会诸家，自成体系，著作数十万言。祖父方大镇(公元1558—1628年)，曾任万历大理寺左少卿，著书数百卷。父亲方孔炤(公元1591—1655年)，万历进士，曾任崇祯湖广巡抚，通医学，精儒学，倡西学，主张为学要经世致用，著作甚多。外祖父吴应宾，对儒释、佛理都进行过深入的研究，并精通西学。方以智青少年时代，就是在这样一个学术环境熏陶下成长的。成才后，他又四处游学，广交学友名士，接触外国传教士，丰富了自然科学知识，开拓了学术视野。方以智一生虽历经磨难坎坷，但他笔耕不辍，勤于著述。据《桐城耆旧传》本传说：方以智“凡天人、礼乐、律数、声音、文字、书画、医药，下逮琴剑技勇，无不析其旨趣，著书数十万言”。方以智一生著作宏富，由于清廷大搞“文字狱”，使其著作大多没能刊行面世而散佚不存，侥幸传世的著作(包括手抄本)主要有：《物理小识》、《通雅》、《浮山文集前编》、《浮山文集后编》、《博衣集》、《膝寓信笔》、《东西均》、《易余》、《一贯问答》、《药地炮庄》、《周易图象几表》、《性故》、《愚者智禅师语录》、《象环寤记》、《冬灰录》、《青原志略》、《浮山志》、《医学会通》、《内经经络》、《均韵声原》等。

第二节　“质测即藏通几”之学

方以智在中国哲学思想发展史上，具有其独特的贡献，他力图将哲学思想与科学知识结合起来。因为他既具有深厚的中国传统哲学文化知识，又善于广泛吸取西方的自然科学知识，他一方面运用

① 彭士望：《树庐文钞》卷二《与谢约斋书》。

自然科学的新成果概括出哲学的新结论，发展唯物主义哲学；另一方面以唯物主义哲学为指导，研究自然科学，“考索物理”，以自然哲学来反对“舍物言理”和“扫物尊心”的宋明理学，树立了新的学风。

方以智把古今中外纷繁复杂的各种学问、学术、知识，按其对象和内容，区分为“质测”、“通几”、“宰理”三大类。他说：

> 有专言德行者，专言经济者，专言文章者，专言技艺者，专言权势者，专言兵符者，专言法纪者，专训诂者，专记事者，专寓喻者；统而言之，无非道也，无非性命也，而有专言性非之道者，离事离法以明心，而举其冒统者也。因有专言生死鬼神者，因有废世事以专言仙定者，因有专言养生者，因分忘世之言、出世之言，因有别传善巧若奇兵者，要不出于质论、通论。考天地之家，象数、律历、声音、医药之说，皆质之通者也，皆物理也，专言治教，则宰理也；专言通几，则所以为物之至理也，皆以通而通其质者也。①
>
> 问宰理，曰：“仁义。”问物理，曰：“阴阳刚柔。”问至理，曰：“所以为宰，所以为物者也。”②

方以智所说的“质论”和“通论”，是指“质测”和“通几”。他把世间的学术分为：“质测”之学，即自然科学；“通几”之学，即哲学；“宰理”之学，即关于社会政治的学说。

“质测”即实测，以客观事物的“物理”为研究对象。方以智所说的“物理”，就是指研究事物的属性及其运动变化规律的学问。他说：“河、洛卦策，征其端几，物理毕矣。”③“物理”即为“质测”之学。方以智解释说：

---

① 《通雅》卷首三《文章薪火》。

② 《全目原志略》卷三《仁树楼别录》。

③ 《通雅》卷首二《读书类略提语》。

> 物有其故，实考究之，大而元会，小而草木螽蠕，类其性情，征其好恶，推其常变，是曰质测。①

“质测”之学，是研究整个宇宙万物的发展变化及其规律的学说，大至无限的宇宙空间，小至微小的动植飞潜，都无所不“实考究之”。从考究中，进行分类排队，弄清性质，品评优劣，找出因果，发现规律。

“通几”即至理，以深藏在天地万物中的细微变化和根本规律为对象。方以智解释说：

> 器固物也，心一物也。深而言性命，性命一物也。通观天地，天地一物也。推而至于不可知，转以可知者摄之，以费知隐，重玄一实，是物物神神之深几也。寂感之蕴，深究其所自来，是曰通几。②

“几”是指事物的微小、几微变化，亦即事物变化的内在根源。“通几”就是探究天地万物动静变化的“至理”。“通观天地”，则是由观察得知天地万物的现象，而深入揭示其所以发生神妙变化的内在联系、固有本质、转化契机。“以费知隐，重玄一实”，就是由认识表面现象，到认识事物的内在本质。“物物神神之深几”，就是事物运动变化的最深刻的原因。“通几”之学，就是研究事物变化的深微根源的学问，即哲学。

关于“通几”和“质测”的关系，方以智作了具体的论述：

> 质测即藏通几者也。有竟扫质测而冒举通几，以显其宥密之神者，其流遗物。③

---

① 《物理小识·自序》。

② 《物理小识·自序》。

③ 《物理小识·自序》。

方以智深刻的认识到“通几”与“质测”之异，不能以“质测而冒通几”，就是说，不能以具体的自然科学知识来代替对整个事物发展规律认识的哲学。但是，哲学作为探究事物“至理”之学，也不能包罗、代替其他自然科学知识，更不能离开具体科学而存在，“质测”包含着“通几”，“通几”存在于“质测”之中。如果离开“质测”之学去抽象地谈论“通几”，虽然自以为高深玄妙，其实不过是自欺欺人的空谈。方以智说：“学者勿欺而已，通神明之德，类万物之情……或质测，或通几，不相坏也。”①又说：“征其端几，不离象数。彼扫器言道，离费穷隐者，偏权也。”②离开具体的事物去研究抽象的道理，一定会陷于主观的空想。因为“通几”与“质测”是相辅相成的，不是绝对对立的，二者都是不可偏废的，“不可以质测废通几，不可以通几废质测”③，因为它们彼此是“不相坏”的。

方以智进一步指出：“通几护质测之穷。”④这是说，“通几”之学能够帮助各门自然科学克服局限性和片面性，自然科学要以哲学思想为指导，来探索自然规律、法则，才能达到对事物的“合内外，贯一多”的全面系统认识。方以智强调哲学与自然科学的联系，确实有其独到之处。

在“通几”和“质测”之外，还有“宰理”之学，“专言治教，则宰理也”。方以智认为，宋明以来的儒学末流，是“专言治教”，拘守纲常名教，不求万物之理，结果缺乏知识，不切实用。对于固守“宰理”的儒者，颇有微词，不以为然。他说：

> 世所为儒者，多有二病，穷理而不博学，闻道而不为善。……拘守苦难，以尊礼法，与好作诡异以超礼法者，皆好名之徒，桎梏其至性为之者也。⑤

① 《物理小识·总论》。

② 《物理小识·象数理气微几论》。

③ 《物理小识·总论》。

④ 《愚者智禅师语录·示中履》。

⑤ 《稽古堂文集·旷达论》。

> 汉儒解经，类多臆说。宋儒惟守宰理；至于考索物理时制，不达其实，半依前人。庙中行礼，天子永无南面；沂必温泉，正月何爱风凉。半月周御，分日可笑！①

方以智揭露了宋儒“惟守宰理”，不“考索物理”，结果是好名而无知，虽“穷理而不博学”；好言而不行，“闻道而不为善”，即成了玄虚空疏、言行不一的假道学先生。

方以智在批评后儒们的“宰理”之学的因循疏陋、好名无实的同时，进一步强调了“通几”和“质测”联系的重要性，正确评价了西方近代的自然科学知识。他说：

> 谁是合外内、贯一多而神明者乎？万历年间，远西学入，详于质测而拙于言通几。然智士推之，彼之质测犹未备也。儒者守宰理而已。圣人通神明，类万物，藏之于《易》，呼吸图策，端几至精，历律医占，皆可引触，学者能研极之乎？②

方以智承认西方天主教士传入的自然科学知识有其可取之处，但是并不完备，因为他们“详于质测而拙于言通几”。就是说，天主教徒们以神学世界观为指导，在这种拙劣的世界观指导下，是不能取得科学真知的，更谈不上认识万物“至精”之理。方以智既看到西方自然科学之精，又看到其于哲学之劣，这个科学态度是可贵的。

方以智以“寓通几于质测”和“通几护质测之穷”的科学哲学观为指导，“以坐集千古之智”的科学精神，总结前人知识，发展前人智慧，探求科学真理。他说：

> 古今以智相积，而我生于其后，考古所以决今，然不可以泥古也。……生今之世，承诸圣之表章，经群英之辨难，我得

① 《通雅》卷首一《考古通说》。

② 《物理小识·自序》。

以坐集千古之智，折中其间，岂不幸乎！①

方以智视“学问”“为衣食”，“上观千世，怀抱自宽”，积极求知，探求物理。他说：“太西质测颇精，通几未举，在神明者之取郯子耳。”②“郯子”为东夷人，据《左传》昭公十七年载：郯子朝鲁，讲论自然知识，孔子“闻之”，“见于郯子而学之。既而告人曰：吾闻之，天子失官，学在四夷”。方以智以此事表明自己要学习、吸取西方自然科学知识，而对于西方的“通几未举”，即没有价值的宗教神学，他是不学、不取的。他以科学的精神来“深求”物理，反对神学臆说、怪论。他的儿子方中通说：

老父……每有所闻，分条别记，如《山海经》，《白泽图》，张华、李石《博物志》、葛洪《抱朴子》、《本草》，采摭众言，或无征，或试之不验。此贵质测，征其确然者耳。……适以泰西为郯子，足以证明大禹、周公之法，而更精求其故，积变以考之。③

方以智就是这样写成了《通雅》和《物理小识》等著作。他注意知识积累，科学验证，更提倡“深求其故”、“精求其故”，因此，他的“通几”和“质测”之学，都反映了务实求证，反对虚妄的近代科学精神。正因为如此，方以智才能以“集千古之智”、“考古决今”，“大成贵集”的精神，总结、发展前人的学术成就。所以说：

道德、经济、文章、小学、方伎，约之为天道人事，精之止是性理物理，而穷至于命，即器是道，乃一大物理也。践形者神，理泯于事，物自献理，事贵时宜。……大成贵集，述妙

① 《通雅》卷首一《考古通说》。

② 《通雅》卷首二《读书类略提语》。

③ 《物理小识·编录缘起》。

于删，千古之智，惟善读书者享之。①

方以智基于这种科学精神、宏大抱负、求实态度，建立起博大精深的“通几”和“质测”之学的思想体系。

第三节 “火与气”统一的物质观

方以智在其深厚的自然科学知识的基础上，建立了“气”一元论的宇宙观，并将“气”与“火”统一起来，以此具体论证了世界的物质统一性和物质运动的永恒性原理。在这里，方以智同样把哲学和自然科学紧密地结合在一起。

在宇宙的本原问题上，方以智坚持世界起源于物质，统一于物质的思想，提出“盈天地间皆物”、“天地一物也”的命题。他说：

> 盖天地间皆物也。人受其中以生，生寓于身，身寓于世。所见所用，无非事也，事一物也。圣人制器利用以安其生，因表里以治其心，器固物也，心一物也。深而言性命，性命一物也。通观天地，天地一物也。②

“物”是指客观存在的一切物质，整个天地间的一切，从自然到社会，从个人到群体，从感官到心思等，都是“一物也”。通观天地，无非一物而已。

在肯定天地一物的物质本原论的同时，方以智进一步分析了物的本质。他继承了中国哲学的元素一元论的思想，提出世界统一于气，一切都是气的思想。他说：

> 一切物皆气所为也，空皆气所实也。
>
> 世惟执形以为见，而气则微矣。然冬呵出口，其气和烟；

① 《通雅》卷首二《藏书删书类略》。

② 《物理小识·自序》。

人立日中，头上蒸歊，影腾在地。考钟伐鼓，窗棂之纸皆动，则气之为质，固可见也。充一切虚，贯一切实，更何疑焉?①

气之形虽然细微，但是人的感官也是可以感觉到的，以此证明气是客观真实的存在。气充满着宇宙空间，也构成了具体万物，不论虚还是实，都充贯着气，“充一切虚，贯一切实”，一切皆气之所为也。所以说：

虚固是气，实形亦气所凝成者，直是一气而两行交济耳。②

肯定气的客观实在性和它对具体事物的根源性，宇宙万物都是“一气”凝聚而成的。在此基础上，方以智又论述了“气”的运动变化形式的多样性。他说：

气形于天曰五运，产于地曰五材，七曜列星，其精在天，其散在地，故为山为川，为鳞、羽、毛、介、草、木之物，声、色、臭、味，别其端几。③

整个宇宙万物，都是气的不同存在形态的表现。按照“一于气”的思想，方以智提出了“气、形、光、声为四几”的新观点。他说：

气凝为形，发为光、声，犹有未凝形之空气与之摩荡嘘吸。故形之用，止于其分；而光、声之用，常溢于其余。气无空隙，互相转应也。

气凝为形，蕴发为光，窍激为声，皆气也。而未凝未发未

① 《物理小识》卷一。
② 《物理小识》卷一。
③ 《物理小识·总论》。

> 激之气尚多，故概举气、形、光、声为四几焉。①

所谓“四几”，是指“气”的运动变化的四种基本的表现形态。这是方以智对物质运动存在形式的基本概括。在这里表明了物质和运动的统一性的思想。物质运动存在形态尽管有不同的变化，但是作为物质本源，万物始基的“气”，却是永恒存在的，不能消灭。所以方以智说：

> 气凝为形，畜为光，发为声。声为气之用，出入相生，器世色笼，时进输转，其曰总不坏者，通论也。质核凡物皆坏，惟声气不坏，以虚不坏也。……气且不死，而况所以为气者乎?②
>
> 考其实际，天地间凡有形者皆坏，惟气不坏。③

这就是说，“气”作为形成宇宙万物广大无限的本体，虽然有多种形态的转化，它形成的具体物有生与死、成与毁的变化，但是它自身却是永恒存在的，是“不死”、“不坏”的。这个物质不灭的思想是十分可贵的。

方以智在肯定“气”为宇宙万物产生和统一的基础和本原的同时，还对“气”之所以能变化和产生万物的根源和动力进行了说明。方以智依据中国传统的五行学说和西方自然科学知识，来揭示宇宙万物“无刻有停”的根源是“火为之”，即“火”是万物运动变化的根源。他从“中国言五行”，“泰西言四行”，“印度言四大”，“邵子尝言水火土石而略金木”的分析比较研究中，认为五行元素说应当统于阴阳二行，二行只是一气。二行即水火，二行中火是主要的。方以智说：“《易》曰：一阴一阳之谓道，非用二乎？谓是水火二行

① 《物理小识》卷一。

② 《东西均·声气不坏说》。

③ 《东西均·所以》。

可也，谓是虚气实形二者可也。……直是一气而两行交济耳。”①在五行中，“水为润气，火为燥气，木为生气，金为杀气——以其为坚气也，土为冲和之气，是曰五行”。② 五行虽有不同性质，但都是“气”之所为，五行统于二气，二气归于一气；二气可谓水火二行，二行中火为主，故火与气为一。方以智说：“火与气，一也。仙经谓药即火，火即药，譬如水本寒流，过极则凝而不流，为层冰矣；解则复常，非二物也。”③方以智从“火与气，一也”的思想出发，论述了“火”为一切运动的根源的思想。他说：

> 气动皆火，气凝皆水，凝积而流，动不停运。④
>
> 凡运动，皆火之为也，神之属也。下袭水土，凡滋生，皆水之为也，精之属也。
>
> 天道以阳气为主，人身亦以阳气为主。阳统阴阳，火运水火也。生以火，死以火，病生于火，而养身者亦此火。
>
> 天恒动，人生亦恒动，皆火之为也。⑤

方以智非常重视火的作用，把火视为万物运动变化的根源。“火”不存在于“气”之外，而在“气”之中，“火”是“气”的阳、动态；“水”是“气”的阴、静态，“阳统阴阳”，人和宇宙万物都“以阳气为主”，阳气为矛盾的主导方面，所以“凡运动，皆火之为也”。这就是“阳统阴阳，火运水火”的“火—气”运动统一论。

方以智的“火—气”运动统一论，不仅坚持了物质和运动统一的思想，而且把这一思想建立在科学的基础上。据此，他进一步论述了物质及其运动变化规律的思想，肯定理在气中，批评了“离气言理”的观点。

---

① 《物理小识》卷一。
② 《物理小识》卷一。
③ 《物理小识》卷三。
④ 《物理小识》卷三。
⑤ 《物理小识》卷一。

方以智认为，火作为万物运动变化的根源，促使万物不停地运动变化，这种变化虽然是恒常不断、神秘莫测的，但却不是紊乱无绪、杂乱无章的，有其自身内在的规律。因此，方以智有时也讲“理”和“神”。所谓“理”是指事物运动变化的规律、条理性，所谓“神”是指事物运动变化的动力、神妙性。他说：

> 一切物皆气所为也，空皆气所实也。物有则，空亦有则，以费知隐，丝毫不爽，其则也，理之可征者也。而神在其中矣。
>
> 神不可测，而当前物则，天度同符……此则有所以为物、所以为心、所以为天者，岂徒委之气质而已乎?①

凡物皆有则，事物变化万端而“丝毫不爽”，就在于“其则也”，“则”是“理之可征者也”，就是说“理”即是“物则”。也就是物、心、天的所以然者——一切事物的根本规律。理为事物变而丝毫不爽者，神为事物变而不可测者，二者是相互联结、不可分割的。

理为气之理，则为物之则，这就是强调规律、法则是事物的规律、法则，不能离开事物而谈论、寻求事物的规律、法则。方以智说：

> 圣人合虚实神形而表其气中之理……彼离气执理，与扫空尊心，皆病也。理以心知，知与理来，固物则而后交格以显。岂能离气之质耶?②
>
> 本末源流，知则善于统御，舍物则理亦无所得矣，又何格哉?③

物质的各种存在形态都是气的不同变化所表现出来的，肯定理在气

① 《物理小识》卷一。

② 《物理小识》卷一。

③ 《物理小识·总论》。

中，理是物之理，离物则无理可寻。因此，方以智既反对“离气执理”的程朱理学，又反对“扫空尊心”的陆王心学。在这里他继续坚持了元气本体论的宇宙观。

第四节　“心物交格”的辩证认识论

方以智从其“盈天地间皆物也”，“心一物也”的宇宙观出发，建立了他的认识论。他认为，心为一物，且能认识万物。所以说：

> 天地一物也，心一物也，惟心能通天地万物，知其原，即尽其性矣。①

整个宇宙中的一切都是物，心当然亦为一物，但心作为人的意识活动器官，它又能认识万物。心作为一物而与万物有统一性，作为认识万物的主体而与万物有区别性。心是人所独具的，人之所以为万物之灵，在自然界中居于中心地位，就在于人的心灵、精神作用。方以智说：

> 天以气为质，以神为神。地以质为质，以气为神。人兼万物而为万物之灵者，神也。②
>
> 言性者，以周乎水火草木也；必言心者，贵人也。人能弘道者心，言性以表心，言心以表人也。心兼形、神，性则虚而偏满矣。③

人有“心”——思维意识，故人为万物之灵，人之所以在天地之中为贵，亦在于心。由于“心兼形、神”，“心统性、情”，所以人能认识天地万物，“人能弘道”。方以智认为，人要认识人和物，首

---

① 《物理小识·总论》。

② 《物理小识·总论》。

③ 《东西均·译诸名》。

先要“见心”。他说：

> 事不必其事，理则其理矣。凡人心之所可及者，皆理所有也，且有不及者。人先不能自见其心，而语及、不及者，妄也。①

人要认识事物及其规律，就先要“自见其心”。不能“自见其心”，而去说什么认识与不能认识事物及其规律，只不过是虚妄之论，所以说“人先不能自见其心，而语及、不及者，妄也”。方以智断定，不了解、发挥主体思维的认识功能，就谈不上认识。

方以智认为，由于人有主体认识能力，所以人在自然界中处于特殊地位，人能认识和驾驭自然：

> 人者，天地之心也。②
> 人宰天地，故曰人乃天地之心。③

方以智十分强调认识主体在认识中的主导作用。他认为，只有“一以交万，人以交天”，才能够“合内外、本末”。④ 就是说以一心交万物，以人交天，才能达到主体认识客体——合内外的境界。认识就是主体与客体、人事与天地相交合、贯通的过程，要达到主客、内外交合，就要发挥主体的能动作用。所以说：“人事乃真贯也。离天地、人事主言贯者，假贯也。”⑤没有主体的能动作用，就不能实现主体与客体的贯合。“尽人之所以为人，而天尽矣。”⑥尽人而天尽以此便能“万物皆备于我”了。据此方以智提出“心物交格而亨

---

① 《东西均·扩信》。
② 《易余·礼药》。
③ 《性故》。
④ 《东西均·译诸名》。
⑤ 《东西均·容通》。
⑥ 《易余·知由》。

其通”的认识原则。他说：“理以心知，知与理来，因物则而后交格以显。”①“心物交格”，“格通内外”，都是说认识主体与客体交互作用，不可分离，如此才能使二者相互贯通，否则便是有“病”。方以智说：

> 病于言物者，好奇之士，好言耳自之所不及，附会其说，甚则构虚骇人；其拘谨者，斤斤耳目之前，外此则断然不信，其蔽均也。②

离物言理，说玄说妙的唯理论者，与拘于耳目跟前之物、外此而不知的狭隘经验论者，其错误是一样的，都是蔽于一曲，而不识大理。

方以智把“心”视为思维器官、认识主体，由于“盈天地间皆物也”，“心一物也”，心由气构成，所以心是自然物的一种，“天以心予人”。③“心”为“气”组成，气充塞天地之间，为万物之本，故心亦为万物之本。方以智由强调“心”的主体作用，进而夸大了“心”的决定作用，把心视为天地的本原。他说：“通言之，则偏满者性，即偏满者心，未有天地，先有此心；邈邈言之，则可曰太极。”④心为宇宙本体，因而大于天地万物。他说：

> 心大于天地，一切因心生者，谓此所以然者也。谓之心者，公心也，人与天地万物俱在此公心中。⑤

心作为天地的本原，先于天地而存在；天地万物俱在心中，此心为“公心”，公心为绝对本体之心。在这里，“心”产生并包容了天地

① 《物理小识》卷一。
② 《物理小识·总论》。
③ 《东西均·所以》。
④ 《东西均·译诸名》。
⑤ 《东西均·象数》。

万物，主体与客体达到了完全的统一，即主体吞并了客体，客体变成了主体的产物，因此，认识只向内驰求就可以了，不必向外驰求。方以智说：

> 向外驰求病矣，向内驰求非病耶？内外驰求病矣，内外不驰求非病耶？①

一切都在“内”(心)中，当然不必向外驰求了。“外皆是内，一破即通。”②在这里，方以智的心物论深深地打上了禅学的印记。

第五节　“相反相因”的矛盾学说

方以智依据物质和运动统一的原理，考察了宇宙万物运动变化的根源和规律，提出了相反相因的矛盾学说。

方以智总结和吸取了中国古代哲学的“常变”理论，肯定宇宙万物都处于不断生灭的无限发展过程中，新事物的“创产”，旧事物的“变灭”，是宇宙万物发展的根本规律。他援引邓潜谷的话说：

> 区宇之内，土壤少殊，物生随异。而况分华夷，限山海，其恢诡傲怪之变，胡可胜纪？古所无者，何知今非创产？今狎见者，乌知后之不变灭乎？③

就是说宇宙事物就在新与旧的“创产”与“变灭”中生存发展的，没有恒常不变的事物永久存在，只有“变有不变者存”。事物都是时时刻刻在运动变化，但变不是乱变无规律可循，也不是转瞬即逝的剧变，而是变中有不变者，有其相对的稳定性，故有规律、常规可循。方以智引用方孔炤《潜草》中的话说：

---

① 《东西均·所以》。

② 《易余·如之何》。

③ 《物理小识·总论》。

> 圣人官天地，府万物，推历律，定制度，兴礼乐，以前民用，化至咸若，皆物理也。其常也，即其变也。变未有极乎！变极自反乎！惟神而明之者知之。……人推移其中，而变有不变者存焉。不知差别之常变而执常者，则周公之仪礼，有不可以治世；神农之《本草》，有依之足杀人者矣。①

常与变是对立统一的，人既要看到事物既有“变有不变者”的存在，又不能“不知差别之常变而执常”，面对万千变化着的事物，要做到“常统常变，灼然不惑”。②

事物是“常变”的，正因为有常变，才有宇宙蓬蓬勃勃的新事物出现。事物为什么会有这种“常变”不息、不止呢？方以智认为，由于事物内部自身固有的矛盾对立斗争，才使事物不断运动变化。他提出了“凡相因者皆极相反”的事物矛盾学说。他说：

> 吾尝言天地间之至理，凡相因者皆极相反。……所谓相反相因者，相梂相胜而相成也。昼夜、水火、生死、男女、生克、刚柔、清浊、明暗、虚实、有无、形气、道器、真妄、顺逆、安危、劳逸、剥复、震艮、损益、博约之类，无非二端。参即是两，举一明三，用中一贯。千万尽于奇偶，而对待圆于流行。夫对待者，即相反者也。③

方以智在这里列举大量的范例，来说明宇宙万物无一不是对立统一的，一切事物都“无非二端”，“尽于奇偶”的。所谓“相反相因”，就是相互依赖——相梂、相互对立——相胜、相互统一——相成。这是天地万物之“至理”。天地万物都有“二端”、“奇偶”的“相反相因”的存在。他说：

① 《物理小识·总论》。

② 《物理小识·总论》。

③ 《东西均·反因》。

且举大较言之，阳清阴浊，互相反也。霄壤县判而玄黄相杂，刚柔敌应而律吕协和，雌雄异形而牝牡交感，可不谓相因乎？水湿火热，至相反也。……人身之水火交则生，不交则病，可不谓相因乎？……吉凶、祸福，皆相倚伏。生死之几，能死则生，狥生则死。静沉动浮，理自冰炭，而静中有动，动中有静，静极必动，动极必静。有一必有二，二本于一。岂非天地间之至相反者，本同处于一原乎我？①

方以智深刻地认识到，宇宙间的事物，从自然到社会，从人到物，从自然物的变化到人的生死等，都是“有一必有二，二本于一”的。任何事物都是由两个矛盾着的对立面组成的统一体。事物都对立的“二端”，“两端”“本于一”，“合为一端”，所以任何事物都是矛盾对立的统一体。方以智说：

凡天地间皆两端，而圣人合为一端。②

一不可言，而因二以济，二即一，一即二也。自有阴阳、动静、体用、理事，而因果、善恶、染净、性相、真妄皆二也；贯之则一也。③

一不可量，量则言二，曰有曰无，两端是也。虚实也，动静也。阴阳也，形气地，道器也，昼夜也，幽明也，生死也，尽天地古今皆二也。两间无不交，则无不二而一者，相反相因，因二以济，而实无二无一也。④

就是说，宇宙间的一切事物都是由对立两端矛盾构成的具体的统一体。这种统一体存在着一与二的矛盾斗争，促使事物不断发生“分

① 《东西均·反因》。
② 《东西均·公符》。
③ 《东西均·容遁》。
④ 《东西均·三徵》。

合、合分”的变化，而使事物不断变化前进。方以智认为，“天地古今皆二也”，而“二本于一”。事物就是在“一”与“二”、“分”与“合”的矛盾运动中前进的。他说：“两间无不二而一者。”①又说：“二而一，一而二。分合、合分，可交，可轮。”②正因为事物是由矛盾对立两端组成的矛盾统一体，并采取“分合、合分”的矛盾斗争形式发展。因此，人们要认识事物，判断是非，也必须从事物对立之中把握事物的全貌，才能正确的认识事物。方以智在回答如何认识事物的问题时，说：“若欲会通正当，合二求一，而后知一在二中。”③方以智认为，事物都是“合二求一”，“一在二中”，“二而一，一而二”的。“二即一也，一即二也。”④“一不离二也。”⑤因此，人要如实地反映客观事物，就必须从事物的矛盾对立中把握事物的发展规律，即“以顺用逆，逆以为顺”⑥，才能认识事物。方以智的“一”与“二”、“分”与“合”的矛盾发展思想，确实表现出朴素的辩证法思想。

方以智的朴素辩证法思想，集中地表现在《东西均》一书中。他认为，任何事物都包含着“东”(正)“西”(反)两个方面，事物可以叫做“东西”、“均”就是形状、声音等对立双方结合起来所组成的那个事物。古人称“均”为“东西”，至今仍然沿用。他说：“均固合形、声两端之物也。古呼均为‘东西’，至今犹然。”⑦即然事物都是由“东西”这两个相互矛盾着的对立面组成的，矛盾着的双方的对立斗争就必然引起事物的运动发展，否则便不是该事物，因而也就不能称其为“东西”，当然，也就不能叫做“均”了。“莫变易，不易于均矣。”⑧所以我们说，方以智的《东西均》一书的标题本身，

① 《东西均·译诸名》。
② 《东西均·张弛》。
③ 《物理小识》卷一。
④ 《东西均·容遁》。
⑤ 《药地炮庄·大宗师评》。
⑥ 《东西均·消息》。
⑦ 《东西均·开章》。
⑧ 《东西均·开章》。

就包含着事物矛盾运动的朴素辩证法思想。该书中有许多篇就是用对立范畴命名的，如《反因》、《生死格》、《奇庸》、《全偏》、《张弛》、《容遁》、《疑信》、《源流》、《消息》等。

方以智在《东西均·三征》篇中提出了“随”、“泯”、“统”三个观念，作为其方法论的总纲。他说：

> 明天地而立一切法，贵使人随；暗天地而泯一切法，贵使人深；合明暗之天地而统一切法，贵使人贯。

“随”为顺从常识，承认一切事物及其对立面的存在；“泯”为消除区别，不承认一切事物及其对立面的存在；“统”为综合以上两种观点，把两者贯通、贯致起来。方以智认为：“随”、“泯”、“统”三者是对立统一的。“暗随明泯，暗偶明奇，究竟统在泯、随中，泯在随中。三即一，一即三，非三非一，恒三恒一。”①这“随”、“泯”、“统”的观念，来源于华严宗的三谛说。方以智说：“华严归于事事无碍法界，始结一真法界。可见中谛统真、俗二谛，而中谛、真谛要以妙其俗谛。……俗谛立一切法之二，即真谛泯一切法之一，即中谛统一切法之一即二，二即一也。”②“随”即华严宗所说的“俗谛”、“泯”即华严宗所说的“真谛”，“统”即华严宗所说的“中谛”。“随”承认“二”，“泯”承认“一”，“统”则肯定“一即二，二即一”。“三谛”贯通，即把“随”、“泯”、“统”三者统一起来，才是最高认识。

为了论证“随”、“泯”、“统”的理论，方以智提出了“交”、“轮”、“几”的范畴。他说：

> 交以虚实，轮续前后，而通虚实前后者曰贯，贯难状而言其几。
>
> 交也者，合二而一也；轮也者，首尾相衔也。凡有动静往

---

① 《东西均·三徵》。

② 《东西均·全偏》。

来，无不交轮，则真常贯合于几可征矣。①

“交”：是指事物对立双方的相交。方以智称为“合二而一”，对立双方的关系是“相反相因”。“二”是指事物两个相互矛盾的对立面，即“两端”。方以智认为，宇宙中万事万物都有对立的“两端”，而两端无一不相交，所以无不“合二而一”。诸如：虚实、动静、阴阳、形气、道器、昼夜、幽明、偏全、生死等都是对立双方的“二”。“尽天地古今皆二也。两间无不交，则无不二而一者。”这种“天地古今皆二”，“两间无不交”，是“天地间之至理”。由于“两间无不交”，所以“无不二而一者”，这是说，“交”就是“合二而一”，就是“相反相因”。

“轮”：是指事物的运动变化。方以智称为“首尾相衔”，“轮续前后”，“往来相推”。他认为，世界上的万事万物都有轮，不论是有形的事物，还是无形的事物。他说：“物物皆自为轮。直者直轮，横者横轮，曲者曲轮。虚中之气，生生成轮。举有形、无形，无不轮者。无所逃于往来相推，则何所逃于轮哉?”②所谓“轮”就是事物对立面的“首尾相衔”的联结与转化，由于轮之“旋转而不息”，所以使事物“时时变”，即使事物由低级向高级的不断发展。

“几”：是指事物运动变化的开端展现的微变。“几者，微也、危也，权之始也，变之端也。”③在方以智看来，由于事物有“不息之几”的交错变化，“不息几于代错”，而“所以代错者，无息之至一也”。④ 使事物由低级向高级不断发展。

在“交”、“轮”、“几”的运动公式中，方以智提出不少合理的对立转化思想。如他说：

轮之贯之，不舍昼夜，无住无息，无二无别。随、泯自

① 《东西均·三徵》。

② 《东西均·三徵》。

③ 《东西均·三徵》。

④ 《东西均·三徵》。

统，自然而然，知之亦然，不知亦然。①

由于对立物的“交”、“轮”、“几”的变化，而形成了“随”、“泯”、“统”的自然而然的发展。一切事物都在这种形式中不断运动和发展。方以智的运动发展观，虽有其循环论的色彩，但却不乏辩证法思想，有许多内容是合理的。因此，不能把它视为形而上学加以挞伐，应当做具体分析，正确对待。

① 《东西均·三徵》。

第八章 顾炎武的“经世致用”之学

第一节 经邦济世的一生

顾炎武，原名绛，字宁人，明亡后，志存恢复，改名炎武，晚年化名蒋山佣，江苏昆山人。他的家乡有个亭林湖，故学者称他为“亭林先生”。顾炎武生于公元1613年(明万历四十一年)，卒于公元1682年(清康熙二十一年)。他是我国明清之际著名的思想家、史学家、音韵学家。

顾炎武出生于“江东望族”的官僚地主家庭。他自幼过继给孀居的叔母。嗣母知书达理，常教他以《大学》修身、治国之道，并以明初刘基、方孝孺、于谦等人的报国事迹教他做人做事。嗣祖顾绍芾是一名监生，经常教导顾炎武说：“士当求实学，凡天文、地理、兵农、水土及一代典章之故不可不熟究。”①教他做一个有学问、懂实际的学者，不要抱着前人的东西不放，而要有创造精神。在顾绍芾的指导下，顾炎武从少年时代就攻读经史和兵书。如《左传》、《史记》、《国语》、《战国策》、《资治通鉴》和《孙子》、《吴子》等，开始确定了“经世”的志向。

公元1626年，顾炎武14岁，入县学为诸生，始习举子业，并参加了“复社”的学术活动。此后13年中，顾炎武一方面参加科场角逐，一方面参加复社的集会、论学，他们抨击宦官专权，呼吁改良朝政。其间时局发生了巨大变化。陕西发生农民起义，辽沈后金崛起，并于公元1636年，改金为清，与明朝分庭抗礼。27岁，秋

① 《亭林余集·三朝纪事阙文序》。

试落第，顾炎武“退而读书。感四国之多虞，耻经生之寡术。于是历览二十一史以及天下郡县志书，一代名公文集及章奏文册之类，有得即录，共成四十余帙。一为舆地之记，一为利病之书”。① 他辑录了有关疆域、形势、农田、水利、物产、兵防、交通、赋税等方面的资料，写成了《肇域志》和《天下郡国利病书》两书。顾炎武试图寻找出国贫民弱的根源。

正当顾炎武以求实的态度上下左右求索之时，公元1644年，李自成农民起义军攻占北京，明朝灭亡。清军在镇守山海关的明将吴三桂的帮助下入关。公元1645年，清军南下，渡过淮河，围攻扬州，并准备攻占南京。昆山县令杨永言起兵抗清，经杨永言举荐，顾炎武与归庄去南京弘光政权赴任。此时，清军连克徐、泗，血洗扬州。扬州军民虽在抗清名将史可法的统帅下，坚决抗清，痛击敌人，拒绝诱降，但因南明小朝廷极端腐败，寡不敌众，扬州城被攻破，史可法被害。不久，清军占领南京。顾炎武在苏州参加抗清斗争。苏州兵败，接着昆山、常熟失守。顾炎武虽然得以解脱，但他的两个弟弟都不幸身亡，生母致残终身，嗣母绝食而死。

国仇家难激发了顾炎武的爱国之志，推动了他的抗清斗争。他矢志抗清，辗转太湖地区，与各地的抗清志士秘密来往。由于遭到汉奸、豪绅的暗算、迫害，顾炎武决心远离故土，北上中原。

公元1657年，顾炎武将家产尽行变卖，离开江南到了山东。从此，他来往于山东、河北、山西、陕西、浙江等地，考察情况，联络志士仁人，结识了王宏撰、傅山、李中孚等爱国者。他以友人所赠的二马二骡装驮图书，攀山越岭，长途跋涉，不辞劳苦，进行大量的、艰苦的实地考察。

晚年的顾炎武，行万里路，读万卷书，他将自己长期的研究成果进行了总结，写成了《音学五书》和《日知录》等名著。由于他的博大精深的学术造诣，名盖朝野，清廷多次征聘，他都一一拒绝。康熙十七年，清廷在平定“三藩”之乱取得重大胜利后，为修《明史》，特开博学鸿儒科，征召海内名儒，逼迫顾炎武应召，他毅然

① 《亭林文集》卷六《天下郡国利病书序》。

拒绝，并郑重声明：“人人可出而炎武必不可出矣。……七十老翁何所求？正欠一死！若必相逼，则以身殉之矣！”①第二年，清廷大学士熊赐履主修《明史》，又约顾炎武参与其事。顾炎武再次“以一死”相拒，充分表现出他的爱国风骨、民族气节。

顾炎武为了表明自己不与清廷合作的决心，选定陕西华阴为最后的定居地，从此不再进入北京。为什么定居此地呢？顾炎武说：

> 秦人慕经学，重处士，持清议，实与他省不同。……华阴绾毂关、洛之口，虽足未出户，而能见天下之人，闻天下之事。一旦有警，入山守险，不过十里之遥；若志在四方，则一出门，亦有建瓴之便。②

就是说，关中地区民情朴实，士人重实学，关心国家大事；地势险要，易于攻守，利于进取。所以他选定这里定居，是有其深刻寓意的，表明他仍在反清复明。

公元1681年（清康熙二十年），顾炎武由华阴到山西曲沃，由于旅途劳累，染上重病，次年正月初八，因马失足坠地，病势加重，第二天，便与世长辞了。

顾炎武一生长途跋涉、辗转南北，志在抗清复明，他以死断然拒绝清朝廷征聘，表现了他的高尚爱国气节。顾炎武一生从事于学术研究，以“经世致用”为基础“皓首穷经”，他广泛涉足于经、史、方志地理、音韵文字、金石考古、曲章制度、诗词文论等众多领域，并取得了巨大的成就。他一生著作宏富，“卷帙之积，几于等身”③，今可考见者，近五十种。主要著作有《日知录》、《天下郡国利病书》、《肇域志》、《音学五书》、《顾亭林诗文集》等。他为学宗旨是：“欲明学术，正人心，拨乱世以兴太平之事。”④就是说，

① 《亭林文集》卷三《与叶讱庵书》。

② 《亭林文集》卷四《与三姪》。

③ 王宏撰《山志》卷三《顾亭林》。

④ 《亭林文集》卷二《初刻日知录自序》。

为学旨在经邦济世。他的学术成就对后人产生了很大影响，如清代著名的学者江永、戴震、段玉裁等，都受到顾炎武的深刻影响。梁启超说：“亭林一面指斥纯主观的王学不足为学问，一面指点出客观方面许多学问途径来。于是学界空气一变，二三百年间跟着所带的路走去。亭林在清代学术史所以有特殊地位者在此。”①这个评价是有其一定道理的。

第二节 “经学即理学”的哲学思想

顾炎武深窥宋明道学中不论理学还是心学，由于其远人事而尚天道，重心性而不务实际的空疏之弊，致使其日益式微、衰落，所以在明清之际日趋高涨的实学思潮中，他以总结明亡的历史教训为出发点，对宋明以来的学术思想进行了批判性的总结。在批判总结中，他既指出了理学、心学之误，又阐发了唯物主义思想，提出了“理学，经学也”的新命题。

顾炎武虽然没有专门系统的哲学著作，构成完整的哲学思想体系，但是从其《日知录》和其他一些文章中，却显现出较为丰富的哲学思想观点。

顾炎武继承了中国古代的元气论的思想，尤其是继承了张载的“太虚即气”的思想，主张气一元论的宇宙观。他说：“张子《正蒙》有云：‘太虚不能无气，气不能不聚而为万物，万物不能不散而为太虚，循是出入，是皆不得已而然也。’”②在顾炎武看来，整个宇宙都充满着物质性的气，气为万物产生的本体。所以他说：

> 盈天地之间者，气也。气之所盛者为神。神者，天地之气而人之心也。③

① 梁启超《中国近三百年学术史》，中国书店1985年版，第56~57页。

② 《日知录》卷一《游魂为变》。

③ 《日知录》卷一《游魂为变》。

气为天地万物的唯一本原，气之旺盛者为神，神之在人者为心。这个神，不是鬼神，而是人的精神。气生神，是物质产生意识。天地万物都是气之凝聚而成的。顾炎武援引明人邵宝《简端录》的话，来阐发自己的元气本原论：

> 邵氏《简端录》曰：聚而有体谓之物，散而无形谓之变。唯物也，故散必于其所聚；唯变也，故聚不必于其所散。是故聚以气聚，散以气散。昧于散者，其说也佛；荒于聚者，其说也仙。①

宇宙万物都是由气之聚而形成的，最终又回复其本原之体，“聚以气聚，散以气散”，聚与散都是气之所为与表现。佛教说有散而不死的灵魂，仙家说有聚而不死的肉体，都是不明气之聚散所致，因而都是错误的。究其实，物质与其运动变化规律是一致的，没有离开气而单独存在的神，同样也没有离开器而单独存在的道。所以说：“形而上者谓之道，形而下者谓之器，非器则无所寓。”②规律存在于事物之中，离开具体事物则规律无从可言。

顾炎武认为，自然万物都在不断地运动变化。他说：

> 日往月来，月往日来，一日之昼夜也。寒往暑来，暑往寒来，一岁之昼夜也。
>
> 小往大来，大往小来，一世之昼夜也。子在川上曰：“逝者如斯夫，不舍昼夜。”
>
> 通乎昼夜之道而知，则终日乾乾，与时偕行，而有以尽乎《易》之用矣。③

事物都如四时之循环，昼夜之更替一样在流转变化，认识到这

① 《日知录》卷一《游魂为变》。

② 《日知录》卷一《形而下者谓之器》。

③ 《日知录》卷一《通乎昼夜之道而知》。

一点，就是懂得了《周易》的道理，如此才能与四时偕行，自强不息，勇于进取。

顾炎武在这个认识的基础上，指出《周易》并非神秘的“天书”，那种关于卜筮、丧葬、妖祥、报应、地狱等鬼神迷信都是没有道理的。因此，他重视人事不迷信鬼神。他说：

> 善恶报应之说，圣人尝言之矣。……岂真有上帝司其祸福，如道家所谓天神察其善恶，释氏所谓地狱果报者哉？善与不善一气之相感，如水之流湿，火之就燥，不期然而然，无不感也，无不应也。①

在顾炎武看来，所谓上帝司祸福、天神察善恶及佛教所宣扬的天堂地狱、因果报应等说法，都是根本不存在的。善与恶是一气相感的结果，这如同水往下流，火向上升一样是自然而然的规律，不是由神力的主使。顾炎武反对生死轮回、死后为鬼、人死复生之说。他认为，人有死也有生，新生的人不是已死的人转生。所以说：“夫灯息而然，非前灯也。云霓而雨，非前雨也。死复有生，岂前生耶？”②顾炎武的鬼神观是唯物主义的无神论。

顾炎武在哲学思想上的主要贡献是对心学、理学的批判。在批判中，他阐发了“实学”思想。

明代中叶以来，由于王守仁心学的兴盛，取代了理学的统治地位。在知识分子中，大讲致良知、心性命之学，束书不观，从事清谈，他们置生民之疾苦、国家之安危于不顾，高谈阔论，无救国救民之意，有哗众取宠之心。

在顾炎武看来，明朝灭亡，正是王学空谈误国的必然结果。他说：

> 刘石乱华，本于清谈之流祸，人人知之，孰知今日之清谈

① 《日知录》卷二《惠迪吉从逆凶》。

② 《日知录》卷一《游魂为变》。

有甚于前代者。昔之清谈谈老庄，今之清谈谈孔孟，未得其精而已遗其粗，未究其本而先辞其末。不习六艺之文，不考百王之典，不综当代之务，举夫子论学、论政之大端一切不问，而曰一贯，曰无言。以明心见性之空言，代修己治人之实学，股肱惰而万事荒，爪牙亡而四国乱，神州荡覆，宗社丘墟。昔王衍妙善玄言，自比子贡，及为石勒所杀，将死顾而言曰："吾曹虽不如古人，向若不祖尚浮虚，戮力以匡天下，犹可不至今日。"今之君子，得不有愧乎其言！①

顾炎武把明朝灭亡归咎于王学，与历史事实、真正原因不相符，但他所指出的“空谈误国”的道理，却是中肯之言。

顾炎武认为，心学的空疏，既误国害民，又败坏了学风。对这种坏学风，顾炎武批判说：

《大学》言心不言性，《中庸》言性不言心。来教单提心字而未竟其说，未敢漫为许可。……世之君子苦博学明善之难，而乐夫一超顿悟之易，滔滔者天下皆是也，无人而不论学矣，能弗畔于道者谁乎？②

顾炎武认为心学是造成思想混乱、败坏学风、遗害学界的祸根，因此，顾炎武对心学极为痛恶。为了彻底批判心学，从根本上消除其思想影响，顾炎武从思想发展史上追根溯源，进一步指斥其谬、其害。他说：

盖自弘治、正德之际，天下之士厌常喜新，风气之变，已有所自来。而文成以绝世之资，倡其新说，鼓动海内。嘉靖以后，从王氏诋朱子者，始接踵于人间。而王尚书（世贞）发策谓，今之学者偶有所窥，则欲尽废先儒之说而出其上；不学，

① 《日知录》卷七《夫子之言性与天道》。

② 《亭林文集》卷六《答友人论学书》。

则借一贯之言以文其陋；无行，则逃之性命之乡以使人不可诘。此三言者尽当日之情事矣。故王门高第为泰州(王艮)、龙溪(王畿)二人。泰州之学，一传而为颜山农(钧)，再传而为罗近溪(汝芳)、赵大洲(贞吉)。龙溪之学，一传而为何心隐(梁汝元)，再传而为李卓吾(贽)、陶石篑(望龄)。昔范武子论王弼、何晏二人之罪深于桀纣，以为一世之害轻，历代之害重，自丧之恶小，迷众之罪大。而苏子瞻谓李斯乱天下，至于焚书坑儒，皆出于其师荀卿高谈异论而不顾者也。①

顾炎武认为，由于心学言心言性，致使人茫茫然不得其解，这种主内遗外之学，实际是"禅学"，不是正宗儒学。他说："孔门未有专用心于内之说也。用心于内，近世禅学之说耳。""今之所谓内学，则又不在图谶之书，而移之释氏矣。"②因此，他十分称赞南宋学者黄震对心学的批判思想："近世喜书心学，舍全章本旨而独论人心、道心甚者单摭道心二字，而直谓即心是道，盖陷于禅学而不自知，其去尧、舜、禹授受天下本旨远矣。"③既然心学是背叛正统儒学的禅学，当然要被批判和摒弃了。

顾炎武在批判心学的同时，对理学也进行了批判。在顾炎武看来，理学是宋以来才有的，它虽然以"性与天道"为研究对象，但其实质与心学无异，亦为"禅学"。他说：

至于理学之传，自是君家弓治。然愚独以为理学之名，自宋人始有之。古之所谓理学，经学也，非数十年不能通也。……今之所谓理学，禅学也。不取之五经而但资语录，校诸帖括之文而尤易也。④

---

① 《日知录》卷十八《朱子晚年定论》。

② 《日知录》卷十八《内典》。

③ 《日知录》卷十八《内典》。

④ 《亭林文集》卷三《与施愚山》。

顾炎武认为，研究经学需要下几十年的苦功，才能弄通，研究的目的是为了“经世致用”，“救民于水火”，而不是为了“空言”。而当时讲理学的一些人，不读《五经》，只读几本语录，空发议论，便自认为“高明以为然乎”其实是“不知本矣”。① 对于“理学，禅学也”，顾炎武说：

> 樊迟问仁，子曰：“居处恭，执事敬，与人忠。”司马牛问仁，子曰：“仁者，其言也讱。”由是而充之，一日克己复礼有异道乎？今之君子，学未及樊迟、司马牛，而欲其说之高于颜、曾二子，是以终言性与天道，而不自知其堕于禅学也。②

顾炎武针对当时那些不顾国家安危、人民疾苦而“终日言性与天道”的理学者——实则禅学者的空论，提出“理学，经学也”的命题，这是以“经世致用”之学否定程朱陆王之学。顾炎武援引黄震的《黄氏日钞》对理学进行了批判：

> 心者，吾身之主宰，所以治事，而非治于事……至于斋心服形之老庄，一变而为坐脱立忘之禅学，乃始瞑目静坐，日夜仇视其心，而禁治之，及治之愈急，而心愈乱，则曰易伏猛兽，难降寸心。呜呼！人之有心，犹家有主也，反禁切之，使不得有为，其不能无扰，势也。……古人之所谓存心者，存此心于当用之地也。后世之所谓存心者，摄此心于空寂之境也。造化流行，无一息不运，人得之以为心，亦不容一息不运，心岂空寂无用之物哉？③

心为身之主宰者，是不断思维、不停运动的，它要与外物结合，反映、应付、处理各种事物。人心是不可能禁止其活动的，硬要“禁治之”，只能是“愈治愈乱”，正因为人有心之主，才能有所为。而禅

① 《亭林文集》卷三《与施愚山》。

② 《日知录》卷七《夫子之言性与天道》。

③ 《日知录》卷一《艮其限》。

家把心变成静止的“空寂无用之物”。只有游手好闲、无所事事的人，才能“瞑目静坐，日夜仇视其心”，“摄此心于空寂之境”。这种“用心于内”之学，实为异端之学。顾炎武的批判是有道理的。

顾炎武在批判当时的理学“堕于禅学”的同时，又进一步追根溯源说：

> 今之言学者必求诸《语录》，《语录》之书始于二程，前此未有也。今之语录几于充栋矣。而淫于禅学者实多，然其说盖出于程门。……夫学程子而涉于禅者，上蔡也，横浦则以禅而入于儒，象山则自立一说，以排千五百年之学者，而其所谓“收拾精神，扫去阶级”，亦无非禅之宗旨矣。①

追根溯源是来自二程。程门弟子谢良佐是“学程子而涉于禅者”。谢良佐在解释《论语》的“吾日三省吾身”时，说：“曾子之学，专用心于内，故传之无弊。”对此，顾炎武引述《黄氏日钞》批评说：

> 孔门未有专用心于内之说也。用心于内，近世禅学之说耳。象山陆氏因谓曾子之学，是里面出来，其学不传。诸于是外面入去，今传于世者，皆外入之学，非孔子之真，遂于《论语》之外，自谓得不传之学，凡皆源于谢氏之说也。②

顾炎武在这里指明：陆九渊一派的心学，是脱离实际，离开外物，闭门修养的主内之学，是渊源于谢良佐的。

在顾炎武看来，程朱、陆王之学，皆为“禅学”，“非吾儒之学”。③ 他心目中的“儒学”正统乃为“经学”。为了正本清源，学到儒学正宗，顾炎武要人们“鄙俗学而求六经，舍春华而食秋实”，“尤务本原之学”。④ 顾炎武所讲的经学，就是经世致用的实学。他

① 《亭林文集》卷六《下学指南序》。

② 《日知录》卷十八《内典》。

③ 《日知录》卷十八《心学》。

④ 《亭林文集》卷四《与周籀书书》。

在给黄宗羲的信中说自己是：“积以岁月，穷探古今，然后知后海先河，为山覆篑，而于圣贤六经之旨，国家治乱之源，生民根本之计渐有所窥。”①他说：“近世号为通经者，大都皆口耳之学，无得于心，既无心得，当安望其致用哉？”②顾炎武认为，古代的理学，其实就是朴实无华的经学，所以说：“理学，经学也。”就是说，在经学中谈义、求致用，才是“务本原之学”。因此，全祖望在评价顾炎武的学术思想时，归纳说：亭林先生“于书无所不窥，尤留心经世之学”。“晚益笃志六经，谓古今安得别有所谓理学者，经学即理学也。自有舍经学以言理学者，而邪说以起，不知舍经学，则其所谓理学者，禅学也。”③这个概括和评价极为确当。

第三节　“明道救世”的政治思想

顾炎武目睹明中叶以来社会政治之积弊，学术风气之腐朽，他从爱国救民的思想出发，提出为学的目的在于“明道救世”，而“救世”之要在于求实，这是人人都应当承担的责任，所以说：“天下兴亡，匹夫有责。”这就是他的政治思想主张。

顾炎武目睹明末封建统治制度的腐朽，亲历清朝封建专制的残酷现实。他认为，当时的一些学者束书不观，而去空言心性；不为国家百姓安危着想，而去追名逐利。他说北方学者是“饱食终日，无所用心”；南方学者是“群居终日，言不及义，好行小慧”。④ 就是说，南方北方学者都有“病”，他们“自其束发读书之时，所以劝之者不过所谓千钟粟，黄金屋，而一旦服官，即求其所大欲，君臣上下怀利以相及，遂成风流”。⑤ 读书的目的是为了升官发财，追求名利。他们在清朝廷统治下，卑躬屈膝，乞求官职，不知廉耻。他看到“蓟门朝士多狐鼠”的现状，特别强调廉耻。他说：“盖不廉

① 《亭林佚文辑补·与黄太冲书》。

② 《亭林余集·与任钧衡》。

③ 《鲒埼亭集·亭林先生神道表》。

④ 《日知录》卷十三《南北学者之病》。

⑤ 《日知录》卷十三《名教》。

则无所不取，不耻则无所不为。”他指斥那些投降清朝的人是“阉然媚于世者”①都是些“不似之人”。他说：

> 余尝游览于山之东西，河之南北二十余年，而其人益以不似。及问之大江以南，昔时所称魁梧丈夫者，亦且改形换骨，学为不似之人。②

顾炎武对这些人深恶痛绝。他认为，圣人教人之道在于“博学于文”、“行已有耻”。他说：

> 愚所谓圣人之道者如之何？曰“博学于文”，曰“行已有耻”。自一身以至于天国家，皆学之事也；自子、臣、弟、友以至出入、往来、辞受、取与之间，皆有耻之事也。耻之于人大矣！不耻恶衣恶食，而耻匹夫匹妇之不被其泽……士而不先言耻，则为无本之人。③

“文”不只是指文章而言，而且包括社会历史和现实，即“习六艺之文”，“考百王之典”，“综当代之务”。“耻”是指立身处世、待人接物以及对民族、国家大事的负责精神。顾炎武认为，“学”的目的是为了“明道救世”，救民于涂炭。他说：

> 君子之为学，以明道也，以救世也。徒以诗文而已，所谓“雕虫篆刻”，亦何益哉！某自五十以后，笃志经史，其于音学深有所得。今为《五书》以续三百篇以来久绝之传，而别著《日知录》上篇经术，中篇治道，下篇博闻，共三十余卷。有王者起，将以见诸行事，以跻斯世于治古之隆。④

---

① 《日知录》卷十三《廉耻》。

② 《亭林文集》卷二《广宋遗民录序》。

③ 《亭林文集》卷三《与友人论学书》。

④ 《亭林文集》卷四《与人书二十五》。

顾炎武平生立志和为学，都旨在“明道救世”，这是他经世致用思想的深化和发展。他一生以天下为己任，为“救民水火”，他背乡弃家，远游北方，客居华阴，正是为了实现他的爱国救民理想。他说：

> 天生豪杰，必有所任。……今日者拯斯人于涂炭，为万世开太平，此吾辈之任也。仁以为己任，死而后已，故一病垂危，神思不乱。①

顾炎武的爱国思想，表现为强烈的民族精神和救世意识。

顾炎武十分重视“风俗”的问题，针对当时的世风败坏、士不知耻的状况，他强调要进行风俗教化。他说：

> 目击世趋，方知治乱之关必在人心风俗，而所以移人心，整顿风格，则教化纪纲为不可阙矣。百年必世养之而不足，一朝一夕败之而有余。②

为了敦化民风，端正士风，就要进行整顿教化。顾炎武认为，树立良好、纯朴的社会风气是极为重要的治国安民措施。因此，朝廷要有教化。他引用宋代思想家罗从彦的话说：“教化者，朝廷之先务；廉耻者，士人之美节；风俗者，天下之大事。朝廷有教化，则士人有廉耻；士人有廉耻，则天下有风格。”③这就是说，加强道德教育是当权者首要的任务。

顾炎武认为，要改变坏的风俗是可能的。要把可能变为现实的一个重要措施，是加强社会舆论的作用，为此，他重视“清议”的作用。他说：“天下风俗最坏之地，清议尚存，犹足以维持一二。至于清议亡，而干戈至矣。”④顾炎武以许多历史事实来说明“清

① 《亭林文集》卷三《病起与蓟门当事书》。

② 《亭林文集》卷三《与人书九》。

③ 《日知录》卷十三《廉耻》。

④ 《日知录》卷十三《清议》。

议”的重要作用和风俗可变的道理。“观哀、平之可以变而为东京，五代之可以变而为宋，则知天下无不可变之风俗也。”①他把“清议”视为变化“风俗”的一个重要原因。顾炎武这个思想的出发点和宗旨都是为其政治主张服务的，在当时是有积极意义的。

顾炎武政治思想的可贵之处，是他看到封建专制制度的积弊，并针对这些积弊提出了“拨乱反正”的主张。他用毕生的精力写作《日知录》意在于此。他说：

> 人苟遍读五经，略通史鉴，天下之事，自可洞然，患在为声利所迷而不悟耳。向者《日知录》之刻，谬成许可，比来学业稍进，亦多刊改。意在拨乱涤污，法古用夏，故多闻于来学，待一治于后王。②

顾炎武针对“声利”之病，认为要涤荡这种种污泥浊水，就要拨乱反正，措施是“法古用夏”。所谓“法古用夏”，就是以古为镜鉴，从而达到经世致用的目的。他说：“引古筹今，亦吾儒经世之用。”③顾炎武认为这个道理，不仅在位之人应当明白，而且人人都应当知道。因为天下是天下人的天下，不是君主一家一姓之天下。据此，顾炎武提出了与黄宗羲的《原君》相类的观点。他认为，皇帝并不是至高无上、绝对尊贵、神圣不可侵犯的。他说：

> 班爵之意，天子与公侯伯子男一也，而非绝世之贵。……是故知天子一位之义，则不敢肆于民上以自尊，知禄以代耕之义，则不敢厚取于以自奉。④

顾炎武还在《日知录》卷二十四《君》条中，广泛引证史籍，来

① 《日知录》卷十三《宋世风俗》。
② 《亭林文集》卷六《与杨雪臣》。
③ 《亭林文集》卷四《与人书八》。
④ 《日知录》卷七《周室颁爵禄》。

说明天子并不神圣高贵，与公侯一样，不过是高一级罢了。他指出，“君”并非封建帝王的专称，在古代君为“上下之通称”，不只天子称君，就是人臣、诸侯、卿大夫，以至府主、家主、父、舅等，都可以称君。因此，皇帝不应该自己认为至尊至贵，作威作福，欺压人民、剥削人民。由此出发，顾炎武提出了“分权”、“众治”的政治主张。他说：

> 人君之于天下，不能以独治也，独治之而刑繁矣，众治之而刑措矣。①
>
> 所谓天子者，执天下之大权者也。其执大权奈何？以天下之权寄之天下之人，而权乃归之天子。自公卿大夫，至于百里之宰，一命之官，莫不分天子之权以各治其事，而天子之权乃益尊。后世有不善治者出焉，尽天下一切之权而收之在上，而万几之广，固非一人之所能操也。②

顾炎武的“分权”、“众治”论，虽然是把“权乃归之天子”，没有否定君主专制统治，但毕竟提出了“以天下之权寄天下之人”的主张，这在当时是十分可贵的。

顾炎武的政治思想主张，并没有就此止步不前，面对清朝廷的严酷统治的现实，他强调民族意识，保卫天下，人人有责。他说：

> 有亡国、有亡天下，亡国与亡天下奚辨？曰：易姓改号谓之亡国。仁义充塞而至于率兽食人，人将相食，谓之亡天下。……是故知保天下，然后知保其国。保国者，其君其臣肉食者谋之；保天下者，匹夫之贱与有责焉耳矣。③

顾炎武区分了“亡国”与“亡天下”之异。所谓“亡国”，就是

① 《日知录》卷六《爱百姓故刑罚中》。

② 《日知录》卷九《守令》。

③ 《日知录》卷十三《正始》。

“易姓改号”，改朝换代，政权转手，是统治集团内部的事情，与广大劳动人民关系不大。所谓“亡天下”，就是民族沦丧，文化危亡，这是关系到民族前进、命运的大事，所以“保天下者，匹夫之贱与有责焉”。这就是说，“天下兴亡，匹夫有责”。

由此出发，顾炎武十分注意“华裔之防”的问题。他说：

> 君臣之分，所关者在一身，华裔之防，所系者在天下。故夫子之于管仲，略其不死子纠之罪，而取其一匡九合之功。盖权衡于大小之间，而以天下为心也。夫以君臣之分，而犹不敌华裔之防，而《春秋》之志可知矣。①

君臣之分只关涉个人；华裔之防关系到天下。就是说，民族的存亡比封建国家君与臣的关系更为重要。因此，要权衡大小利害，“以天下为心”，“明道救世”。

第四节　博学务实求新的治学方法

顾炎武平生为学之旨在“经世致用”，为了达到这个目的，他对治学方法颇为重视、讲究。他的治学方法的突出特点是博学、务实、求新。《四库全书提要》说：“炎武学有本原，博赡而能通贯，每一事必详其始末，参以证佐，而后笔之于书，故引据浩繁，而牴牾者少。”全祖望说：“自崇祯以后，历览《二十一史》、《十三朝实录》、天下图经、前辈文编说部，以至公移邸钞之类，有关于民生之利害者随录之。旁推互证，务质之今日所可行，而不为泥古之空言。”“凡先生之游，以二马二骡，载书自随。所至阨塞，即呼老兵退卒，询其曲折，或与平日所闻不合，则即坊肆中发书而对勘之。或径行平原大野，无足留意，则于鞍上默诵诸经注疏，偶有遗忘，则即坊肆中发书而熟复之。”②顾炎武平生“笃志经史”，献身学术

① 《日知录》卷七《管仲不死子纠》。

② 《鲒埼亭集·亭林先生神道表》。

事业，旨在"明学术，正人心，拨乱世以兴太平事"。[1] 综观顾炎武的治学道路，我们可以看出其成功之要是：

第一，崇实博学，向外求真。

顾炎武反对"明心见性之空言"，代之以"修己治人之实学"，"鄙俗学而求《六经》"，"以务本原之学"。他一生都在探求"国家治乱之源，生民根本之计"。因此，他主张既要"博学于文"，又要"行己有耻"。他说："君子博学于文，自身而至于家国天下，制之为度数，发之为音容，莫非文也。"[2]"文"包括文章，做人准则、骨节，社会、国家大事。为学在经邦济世，为国家生民之计着想，为人在有气节人格，不寡廉鲜耻，奴颜婢膝。

顾炎武针对当时学风的主内、空疏之弊，主张向外、求实。他说：

> 自宋以下，一二贤智之徒，病汉人训诂之学，得其粗迹，务矫之以归于内，而达道、达德、九经、三重之事，置之不论，此真所谓"告子未尝知义"者也。[3]

顾炎武不仅主张向外读书寻求知识，而且主张走出书斋，到社会实际中去求得新知。他说：

> 人之为学，不日进则日退。独学无友，则孤陋而难成；久处一方，则习染而不自觉。不幸而在穷僻之域，无车马之资，犹当博学审问，古人与稽，以求是非之所在，庶几可得十之五六。若既不出户，又不读书，则是面墙之士，虽子羔、原宪之贤，终无济于天下。[4]

---

① 《亭林文集》卷二《初刻日知录自序》。

② 《日知录》卷七《博学于文》。

③ 《日知录》卷七《行吾敬故谓之内也》。

④ 《亭林文集》卷四《与人书一》。

向外务实，博学贯通，验事求真，反对静坐、冥想，是顾炎武治学的一个突出特点。

第二，反对模仿，提倡创新。

与崇实博学、向外求真的务实方法相关联的是反对泥古模仿，提倡学贵创新。顾炎武对古人的观点、成说，从不盲从、依傍。对古代的典籍采取信其所当信、疑其所当疑的态度，他不立门户，不分畛域，不囿定见，故能发前人所未发，以成就学术之大业。

顾炎武有感于当时为学为文的模仿之病，提倡学贵创新。他说：

> 近代文章之病，全在摹仿。即使逼肖古人，已非极诣，况遗其神理而得其皮毛者乎？①
>
> 君诗之病在于有杜，君文之病在于有韩、欧。有此蹊径于胸中，便终身不脱依傍二字，断不能登峰造极。②

顾炎武认为，写诗作文，依傍前人是没有出息的，永远也不会达到登峰造极的境界。

顾炎武尤其反对封建社会所因袭、沿续的八股文取士制度，认为它不仅毁坏了学风，而且败坏了人才。所以说：

> 八股之害，等于焚书，而败坏人才，有甚于咸阳之郊所坑者但四百六十余人也。③

就是说，“八股之害”有甚于“焚书坑儒”，因此，他要给予猛烈抨击。与此同时，顾炎武以自己的独创求新精神，给学人作出了榜样。他说：“愚自少读书，有所得辄记之；其有不合，时复改定；或古人先我而有者，则遂削之。”④他认为，做学问“其必古人

① 《日知录》卷十九《文人摹仿之病》。

② 《亭林文集》卷四《与人书十七》。

③ 《日知录》卷十六《拟题》。

④ 《日知录自序》。

之所未及就，后世之所不可无，而后为之”①，才能有大成就。顾炎武是这样说的，也是这样做的。因此，他写出了许多不朽之作。

第三，考究源流，多闻阙疑。

顾炎武认为，研究经术在于发现古今思想之异同离合，从而提出自己的见解，为此，他主张辨章学术，考究源流。他说：

> 经学自有源流，自汉而六朝而唐而宋，必一一考究，而后及于近儒之著，然后可以知其异同离合之指。②

顾炎武治学颇为重视学术源流的考辨，他的《日知录》、《音学五书》等，都是体现这个方法的杰作。关于《音学五书》之作，顾炎武说：

> 三百五篇，古人之音书也。……然自秦、汉之文，其音已渐戾于古，至东京益甚。而体文作谱，乃不能上据《雅南》，旁摭骚子，以成不刊之典，而仅按班、张以下诸人之赋，曹、刘以下诸人之诗所用之音，撰为定本，于是今音行而古音亡，为音学之一变。下及唐代，以诗赋取士，其韵一以陆法言《切韵》为准，虽有独用、同用之注，而其分部未尝改也；至宋景祐之际，微有更易，理宗末年，平水刘渊始并二百六韵为一百七韵；元黄公绍作《韵会》因之，以迄于今。于是宋韵行而唐韵亡，为音学之再变。……炎武潜心有年，既得《广韵》之书，乃始发悟于中而旁通其说。于是据唐人以正宋人之失，据古经以正沈氏唐人之失，而三代以上之音部分秩如，至赜而不可乱。乃列古今音之变，而究其所以不同。③

顾炎武的《音学五书》就是“先之以《音论》何也？曰：审音学之

---

① 《日知录》卷十九《著书之难》。

② 《亭林文集》卷四《与人书四》。

③ 《亭林文集》卷二《音学五书序》。

源流也”①,“列古今音之变,而究其所以不同”,考究两千多年音韵之变化而著成的。

《日知录》亦是考究源流而知异同离合之作。顾炎武的学生潘耒说:

> 《日知录》则其稽古有得,随时劄记,久而类次成书者。几经义史学官方吏治财赋典礼舆地艺文之属,一一疏通其源流,考证其谬误。至于叹礼教之衰退,伤风俗之颓败,则古称先,规切时弊,尤为深切著明。②

就是说,《日知录》是一部“综贯百家,上下千载,详考其得失之故”③,“一一疏通其源流,考证其谬误”的“学博而识精,理到而辞达”④的杰作。

在考究源流,论辨古今思想之异同离合时,顾炎武非常重视史料的真实可靠性。他认为:“昔人所言兴亡祸福之故不必尽验。”⑤他主张宁肯阙疑,也不要主观臆断。因此,他称赞孔子的“多闻阙疑”的治史精神。他说:

> 孔子曰:“吾犹及史之阙文也”。史之阙文,圣人不敢益也。……子不云乎:“多闻阙疑,慎言其余。”岂特告子张乎?修《春秋》之法,亦不过此。⑥

顾炎武基于这种求真求实的治史精神,对当时一些人凭自己的主观臆断,而增益经书的做法予以厚责。他说:“近代有好事者,刻

① 《亭林文集》卷二《音学五书后序》。
② 《日知录序》。
③ 《日知录序》。
④ 《日知录序》。
⑤ 《日知录》卷四《左氏不必尽信》。
⑥ 《日知录》卷四《春秋阙疑之书》。

《九经补字》，并属诸生补此书之阙，以意为之。……予至关中，洗刷元石，其有一二可识者，显与所补不同，乃知近日学者之不肯阙疑而妄作如此。”①这种实事求是的科学精神、治学方法是十分可贵的。

第四，通古为今，文益天下。

顾炎武认为，治史要贯通古今，通古是为了今用，而不是以古非今。因此，他重视“通古今”，“引古筹今”，反对信古讽今。他说：

> 《后周书·柳虬传》：“时人论文体有今古之异，虬以为时有今古，非文有今古。”此至当之论。夫今之不能为二汉，犹二汉之不能为《尚书》、《左氏》，乃剿取《史》、《汉》中文法以为古，甚者猎其一二字句，用之于文，殊为不称。②

语言文字、典章制度等，都因时而变，不能泥古不变，而要了解历史的变迁，做到古为今用。因此，顾炎武甚重通古今史学。他说：

> （唐）谏议大夫殷侑言……比来史学废绝，至有身处班列，而朝廷旧章莫能知者。……自宋以后，史书烦碎冗长，请但问政理成败所因，及其人物损益关于当代者，其余一切不问。……今史学废绝又甚唐时。……（宋）太常博士倪思言，举人轻视史学，今之论史者独取汉唐混一之事，三国六朝五代以为非盛世而耻谈之。然其进取之得失，守御之当否，筹策之疏密，区处民兵之方，形势成败之迹，俾加讨究，有补国家。……（薛昂）尝请罢史学，哲宗斥为俗佞。吁，何近世俗佞之多乎！③

顾炎武把轻视、废弃史学，不务实际、空谈，于国家无补之

① 《日知录》卷十八《张参五经文字》。

② 《日知录》卷十九《文人求古之病》。

③ 《日知录》卷十六《史学》。

人，斥为“俗佞”。他引证韩愈的诗云：“人不通古今，马牛而襟裾，行身陷不义。”①真是切中时弊之言。

顾炎武从他的“经世致用”之学出发，主张治史为文不是为了虚谈、沽名，而是为了“有补国家”，“有益于天下”。因此，他提倡为文要“有益于天下”。他说：

> 文之不可绝于天地间者，曰明道也，纪政事也，察民隐也，乐道人之善也。若此者，有益于天下，有益于将来，多一篇，多一篇之益矣。若夫怪力乱神之事，无稽之言，剿袭之说，谀佞之文，若此者，有损于己，无益于人，多一篇，多一篇之损矣。②

顾炎武平生治学、为文，皆以此为务，否则“凡文之不关于《六经》之指，当世之务者，一切不为”。③ 他一生不仅不做怪力乱神之事，而且拒绝做歌功颂德应酬之文，全神着力于“明道救世”之学。

第五，谦虚好学，老而弥坚。

顾炎武在治学态度上，是谦虚好学，孜孜以求，永不自满，死而后已。他说：

> 人之为学，不可自小，又不可自大。……自小小也，自大亦小也。④
>
> 时人之言，而亦不敢没其人，君子之谦也，然后可与进于学。⑤

---

① 《日知录》卷十九《文人之多》。

② 《日知录》卷十九《文须有益于天下》。

③ 《亭林文集》卷四《与人书三》。

④ 《日知录》卷七《自视欣然》。

⑤ 《日知录》卷二十《述古》。

这是说，为学求知，不能有丝毫自满的态度，而要虚怀若谷，不断地进德修业。他深知“人之为学不日进则日退，独学无友则孤陋而难成”①的道理，因此，他不断地从经史和社会实践中汲取知识。他认为“学者之患莫甚于执一而不化”。② 他对自己所学之知、所著之作，总是不固守已成而不化，因而时常修改增订，补充完善。他在谈到对其“平生之志与业皆在其中”③的《日知录》的态度时，说：该书虽累经修改，但他是“老而益进，始悔向日学之不博，见之不卓，其中疏漏往往而有”，“故昔日之得，不足以为矜；后日之成，不容以自限”。④ 他是以“朝闻道夕死可矣”的精神学习、进取到终身。

顾炎武认为，要向各种书籍、各种人物、各行专家学习，他主张学要“广师”。他说：

> 学究天人，确乎不拔，吾不如王寅旭；读书为己，探赜洞微，吾不如杨雪臣；独精三礼，卓然经师，吾不如张尔岐；啸然物外，自得天机，吾不如傅山；艰苦力学，无师而成，吾不如李中孚；险阻备尝，与时屈伸，吾不如路安卿；博闻强记，群书之府，吾不如吴任臣；文章尔雅，宅心和厚，吾不如朱锡鬯；好学不倦，笃于朋友，吾不如王山史；精心六书，信而好古，吾不如张力臣。至于达而在位，其可称述者亦多有之，然非布衣之所得议也。⑤

向当世在野的布衣之士学习自己所不如人者，以取人之长，补己之短。顾炎武的学术成就之大，与他的为学方法、治学态度有直接关系。

---

① 《亭林文集》卷四《与人书一》。
② 《日知录》卷一《艮其限》
③ 《亭林文集》卷三《与友人论门人书》。
④ 《亭林文集》卷二《初刻日知录自序》。
⑤ 《日知录》卷六《广师》。

第九章　熊伯龙的无神论思想

第一节　“一代伟人”“千古异书”

熊伯龙，字次侯，号塞斋，别号钟陵，湖北汉阳人。约生于公元1617年(明万历四十五年)，卒于公元1669年(清康熙八年)。他是我国明清之际一位杰出的无神论思想家。

熊伯龙为仕宦之家的后裔。他的曾祖父熊珙，官任楚府典室。珙死后，祖父熊士章，留居汉阳，与当地名门相交游，称名诸生。父，熊鸣盛，为明天启元年举人，因与明廷不和，未仕官，有三子二女，熊伯龙居长。熊伯龙16岁时，其父病逝。早岁生活，十分艰苦。

熊伯龙自幼聪颖好学，博闻强记，就读于汉阳嵩阳寺。9岁入县学，即能背诵六经子史、名家诗文，所作诗文，有“天然风韵”，被誉为“神童”。后被补博士弟子员。父逝后七年，祖父亦病逝，熊伯龙一方面以过人的毅力挑起家庭生活的重担，一方面以不倦的精神苦读。公元1648年，熊伯龙以拔贡举顺天乡试，名列第一名。翌年，举进士，以一甲、廷对第二名中己丑进士榜眼，授国史馆编修，时年32岁。公元1650年，熊伯龙任浙江乡正考官，5年后，奉命提督顺天学政。后累官翰林院侍读学士，国子监祭酒，内阁学士兼礼部侍郎。他“以文自负，在馆局中，凡制册诏诰，多出其身，典丽矞皇，名侪燕都”。① 当时清廷的重要文告，熊伯龙是主要的执笔人之一。他是清初学界、政界都有重要影响的人物。

---

① 《熊伯龙列传》。

清政权开国伊始，为了整顿纲常，协和万邦，振兴民气，急需人才。熊伯龙在清朝居官20年，为清廷荐举和网罗了大批有真才实学的人才。

明朝万历以来，西方自然科学输入中国，中国学者纷纷从事自然科学研究并翻译西方的自然科学著作，与此同时，明清之际中国学术思想界出现了“经世致用”的实学。熊伯龙在这种学术思潮影响下，奋发进取，积极求索。他在学术上精于字母反切之学，通于佛学、魏晋玄学和宋明理学，熟悉天文、算法。在当时，他以善作八股文著称，并对书法、弓马、琴棋等均有研究，是个多才多艺的人。因此，衡衡子称赞说：“先生精字母反切之学，知西洋天文、算法，又能通佛经、解翻译。其杂著似唐荆川，律诗类《中州集》。楷法、篆刻、弓马、琴棋，无一不工。对客挥尘，宋人理学，晋人清谈，兼而有之。”①熊伯龙的著述宏富，除制艺之文而外，还有《谷贻堂全集》(一名《熊学士诗文集》)，收入诗291首，文108篇。最能反映熊伯龙的宝贵思想的重要著作是《无何集》。

《无何集》是一部重要的无神论著作。该书是在熊伯龙原编本的基础上，由他的子孙略加增订编录而成。在这部著作中，熊伯龙把王充《论衡》中的“辟神怪祸福之说”的无神论言论加以选录，重新组织，分类整理，并把《论衡》之后出现的批驳迷信怪诞的无神论的论述，也加以选录，同时加上他自己对宗教神学迷信的批判。《无何集》是一部比较系统破除宗教神学，批判有神论，宣传无神论的资料汇集。

熊伯龙说他自己：“自幼不信神仙鬼怪、祸福报应之说，有言之者，辄举圣经贤传破之。……及读史，见欧阳公不信祥瑞之说，反复讽诵，深惬于人，思欲推类以广其说。……尝作《适逢说》，言古今天下之事皆适逢耳。又尝作《鬼辨》，言人死之后如未生之前。作《神论》，言山神之形宜似山，水神之形宜似水。”②就是说，他自幼就不信神仙鬼怪，因果报应的神学迷信思想，及长，读欧阳

① 《无何集》卷首《衡衡子书》。

② 《无何集》卷首《自述三》。

修的史书，受到欧阳修的无神论思想的启发，而作了《适逢说》、《鬼辨》、《神论》三篇无神论著作，阐发无神论思想。后来，到北京做官后，于公元1641年，购得王充《论衡》读之。认为自己的无神论观点，与王充的思想"同意"，熊伯龙因此十分高兴。同时又感到自己的无神论思想不如王充对鬼神迷信批判得深刻、彻底，因此"废《适逢》、《鬼辨》诸篇，取《论衡》之辟虚妄者选为一编，简当精要，且广集他说，以补其不足"。① 这是他精选《论衡》、撰写《无何集》的原因。

《无何集》全书除卷之首外，共有十四卷，其中第十四卷《勿广余言集》，署名为熊伯龙长子熊正笏编，前面十三卷分为：天地、古今、鬼神、祸福、灾祥、感格、宜忌、人事、儒术、道教、杂家、百物、释氏等十三大类，分门别类，条分缕析，以文摘、自撰、总评、附说等形式，对宗教神学、世俗迷信等虚妄之言，怪诞之说，予以深刻、系统的批判。《无何集》是一部颇有科学价值的无神论巨著。

关于这部著作为什么取名《无何集》，熊伯龙说：

> 庚子初夏，灯窗读《荀子》，有曰："雩而雨，何也？曰：无何也，犹不雩而雨也。"世人不解斯言，遂疑天地如何报佑，善恶如何吉凶，鬼神如何灵，祈禳如何验。精如仙佛，粗若果报诸般，以及山川草木之神，飞走昆虫之怪，历历可指。一有欧阳(修)之徒，不信祥瑞，即从而举已往灵验之事以诘之。士大夫沿习成风，牢不可破，正坐不知"无何"二字耳。余博观古书，取释疑解惑之说，以《论衡》为最。特摘其尤者，参以他论，附以管见，名曰《无何集》。欲以醒世之惑于神怪祸福者。②

为什么举行了祈雨的祭祀就会下雨呢？回答是没有什么原因

① 《无何集》卷首《自述三》。

② 《无何集》卷首《自述一》。

的，就像没有祈雨的祭祀一样也会下雨的。由于人们不理解“无何”二字的真正意义，于是便认为天地如何报佑，善恶如何吉凶，鬼神如何灵验等各种各样的说法，特别是士大夫们沿习成俗，愈来愈信，而愈不知“无何”二字的真意。熊伯龙根据荀子破除迷信的话，摘取王充《论衡》中的无神论思想，以“辟神怪祸福之说”，所以把自己的无神论名著命名为《无何集》。熊正笏在该书“凡例”第一条说：“是书以《论衡》为宗，本名《论衡精选》，但所选以辟神怪祸福之说为主，故名曰《无何集》。”就是说，在熊伯龙看来，那些荒诞不经的宗教迷信之说，是无任何根据的虚构和捏造，故曰“无何”。

熊伯龙是中国哲学史上第一个系统发挥王充的无神论思想的唯物主义哲学家。对于《无何集》所阐发的无神论思想，许多知名之士都给以很高的评价。黄冈的刘子壮，是熊伯龙的同科状元。他说：“钟陵作《无何集》，千载而后，定当与仲任齐名。”①阎若璩说：“予上下千古，自汉以前，得一大异人，曰王仲任；自汉以后，得一大异人，曰熊次侯。”②吴云溪说：“《无何集》一书，非大有见识者不能作，非大有学问者亦不能作。不读此书，生只算醉生，死只算梦死！”③宋荔裳说：“次侯删仲任之书，以半部《论衡》醒世，为一代伟人。”④何省斋说：“《无何集》一书虽曰抉《论衡》之精华，又采辑群书以补仲任之不足，可谓千载之异书，书林之宝笈也。”⑤在他们看来，熊伯龙及其所作的《无何集》与王充及其所著的《论衡》一样齐名于世，成为“一代伟人”，“千古异书”，这些评价不无一定的道理。因为书中以大量事实揭露了神学迷信的虚妄荒诞，讲述了无神论的科学道理，在当时确实起到了醒世的启蒙作用。

---

① 《无何集》卷二《古今类》。
② 《无何集》卷首《读论衡说十一段》。
③ 《无何集》卷首《读论衡说十一段》。
④ 《无何集》卷首《自述二》。
⑤ 《无何集》卷二《古今类》。

第二节 《无何集》的无神论思想

熊伯龙自幼就不信神仙鬼怪、祸福报应的宗教神学迷信，读王充的《论衡》后，他的无神论观念益坚。因此，他在《无何集》中根据王充在《论衡》中对有神论的批判，以及其他无神论破除神学迷信的言论，对有神论观点一一进行了驳斥。

一、天地不故生人物，人物自生之。

天人关系问题，是中国古代思想家一贯重视、议论最多的一个基本问题。有神论者历来把天看成是有意志、有目的的人格神，认为天能主宰人的吉凶、祸福、生死、寿夭等。汉代的董仲舒明确提出了“天人感应”的神学目的论。董仲舒认为，“天”是人的祖宗，人和万物的产生和形成，都是天有意识、有目的创造出来的，他提出了“故生”论。对此，王充在《论衡》中给予了尖锐的批判。《论衡·物势》篇说：“儒者论曰：‘天地故生人。’此言妄也。夫天地合气，人偶自生也，犹夫妇合气，子则自生也。……夫天不能故生人，则其生万物亦不能故也。天地合气、物偶自生矣。”王充认为，人和万物的产生，不是天或神有目的的“故生”，而是自然而然“偶自生”。熊伯龙继承和发展了王充的这个思想，进一步阐发了“天不故生人物”的道理。他说：

> 知天不故生人物，则人之智愚贤否，人之自禀如是，非天故生之也。天不故意造作，自成天地大文章。①

人和天地万物，不是天有目的的故生，而是“自禀”元气，自己生成的。所以说：“盖人之生也，受父母之精血而成形，禀气厚则寿而长生；禀气薄则夭而早死。”②人的智愚、贤否、生死、寿夭，都不是由天之故，而在于所禀之气的厚薄。宇宙作为一个整体

① 《无何集》卷一《天地类》。

② 《无何集》卷八《人事类》。

和谐的矛盾统一体，人和万物的产生、发展、生死、流变，都是自然形成的，“自成天地大文章”，不是“故意造作”的。熊伯龙强调自然自为，排除了天(神)的有意有为。

二、《河图》、《洛书》皆为怪妄。

“符瑞”思想，是君权神授论的一个重要表现，它是利用某种自然物，如蛟龙、麒麟、雨露、嘉禾、芝草等，说明帝王是“受命之符”，生而有异的、得天独厚的天生统治者，是上帝有意识安排的。历代统治者及其御用的术士们编造了种种神话，他们说：夏的祖先是其母吃了“薏苡”生的；殷的祖先是其母吞了“燕卵”生的；周的祖先是其母在野地里踏了“大人迹”生的等许多荒诞离奇的谎言，用以说明他们是与众人不同的天生的超人——神。他们把这种神话称为“受命之符”。这种谶纬神学，在西汉哀、平之际广泛流行，又经过王莽、刘秀政权的大肆宣扬，加之白虎观会议的系统化、理论化，成为两汉时期的统治思想。此后，历代的封建统治者都利用这种荒唐的宗教呓语，来说明自己是受命于天的，君权是神授的，借以愚弄、欺骗、统治人民。因为他们的权力、地位是天给的、神授的，所以他们的统治是神圣的、合理的。对于这种荒诞不经的宗教神学，许多无神论者都进行过批判，其中王充是杰出的代表。熊伯龙对《河图》、《洛书》一类的神学迷信进行了更深刻、具体的批判。他指出，所谓《河图》、《洛书》是根本不存在的怪论妄说，它之所以泛滥流行，是由于统治者喜欢“祷颂之词”，好事者的胡编、愚蠢者的不察所致，实际上是根本不存在的，因而是不可信的。熊伯龙说：

> 如知白鱼入舟之非，则知黄龙负舟不可信也。知负舟之妄，即知叶公好龙，真龙下降不可信也。知龙降之虚，即知豢化褒氏不可信也。①

在这里，熊伯龙“就十事推之”，“触类旁通”，来驳斥“世间虚

① 《无何集》卷首《读论衡法》。

妄之说”。① 熊伯龙十分赞同、信服王充、欧阳修对《河图》、《洛书》等神学谬论的批判见解。他说：

> 古今不信祥瑞灾异者，仲任而后，莫若欧阳公。其称麟凤为非瑞，《河图》、《洛书》为怪妄，予心服之久矣。②
>
> 欧阳公言：“舜命夔作乐，凤皇适至，舜之史因并记以为美。”读此说，知凤之适至为偶然之事，则凤之非瑞，明矣。子曰“凤鸟不至”，思舜也，非思凤也，犹言“不复梦见周公”云尔。《河图》亦然。③

在熊伯龙看来，《河图》、《洛书》是“妄怪之尤甚者”。④ 因此，他要坚决废黜这种谬论。他在《河图洛书非真说》一篇中，一连列举了23条历史文献记载的事实来说明“龙图、龟书之不可信”，批判“《河图》、《洛书》之妄怪”。⑤

既然根本不存在《河图》、《洛书》及祥瑞灾异之事，那么封建统治者及其御用学者们为什么要一再宣扬它们呢？熊伯龙指出：这是封建统治者为了统治人民的政治需要。他们要欺骗愚弄人民，于是便制造这种“愚且奸”的骗术。他说：

> 君好言祥瑞者，非有道之君；臣好言祥瑞者，非忠贞之臣也。……夫君之信祥瑞，一则自欺，一则为谄媚之臣所愚。⑥

祥瑞灾异之说，圣人瑞应之论，都是些“寄言于虫兽”，借天以言人的谬说怪论，都是小人的“阿谀奉迎”之词，不“通人之论”。

---

① 《无何集》卷首《读论衡法》。
② 《无何集》卷一《天地类》。
③ 《无何集》卷五《灾祥类》。
④ 《无何集》卷五《灾祥类》。
⑤ 《无何集》卷五《灾祥类》。
⑥ 《无何集》卷五《灾祥类》。

因此，熊伯龙对这些“失实之言”予以有力的批判。

三、祥瑞灾异非人政所致，与人事无关。

荀子在《天论》等著作中，对于天与人的关系问题，作了唯物主义的解释。他否定把天神秘化、人格化的宗教迷信思想，驳斥了治乱由天决定的天命思想，指明天是有其自然运行规律的，社会治乱与天没有关系，认为妖由人兴，不是天之谴。王充针对当时流行的天人感应的神学谴告说，指出社会政治的治乱与天无关，是人为造成的。因为统治者每当其统治发生危机时，便鼓吹谴告说，以此欺骗、恫吓人民。王充在《论衡·自然》篇说：“末世衰微，上下相非，灾异时至，则造谴告之言矣。”所谓谴告说，完全是荒唐比附，随意捏造出来的，因为人事中有君谴告臣的事例所以便炮制了天谴告人的谬论。

熊伯龙继承了荀子、王充天不能降灾异谴告人、祥瑞灾异与人事政治无关的思想，他说：

> 五星聚散，本无定期，作史者的神其说，遇治言吉，遇乱言凶，以为政事上应天象，而不知均失其实。①

因为吉凶、治乱在人，不在天，天无意志，所以祥瑞灾异，与人事无关，天亦不能谴告人。据此，熊伯龙尖锐地批判了谴告说。他说：

> 《谴告》、《变动》二篇，言灾异非天戒，亦非政所致。夫灾异非天戒，则祥瑞非天佑；灾异非政所致，则祥瑞亦非政所致矣。……读灾异，可以悟祥瑞，仲任之意，殆如此也。②
>
> 灾异非因失政，则祥瑞非德化所致矣。仲任曰：“福祐非德所为。”善哉言也！③

---

① 《无何集》卷一《天地类》。

② 《无何集》卷首《读论衡说五段》。

③ 《无何集》卷五《灾祥类》。

仲任云:“天能谴告,则亦能择才。”又曰:“天地不能为,亦不能知。”善我言也!夫天诚恐君之虐民,何不使暴君死而贤君寿乎?且赋异由天,何不使凡为君者皆有尧、舜之性乎?今天不能使,是无知矣;如谓天可使而不使,是天未尝爱民也。天而不爱民耶,更无谴告之事矣。①

熊伯龙从正反两个方面进行推理论证天是“无知”的,亦不能“谴告”人,这就堵死了神学谴告说的去路。

既然“祥瑞灾异”现象(如日月食、彗星等)发生都与人事毫无关系,天又是无意识的,不能谴告人,那么究竟为什么会出现“怪异”现象呢?熊伯龙指出,这是自然万物运行的必然规律,是阴阳五行运动变化的“自然之理”,不是什么祥瑞灾异,更不是对人的赏罚。如果人们“不求实理”,专“好为奇谈”,这不仅不能认识万物的自然之理,而且会愈加荒诞失理。他引用徐圃臣的话说:

古来言客星犯宿则凶,又言彗星为妖,又言太白经天昼见为灾妖,其实非也。考天文书,凡星与列宿相去方寸为犯,或曰七寸以内为犯。客星:周伯、老子、王篷絮、国皇、温星也。此五星错出乎五纬之间,其见无期,其行无度。夫列星散若棋置、密如针缕,客星之行,不犯此则犯彼,何凶之有?夫五星在太阳前后,光射数丈,如匹练,谓之彗。木为苍彗,火为赤彗,土为黄彗,金为白彗,水为黑彗。水星出早为日食,晚为彗星。由此观之,则彗星者不过金木火土之光,及水星之迟出耳,何妖之有哉?……日为纯阳,月相对而有望食转避之理,五星当日有伏,逆之道。见日而留,近日而逆,合自而伏,日过而复,自然之理,非灾异也。②

自然万物,日月五星都有其自己运行变化的规律,正常的现象

① 《无何集》卷五《灾祥类》。

② 《无何集》卷一《天地类》。

是万物运行规律的自然表现，灾异的现象亦是万物运行规律的必然结果，万物就是处在"除旧更新"的不断变化之中，这就是"自然之理，非灾异也"。所以说：

> 乱世未必日食，盛世未必不日食。……夫言灾异者莫大于日食，知日食非灾，则知孛、彗除旧更新、长星主兵革之类皆虚言也。①

一切怪异现象的发生，都与人事无关，结论是"天人不相干"，灾异、谴告之说，"皆不可信"。

四、天堂地狱、神鬼显灵根本无有。

王充在唯物主义自然观的基础上，论证了"人死不能为鬼"，"人死不能害人"的无神论思想，进而提出无鬼神论的思想。熊伯龙吸取和发挥了王充的无神论，并对世俗流行的鬼神显灵、妖魔鬼怪、天堂地狱，因果报应等奇谈怪论、无稽谬说，以具体事实据理予以驳斥。他指出，有神论者所宣扬的人死为鬼，在阴间与亲人团聚等说法，都是根本不存在的谬论。如果像神学家所言的那样，人死了之后，在阴间能享受比阳间更多的幸福，那么人死了就应该歌颂、庆贺、高兴，而不应该痛苦、哭泣、哀伤。熊伯龙说：

> 死果为鬼，则人人愿为鬼，不愿为人也。生而夭寿不齐，或骨肉离散，亲朋分别。死则父子聚首，夫妻同偕，且前见古人，后遇来者，比人世之乐相悬万万，又何必畏死耶？人死，当贺而歌之，何必哀耶？②

人死不能为鬼，当然也不能害人。更不存在生死轮回、因果报应、天堂地狱了。对佛教所宣扬的这些神学观点，熊伯龙据理予以一一驳斥。

---

① 《无何集》卷一《天地类》。

② 《无何集》卷三《鬼神类》。

佛教极力宣扬“三世因果”、“六道轮回”、“天堂地狱”论。所谓“三世因果”，是说人今生的富贵贫贱，是前生所造善恶诸业为因而结的果：今生的善恶之行，亦必然导致来世的善恶报应。所谓“六道轮回”，是说众生假若不求解脱，则会依其善之行在天、人、阿修罗、饿鬼、畜生、地狱等六道中不断地进行生与死的轮转。所谓“天堂地狱”，是说人死后，必须作佛事，供佛像，烧香磕头，为死者赎罪，便可使其灵魂升入天堂，否则就被打到地狱。对此种种谬论，熊伯龙批判说：

> 塑佛者因佛有“三世”之说，塑为三像：最中者名现在，左为过去，右为未来。现在者如来，过去者燃灯，未来者弥陀。三佛各有所主，不同道也。夫佛果有灵，行善者宜拜过去佛，不宜拜现在佛；求福者宜拜未来佛，亦不宜拜现在佛也。①

按照佛教的“三世”说，现在、过去、未来三佛各有所主。可是世间未来的事，现在佛不能主宰，而时间是不断流转的，现在之事“瞬息即为过去”，如此说来，现在佛之事皆为过去佛之事，因此，现在佛也不能主宰。由此可知，现在佛无一事能主宰。依此理推之，过去佛、未来佛都“绝无一事”能主宰。因此，都不能“司消灾降福之权”，三世轮回是根本不存在的。

熊伯龙称赞范缜《神灭论》对萧子良因果报应论的批判和傅奕上疏请除佛法并反对佛教徒萧瑞的反佛精神。他指出：鬼神迷信之书和佛书，都是“劝人为恶之书”。② 他进而批判说：

> 今之信佛求福者，谓佛有灵，能祸福人。果何所见乎？如以佛不杀生则灵乎，梁武帝不宰牺牲，不闻武帝死后能祸福人。……今有人焉，曰“吾欲奔走于公卿之门”，又曰“吾欲木

① 《无何集》卷十三《委宛续貂集》附《释氏类》。

② 《无何集》卷十三《委宛续貂集》附《释氏类》。

雕孔方神而祀焉”，人莫不非之、笑之。有人焉，曰“吾闭门念经”，人莫不敬之、重之；及窥其所以念经之意，则求富贵也。噫！与谒公卿、祀钱神者何异乎?①

在熊伯龙看来，神佛本无有，更不要说其有灵而能祸福人了。他在这里深刻地揭露了那些有神论者、好佛之徒是为“求富贵”而斋佛念经的自私心理和可耻行为。

熊伯龙进一步对“天堂地狱”之说进行了尖锐的批判。他说：

今之信因果者，谓人死为鬼，善升天堂，恶入地狱。请问九州之内，有天堂地狱乎？曰：无有也。六合以内，四海之外，有天堂地狱乎？曰：无有也。然则天堂地狱在何处？曰：人世无天堂地狱。天堂在天之上，地狱在地之下。夫人世无有，则真无矣。人死岂有鬼乎?②

地狱之说，本无中生有，明理者不信有地狱。……岂待智者而决其怪诞哉?③

天堂、地狱在世界上根本不存在，请问：九州之内，四海之外，哪里有天堂、地狱？都“无有也”。既然“无有”，那么是怎么制造出这些“妄诞”的怪论呢？“一切地狱，一切饿鬼，一切中阴之类，皆好事者创为异论，以新人耳目耳。”④对此怪诞之论，明理者当然不信了，只有愚昧者才“尊而信之”。熊伯龙告诫人们千万不要尊信这些“怪论”、“邪术”。

世俗迷信者认为，人死以后能化为鬼神，能祸福活人，因此，人间有祭鬼神和鬼神显灵之事。熊伯龙曾写《鬼辨》和《神论》，指出“人死之后，如未生之前”，说明“人死岂有鬼”的道理。在《无何

① 《无何集》卷十三《委宛续貂集》附《释氏类》。

② 《无何集》卷三《鬼神类》。

③ 《无何集》卷十三《委宛续貂集》附《释氏类》。

④ 《无何集》卷十三《委宛续貂集》附《释氏类》。

集》中，他系统地阐述了人死不能为鬼，亦不能祸福生人的道理。他指出，人的生死是自然之道，任何人都不能违抗。他认为，圣贤所讲的鬼神，就是指阴阳二气的屈伸往来变化，并不是世俗所讲的灵魂不灭的鬼神。如王充在《论衡·论死》篇中说："鬼神、阴阳之名也。阴气逆物而归，故谓之鬼；阳气导物而生，故谓之神。神者，伸也。伸复无已，终而复始。人用神气生，其死复归神气。"这就是说，鬼神实质是阴阳二气彼此屈伸往来、周而复始、循环无已的交互作用而发生的自然现象，而不是像有神论者所讲的那样是披头散发、面目狰狞者。熊伯龙说："盖圣贤所谓鬼者，阴之灵，天地之阴气也。岂真有披发狞狰者哉?"①他十分推崇张载对鬼神的解释，认为这是至理名言，颠扑不破的真理。熊伯龙以张载之言，批判世人之见。他说：

> 世人言鬼，皆指人死为鬼说；言神，皆指有德者没而为神说。宋儒张子释鬼神曰："鬼神者，二气之良能也。"圣人复起，不易斯言。②

所谓"鬼神"，就是阴阳二气之良能，不是人死之后的灵魂之现。由此出发，熊伯龙进一步指出鬼神论在理论上是荒谬的。他说：

> 昔齐范缜著《神灭论》，言"神之于形，犹利之于刃也，未容刃没而利尚存，岂容形止而神尚在"。
>
> 天地之性，能更生人，不能令死人复见。人生天地间，如电光、石火随出随灭，灭后毫无知觉，可悲也夫!
>
> 精神升天，犹火灭随风而散；骸骨归土，犹薪炭之灰在此。③

① 《无何集》卷三《鬼神类》。

② 《无何集》卷三《鬼神类》。

③ 《无何集》卷三《鬼神类》。

依据王充的“无神论”和范缜的《神灭论》，人死后，精神如火灭光消，形体如薪炭之灰归地，毫无知觉，不能动作，不能复生，不能害人，所以说鬼神论在理论上是不能成立的，在实践上是不存在的“无稽之谈”。

鬼神论是不存在的，可是在现实中却很盛行，其所以如此，是由于人们怕死心理造成的。有的人为了免于一死，而乞求鬼神显灵保佑自己长生，怕死之心愈切，鬼神之说就愈盛。熊伯龙说：

> 人之所以畏神者，以畏死耳。涉江，险事也，则谓江涛有神；痘疹，危疾也，则谓痘疹有神。畏死之心迫，而后神明之说兴。知此，则推之火神、瘟司、瘧鬼、穷鬼，皆失实之言也。刘黄冈曰：“畏死心迫，神明说兴。”此语从未经人道破。①

怕死之心切，求神之说兴，这就是从人的心理状态揭示了有鬼神论的根源。熊伯龙还指出：“今之信神者，听女巫道士之言，愚之甚者也。”②这就是说，信鬼神者是最愚蠢者，这是从认识论的高度揭穿了有鬼神论的认识根源。总之，在熊伯龙看来，世上本无鬼神，世人信鬼神，乃好事者增之，弄鬼神者为之，无知者信之，“愚人好求福”而造成的。

熊伯龙本着宇宙中根本无鬼神的无神论思想，在对世俗流行的种种鬼神妖怪的谬论进行批判的同时，进一步论证了人死不能为鬼神而显灵的道理。他说：

> 元世祖杀文天祥，数日，其妻欧阳氏收其尸，面如生。考文天祥死，时值十二月。面如生者，尸冻如生耳，非文人死后面有异也。又明英宗杀于谦，阴霾翳天。谦死之日，天适阴霾。阴霾亦天之常耳，岂因谦死而为此阴霾哉？今黄河之上金

① 《无何集》卷三《鬼神类》。

② 《无何集》卷三《鬼神类》。

龙四大王庙,相传明太祖吕梁之捷,神灵显助,遂敕封立庙。此亦好事者之言,不足信也。①

不论文天祥死后面如生也好,还是于谦被杀之日天气阴霾也好,都是由于天气自然条件促成的,不是鬼神显灵的征兆。至于黄河之上的四大金龙神灵显助朱元璋取得吕梁之捷,更是"好事者之言"。这种种说法,"皆无稽之谈",都"不足信也"。熊伯龙据事论理,驳斥鬼神显灵之说。他说:

余乡赛会迎神,神像以二人舁之,疾走如风。神或倒行横卧,所止之家,谓之神降,人咸畏惧。不信者化去与夫,自舁而行,不数步,辄退行或倒卧如故,见者愈惧。殊不知神像上重下轻,异于他像,且仅以二人舁之,横卧倒行,势所必至,何怪之有?②

世上本无鬼神显灵之事,所谓鬼神显灵者,实为装神弄鬼者为之。熊伯龙以物理学常识揭穿鬼神显灵之说。他还以其友谢天衢给他讲述的灵官不灵的事例,揭露鬼神显灵之谬。他说:

余友谢天衢言:"彭蠡江口有庙。一士饮醉,取尖底长瓮半实以水,封其口,舁庙中灵官缚立瓮上,浮之江。是日江行舟人见灵官立水面上,疾行如飞,皆惊骇拜祷,谓神显形。后闻某庙灵官亡,又谓神像自渡江去。于是益信庙神之威灵,入庙烧香者日以千计,而不知实士人醉后戏为之也。"余闻之,相与鼓掌大笑。天衢又云:"向述此事,闻者皆曰:'神明飞舞,必借凡乎。士人之运灵官,实灵官之自运也。'"余曰:"此可为知者道,岂堪与俗人言哉!"天衢深以余言为然。③

① 《无何集》卷三《鬼神类》。

② 《无何集》卷三《鬼神类》。

③ 《无何集》卷三《鬼神类》。

熊伯龙与谢天衢在这里嘲笑了有神论者的愚昧无知之举，以此说明“神明飞舞，必借凡乎”的道理。

五、风水术数之学皆是欺人之计。

王充曾对时日禁忌等有神论的流俗之论以及看风水、择葬地、选吉日等世俗迷信进行了批判。熊伯龙发挥了王充的这些思想，结合自己的见闻，揭露了这些有神论说法之荒谬。

熊伯龙指出：选吉地、择吉日未必福寿、吉祥；反之亦未必祸夭、凶险，如果信奉这种迷信妄说，则是极端愚蠢、可悲的。他说：

> 凡出行、嫁娶、会亲、入学、交易、纳财、进入、纳畜、上梁、竖柱、求嗣、疗病、酝酿、合药、立券、开市、词讼、解除、开仓、宴会、移徙、栽种、畋猎、牧养、扫屋、篦头，一切寻常日用之事，皆有宜忌，由此篇(指《论衡·讥日》篇)推之，举诸事者择日未必吉，不择日未必有祸也。①

熊伯龙断定，那些出身显贵的富贵者，他的祖宗并不是选择吉日、吉地之后才埋葬的。后世的阴阳家为了愚弄群众、骗取钱财，而“以干支五行错综参伍，以定吉凶，言祸福”，实际上是不足信的妄说。他说：

> 后唐庄宗欲灭梁，因问司天，司天言岁不利。郭崇韬曰：“成算已决，区区常谈何足信?”庄宗即日下令，军发八日而灭梁。使信司天之言，则梁不能灭矣。且司天言不利，竟八日而灭，其言不验矣。“区区常谈”一语，真智者之言。②
>
> 今之葬书，言江南无大地，全仗年月之利。择日者先看后界，谓之“坐山”。……殊不知择地、择日，同一妄也。智者

① 《无何集》卷七《宜忌类》。

② 《无何集》卷七《宜忌类》。

创为此说，愚者尤而效之。吾恐四海之大，信葬师之言者不少，人人皆求喜去忌，何以富贵者少，而贫贱者多也？且富贵者未必皆遇喜所致也。迷而不悟，可哀也夫！①

就是说，信风水的人，人人都选吉地、择吉日，求富贵、避贫贱，可是为什么却偏偏事与愿违，不得好报呢？这就充分证明了风水之说是“妄言也”。熊伯龙说：

今人择吉日造屋起楼，谓吉神佑之。果尔，造屋起楼不能一日即成，必阅月乃竣，能保日日俱吉乎？……择日之家，谓吉日者，吉神值日也；凶日者，凶神值日也。始作之日遇吉神，吉神能数月不去乎？如值日之后吉神即去，虽遇吉神，亦甚暂也。如数月不去，凶神来临之日，将凶神遇吉神而退耶？抑吉神驱凶神使去耶？如畏而退，是凶神空负凶名，绝无实技，不可谓神；如吉神驱凶神，凶神必怒，怒必争，争则起造之家必受其害，虽有吉神，吾恐无益也。然则阴阳家之说，如“甲申，己酉起屋，子孙富贵”之类，妄言也。②

从逻辑和事实上批评了阴阳家的“虚妄之言”。如果真是“吉地能致福寿”的话，那么“为臣不必忠，为子不必孝，农工商贾不必习业，但觅一地，坐享富贵”③就行了，可是事实上并非如此。如：“汉廷尉吴融，以人所封之地葬母，人皆言必灭，而子孙贵盛。隋文帝曰：‘我家墓田若云不吉，我不当为天子；若曰吉，我弟不当战死。’……唐高祖起兵，亦被长安留守尽废其祖坟，而依然无恙。宋明帝恶萧道成墓有五色云气，暗遣人以铁钉长五六尺者钉墓四维，以为压胜，而卒于无验。蔡京酷嗜风水，葬其父于杭之临平，以钱塘江为水，越之秦望山为案，似乎大吉矣，而全家灰灭。”凡

① 《无何集》卷七《宜忌类》。

② 《无何集》卷七《宜忌类》。

③ 《无何集》卷七《宜忌类》。

此种种事实，都说明“史册所载，风水之不验者多，验者少”。① 因此说，信奉风水的人是“惑之甚者”，简直愚蠢到了极点。

同时，熊伯龙还对那些“妖妄之徒”所宣扬的“术数之学”，以“邪术迷人”的行径，进行了严厉的痛斥，指出这些都是“盗贼之计”，“欺人之学”，惑乱人心的骗局。他说：

> 且夫邪术者，盗贼之计也。……古来凡言术者，人谓有邪术、妖术，非也，皆盗贼思惑人心也。……术数之学，道士所不道，奈何信邪术乎？②
>
> 今世妖妄之徒，自谓有隐形法邪术迷人。此奸宄之徒诡言欺人，非其有其术也。③

熊伯龙指出，如果那些施邪术之徒，真的能施邪术、行妖术、能迷人、会隐身，那么为什么当他们干了坏事败露之后，被人揪住杀死而却不能隐形遁去呢？这就说明，他们是以“诡言欺人，非真有其术也”。所以结论只能是：“术数之学皆欺人耳。”④

六、迷信荒唐之说本不足信。

熊伯龙以无神论观点，对一些流传泛滥的迷信荒唐之说进行了批判，指出这些谬论，本非实有，皆不可信。他说：“荒唐之说，本不足信。”⑤并一一进行驳斥。如：世俗流传的牛郎、织女一年相会一次，认为间隔时间太长，会面次数太少等说法，熊伯龙说：

> 人以牛、女一年一会为远。以仙家之说推之，又大谬也。夫仙家之日月不与人间同。古人云：“山中方七日，世上已千年。”以一年一会之说算之，是七日之中已有一千会矣。七日

① 《无何集》卷七《宜忌类》。

② 《无何集》卷十三《委宛续貂集》附《释氏类》。

③ 《无何集》卷十三《委宛续貂集》附《释氏类》。

④ 《无何集》卷十一《杂家类》。

⑤ 《无何集》卷二《古今类》。

一千会，则一日当得一百四十余会，有是理乎？又云："乌鹊为驾。"夫仙人当乘风云而往，岂为水所隔哉？即令隔水，为水所溺者，凡人之身也；今为仙人，尚恐为水所溺，恶在其为仙人也？且彼为驾之鹊何物乎？夫鹊，鸟也。鸟入水则死，安能为驾？或曰：是仙间之鸟，故不畏水。曰：仙间之鸟尚不畏水，而仙反畏水，是仙弗如鸟也。孔子曰："可以人而不如鸟乎？"余亦曰：可以仙而不如鸟乎？①

熊伯龙以数学知识推算，说明牛郎、织女一日相会一百四十多次，而不是一年一会；又以仙不如鸟，何以为仙的道理，来驳斥这种神仙迷信之说。再如：有人说老狐狸能成精变怪。对此，熊伯龙指出："狐怪之说，好事者为之也。"②狐狸本是一种动物，人为万物之灵者，都不能成仙，动物为什么反倒成精呢？假若说老狐狸能成精为怪，那么为什么人们为了剥取其皮，张网生擒它，而它却入网被擒逃脱不掉呢？所以说凡是"老物为精"一类的妖言，都是"好事者为之"，而"愚者不察"所造成的。熊伯龙从认识根源上揭露了"妖言"之谬。

七、炼丹求仙、长生不老是欺人之谈。

道教徒认为炼丹成仙就能"长生不死"，"返老还童"。对这种"虚妄之言"，"神仙之说"，熊伯龙据理予以批判。他指出，道教宣扬的人世之外有神仙之境，人服丹药可以成仙而长生不死等，都是以"大言欺人"，"愈不足信"的谬论。他说：

血肉之躯，安能长生不死？然则道家吐死气，取生气之法无益也。老子简弃万有，以悟真道，本无神仙之说。后世言神仙者，托老子之名，又因《庄子》有广成子之言，亦诬庄子为仙，大失老庄之旨矣。③

① 《无何集》卷一《天地类》。

② 《无何集》卷五《灾祥类》。

③ 《无何集》卷十《道教类》。

马端临谓："道教非一端。黄老之学，言清净无为，列子、庄子宗之。至赤松子之徒，则言炼养；张道陵之徒，则言符箓。若杜光庭而下，以及近世黄冠师，专言经典科教，愈趋愈下，失其真矣。夫清净无为，足以致治，亦以致乱，而炼养之说，却老延年丹成仙去，大言欺人。"①

炼丹成仙，却老延年之说，既是违反道家之旨，又是现实中根本不存在的欺人之言。道教徒说炼丹成仙，可以"不食烟火之食"。对此，熊伯龙驳斥道：

夫人之所以贵于万物者，食烟火之食，衣布帛之衣也。奇莫奇于此，快亦莫快于此。但世人饮食衣服习以为常，于是谈神仙者以为不食烟火、不畏寒冷为快乐之极境。夫病者不思食，狂者不畏寒，水鸟不食烟火，不畏寒冷。试问人愿为水鸟乎，抑愿为温饱之人乎？必曰：愿为温饱之人。然则不食烟火，不畏寒冷，吾不知其快乐之安在也。……人而不饮不食，是朝生暮死之蜉蝣而已矣。②

神仙不食人间烟火在现实中不存在，亦不可能有这种事实，现实中只有"不饮不食"的"蜉蝣"。如果认为有不饮不食的神仙，那只有那些"病狂之人"把"蜉蝣"当成神仙罢了。熊伯龙进而指出，如果认为服仙药可以成仙不死，那么抱朴子则会活到今日不死的，试问抱朴子今天活在哪里呢？那些信服仙药可以不死的人，往往受骗至死时方才醒悟。他以汉武帝为例说：

道家有言服食者。汉武帝使人入海求仙，索不死之药。临终叹曰："天下岂有神仙！"即此一观，石髓、松实、火枣、交梨之延寿，皆不可信也。昌黎云："神仙有无何渺茫，桃源之

① 《无何集》卷十《道教类》。

② 《无何集》卷十《道教类》。

说诚荒唐!”与汉武帝之叹同意。①

熊伯龙在《道教总论一段》中，列举种种事例批驳炼丹成仙、白日升天的欺人之谈，告诫世人不要信神仙之言而上当受骗；警告统治者不要信神仙、崇道教而使“社稷倾覆”。结论是：“由此观之，神仙之说，愈不足信矣。”②

上述可见，熊伯龙的无神论思想是比较系统而彻底的，对有神论的批判是比较全面而深刻的。因此，我们说熊伯龙的无神论思想是有价值的。

① 《无何集》卷十《道教类》。

② 《无何集》卷十《道教类》。

第十章　王夫之的哲学思想体系

第一节　坎坷不平的一生

王夫之，字而农，号姜斋，因晚年隐居于湖南衡阳金兰乡的石船山，故后人称为“船山先生”，湖南衡阳人。生于公元1619年(明万历十七年)，卒于公元1692年(清康熙三十一年)。他是我国明末清初一位伟大的哲学家、思想家。他的哲学思想达到了中国古代朴素唯物主义的高峰。

王夫之出生于书香门第，高祖王宁始“以文墨教子弟”。[①] 曾祖王雍“以文名著南楚，由岁贡荐授武冈州训导，迁江西南城教谕”。[②] 王雍“颇务豪盛”，家境殷实。由于王夫之祖父王惟敬性喜挥霍，又“不事家人生产”，而使家境日趋贫困。王夫之的父亲王朝聘，自幼喜欢读书，尤深于“春秋学”，但不善谋生，致使“薄田但供饘粥”。[③] 王夫之有兄弟三人。长兄介之，次兄参之，夫之最小。王朝聘多次仕进受挫，便打消做官念头，戢影家园，教子读书。

王夫之4岁时，与二兄参之一起跟着长兄介之读书。7岁时，就读完了十三经。由于聪明勤奋，成绩优异，颇受长辈赞扬。14岁时，父亲王朝聘向他传授经义，他更加倍用功，孜孜不倦，日夜攻读。14岁考中秀才。16岁“始学为诗”。19岁跟叔父王廷聘读

---

① 《姜斋文集》卷十《家世节录》。

② 《姜斋文集》卷十《家世节录》。

③ 《姜斋文集》卷二《谭太孺人行述》。

史，并研习诗歌。20岁到岳麓书院读书，与旷鹏升等结“行社”。翌年，又与郭凤躚、管嗣裘、文之勇等结“匡社”。此时，明廷政治腐败，农民起义风起云涌，王夫之等组织的“匡社”，旨在“匡扶社稷”，革新弊政，维护明朝统治。

公元1642年7月，王夫之24岁时，他和长兄王介之同赴武昌应乡试。9月发榜，他中式第五名《春秋》经魁，介之中式第四十名举人。他们的父亲十分高兴，督促他们到北京参加“会试”，考取进士。他们到了南昌后，听说时局紧张而踌躇不前。此时，李自成、张献忠领导农民起义军正有席卷中原之势。以李自成为首的农民起义军先后攻克了洛阳、开封、襄阳等地；以张献忠为首的农民起义军也先后攻克了舒城、六安、庐江等地。明朝统治者鉴于此，而下令于公元1643年会试延至8月举行。王夫之兄弟决定由南昌返回家乡。是年9月，张献忠攻入衡阳。张献忠在衡阳延揽人才，准备任用王夫之兄弟，以求辅佐。但王夫之兄弟却设计逃脱了。王夫之隐居在南岳双髻峰下。

公元1644年，李自成率领农民起义军攻入北京，崇祯皇帝于煤山自缢，明王朝覆灭。对此王夫之十分悲痛，并写了《悲愤诗》一百韵，他当时的心情是：

> 甲申春，李自成陷京师，思庙(指崇祯帝)自靖，五行汩灾，横流滔天。祸婴君上，普天无勤王之师者。草野哀痛，悲长夜之不复旦也。①

可见，王夫之当时的思想情绪与农民起义军是十分对立的。这种情绪随着清兵南下及其荒淫无道的行径，而有所变化。由于南明的南京弘光政权和福建隆武政权的相继覆灭，王夫之对清朝统治南侵恨之入骨。随着抗清斗争形势的发展，湖南和湖北在抗清斗争中居于非常重要的地位。公元1646年，南明永历政权抗清主力齐集湖南。李自成农民起义军余部，一部分十余万人由郝摇旗、袁宗

① 《姜斋文集》卷八《章灵赋·自注》。

第、刘体纯等率领，与湖广总督何腾蛟联合；另一部三十余万人由李锦、高一功等率领，由湖广南抚堵胤锡"节制"。还有左良玉的部将马进忠、王允成、卢鼎率领的军队，这时两湖境内，"诸军蝟集，号百万"①，抗清形势很好，但由于何腾蛟对农民军猜忌、不信任；加之何腾蛟和堵胤锡意气用事，相互摩擦，不能同舟共济；尤其严重的是：大军云集两湖，兵饷难筹，何腾蛟创办义饷，增加租税，加重人民负担，而使物价升腾，人心浮动，这些都影响抗清力量的巩固和发展。

王夫之了解这些情况后，心情十分焦急，于是便于公元1646年夏天，亲赴湘阴去会见他当年参加乡试的分考官、时任湖北巡抚兼理粮饷总督的章旷，"指画兵食，请调和南北(督师)，以防溃变"。章旷听后不予采纳，只说："本无异同，不必过虑。"②王夫之只好退居南岳隐居。在其父指导下编写《春秋家说》。此时，清兵大举南侵。战乱中，王夫之的二哥王参之、叔父王廷聘、父亲王朝聘相继去世。王朝聘临终前叮嘱王夫之兄弟：他死后，把他葬在"幽迥远人间"的南岳莲花峰麓，"勿载遗形过城市，与腥臊相涉"。③ 足见王朝聘对清廷的仇恨，这对王夫之兄弟终生保持民族气节有重要的影响。

公元1648年，南明抗清形势又有所好转：金声桓、王得仁和李成栋先后在江西、广东等地叛清归明。何腾蛟觉得有机可乘，发动大规模反攻。在李锦、高一功等配合下，几乎收复了湖南全部失地。当何腾蛟由永州向衡阳进军时，王夫之受到鼓舞，他与好友夏汝弼、管嗣裘和僧性翰等，在南岳策划武装起义，企图配合明军抗清。但是，起义还没有进行武装暴动，却被清朝的鹰犬湘潭人尹长民袭击，管嗣裘全家老小被害，参加起义的人数十人被诛杀。起义计划失败了。

王夫之在衡山起义失败后，为了避敌追捕，便带着侄儿王敉投

① 《永历实录》卷七《何堵章列传》。

② 潘宗洛：《船山先生传》。

③ 《姜斋文集补遗》卷二《显考武夷府君行状》。

肇庆永历政权。堵胤锡上疏荐举他任翰林院庶吉士，他奏请“终制”，并向吏部尚书晏清恳求，得旨依允。公元1650年，王夫之守制期满，出任永历朝廷的行人司行人之职。永历朝廷分为两大派：“吴党”和“楚党”。“吴党”主要成员为朱天麟、王化澄、张孝起、吴贞毓、李用楫、程源、郭之奇、万翱等，以夏国祥为奥援，谄附马吉翔，巴结军阀陈邦傅，他们相互勾结，弄权纳贿，打击异己，鱼肉百姓。“楚党”主要成员为袁彭年、金堡、刘湘客、丁时魁、蒙正发等，金堡由瞿式耜推荐到朝廷做谏官，因直言敢谏，多次参劾马吉翔、陈邦傅等，引起“吴党”的仇恨。“吴党”诋诬袁彭年五人为“五虎”：刘湘客为“虎皮”、蒙正发为“虎爪”、金堡为“虎牙”、丁时魁为“虎尾”、袁彭年为“虎头”。结果以“把持国政，罔上行私，朋党误国”①的罪名，将袁彭年以外的“楚党”四人全部逮捕下狱，企图全部处死。王夫之面对“吴党”陷言“楚党”，便与管嗣裘同去谒见大学士严起恒，要他为金堡等求情。在严起恒的支援下，经过多方营救，金堡等人虽然获救，但是，“吴党”却对严起恒、王夫之等恨之入骨，诬蔑他们“结奸误国”，企图置于死地，妄想制造文字狱，害死王夫之。王夫之有冤难伸，“愤激咯血”。幸亏高必正极力营救，才幸免于难，并以休假名义离开永历政权，于公元1651年春回到湖南。

王夫之回到湖南后，清朝统治下的湖南，防卫严密，爪牙遍布，对有“反清复明”之志的明臣严加追捕。为了逃避清廷的追捕，王夫之只好辗转流亡，四处隐居。先是避居于邵阳的耶姜山侧，初“寄居无定所”，后“主于罗从义家”，教其子罗瑄读书。公元1654年，他和家人避居于零陵北洞、钓竹源、云台山等处。是年冬，王夫之徙居常宁小祇园侧西庄园。他改换姓名，变易衣著，自称徭人。在这里收徒讲学，著书立说，申明“夷夏之辨”，向青年灌输反清爱国思想。

公元1657年，清朝统治者迫于汉族人民的普遍反抗，为了缓和矛盾，巩固统治政权，宣布“大赦天下”，实行“轻徭薄赋”政策，

① 蒙正发：《三湘从事录》。

收买人心。在这种情况下，王夫之携带妻儿回到了南岳双髻峰的“续梦庵”居住两年后，又徙居衡阳县金兰乡高节里，在茱萸塘筑茅舍，名曰“败叶庐”，从此隐居荒山，勤于著述。

在隐居生活中，王夫之生活上虽然基本安定，但内心极为痛苦。他婉拒方以智的“逃禅”劝说，而积极入世，进行战斗，继续进行学术研究。同时，多次拒绝清朝统治者的威胁利诱。王夫之通过学术研究、著述，总结历代封建王朝尤其是明代封建王朝统治的得失成败的经验教训，为民族复兴提供理论根据。因此，他以“六经责我开生面”的精神，对中国传统思想文化进行了全面、系统、精辟的分析研究，写出了大量的、富有创造性、颇具自己见解的著作，于政治、经济、哲学、历史、文学、文字、训诂、天文、宗教等方面无所不涉，均有创见。他虽“体羸多病，腕不胜砚，指不胜笔，犹时置楮墨于卧榻之旁，力疾而纂注”。① 王夫之在年逾古稀之年，在年老多病的情况下，仍然笔耕不辍，几十年如一日。他的儿子王敔说：“自辛卯（公元1651年）迄辛未（公元1691年）四十年，賫志不隳，用力不懈。”“自潜修以来，启瓮牖，秉孤灯，读十三经、二十一史及张（载）朱（熹）遗书，玩索研究，虽饥寒交迫，生死当前而不变。”②直到其病情加重时，还在著述。他自知不起，临终前在其自题的《墓志铭》说：

> 抱刘越石之孤忠，而命无从致。希张横渠之正学，而力不能企。幸全归于兹邱，固衔恤于永世。③

王夫之政治上的坚贞不屈、高风亮节的爱国主义精神④，学术上的博大精深、缜微密察的哲学思想体系，都有其历史渊源。他能发前人所未发，在各个方面、各个领域尤其是唯物主义哲学上有重

---

① 王敔：《姜斋公行述》。

② 王敔：《姜斋公行述》。

③ 《船山遗书》内《船山先生传》。

④ 《船山遗书》内《船山先生传》。

大的贡献，达到了时代的高峰，是中国古代哲学思想的集大成者。公元1692年1月2日，这位伟大的哲学家、思想家与世长辞了，终年74岁，埋葬在衡阳县金兰乡高节里大罗山。

王夫之的著作十分丰富，他逝世后，遗书散佚很多。据考证，目前尚传世或有目可考的尚有一百多种，398卷。主要著作有：《张子正蒙注》、《尚书引义》、《周易外传》、《周易内传》、《周易大易解》、《周易稗疏》、《思问录》内外篇、《俟解》、《老子衍》、《庄子通》、《读四书大全说》、《四书训义》、《黄书》、《噩梦》、《庄子解》、《相宗络索》、《愚鼓词》、《读通鉴论》、《宋论》、《永历实录》、《诗广传》、《楚辞通释》、《姜斋诗话》、《姜斋文集》等。

第二节　“理依于气”的宇宙观

王夫之继承和发展了中国古代的元气论，特别是张载的“太虚即气”的学说，把元气一元论的宇宙观发展到一个新的阶段。关于王夫之的思想渊源，余廷灿说：

> 其学深博无涯矣，而原本渊源，尤神契《正蒙》一书，于清虚一大之旨，阴阳法象之状，往来原反之故，靡不有以显微决幽，折其奥窔。①

邓显鹤说：

> (王夫之)生平论学，以汉儒为门户，以宋五子为堂奥，而原本渊源，尤在《正蒙》一书。以为张子之学，上承孔、孟之志，下捄来兹之失；如皎日丽天，无幽不烛，圣人复起，未之能易。②

---

① 《船山著述目录》。

② 《船山著述目录》。

王夫之继承了张载的“知太虚即气则无无”的学说，明确肯定“太虚即气”、“太虚一实”、“气化生万物”的原则。他认为，整个宇宙都是由元气构成的，气是唯一存在的宇宙实体，太虚充满着物质的气，有形的万物是气之聚，无形的太虚即是气之散，不论聚而为明、为显，还是散而为幽、为隐，都是气的不同存在、表现。他说：

> 太虚之为体，气也。气未成象，人见其虚，充周无间者皆气也。①
>
> 阴阳二气充满太虚，此外更无他物，亦无间隙，天之象，地之形，皆其所范围也。散入无形而适得气之体，聚为形而不失气之常。
>
> 虚空者，气之量；气弥纶无涯而希微不形，则人见虚空而不见气。凡虚空皆气也，聚则显，显则人谓之有，散则隐，隐则人谓之无。
>
> 虚者，太虚之量；实者，气之充周也。
>
> 人之所见为太虚者，气也，非虚也。虚涵气，气充虚，无有所谓无者。②

在王夫之看来，“虚空”充满着“气”，是气的一种存在形式，宇宙中除了“弥纶无涯而希微不形”的气之外，“更无他物，亦无间隙”。气是广大无限、无所不在的。气和万物的区别是：气散时极其细微，人的肉眼看不见；气聚时为万物，人的肉眼可以看得见。因此，“人见虚空而不见气”，究其实是：“凡虚空皆气也。”聚则显为之有，散则隐虽为人之目力所看不见，但亦是有，而不是空无。所以说：

> 有形则人得而见之，明也。无形则人不得而见之，幽也。

① 《张子正蒙注·太和篇》。

② 《张子正蒙注·太和篇》。

无形，非无形也，人之目力穷于微，遂见为无也。……聚而明得施，人遂谓之有；散而明不可施，人遂谓之无。不知聚者暂聚，客也，非必为常存之主；散者，返于虚也，非无固有之实；人以见不见而言之，是以滞尔。①

虚空充满了无形状、看不见的物质气，因此人们便说是无，其实虚空就是气，有形的万物是气，无形的虚空也是气，只不过是气的聚散、明幽、显隐的运动表现形态不同罢了，不是根本的无，而是实在的有，这就说明了气是普遍存在的物质一般。

王夫之进一步指出，客观普遍存在的气，只有聚散的不同存在形态，而没有生灭、损益的变化，气聚为万物，气散归于太虚，作为万物本体的气是永恒不灭的。他说：

于太虚之中具有而未成乎形，气自足也，聚散变化，而其本体不为之损益。

散入无形而适得气之体，聚为有形而不失气之常。

散而归于太虚，复其絪缊之本体，非消灭也。②

王夫之认为，人和万物的生死变化，都是气的往来、屈伸、聚散的不同表现，无论如何变化，作为物质本体的气则是永恒存在的，既非消灭，也不损益，这种“生非创有，死非消灭”是“阴阳自然之理也”。③ 人和万物之生，原于二气之化，死返于絪缊太和之本体。这种生与死的变化，是自然之理，不是人和神的主宰。王夫之还以具体生动的实际事例论证了物质不灭的原理。他说：

以天运物象言之，春夏为生，为来，为伸，秋冬为杀，为往，为屈，而秋冬生气潜藏于地中，枝叶槁而根本固荣，则非

① 《张子正蒙注·太和篇》。
② 《周易内传》卷五上。
③ 《张子正蒙注·太和篇》。

秋冬之一消灭而更无余也。车薪之火，一烈已尽，而为焰，为烟，为烬，木者仍归木，水者仍归水，土者仍归土，特希微而人不见尔。一甑之炊，湿热之气，蓬蓬勃勃，必有所归；若庵盖严密，则郁而不散。汞见火则飞，不知何往，而究归于地。有形者且然，况其絪缊不可象者乎！未尝有辛勤岁月之积，一旦悉化为乌有，明矣。故曰往来，曰屈伸，曰聚散，曰幽明，而不曰生灭。①

王夫之以植物生长、物理化学变化的事实说明物质既不能消灭，又不能创生的原理。不论物质存在形式如何变化，都是运动形态的不同，而不是物质的消灭。结论是："故曰往来，曰屈伸，曰聚散，曰幽明，而不曰生灭。"这就证明了物质气的永恒性。

王夫之改造了《中庸》的"诚"的概念，从哲学高度来说明物质的根本属性——客观实在性。他把天地万物都看成是实实在在的有，即"诚"。他说：

太虚，一实者也。故曰："诚者天之道也。"

人者，生也。生者，有也。有者，诚也。②

诚也者，实也。实有之，固有之也。无有弗然，而非他有耀也。③

夫诚者，实有者了。前有所始，后有所终也。实有者，天下之公有也，有目所共见，有耳所共闻也。④

在王夫之看来，"太虚一实"的物质世界，是天下人有目所共睹，有耳所共闻的真诚实有的，这从"天下之用，皆其有者也。吾从其用而知其体之有，岂待题哉？用有以为功效，体有以为性情，

① 《思问录·内篇》。

② 《尚书引义》卷四。

③ 《尚书引义》卷三。

④ 《周易外传》卷二。

体用胥有而相需以实，故盈天下而皆持循之道。故曰：‘诚者物之始终，不诚无物。’”①的具体实践中，可以证明天下万物皆为实有。实有是物质世界的本来面目，世界就是真诚实有的物质世界，而不是虚无空寂的渺茫世界，人们从实际的体用中，真真实实感到万物就是真诚实有，这些事实不是人力所能伪造和改变的，所以说：

> 诚，实也，至也，有其实而用之至也。故质，诚也；文，亦诚也。质之诚，天道也，以天治人者也；文之诚，人道也，以人尽天者也。若不尽其实，而但一直无伪以为诚，则谓之直而不谓之诚。②
>
> 诚者，天理之实然，无人为之伪也。③

客观存在的物质世界，是“无人为之伪”，“非他有耀”的真诚实有存在的。“诚”是最高的哲学范畴，没有其他范畴能与之对应、对称。王夫之说：

> 诚者，无对之词也。……说到一个诚字，是极顶字，更无一字可以代释，更无一语可以反形。④

王夫之以“诚”、“实”、“有”的概念来表述物质世界的客观真实性，则是中国哲学思想发展史上的一个认识飞跃。

王夫之在气是世界唯一真实的物质实体的宇宙观的基础上，对理与气的关系问题，进行了科学的阐发。

王夫之针对理学家的“理先气后”、“理为气主”、“理与气各为一物”的观点，提出“理与气元不可分作两截”的思想，坚持“理不离气”、“理气相依”、“理即气之理”的观点。他说：

---

① 《读四书大全说》卷八。

② 《张子正蒙注·诚明篇》。

③ 《读四书大全说》卷九。

④ 《思问录·内篇》

> 气者，理之依也。气盛则理达。天积其健盛之气，故秩序条理，精密变化而日新。①
>
> 理与气元不可分作两截。……其可孤谓之理而非气乎？……理与气不相离，而势因理成，不但因气。……言理势者，犹言理之势也，犹言理气者，谓理之气也。理本非一成可执之物，不可得而见；气之条理节文，乃理之可见者也。故其始之有理，即于气上见理；迨已得理，则自然成势，又只在势之必然处见理。②
>
> 理即是气之条理，气当得如此便是理，理不先而气不后。……理只是以象二仪之妙，气方是二仪之实。健者，气之健也；顺者，气之顺也。天人之蕴，一气而已。从乎气之善而谓之理，气外更无虚托孤立之理也。③

理是气之理，气是理之依，天地间无不是气，所以亦无不是理也。"气外更无虚托孤立之理"，"在势之必然处见理"，如果要认为"气外有理"，则是将理与气分作二事，这便是把物质及其规律分裂为二，因而是错误的，王夫之的理气统一论是极具理论光辉的。

对于"道"和"器"的关系，王夫之坚持道器统一论，反对道器分离论，提出"出天下惟器"，"道在器中"的思想。

宋明理学家利用《周易》中"形而上者谓之道，形而下者谓之器"的命题，加以引申发挥。他们认为，作为事物一般规律的"道"，是具体事物——"器"的根本。因而"道"可以脱离"器"而存在，即"离器而言道"，"悬道于器外"。王夫之沿用"道"和"器"的概念，来说明"道"作为事物的普遍规律是不能离开具体事物"器"而单独存在的，二者是统一不可分割的。他说：

---

① 《思问录·内篇》。

② 《读四书大全说》卷九。

③ 《读四书大全说》卷十。

> 统此一物，形而上则谓之道，形而下则谓之器，无非一阴一阳之和而成，尽器则道在其中矣。①

“道”和“器”都是“一阴一阳之和而成”的客观物质世界，二者是统一的，统一于具体事物之中。世界是由千差万别的具体事物构成的，每一个事物都有规律存在于其中，规律是事物的规律，所以说“尽器则道在其中”，“形而上”与“形而下”不是截然分开，界限分明的。王夫之说：

> “谓之”者，从其谓而立之名也。“上下”者，初无定界，从乎所拟议而施之谓也。然则上下无殊畛，而道器无易体，明矣。天下惟器而已矣。道者器之道，器者不可谓之道之器也。无其道则无其器，人类能言之。虽然，苟有其器矣，岂患无道哉？……人或昧于其道者，其器不成，不成非无器也。无其器则无其道，人鲜能言之，而固其诚然者也。洪荒无揖让之道，唐、虞无吊伐之道，汉、唐无今日之道，则今日无他年之道者多矣。未有弓矢而无射道，未有车马而无御道，未有牢醴璧币、钟磬管弦而无礼乐之道。则未有子而无父道，未有弟而无兄道，道之可见而且无者多矣。故无其器则无其道，诚然之言也，而人特未之察耳。故古之圣人，能治器而不能治道。治器者则谓之道，道得则谓之德，器成则谓之行，器用之广则谓之变通，器效之著则谓之事业。……故圣人者，善治器则已矣。自其治而言之，而上之名立焉。上之名立，而下之名亦立焉。上者皆名也，非有涯量之可别者也。②

王夫之在这一大段话中，集中地阐发了他的道器统一论，综观他的道器论，主要有以下一些主要思想：

第一，“上下无殊畛，而道器无易体”。就是说，道和器的关

① 《思问录·内篇》。

② 《周易外传》卷五。

系是对立统一的，是“统此一物”的两个矛盾方面，不是截然对立分开的两个矛盾体，二者没有绝对分明的界限，所谓“形而上”、“形而上”，是就区别、处理事物的特殊对象而言，即不同事物有不同的规律。因此，二者断不能截然分开。

第二，“天下惟器而已矣”。宇宙中一切事物都是具体存在的，任何事物既具有其特殊性质，又具有同类事物的共同本质。没有脱离个别的一般而单独存在，个别和一般是统一的不可分离的，但是，一般寓于个别之中，即“道在器中”、“道者器之道”，而不是“器者道之器”。各种具体事物称为象，道做为规律，表现为事物的内在本质联系，由此可以说，道在象中，象外无道。王夫之说：“天下无象外之道，何也？有外，则相与为两，即甚亲，而亦如父之于子也。无外，则相与为一，虽有异名，而亦若耳目之于聪明也。”①一般存在于个别之中，没有个别就没有一般，“无其器则无其道”，所以只能说“道者器之道”。宇宙中根本不存在离开万物、先于天地而存在的“道”。王夫之肯定：“道者，天地精粹之用，与天地并行而未有先后者也。使先天地以生，则有有道而无天地之日矣，彼何寓哉？”②

第三，“据器而道存，离器而道毁”。③ 规律是事物的规律，规律随事物之变化而变化，没有永恒一成不变的道。当历史前进了、发展了、变化了，社会历史规律也随之发展、变化。所以说：“洪荒无揖让之道，唐、虞无吊伐之道，汉、唐无今日之道，则今日无他年之道多矣。”人只有认识这些道理，即认识“道因时而万殊”之理，才能“趋时应变”，“与时俱行”，“趋时更新”，以适应社会历史发展趋势，否则就会落后于时代，阻碍历史的发展。

第四，“圣人能治器而不能治道”。王夫之从道器统一论，“无其器则无其道”的思想出发，提出了“圣人”“治器”的观点。这是说，只有通过对具体事物的治理和变革，才能获得规律性的认识。

① 《周易外传》卷六。

② 《周易外传》卷一。

③ 《周易外传》卷二。

所以说:“未有弓矢而无射道,未有车马而无御道。”人类的社会历史实践证明,人们是通过个别事物而认识一般规律的,反之,认识了共同规律又指导了具体行动。

王夫之的道器统一论是深刻而全面的,他在正确地阐发自己的道器观的同时,对形而上学的道器分离论进行了批判。他说:

> 形而上者,非无形之谓。既有形矣,有形而后有形而上。无形之上,亘古今,通万变,穷天穷地,穷人穷物,皆所未有者也。……如今舍此(器)而求诸未有器之先,亘古今,通万变,穷天穷地,穷人穷物,而不能为之名,而况得有其实乎?
>
> 老氏瞀于此,而曰道在虚,虚亦器之虚也。释氏瞀于此,而曰道在寂,寂亦器之寂也。淫词炙輠,而不能离乎器,然且标离器之名以自神,将谁欺乎?
>
> 器而后有形,形而后有上。无形无下,人所言也。无形无上,显然易见之理,而邪说者淫曼以衍之而不知惭,则君子之所深鉴其愚而恶其妄也。①

王夫之指出,在天地万物之先、有形事物之外,制造一个“无形之上”,“未有器之先”的亘古今、通万变的精神本体,这种“标离器之名以自神”,即把道说成是离器而先验存在的本体,实在是“愚妄”的做法。

王夫之的理气论、道器观,不仅论述了唯物主义的原理,而且批判了唯心主义形而上学的谬误,在当时有重要的理论意义,对以后产生了深刻的影响。

第三节 “气化日新”的发展观

王夫之深通《易》理,继承中国古代哲学思想,尤其是张载的辩证法思想,吸取了自然科学的成果,经过自己的精心构筑,加工

① 《周易外传》卷五。

改铸，而形成一个丰富而精深的辩证法思想体系。

王夫之认为，“气”作为宇宙万物的本体，是一个由阴阳二气两个矛盾方面组成的合和体。由于阴阳二气的矛盾对立斗争，促使事物不断运动、变化、发展。阴阳二气的矛盾对立斗争是在浑沦未分的元气统一体中进行的，不是于元气之外进行的。他说：

> 阴阳异撰，而其絪緼于太虚之中，合同而不相悖害，浑沦无间，和之至矣。……絪緼，太和未分之本然；相荡，其必然之理势。……阴与阳和，气与神和，是谓太和。
>
> 阴阳未分，二气合一，絪緼太和之真体。……其合一而为太和者。①

“絪緼”是说“太和元气”包孕着运动变化的生机。因为太虚元气作为一个浑沦无间的本体，包涵着阴阳两个矛盾着的对立面，而对立二端的相互斗争，相互摩荡，彼此交感，而引起事物发展变化。王夫之说：“阴阳合于太和，而性情不能不异，惟异生感。”②有异才有感，事物相异的对立面相感，既相对立、排斥，又相依赖、统一，因此，促使事物不断地运动变化。王夫之说：

> “两端者，虚实也，动静也，聚散也，清浊也，其究一也。”(张载语)实不窒虚，知虚之皆实。静者静动，非不动也。聚于此者散于彼，散于此者聚于彼，浊入清而体清，清入浊而妙浊，而后知其一也，非合两而以一为之纽也。
>
> 太极动而生阳，动之动也；静而生阴，动之静也。废然无动而静，险恶从生哉！一动一静，阖辟之谓也。由阖而辟，由辟而阖，皆动也。废然之静，则是息矣。
>
> 天下皆静无而动有，奚以圣人为！③

---

① 《张子正蒙注·太和篇》。

② 《张子正蒙注·太和篇》。

③ 《思问录·内篇》。

王夫之在这里深刻地论述了动与静的辩证法。由于事物的对立两端而产生了运动，宇宙万物都是运动而产生形成的，运动是事物的自己运动，不是人或神的推动，“奚以圣人为!”辟可以说是动，阖可以说是静，究其实辟与阖都是动，而没有绝对的静，静是动的一种表现、一种状态。如果绝对静止了，事物也就息灭了。因为太虚的本性就是运动，永远没有滞息。所以说：

> 太虚者，本动者也。动以入动，不息不滞。①
>
> 太虚，至清之郛郭，固无体而不动；而块然太虚之中，虚空即气，气则动者也。②

太虚之气包涵着两个矛盾着的对立面，对立面的斗争，促使太虚及其形成的万物不停息的运动，这种运动的结果，便是宇宙万物错综复杂，相反相成的变化。

王夫之发展了张载的“一物两体”的“参两”学说，肯定事物都是“一分为两”的，没有统一体的“一”，就没有对立面的“两”。他说：

> 虚必成实，实中有虚，一也。……惟两端迭用，遂成对立之象，于是可知所动所静，所聚所散，为虚为实，为清为浊，皆取给於太和絪缊之实体。一体之立，故两之用行；如水唯一体，则寒可为冰，热可为汤，于冰汤之异，足知水之常体。……今既两体各立，则溯其所从来，太和之有一实，显矣。非有一，则无两也。圣人之存神，本合乎至一之太虚，而立教之本，必因阴阳已分，刚柔成象之体，盖以由两而见一也。③

① 《周易外传》卷六。

② 《张子正蒙注·参两篇》。

③ 《张子正蒙注·太和篇》。

“太和”是阴阳合而未分所组成的统一体，在这个统一体中，阴阳双方经过对立斗争而出现聚与散、分与合的不同状态。任何事物都是一分为两，两合为一的矛盾体，没有一就没有两，“非有一，则无两也”。同样，没有两也就不见一，“以由两而见一也”。事物就是由合即“一”而分出“两”，再由“两”而合为“一”的不断运动、变化、发展的。王夫之说：

> 合者，阴阳之始本一也，而因动静分而为两，迨其成又合阴阳于一也。如男阳也而非无阴，女阴也而亦非无阳，以至于草木鱼鸟，无孤阳之物，亦无孤阴之物，唯深于格物者知之。……要其受气之游，合两端于一体，则无有不兼体者也。①

正因为统一体的“太和”之气，分解为“两”，即阴阳二气，由于阴阳二气彼此制约、互为消长、相互作用，而形成“相摩”、“相荡”、“相感”的矛盾斗争，从而使宇宙万物变化无穷、神妙莫测。所以说：

> 阴阳不偏，循环不息，守正以待感，物得其宜，为经常不易之道。……然则万殊之生，因乎二气，二气之合，行乎万殊，天地生生之神化，圣人感应之大经，概可知矣。
>
> 一气之中，二端既肇，摩之荡之而变化无穷。……阴阳摩荡，八卦兴，六十四象成，各有时位错综，而阴阳、刚柔、仁义之体立，皆神之变易也。
>
> 阴阳相摩，则生六子以生五十六卦，皆动之不容已者，或聚或散，或出或入，错综变化，要以动静夫阴阳。……阴阳之消长隐见不可测，而天地人物屈伸往来之故尽于此。知此者，尽《易》之蕴矣。②

① 《张子正蒙注·太和篇》。
② 《张子正蒙注·太和篇》。

天地万物的这种往来不断、循环无穷、神妙莫测、错综复杂的变化，其动力、根源是事物自身的矛盾斗争，而不是外力推动、主宰的，事物就是相反相成、相反相因的矛盾体。王夫之说：

> 有相成者，有相反者。相因者，“物生必蒙”之类也；相成者，“物稚不可不养”之类也；相反者，“物不可苟合”之类也，因之义穷则托之成，成之义穷则托之反，惟其意之所拟，说之可立而序生焉，未有以见其信然也。天地之间，皆因于道。一阴一阳者，群之大因也。①

王夫之深刻认识到，天地万物都有其自身运动变化的规律和原因，这就在于统一体中阴阳二端的相反相成、相反相因的彼此矛盾斗争。这种阴阳二端对立斗争是事物“动之不容已”的“大因”，即根本原因。这个思想是难能可贵的。

王夫之进一步指出，尽管宇宙万物有千差万别的发展变化，但归结起来不外是由“一”与“两”的矛盾运动促成的。所以说：

> 昼夜分两端，而天之运行一；生死分两端，而神之恒存一；气有屈伸，神无生灭，通乎其道，两立而一见，存顺没宁之道在矣。②
>
> 天下之变万，而要归于两端。③

宇宙中任何事物都是“合两端于一体”的，即都是由阴阳组成的统一体。阴阳矛盾双方不是孤立存在的，而是互相依赖、互相包含的，这就是：“阴阳不孤行于天地之间。其孤行者，欹危幻忽而无体，则灾眚是已。行不孤，则必丽物以为质。……故常一而变万，变万而常未改一。”④如果阴阳双方单独孤立存在，则事物就不

---

① 《周易外传》卷七。

② 《张子正蒙注·太和篇》。

③ 《老子衍》。

④ 《周易外传》卷七。

成其为事物，并且要发生灾害。

王夫之既看到矛盾双方的对立斗争是推动事物发展的动力，又看到矛盾双方的对立统一是保持事物长久存在的原因。他说：

> 自太和一气而推之，阴阳之化自此而分，阴中有阳，阳中有阴，原本于太极之一，非阴阳判离，各自孳生其类。故独阴不成，孤阳不生，既生既成，而阴阳又各殊体。其在于人，刚柔相济，义利相裁，道器相需，以成酬酢万变之理，而皆协于一。
>
> 升降相求，阴必求阳，阳必求阴，以成生化也？……不能一别不能久。①

矛盾双方共居于同一体中，彼此依赖，互相包含，“阴中有阳，阳中有阴，原本于太极之一”，阴阳对立双方经过斗争分解之后，而孳生万物，万物形成之后组成了新的统一体，这时矛盾双方又在新的统一体中进行新的斗争，事物就是经过“一——两——一”、“合——分——合”的运动形式发展变化着。

虽然如此发展变化，但是在王夫之看来，事物与事物之间和同一事物中各个对立面之间既不是“截然分析而必相对待”的，也不是“截然分疆而不相出入”的。因此，不能把事物看成是死板的、凝固的、僵死的、不动的，而应当看成是生动的、可变的、转化的、上升的。他说：

> 天下有截然分析而必相对待之物乎？求之于天地，无有此也；求之于万物，无有此也；反而求之于心，抑未捻其必然也。……截然分析而必相对待者，天地无有也；万物无有也，人心无有也。②

---

① 《张子正蒙注·参两篇》。

② 《周易外传》卷七。

就是说，一切事物的矛盾双方都不是绝对对立、绝对孤立、截然分开而存在的，而是既互相矛盾、互相斗争，又互相依赖、互相渗透，在一定的条件下互相转化，这就是相反相成的道理。

王夫之认为，事物矛盾双方的对立统一，是一而二，二而一的关系。他以物体的表里关系，来说明这个道理。他说：

> 盈天地之间皆器矣。器有其表者，有其里者。成表里之各用，以合用而底于成，别天德之乾，地德之坤，非其絪缊焉者乎？……故合二以一者，既分一为二之所固有矣。是故乾坤与易相为保合而不可破。破而毁，毁而息矣？……故夫天下之赜，天下之动，事业之广，物宜之繁，典礼之别，分为阴，分为阳，表里相待而二，二异致而一，存乎其人，存乎德行。德行者所以一之也。①

一件东西，有表里之分，这是“分一为二”；也有表里之合，这是“合二以一”。“一”与“二”、“合”与“分”，两者互相依赖、互相对待，才组成一个东西，丢掉一方，他方也就不存在了，物体也就不成其为物体了。王夫之的这个思想是辩证而深刻的。

王夫之根据张载的“日新者，久而无穷也”的“日新”思想，提出了“气化日新”的理论。他认为，整个宇宙万物，都处于推陈出新、吐故纳新的运动之中。从日月星辰、江河大地、风霜雨雪，到人身上的肌肉、爪发等，都无一不处于时刻变化更新、别故致新的过程中。他说：

> 天地之德不易，而天地之化日新。今日之风雷非昨日之风雷，是以知今日之日月非昨日之日月也。……抑以知今日之官骸非昨日之官骸。……守其故物而不能日新，虽其未消，亦槁而死。不能待其消之已尽而已死，则未消者槁。故曰“日新之谓盛德”。

① 《周易外传》卷一。

张子曰："日月之形，万古不变。"形者，言其规模仪象也，非谓质也。质日代而形如一，无恒器而有恒道也。江河之水，今犹古也，而非今水之即古水。灯烛之光，昨犹今也，而非昨火之即今火。水火近而易知，日月远而不察耳。爪发之日生而旧者消也，人所知也。肌肉之日生而旧者消也；人所知也。肌肉之日生而旧者消也；人所未知也。人见形之不变而不知其质之已迁，则虽今兹之日月为邃古之日月，今兹之肌肉为初生之肌肉，恶足以语日新之化哉！①

今日之日月，非用昨日之明也；今岁之寒暑，非用昔岁之气也。明用昨日，则如灯如镜，而有息有昏，气用昨日，则如汤中之热，沟浍之水，而渐衰渐泯，而非然也。是以知其富有者，惟其日新，斯日月贞明而寒暑恒盛也。②

从这几段话中，我们可以看出，王夫之深刻认识到万事万物都是在不断地更新变化，物质世界之所以富有，就在于它能变化日新，宇宙中的一切事物都是在推陈出新，"推故而别致其新"③，正因为这样，事物才发展壮大。人们只有面对这个"日新之化"的新世界，才有出路，否则"守其故物而不能日新"，虽然形式"未消"，而实质则是"槁而死"了。尤为可贵的是王夫之不仅看到了"天地之化日新"的现象，而且看到了事物发展变化的本质。他在说明事物的"形者"之变的同时，又揭示了事物的"质之已迁"的质变。由此可见，王夫之的发展观确实有其超过前人之处。

第四节　"知行相资"的认识论

认识是主体和客体之间的一种关系。谈到认识问题，首先就要遇到"谁在认识？认识什么"的问题。前者是认识主体问题，后者

① 《思问录・外篇》。
② 《周易外传》卷六。
③ 《周易外传》卷二。

是认识客体问题。中国古代的哲学家在论述认识论的问题时，则非常重视认识的主客体问题。王夫之吸取了前人的思想成果，对主体和客体的问题，进行了具体的阐发。

在中国古代哲学中，主体的认识叫做“所以知”，认识的客体叫做“所知”。佛教把认识主体称为“能知”，把认识对象称为“所知”。佛教徒认为，“所知”是不能离开“能知”而存在的，就是说，客体不能离开主体而存在，这显然是颠倒了认识主体与认识对象的真实关系。对于佛教唯心主义者的这种颠倒，王夫之进行了深刻的批判。

王夫之接过佛教的“能知”、“所知”概念，并加以利用、改造，对认识的主体和客体、主观认识能力和客观认识对象，给以明确的规定和区分，在批判佛教唯心主义的同时，阐述了唯物主义反映论的思想。

王夫之指出，佛教徒的错误是把主体和客体混淆起来，并以主观意识活动，代替客观事物存在。因此，必须把主观和客观概念的含义搞清楚。王夫之借用佛教的“能”与“所”概念，对主观和客观的界限、含义作了明确的规定、界说。他说：

> 何以明其然也？天下无定所也，吾之于天下，无定所也。立一界以为“所”，前未之闻，自释氏昉也。境之俟用者曰“所”，用之加乎境而有功者曰“能”。“能”“所”之分，夫固有之，释氏为分授之名，亦非诬也。
>
> 夫“能”、“所”之异其名，释氏著之，实非释氏昉之也。其所谓“能”者即用也，所谓“所”者即体也，汉儒之已言者也。所谓“能”者即思也，所谓“所”者即位也，《大易》之已言者也。所谓“能”者即己也，所谓“所”者即物也，《中庸》之已言者也。
>
> “所”著于人伦物理之中，“能”取诸耳目心思之用。“所”不在内，故心如太虚，有感而皆应。“能”不在外，故为仁由己，反己而必诚。①

① 《尚书引义》卷五。

王夫之肯定了佛教关于“能”与“所”的区分，“能”是指主体思维活动，“‘能’取诸耳目心思之用”，是“思”、“己”、“内”；“所”是指客观外物，“‘所’著于人伦物理之中”，是“位”、“物”、“外”。“所不在内”，“能不在外”，二者界限不容混淆。但是，作为认识对象的客体——所，不是虚妄的幻境，而是真实存在的，“实有其体”的。这就是从根本上摆正了主体和客体的关系，把佛教歪曲、颠倒了的主体和客体关系，予以颠倒过来。

王夫之又从“体”与“用”的关系，来论证“所”与“能”的关系。他说：

> 乃以俟用者为“所”，则必实有其体；以用乎俟用，而以可有功者为“能”，则(必)实有其用。体俟用，则因“所”以发“能”；用用乎体，则“能”必副其“所”；体用一依其实，不背其故，而名实各相称矣。①

王夫之明确肯定，客观“所”和主观“能”，都是真实存在的，“所”必实有其体，才能做为认识的对象；“能”必实有其用，才能发挥认识的功能。“所”是接受“能”的作用的对象；“能”是主体作用于客体而发生实际效果的能力。主体和客体是对立的，又是统一的。二者既不能等同，也不可以割裂开来而单独存在。客观是第一性的，主观是依赖于客观的。“因所以发能”，“能必副其所”，主体认识是由客体对象所引发而产生的；主体的能力虽然作用于客体，但必须与客体的实际相符合。王夫之比较正确地解决了主体和客体的相互关系问题。

依据这个唯物主义原则，王夫之揭示了唯心主义的错误。他首先批评了佛教唯心主义的错误。他说：

> 乃释氏以有为幻，以无为实，“惟心惟识”之说，抑矛盾

① 《尚书引义》卷五。

> 自攻而不足以立。于是诡其词曰:“空我执而无能,空法执而无所。”然而以心合道,其有“能”有“所”也,则又固然不容昧。是故其说又不足以立,则抑“能”其“所”,“所”其“能”,消“所”以入“能”,而谓“能”为“所”,以立其说,说斯立矣。故释氏凡三变,而以“能”为“所”之说成。①

这是说,佛教关于“能”、“所”理论的形成,经过三段变化:开始时,把一切真实的东西都说成是虚幻的,却把心说成是实有的,这种自相矛盾、不攻自破的理论是不能成立的;其次,为了摆脱这种矛盾,又搞诡辩把客体和主体都说成是不真实的假象,然而在现实生活中,主体和客体都是真实存在的,这种自相矛盾的理论,还是不能成立的;最终,为了克服这种矛盾,便把主体和客体混同起来,“‘能’其‘所’,‘所’其‘能’”,并以主体吞并了客体,“消‘所’以入‘能’”,把主体说成是客体,“谓‘能’为‘所’”,从而建立了主观唯心主义的认识体系。

对于佛教的这种谬论,王夫之进一步批判说:

> 惟吾心之能起为天下之所起,惟吾心之能止为天下之所止,即以是凝之为区宇,而守之为依据,“三界惟心”而“心”即“界”,“万法惟识”而“识”即“法”。呜呼!孰为儒者而有此哉!②

佛教把主观意识当成客观世界,进而得出主观意识生灭天地万物的谬论。王夫之认为,这是极端错误的观点。他从宇宙观上批判了佛教唯心主义以心法起灭天地的谬论,从认识论上批判了佛教唯心主义以主观吞并客观的狂妄。这种批判是超前人的。

王夫之在批判佛教的同时,对理学家的错误也进行了批评。他说:

① 《尚书引义》卷五。

② 《尚书引义》卷五。

> 而吕（祖谦）、蔡（沈）何是之从也？“敬”，“无逸”，“能”也，非“所”也明甚，而以为“所”，岂非释氏之言乎？
>
> 今曰“以敬作所”，抑曰“以无逸作所”，天下固无有“所”，而惟吾心之能作者为“所”。吾心之能作者为“所”，则吾心未作而天下本无有“所”，是民碞之可畏，小民之所依，耳苟未闻，目苟未见，心苟未虑，皆将捐之，谓天下之固无此乎？①

就是说，宋明理学家，同样把主体当成客体，以主体吞没客体，认为没有主体就没有客体，主体没感知到的客体就是不存在的。这种观点与佛教是一样的。因此，王夫之著专文对他们的错误思想进行了批判。

与主体和客体关系紧密相联的是“名”和“实”的关系。王夫之以唯物主义反映论的观点，对中国古代的名实观，进行了总结，并提出了自己的深刻见解。

王夫之肯定，名是人们对事物的一种称谓，是属于主观方面的“谓之”。王夫之在解释张载的“《易》一物而三才；阴阳，气也；而谓之天；刚柔，质也，而谓之地；仁义，德也，而谓之人”时，说：

> 《易》备其理，故有见有隐而阴阳分，有奇有偶而刚柔立，有得有失而仁义审，体一物以尽三才之撰也。“谓之”云者，天、地、人亦皆人为之名，而无实不能有名，无理不能有实，则皆因乎其才也。②

“名”是人根据“实”而取的，没有实就没有名，名是实的反映，实是名的根据。

为了使名能正确地反映实，就要使名与实相副。王夫之指出，

① 《尚书引义》卷五。

② 《张子正蒙注·大易篇》。

人要做到名实相副，就必须合理地命名，只有知物之实，才能命物之名，因此要“与物交”。他说：

> 识知者，五常之性所与天下相通而起用者也。知其物乃知其名，知其名乃知其义，不与物交，则心具此理，而名不能言，事不能成。①

名称、概念是反映事物的，要使名称、概念如实地反映事物，就必须与物相交，观察、认识事物，才能做到名副其实。

王夫之在“名从实起”、“名副其实”的基础上，进一步驳斥了“知实而不知名”的经验论和“知名而不知实”的先验论，强调“体用一依其实，不背其故，而名实各相称矣”。人认识事物，只有按照事物的本来面目，命以恰当的名称，才能正确地反映事物。“名实相副”，不能只要实不要名，亦不能只要名不要实。所谓“知实而不知名”是认识只停留在表面现象阶段，不能认识事物的本质。“目击而遇之，有其成象，而不能为之名，如是者，于体非芒然也，而不给于用。无以名之，斯无以用之也。”人要准确地认识事物，必须通过恰当的名称、概念来把握、表达，否则认识、思想就无法表达，当然也就无法认识了。“知实而不知名，弗不求名焉，则用将终绌。”“知实而不知名”，虽然不能最终认识事物的本质，但却是认识的起点。为了补救这种认识的片面性，就要“问以审之，学以证之，思以反求之，则实在而终得乎名，体定而终伸其用”。王夫之在这里论证了认识的辩证法思想。所谓“知名而不知实”，则是以“名”为第一性，“实”为第二性。这就是“习闻而识之，谓有名之必有实，而究不能得其实。如是者，执名以起用，而芒然于其体，虽有用，固异体之用，非其用也”。② 根据道听途说的“习闻”来取名，为了取名而指定相应的实，这种本末颠倒、依主观臆想而定的名，终究是得不到实的。如果这样下去，人人都只

① 《张子正蒙注·太和篇》。

② 《姜斋文集》卷一《知性论》。

执着一些空洞的无实的名称，而不顾名称是否有其真实存在的客观基础，就必然争论不休，使名不能反映实。所以王夫之说：

知名而不知实，以为既知之矣，则终始于名，而惝恍以测其影，斯问而益疑，学而益僻，思而益甚其狂惑，以其名加诸迥异之体，枝辞日兴，愈离其体，此异同之辨说所以成乎淫邪也。①

这种知名不知实、以名定实的颠倒了名与实的真实关系的认识论，必然把人们的认识引向歧途，造成错误。只有“名从实起”，“以实定名”，才能正确认识、反映事物。王夫之的名实观是深刻而独到的。

王夫之针对理学家的“心包万理”、“立理限事”、“万变而不出吾之宗”的先验认识论，提出“以心循理”、“即事穷理”的认识原则，正确地解决了“物之理”和“心之灵”的关系问题。

王夫之认为，有物有象则理之在焉。“理者，物之固然，事之所以然也。”②理是客观事物所固有的所以然的规律、法则。但是，人有个心，即有思维意识活动能力。人的认识活动就是于物求理，而不是心包万理。据此，王夫之强调“以心循理”。他说：

万物皆有固然之用，万事皆有当然之则，所谓理也。乃此理也，唯人之所可必知、所可必行；非人之所不能知、不能行，而别有理也。

具此理于中而知之不昧，行之不疑者，则所谓心也。以心循理，而天地人物固然之用、当然之则，各得焉，则所谓道。③

① 《姜斋文集》卷一《知性论》。

② 《张子正蒙注·至当篇》。

③ 《四书训义》卷八。

理是客观事物所固有的当然之则，是可以被认识的，要认识事物之理，就必须于外物求索，不能以“心包万理”，亦不能于“心外”求理，只能“以心循理”，“即事求理”。所以说：

> 有即事以穷理，无立理以限事。故所恶于异端者，非恶其无能为理也，冏然仅有得于理，因立之以概天下也。……异端之言曰：“万变而不出吾之宗。”……谓彼之事，一吾宗之结构运行也。非天下之至诞者，孰敢信其然哉？①

王夫之强调“即事以穷理”的反映论，反对“立理以限事”，“冏然仅有得于理”的先验论。在这个思想认识的基础上，王夫之对感性认识和理性认识的辩证关系，进行了具体的论证。

王夫之认为，客观事物是认识的客观对象，感官和心思是认识的主观条件。感官与心思是密切联系的。心思固然很重要，但心思要发挥作用，就必须依赖于“五藏”和“五官”。王夫之说：

> 一人之身，居要者心也。而心之神明，散寄于五藏，待感于五官。肝、脾、肺、肾、魂魄，志思之藏也，一藏失理而心之灵已损矣。无目而心不辨色，无身而心不知声，无手足而心无能指使，一官失用而心之灵已废矣。②

不靠耳、目、口、鼻、体之感官，心是不能辨别声、色、臭、味、形的；如果不发挥心思的支配作用，感官也不能很好地发挥其应有的作用。心不在焉，就见如不见，闻如不闻等。王夫之说：

> 身与声合，目与色合，皆心所翕辟之牖也，合，故相知；乃其所以合之故，则岂耳目声色之力哉！故舆薪过前，群言杂至，而非意所属，则见如不见，闻如不闻，其非耳目之受而即

① 《续春秋左氏传博议》卷下。

② 《尚书引义》卷八。

合，明矣。①

人要认识客观事物，不能仅仅依靠感官的消极作用，而要积极发挥心思的作用，要靠心思支配耳之闻、目之见，否则便是见如不见，闻如不闻。

王夫之认识到感官与思维各自具有自己的不同作用。感官的作用是：

> 色、声、味之在天下，天下之故也。色、声、味之显于天下，耳、目、口之所察也。……由目辨色，色以五显；由耳审声，声以五殊；由口知味，味以五别。不然，则色、声、味固与人漠不相亲，何为其与吾相遇于一朝而皆不昧也！故五色、五声、五味者，性之显也。天下固有五色，而辨之者人人不殊；天下固有五声，而审之者古今不忒；天下固有五味，而知之者久暂不违。不然，则色、声、味惟人所命，何为乎胥天下而有其同然者？故五色、五声、五味，道之撰也。②

感官的作用是与外物接触而产生感觉，外物通过感官反映到意识中来，认识就开始了，没有感觉人就无从认识。耳、目、口、鼻、体的作用是察知声、色、臭、味、形，只能认识事物的外部现象，不能认识事物的内在本质。要认识事物的本质、规律，就要靠心思的作用。王夫之说：

> 声色之丽耳目，一见闻之而然，虽进求之而亦然；但为物所蔽而蔽尽于物。岂如心之愈思而愈得，物所已有者，无不表里之具悉。耳目但得其表，物所未有者可使之形著而明动哉！③

① 《张子正蒙注·大心篇》。

② 《尚书引义》卷八。

③ 《读四书大全说》卷十。

感官与思维、感性认识与理性认识，二者既有区别，又相互联系、不可分离。王夫之说：

> 大抵格物之功，心官与耳目均用，学问为主，而思辨辅之，所思所辨者皆其所学问之事。致知之功则惟在心官，思辨为主，而学问辅之，所学问者乃以决其思辨之疑。“致知在格物”，以耳目资心之用而使有所循也，非耳目全操心之权而心可废也。①

王夫之所讲的“格物”则相当于感性认识，以耳目等感官为主，心官思维则辅之；“致知”则相当于理性认识，以心官思维为主，耳目等感官则辅之。“格物”中所获得的感性材料是“资心之用而使有所循”的基础；“致知”的理性认识是“决其思辨之疑”的关键。人在整个的认识过程中，“心官与耳目均用”，感性认识与理性认识是相互依赖、不可偏废、相辅为用、缺一不可的。

王夫之认为，致知离不开格物，格物亦离不开致知，“二者相济”。但是，格物与致知在认识发展的程序上，应当格物在先，致知在后。他说：

> 古人之致知，非虚守此灵明之体而求白也，非一任吾聪明之发而自信也，以为凡吾之理皆一因乎万物固然之理，则物物有当然之则，凡天下之物接于吾身者，皆可求得失顺逆之则，以寓吾善恶邪正之几，故有象可见，有形可据，有原委始终之可考，无不尽吾心以求格，则诗书礼乐之教，人官物曲之事，皆必察焉。……此学之始事必于格物也。详略大小精粗得失无不曲尽，故足以为身心意知之益，而通乎天下国家之理，始终之次序安可忽哉！②

① 《读四书大全说》卷一。

② 《四书训义》卷一。

因为事物是客观存在的认识对象，“理”存在于事物之中，有物方有则，无物则无理。认识是对客观事物的“固然之理”，“当然之则”的反映。所以人们只有首先接于物，才能对有形有象的事物的发展过程、存在原因、内在规律，加以由浅入深、由少及多的认识，即由感性认识上升到理性认识的发展过程。人们不从“格物”始，就无从获得知识，离开“格物穷理之学”而“冥心求理”，就不能达到认识的目的。只有“格物”与“致知”二者“相济”、“相因”，才能以真知指导行动。所以说：

> 若云格物以外言，致知以内言，内外异名而功用则一。夫物诚外也，吾之格之者而岂外乎？功用既一，又云“致知在格物”，则岂可云格物在格物，致知在致知也？①

格物与致知，作为同一个认识过程的不同阶段有区别，但又是紧密地联系在一起的，结论只能是：“格致相同，而致知在格物。”王夫之的格物致知论是辩证而深刻的。

在知行观上，王夫之既反对程、朱的知先行后论，又反对王守仁的知行合一说，而提出了“知行相资”，“行可兼知”的知行统一论。

知和行的问题，也就是认识和实践的问题。这个问题，中国历代的哲学家、思想家，一直争论不休。王夫之总结了前人的思想成果，批判了唯心主义的思想错误，论述了唯物主义的知行观点。

王夫之沿用了《尚书·说命》中“知之匪艰，行之惟艰”的说法，并对此做了新的解释，赋予其新的内容。他在《尚书引义》卷三中说：

> 《说命》曰：“知之匪艰，行之惟艰。”千圣复起，不易之言也。夫人，近取之而自喻其甘苦者也。子曰“仁者先难”，明

① 《读四书大全说》卷一。

> 艰者必先也。先其难，而易者从之易矣。先其易，而难者在后，力弱于中衰，情疑于未艾，气骄于已得，矜觉悟以遗下学，其不倒行逆施于修涂者鲜矣。知非先，行非后，行有余力而求知，圣言决矣，而孰与易之乎？……故“知之匪艰，行之惟艰。”艰者先，先难也，非艰者后，后获也。

王夫之同意《尚书·说命》中关于“知之匪艰，行之惟艰”的“知易行难”说，认为这是“千圣复起，不易之言”，即为不可动摇的真理。在王夫之看来，因为“行难”、“知易”，所以必须是行在先，先从“难”处做起，而后知便“易”了。如果先从“易”处下手，而力不胜任，中途力衰，则是“难”不可得了。“艰者先，先难也，非艰者后，后获也”，就是此义。

王夫之之所以认为“知易行难”，就在于他重视、强调“力行”，反对知而不行。他说：“圣人之道本易知而简能，而合之者为甚难矣。故曰：‘知之匪艰，行之惟艰。’行然后知之艰，非力行焉者不能知也。”①王夫之肯定，行比知难，非行不知，行而后知之艰。据《论语·为政》篇记载：子贡问孔子何以为君子？孔子回答说：“先行其言而后从之。”朱熹在《四书集注》中引范氏的解释，认为这是孔子针对“子贡之患，非言之艰而行之艰，故告之以此”。王夫之认为，孔子的话不只是对子贡说的，而且是对所有人说的。王夫之在《读四书大全说》卷四中，申明说：

> 范氏曰“子贡非言之艰而行之艰”，其语犹自活在。然“非言之艰而行之艰”，不独子贡也。且云“先行其言”，则“其言”云者，未尝言之，特知其理而可以言耳。此固《说命》所谓“非知之艰，行之惟艰”之旨，古帝王圣贤之所同病，亦人道自然有余不足之数也。即非子贡，其有易于行而难于言，所非艰而知惟艰者哉？易于行者，其行非行。则范氏固已指夫人之通病以为子贡病。

① 《四书训义》卷十三。

王夫之认为，“知易行难”是“人之通病”，因此，历代的“帝王圣贤”都重视行、强调行，主张“行之惟艰”。如果轻视行，把行视为很容易的事，那么这种行则不是真正有价值的行，“其行非行”。所谓“行难”，是指要做到力行、笃行之艰难，即要求对每一件已经开始做的事情，都要专心致力坚持下去，不达目的誓不罢休；对于众多有待于做的事情，要通过力行而认识其中的道理，即通过力行达到致知的目的。

王夫之还以知易行难说，论证了行先知后论。他列举古圣贤的大量言论，来说明“艰者先，先难也，非艰者后，后获也”和“知非先，行非后，行有余力而求知”的道理。他用理学家所崇信的儒家圣人之言，来反驳他们的“知先行后”论。他说：

> 宋诸先儒欲析陆、杨“知行合一”、“知不先，行不后”之说，而曰“知先行后”，立一划然之次序，以困学者于知见之中，且将荡然以失据，则已异于圣人之道矣。①

王夫之认为，“千圣合符”的“不易之言”是“行先知后”，然而宋儒们却偏偏提倡“知先行后”，这显然是“异于圣人之道”的。王夫之又进一步指出，宋儒的“知先行后”论，是在知和行中间“立一划然之次序”，即从理论上割裂了知和行的统一关系，这种不从行中所获得的知，是“荡然以失据”，毫无根据的知，究其实质是“非知”。

王夫之虽然主张“行先知后”，但是他的主旨是强调“知行终始不相离”，而反对把知行截然分作两事。王夫之的“行先知后”思想，是为了说明“知”来源于“行”的观点。因此，他明确肯定知行是“互相为成”的。他说：

> 盖云知行者，致知力行之谓也。惟其为致知、力行，故功

① 《尚书引义》卷三。

可得而分；功可得而分，则可立先后之序；可立先后之序，而先后之互相为成。则由知而知所行，由行而行则知之。亦可云并进而有功。①

在王夫之看来，知和行虽有“先后之序”，但却是“互相为成”的。论先后，行先于知，知来源于行；论地位，知指导行，行是知的基础。因此，知行是“并进而有功”的。就是说，人的认识是一个知和行交替不断前进的无限发展过程。

王夫之在知行观上的重要贡献是：他总结了前人的知行学说，批判了程、朱的“知先行后”说和王守仁的“知行合一”说，建立了“知行相资”、“知行并进”、“行可兼知”的知行理论。

王夫之认为，知和行是两个内容不同，各有功效的概念；又是密切联系，不可分割的整体。所以说：

知行之分，有从大段分界限者，则如讲求义理为知，应事接物为行是也。乃讲求之中，力其讲求之事，则亦有行矣；应接之际，不废审虑之功，则亦有知矣。是则知行终始不相离，存心亦有知行，致知亦有知行，而更不可分一事以为知而非行，行而非知。②

知所相资以为用。惟其各有致功，而亦各有其效，故相资以互用；则于其相互，益知其必分矣。同者不相为用，资于异者乃和同而起功，此定理也。不知其各有功效而相资，于是而姚江王氏“知行合一”之说，得藉口以惑世。③

王夫之深刻地指出，知和行固然是密切联系，“终结不相离”的统一体。但是，它们毕竟不是一回事，而是互相对立、各有功效、可得而分的有区别者，又是相互联结、知中有行、行中有知、

① 《读四书大全说》卷四。

② 《读四书大全说》卷三。

③ 《礼记章句》卷三十一。

不可分割的统一体，这就是知和行的真实关系。由此可见，“知行合一”说是“藉口以惑世”的谬说。王夫之进一步揭示了“知行合一”说的唯心主义实质。他说：

> 若夫陆子静、杨慈湖、王伯安之为言也，吾知之矣。彼非谓知之可后也，其所谓知者非知，而行者非行也。知者非知，然而犹有其知也，亦惝然若有所见也。行者非行，则确乎其非行，而以其所知为行也。以知为行，则以不行为行，而人之伦，物之理，若或见之，不以身心尝试焉。……是其销行以归知，终始于不知，而杜足于履中蹈和之节文，本汲汲于先知以废行也，而顾诎先知之说以塞君子之口而疑天下。①

这就是说，王守仁借口反对“知先行后”的割裂论，而大讲“知行合一”论，其实质是“销行以归知”，“终始于不知”，这种取消了行的知，是“非知”，只是“惝然若有所见”；所谓的行，就是以不行为行，取消了行，人们“不以身心尝试”人伦、物理，哪里还有什么知呢？所以程朱、陆王两派的知行观，殊途而同归，都是“离行以为知”。王夫之的批评真是一语中的。

王夫之在批评程朱、陆王两派知行观的同时，提出了“知行相资以为用”的知行统一观，具体论证了知和行的对立统一关系。

在王夫之看来，程朱的“知先行后”论，是把知行“分作两截用功”之谬；陆王的“知行合一”论，是把知行说成是一件事的“销行以归知”之谬。他们都是“离行以为知”、“尊知而贱行”，结果是知行“并废之”。把知行都取消了，当然也就没有什么认识可言，因而是错误的。

王夫之认为，知和行的关系是彼此并进、不断深化而有功的共进关系。但是，知行不是平行的，而是行为知的主导、决定方面。据此，他提出了“行可兼知，而知不可兼行”的知行观。他在《尚书引义》卷三中，集中阐发了这个思想：

---

① 《尚书引义》卷三。

> 且夫知也者，固以行为功者也；行也者，不以知为功者也。行焉可以得知之效也，知焉未可以得行之效也。将为格物穷理之学，抑必勉勉孜孜，而后择之精、语之详，是知必以行为功也。行于君民、亲友、喜怒、哀乐之间，得而信，失而疑，道乃益明，是行可有知之效也。其力行也，得不以为歆，失不以为恤，志壹动气，惟无审虑却顾，而后德可据，是行不以知为功也。冥心而思，观物而辨，时未至，理未协，情未感，力未赡，俟之他日而行乃为功，是知不得有行之效也。行可兼知，而知不可兼行。下学而上达，岂达焉而始学乎？君子之学，未尝离行以为知也必矣。

王夫之在这里全面而深刻地论述了知行统一观。他的“行可兼知，而知不可兼行”的思想，主要内容是：“知以行为功。”这是说，知来源于行，人认识物理，必须“勉勉孜孜”以求，然后才能“择之精，语之详”，认识事物及其规律；“行不以知为功”，这是说，人只要“力行”，就能最终达到目的，取得成功；“行可有知之效”，这是说，行可以检验知的效果，认识在实践中得到检验、证明，达到预期之知，才算真知；“知不得有行之效”，这是说，知而不行，光说不做，就不能取得实际效果，人只有知而行，才能在行中取得真知。由此可见，“行可兼知，而知不可兼行”，包括这样几层意思：第一，行中兼知，知者不一定能行，行者必定知而能行。第二，行是知的基础。知和行是统一认识过程中的两个矛盾方面，但行是主要的方面，二者在行的基础上统一起来。第三，行是知的目的。人的认识不是为了知而知，而是为了行而知，所以“行之为贵”。第四，行高于知、贵于知。认识了的东西，未必能做到；做到了的东西，必定是认识了的。因为“行有知之功”，所以行高于知、贵于知。王夫之的知行统一观，全面系统地论述了知和行的关系，对中国古代的知行观的发展深化做出了重大贡献。

第五节　“日生日成”的人性论

王夫之从元气本体论宇宙观出发，提出了“性日生日成”的人性论，反对宋明理学家的“天地之性”和“气质之性”的人性二元论，不承认有先天形成而不可改变的人性。他认为人和万物一样，都是禀太虚之气而生。但是，人和万物又有其不同之处，这就是：植物有质而无性，动物有性而无道，人则有质、有性亦有道。王夫之在《张子正蒙注·诚明篇》中说：

> 张子推本神化，统动植于人，而谓万物之一源，切指人性，而谓尽性者不以天能为能，同归殊途，两尽其义，乃此篇（按：指《诚明篇》）之要者。其视程子以率性之道为人物之偕焉者，得失自晓然易见。

人性是有道之性，道是“神之有其理，在天为道，凝于人为性”。道就是理，人和物都是禀气而生，循理而成。性离不开气，离气则无性；性亦离不开理，离理亦无性。人如果不禀气而生，循理而成，便没有生命、肉体、感官，当然也就无所谓性了。王夫之在《读四书大全说》卷十中阐释张载的“合虚与气有性之名，合性与知觉有心之名”的思想时，说：

> 若其精思而实得之，极深研几而显示之，则横渠之说尤为著名。盖言心、言性、言天、言理，俱必在气上说，若无气处则俱无也。……气不倚于化，元只气，故天即以气言，道即以天之化言，固不得谓离乎气而有天也。
>
> 气之化而人生焉，人生而性成焉。由气化而后理之实著，则道之名亦固以立。是理惟可以言性，而不可加诸天也，审矣。就气化之流行于天壤，各有其当然者，曰道。就气化之成于人身，实有其当然者，则曰性。性与道，本于天者合，合之以理也；其既有内外之别者分，分则各成其理也。故以气之理

即于化而为化之理者，正之以性之名，而不即以气为性，此君子之所反求而自得者也。所以张子云："合虚与气，有性之名。"虚者理之所涵，气者理之所凝也。

王夫之以气为天、性、心、理的本原。在元气本体论的基础上，建立了他的人性论。

关于什么是人性以及人性是怎样形成的，王夫之提出了新的见解。他认为，人性是人生之理，是由于后天学习、环境影响、教育而形成的，不是先天与生俱来的。他说：

习与性成者，习成而性与成也。……夫性者生理也，日生则日成也。则夫天命者，岂但初生之顷命之哉？但初生之顷命之，是持一物而予之于一日，俾牢持终身以不失，天且有心以劳劳于给与；而人之受之，一受其成形而无可损益矣。夫天之生物，其化不息。初生之顷，非无所命也。……幼而少，少而壮，壮而老，亦非无所命也。何以知其有所命？不更有所命，则年逝而性亦日忘也。形化者化醇也，气化者化生也。二气之运，五行之实，始以为胎孕，后以为长养，取精用物，一受于天产地产之精英，无以异也。形日以养，气日以滋，理日以成；方生而受之，一日生而一日受之。受之者有所自授，岂非天哉？故天日命于人，而人日受命于天。故曰性者生也，日生而日成之也。①

王夫之的性日生日成论，是说人禀阴阳二气而生，人生成以后，才有感觉思维活动。人性也不是先天具有的，随着年龄增长，人性也不断地发展变化。人性为人的生理活动、生命延续，一个人从幼而少，少而壮，壮而老，每日每时，都在"受命成性"，如果不是时刻都在"受命成性"，那么初时所受之性就忘掉了。

由于人性是人的生理活动、生命现象，是后天日积月累而形成

① 《尚书引义》卷三。

的，不是一下子形成的，也不是一成不变的。所以说："性屡移而常异。"人的生命是在不断地成长变化的，人性也是在不断地形成变化的，但人性不是随着生理的变化而自然形成的，而是由于后天环境影响、学习而成的，"习与性成者，习成而性与成也"。性是后天而成的，因此，也是可以改变的，"未成可成，已成可革"，不是"一定成型，不受损益"，亦不是"悬一性于初生之顷，为一成不易之型"。① 王夫之强调人性的后天性、可变性，因而是合理的。

关于人性善恶的问题，王夫之认为，人性是由气而生成的人的生理活动，就气化成之于人身，实有其当然者，叫做"性"。人禀受元气而成的生理活动之性，是人人都具有的，它包括人的感觉思维活动，又包括人的伦理道德观念，"仁、义、礼、智之根"，这种气化屡移、生生不已的人性，是善的而不是恶的。所以说：

> 人物有性，天地非有性。阴阳之相继也善，其未相继也不可谓之善。故成之而后性存焉，继之而后善著焉。言道者统而同之，不以其序，故知道者鲜矣。性存而后仁、义、礼、知之实章焉，以仁、义、礼、知而言天，不可也。……相继者善，善而后习知其善，以善而言道，不可也。……故成之者人也，继之者天人之际也，天则遭而已矣。道大而善小，善大而性小。道生善，善生性。……小者专而致精，大者博而不亲。然则以善说道，以性说善，恢恢乎其欲之大，而不知其未得其精也。恢恢乎大之，则曰"人之性犹牛之性，牛之性犹犬之性"亦可矣。当其继善之时，有相犹者也，而不可概之已成乎人之性也，则曰"天地与我同根，万物与我共命"亦可矣。当其为道之时，同也共也，而不可概之相继以相授而善焉者也。惟其有道，是以继之而得善焉，道者善之所从出也。惟其有善，是以成之为性焉，善者性之所资也。方其为善，而后道有善矣。方其为性，而后善凝于性矣。故孟子之言性善，推本而言其所资也。……然则先言性而系之以善，则性有善而疑不仅有善。

① 《尚书引义》卷三。

不如先言善而纪之以性，则善为性，而信善外之无性也。①

人禀气而生，气化而成，这是人和动物的共同之性，而人性是有道之性，故不同于动物之性。因为人具有仁、义、礼、智之道理，这是天赋的人性，所以人之性与物之性是不同的。性是授之于天者，自天言之谓之道，自人言之谓之性，道生善，善生性，道是善之所从出者，只有善，才成为性。因为“道大而善小，善大而性小”，所以人性为善。道必继之而后善，性资于善则亦必尽继之而后全善。

王夫之主张性善论，并具体论证了性善论。

第一，从人的禀气、生理来说，人性是善的。他认为，人禀受阴阳精灵之气而生，所以人性是纯善无恶的。王夫之说：

> 道统天地人物，[善]、性则专就人而言也。一阴一阳之谓道，天地之自为体，人与万物之所受命，万不然也。而在天者即为理，不必其分剂之宜；在物者乘大化之偶然，而不能遇分剂之适得；则合一阴一阳之美以首出万物而灵焉者，人也。……其合也有伦，其分也有理，仁智不可为之名，而实其所自生。在阳而为象为气者，足以通天下之志而无不知，在阴而为形为精者，足以成天下之务而无不能，斯其纯善而无恶者。②

人禀阴阳精灵之气而生，所以是内生之善性者。由于物交而引之则有不善，推其根本来说，人的来自自然的天性是善的。

第二，从尽性知命，继善成性来说，人性是善的。由于善生性，所以善大而性小，由此可以证明，人性是善的。王夫之说：

> 继之者善也，善则随多寡损益以皆适矣。成之者性也，性

① 《周易外传》卷五。

② 《周易内传》卷五上。

则浑然一体而无形埒之分矣。

尽性以至于命。至于命，而后知性之善也。天下之疑，皆允乎人心者也。天下之变，皆顺乎物则者也。何善如之哉！测性于一区，拟性于一时，所言者皆非性也，恶知善！

言性之善，言其无恶也。既无有恶，则粹然一善而已矣。有善者，性之体也。无恶者，性之用也。从善而视之，见性之无恶，则充实而不杂者显矣。从无恶而视之，则将见性之无善而充实之体堕矣。故必志于仁，而后无恶。诚，无恶也，皆善也。①

这就是说，性作为浑然一体之物，随适皆善，而善大于性，故性没有不善。再从尽性以至于命，逆而推之，由性以知善，由善以知道，以此可知性的根源为善，故性为善。如果只拘于区区之一区、一时来言性，则是非性。因此，要穷本溯源，从根源处看性，则性无疑是善的。最后，从善来看性，则善大而性小，志于仁者反诸己而从其源，由道而善，这如同顺流而下之水一样不为恶。据此可以证明人性皆善也。

第三，从性之条理节文看，性亦是善的。气原是有理的，气无不有其条理节文，理气不可分，理不先，气不后，“气外更无虚托孤立之理”，“理即是气之理”。理善气亦善，所以王夫之说：

理善则气无不善；气之不善，理之未善也。人之性只是理之善，是以气之善；天之道惟其气之善，是以理之善。《易》有太极，是生两仪，两仪气也。惟其善，是以可仪也。……在天之气无不善。……人之气亦无不善矣。②

理气不相离，由于气之善、理之善而决定性之善。理是气之理，理是气之条理节文，言性不能离开气之条理节文而言，所以来

① 《思问录·内篇》。

② 《读四书大全说》卷十。

源于理气之善的性，当然也是善的。

王夫之认为，人禀气而生，由天道天理而成之性是善的。但由于人所禀之气不同，便有气质不同，表现为才的不同。才有清、全、明与浊、偏、昏的不同，前者可以抵制恶习的毒染，发展为善性；后者容易受恶习的毒染，去掉善性而为恶性。因此，王夫之极力主张加强教育，使人抵制恶习而发展善性，最终使人为善不为恶。

王夫之从他的人性论出发，提出了“理欲合性”说，肯定“理欲皆自然”，“理欲相变”，“有欲斯有理”，“理寓欲中”的理欲统一论，反对宋明理学家的“存天理，去人欲”，“天理人欲不容并”的理欲对立论。王夫之在《读四书大全说》中，集中地阐发了他的理欲统一观。他说：

> 人性之有礼也，二殊五常之实也。二殊之为五常，则阴变、阳合而生者也。故阳一也，合于阴之变而有仁礼；阴一也，变以之阳合而有义知。阳合于阴而有仁礼，则礼虽为纯阳而寓于阴。是礼虽纯为天理之节文，而必寓于人欲以见；虽居静而为感通之则，然因乎变合以章其用。惟然，故终不离人而别有天，终不离欲而别有理也。离欲而别为理，其惟释氏为然。盖厌弃物则，而废人之大伦矣。今云“然后力求所以循天理”，则是离欲而利有所循之理也，非释氏之诐辞哉！五峰曰“天理人欲，同行异情”，韪哉！……于此声色臭味，廓然见万物之公欲，而即为万物之公理；大公廓然，物来顺应，则视之听之，以言以动，率循新而无待外求。……使不于人欲之与天理同行者，即是以察夫天理，则虽若有理之可为依据，而总于吾视听言动之感通而有贞者，不相交涉。乃断弃生人之大用。……孟子承孔子之学，随处见人欲，即随处见天理。

在天理与人欲的关系上，王夫之主张理欲统一论。他认为，理欲都是人性，离开人欲则无天理可言，天理存在于人欲之中，有人欲则有天理，人不能“离人而别有天”，“离欲而别有理”，“廓然见万物之公欲，而即为万物之公理”，“随处见人欲，即随处见天理”，理与欲皆为自然而非人为，欲食男女之欲，是人之大欲所共者。王夫之肯定人欲合乎天理，是人所共有的，不可失掉的，更是不可泯灭的。王夫之的理欲统一论，在当时对于反对理学家的理欲分离论，是有积极意义的。

第六节　“理势合一”的历史观

在历史观上，王夫之提出了许多新的见解。其主要表现为：

第一，历史是发展、进化的。王夫之针对理学家的三代以上“天理”流行，三代以下“人欲”横行的后不如古的历史倒退论，提出了“今胜于古”的历史进化观，肯定历史发展总是后代超过前代的。他说：

> 唐虞以前，无得而详考也，然衣裳未正，五品未清，婚姻未别，丧祭未修，狉狉獉獉，人之异于禽兽无几也。①

在王夫之看来，尧、舜以前，人类社会处于未开化时期，衣服不完整、婚姻无制度、丧祭无礼仪，人的生活与禽兽差不多。到三代则是：“沿上古之封建，国小而君多。……而暴君横取，无异于今川、广之土司，吸龁其部民，使鹄面鸠形，衣百结而食草木。”②他把三代社会描绘成原始部族的争斗和暴君的横征暴敛的野蛮统治时期，而不是理想的盛世。由此王夫之推断：

> 故吾所知者，中国之天下，轩辕以前，其犹夷狄乎！太昊以上，其犹禽兽乎！……所谓饥则呴呴，饱则弃余者，亦植立之兽而已矣。③

---

① 《读通监论》卷二十。

② 《读通监论》卷二十。

③ 《思问录·外篇》。

王夫之认为，中国的先民，在黄帝以前跟野蛮民族差不多；在伏羲以前跟禽兽差不多，不过是直立行走的兽罢了。到了春秋时代的情况是：

> 春秋之民，无异于三代之始，帝王经理之余，孔子垂训之后，民固不乏败类，而视唐虞三代帝王初兴，政教未孚之日，其愈也多矣。
>
> 至于春秋之世，弑君者三十三，弑父者三，卿大夫之父子相夷，兄弟相杀，姻党相灭，无国无岁而无之。……孔子成春秋而乱贼始惧，删诗书定礼乐而道术始明。①

春秋时代，社会历史虽然进化了，但是社会道德仍然低下，弑父弑君之事经常发生，经过孔子教化之后，才开始逐渐变好。

王夫之肯定今胜于古，反对“泥古过高而菲薄方今”。他认为，三代是分封诸侯，贵族世袭制；秦汉以后实行郡县制，官吏不能世袭，不好者可以撤换，这是一个进步。总之，历史是进化的，如果不进化而退化，就没有人类了。

第二，历史发展是有其必然趋势的。儒家学者自董仲舒以来，把天神秘化、人格化，把“天命”视为人事的主宰者，而否定历史发展的必然趋势和固有规律。对此，王夫之进行了驳斥，他肯定历史发展是有其必然趋势和客观规律的。他探讨了“理”与“势”的关系问题，提出了“理势合一”的历史观。

“势”是历史发展的必然趋势，“理”是历史发展的客观规律。王夫之认为，历史的固有规律与历史的必然趋势是相互统一的。他说：

> 势者事之所因，事者势之所就，故离事无理，离理无势。势之难易，理之顺逆为之也。理顺斯势顺矣，理逆斯势逆矣。②

① 《读通监论》卷二十。

② 《尚书引义》卷四。

有道，无道，莫非气也，则莫不成乎其势也。气之成乎治之理者为有道，成乎乱之理者为无道。均成其理，则均成乎势矣。……凡言势者，皆顺而不逆之谓也；从高趋卑，从大包小，不容违阻之谓也。夫然，又安往而非理乎？知理势不可以两截沟分。

言理势，犹言理之势也，犹凡言理气者，谓理之气也。理本非一成可势之物，不可得而见；气之条绪节文，乃理之可见者也。故其始之有理，即于气上见理；迨已得理，则自然成势，又只在势之必然处见理。①

历史的发展过程，每个历史时期都有它的必然趋势，这种必然趋势就是理的表现。历史事件是由必然趋势形成的，而必然趋势表现为事件中的固有规律。没有离开势的理，也没有离开理的势，理与势不可以两截沟分。势的必然就是理的当然，“势之顺者即理之常然”，“势既然而不得不然，则即此为理矣”。理的合乎规律的历史发展就是历史事变的必然，“得其理，则自然成势”。因此，要“只在势之必然处见理”。王夫之力主理势合一说，“总将理势作一合说”。②

王夫之进一步指出，历史发展是由其自然而必然的发展趋势决定的，是不依个人的意志而转移的。王夫之看到历史发展是有历史人物的活动的，但历史发展的必然趋势不是由历史人物决定的。他说：“秦以私天下之心而罢侯置守，而天假其私以行其大公，存乎神者之不则有如是夫！”③“武帝之始，闻善马而远求耳，骞以此而逢其欲，亦未念及牂柯之可辟在内地也。然因是而贵筑昆明，垂及于今，而为冠带之国，此岂武帝、张骞之意计所及哉？故曰天牖之也。”④秦始皇为巩固自己一家一姓的统治，废弃了分封诸侯制，实

① 《读四书大全说》卷九。

② 《读四书大全说》卷九。

③ 《读通监论》卷一。

④ 《读通监论》卷三。

行了郡县制，他的政权两代就垮台了，但郡县制却从此确立起来，推动了历史进步而行了“大公”。汉武帝为了满足自己的私欲，派张骞去西域寻求好马和宝物，结果却开通了西域，加强了文化交流，使西南地区变成了文明地区。这种变化都是“天牖之也”。王夫之所说的“天”，不是天神、天命，而是指“理”，“理”是历史的必然性。所以他说：“夫岂有苍苍不可问之天哉？天者理而已矣，理者势之顺而已矣。”“顺必然之势者理也，理之自然者天也。”①王夫之把历史发展的必然趋势归之于“天”，这个“天”就是“理之自然”。

王夫之的思想在各个方面都有其突出的历史贡献，对中国古代思想作了全面的总结，并在新的历史条件下放射出时代的光辉。

① 《宋论》卷七。

第十一章　李颙的“悔过自新”思想

第一节　“坚苦力学，无师而成”

李颙，字中孚，号二曲，陕西盩厔人(《汉书》：“山曲曰盩，水曲曰厔。”二曲之号盖出于此)，故学者称之为“二曲先生”。李颙生于公元1627年(明天启七年)，卒于公元1705年(清康熙四十四年)。李颙家境贫寒，没有家学与师承，完全靠自己学习与磨炼而成为与黄宗羲、孙奇逢齐名的清初“海内三大儒”。顾炎武称他是“坚苦力学，无师而成”①的北方大儒。

李颙生当明清之际社会动荡时期，他在贫穷饥饿、干戈扰攘中度过了少年时代。由于家贫，他9岁才入小学，不久因贫病交加而辍学。其父李可于崇祯十四年(公元1641年)应征从军，翌年二月，在河南襄城与农民起义军的对抗中身亡。从此李颙母子靠为人纺棉维持生活，常常一日不再食，数不举火，饿得面色如菜，被人讥为“李菜”。他自称家无一椽寸土之产，无以为生。为了求学，他先投奔舅父开设的私塾，被拒之门外。随后，又到邻村私塾求学，亦因无钱交纳学费，不被收留。在屡遭挫折屈辱后，母亲劝他以古人为师。于是他发愤读书，坚苦力学。

李颙平生为学，不以仕进做官为意，而以康国济世为旨。他说：“甫弱冠，即以康济为心。”②“天地民物，本吾一体，痛痒不容不关，故学须开物成务，康济时艰。”③李颙肆力于学，泛观群

① 《亭林文集》卷六《广师》。

② 《二曲集》卷一骆钟麟《匡时要务序》。

③ 惠龙嗣：《历年纪略》。

书，于经史、百家、天文河图、九流百技等，无所不读，无一不究，以反之躬行，见之日用者为贵，力求找出一条“救世济时”的路径。

李颙曾南行无锡、江阴、常州、宜兴等地讲学，主持关中书院讲席，足涉大江南北，弟子遍及关内各地。他在当时学风不盛，学术界“所习惟在于词章，所志惟在于名利”的情况下，以“明学术，正人心”为己任，大力开展讲学活动，以此作为“匡时要务”。他说：

> 立人达人，全在讲学；移风易俗，全在讲学；拨乱退治，全在讲学；旋转乾坤，全在讲学；为上为德，为下为民，莫不由此。此生人之命脉，宇宙之元气，不可一日息焉者也，息则元气索而生机漓矣。①

李颙由于在各地讲学，使学界为之倾倒，从此名声大振，引起清廷重视，多次下令征召。李颙以死相拒，坚辞不就。他初被以“山林隐儒”荐举，力辞不就；再以“海内真儒”、“博学鸿儒”荐举，绝食相拒。康熙召见他，他认为是对他的“缯弋”，故以死坚拒。他崇高的爱国主义思想和高尚的民族气节，受到当时和后世人的称颂。

李颙屡次固辞清廷征召后，晚年在家里筑一垩室，日居其中，不肯复出。全祖望说：“自是以后，荆扉反锁，遂不与人接，虽旧生徒亦罕觏，惟吴中顾宁人(顾炎武)至则款之。”②

李颙平生为学，“兼采众长，未尝专主一家”。③ 不囿门户之见，而主合理取舍。他对朱陆之学，便是如此。他说：

> 陆之教人，一洗支离锢蔽之陋，在儒中最为儆切。……朱

① 《二曲集》卷十二《匡时要务》。

② 《鲒埼亭集·二曲先生窆石文》。

③ 《二曲集》卷十八《琴范彪西徵君第三书》。

> 之教人，循循有序……中正平实，极便初学。……若中先入之言，抑彼取此，亦未可谓善学也。①

李颙认为，人生要务，在于明己心，见己性，救世济时，了切己大事，不在著述。因此，他一生为学，仅留下《二曲集》和《四书反身录》二书。

第二节　“悔过自新”的思想宗旨

李颙的学术思想，是以“悔过自新”为宗旨，以“倡道救世”和“反身躬行”为特征的。

李颙专门写了《悔过自新说》，标明了他的思想宗旨。他说：

> 古今名儒倡道救世者非一，或以主敬穷理标宗，或以先立乎大标宗，或以心之精神为圣标宗，或以自然标宗，或以复性标宗，或以致良知标宗，或以随处体认标宗，或以正修标宗，或以知止标宗，或以明德标宗。虽各家宗旨不同，要之总不出悔过自新四字，总是问人以悔过自新的门路。但不曾揭出此四字，所以当时讲学，费许多辞说。愚谓不若直提悔过自新四字为说，庶当下便有依据。所谓心不妄用，功不杂施，丹府一粒，点铁成金也。②

李颙的“悔过自新说”的提出，是有历史原因、理论依据和亲身体会的，不是偶然的产物。

首先，是对明清朝代更迭的历史反思、总结的产物。明清之际许多思想家都对明亡的历史教训进行了理论总结，在痛定思痛中，面对清廷统治的思想界现状，振奋精神，希望达到救世济时的目的。李颙的“悔过自新说”，就是这种历史条件的产物。他说：

---

① 《二曲集》卷四《靖江语要》。

② 《二曲集》卷一《悔过自新说》。

> 若夫今日，吾人通病在于昧义命，鲜羞恶，而礼义廉耻之大闲多荡而不可问。
>
> 苟有真正大君子，深心世道，志切拯救者，所宜力扶义命，力振廉耻，使义命明而廉耻兴，则大闲籍以不逾，纲常赖以不毁，乃所以救世而济时也。当务之急，莫切于此。①

针对清初统治时期一些知识分子寡廉鲜耻，没有骨节、不思做人、无志做人的现状，他要通过“力扶义命，力振廉耻”的措施，来达到“救世而济时”的目的。所以说：“悔过自新说”是“志切拯救者”的当务之急。李颙说：“学问须从肯綮处着力，悔过自新乃千圣进修要诀。人无志于做人则已，苟有志做人，须从此学则不差。”②就是说，“倡道救世”、“救世济时”和“有志做人”、“学问进修”的学术宗旨是“悔过自新”。

其次，是对其儒家先行者的思想材料进行理论总结而提出的，尤其是吸取“天地之性”论而提出了“悔过自新说”。李颙说：

> 天地之性人为贵。人也者，禀天地之气以成身，即得天地之理以为性。此性之量，本与天地同其大，此性之灵，本与日月合其明，本至善无恶，至粹无瑕。③

李颙认为，人得天地之理以为性，人为天地之精华，就人性之本原来说，是“至善无恶，至粹无瑕”的，但由于“人多为气质所蔽，情欲所牵，习俗所囿，时势所移，知诱物化，旋失厥初，渐剥渐蚀，迁流弗觉”，久而久之，便丧失了原初的本然善性而走向恶的泥潭，“以至卑鄙乖谬，甘心堕落于小人之归，甚至虽具人形，而其所为有不远于禽兽者”。④ 为了拯救人的精神，恢复人的善性，

① 《二曲集》卷十《南行述》。
② 《二曲集》卷一《悔过自新说》。
③ 《二曲集》卷一《悔过自新说》。
④ 《二曲集》卷一《悔过自新说》。

李颙提出了“悔过自新说”。

再次，是李颙总结自己的实践经验、亲身体会而提出的“悔过自新说”。他说：

> 天地间道理，有前圣偶见不及而后圣始拈出者，有贤人或见不及而庸人偶拈出者……予固庸人，懵弗知学，且孤苦颠顿，备历穷愆，于夙夜寐旦，苦搜精研中，忽见得此说。①

“悔过自新说”是李颙经过长期的磨砺、搜索、精研实践而总结出来的，不是随意提出来的，因而在当时有一定的社会价值。

关于如何做到“悔过自新”的问题，李颙也作了说明。李颙认为：“圣人之学，下学上达，其始不外动静，云为日用平常之事。”因此，要在日用平常事中修身，“检点身心过失”。他说：“修者，修其所行也。检点治去之谓，必有事焉之谓行。”②这是对那种“未尝学问之人”的要求。至于对那些读书人、有学问者则要求：“同志者苟留心此学，必须于起心动念处，潜体密验，苟有一念未纯于理，即是过，即当悔而去之。苟有一息稍涉于懈，即非新，即当振而起之。”③就是说，要在心思念虑上体察，如果有一念不合于天理，就是一种过错，要立即悔改，使之端正。如果有一息放松心性修养，就是不求自新，就要振作精神，求得自新。

李颙认为，人人都要着力于“悔过自新”之功，从圣贤到庶人，只要能在“悔过自新”上用功夫，就会有所成就，因此，人不要自暴自弃。他说：

> 子张，鲁之鄙家也，颜浊聚，梁父之大盗也，学于孔子。段干木，晋国之大驵也，学于子夏。高何、县子石，齐国之暴者也，指于乡曲，学于子墨子。索卢参，东方之巨狡也，学于

① 《二曲集》卷一《悔过自新说》。

② 《二曲集》卷十《南行述》。

③ 《二曲集》卷一《悔过自新说》。

禽滑黎。此六人者，刑戮死辱之人也，今非徒免于刑戮死辱也，由此为天下名士显人，而吾曹乃多以一眚自弃，惜哉!①

无论什么样的人，只要能“悔过自新”，就有出头之日。当有人问李颙：“悔过自新之功当向何处着力”时，他回答说：

最上道理，只在最下修能，不必骛高远，说精微，谈道学，论性命，但就日用常行，纲常伦理，极浅近处做起。②

只要在“日用常行”中，使自己“言无妄发，行无妄动”③，注意小心谨慎要求、规范自己的言行，就会使言行符合“天理”，于是便达到“圣贤”的人生最高境界。李颙说：

悔而又悔，以至于无过可悔，新而又新，以极于日新不已。庶几仰不愧天，俯不怍人，昼不愧影，夜不愧食。在乾坤为萧人，在宇宙为完人，今日在名教为圣贤，将来在冥漠为神明。岂不快哉!④

经过“悔过自新”的不断修养，这种心性修养达到了极顶处，便为“完人”、“圣贤”，死后亦可进入“神明”之境，生前死后，都得到了快乐。

李颙在《悔过自新说》最后部分，列举了许多人作为悔过自新的例证，其中有尧、舜、周公、孔子等圣贤，张载、二程、谢良佐、朱熹、吴澄、薛瑄、王守仁、罗汝芳、南大吉、董沄等理学家，以及仇览、徐庶、周处、颜浊聚、索卢参、高何等“免于刑戮死辱”之人，说明只要能悔过自新，就能有所成就，告诫人们不可

① 《二曲集》卷一《悔过自新说》。

② 《二曲集》卷六《传心录》。

③ 《二曲集》卷六《传心录》。

④ 《二曲集》卷一《悔过自新说》。

“以一眚自弃”。

李颙的“悔过自新说”之所以提出：一是为“反身躬行”，二是为“倡道救世”。

关于“反身躬行”，他主张以儒家的伦理道德规范来要求自己，做到：“视听言动复礼，喜怒哀乐中节，纲常伦理不亏，辞受取与不苟，富贵贫贱一事，得失毁誉不动，造次颠沛一致，生死利害如常，如是则动静协一，体用兼尽。”①李颙主张通过“反身躬行”、“反己自认”的“悔过自新之功”，最终达到“存心复性”的境界，而这种自身修养的行动规范，是儒家的“仁、义、礼、智、信”，以此来决定人的行为、欲念的“存”和“去”。他说：

> 有不仁不义不礼不智不信之行，便是吾身之玷，一一治去，使所行皆天理……一念之微觉有不仁不义不礼不智不信之私，即是吾心之疵，必一一治去，使念念皆天理，而无一毫人欲之杂。②

通过“反身躬行”，“存天理，去人欲”的“悔过自新之功”，而达到“存心复性”之境的关键是学习、践履儒家的仁、义、礼、智、信之说。所以李颙强调学习“存心复性”的“着里之学”。他说：“学非辞章记诵之谓也，所以存心复性，以尽乎人道之当然也。”③存心复性”之学，就是“着里之学”。所以他说：

> 里也者，对外而言也。为学所以自尽其心，自复其性，非以炫彩矜名也。须是刊落声华，潜体密诣，才有一毫露聪明，造修能之意，便是表暴，便是务外。务外则心劳日拙，纵使行谊超卓，亦总是因人起见，本实先拨，天机绝矣，乌足言学？④

---

① 《二曲集》卷十二《关中书院会约》。

② 《二曲集》卷十《南行述》。

③ 《二曲集》卷十一《东林书院会语》。

④ 《二曲集》卷六《传心录》。

李颙平生为学坚守“着里之学”的壁垒。他在与顾炎武论学时，顾炎武对此有异议，他回答说：

> 鞭辟近里一言，实吾人顶门针、对症药。此则必不可肆，不惟不可讳，且宜揭之座右，出入观省，书之于绅，触目警心。①

“存心复性”的“着里之学”，是人为学为人的顶门针、对症药、座右铭，不可讳，不可离。其所以如此重要，就因为在李颙看来，人经过“悔过自新”，“存心复性”，就可以成为圣贤完人，而能担当“倡道救世”，“匡时要务”的重任。

关于“倡道救世”，李颙从少时就“志存经世”，他所著《帝学宏纲》、《经世蠡测》、《时务急著》等书，都是有关“救世济时”之书，由于诸书触犯清廷的忌讳而自毁了。他在《二曲集》卷十二《匡时要务》中，集中阐发了他的“倡道救世”思想。他说：

> 自教化陵夷，父兄之所督，师友之所导，当事之所鼓舞，子弟之所习尚，举不越乎词章名利，此外茫不知学校为何设，读书为何事。呜呼！学术之晦，至是而极矣。人心陷溺之深，至今日而不忍言矣。昔墨氏之学，志于仁者也，视天下为一家，万物为一体，慈悯利济，唯恐一夫失所；杨氏之学，志于义者也，一介不取，一介不与。……此其为学，视后世词章名利之习，相去何啻天渊；孟子……辟而辟之。……夫以履仁蹈义为事，其源少偏犹不能无弊，矧所习惟在于词章，所志惟在于名利，其源已非，流弊又何所底止！此其以学术杀天下后世尤酷，比之洪水猛兽，尤为何如也？

李颙极为痛恨八股词章之学，因为在清初国破家亡的条件下，

① 《二曲集》卷十六《答顾宁人第二书》。

还以八股词章追逐名利，不仅于救国救世无益，而且成了束缚人心人性的枷锁，所以其为害甚于洪水猛兽，“洪水猛兽，其为害也，止于其身，学术不明，其为害也，根于其心。……心害则醉生梦死，不自知觉，发政害事，为患无穷”。① 为了救此时弊，李颙积极主张讲学倡道。这就是他的“悔过自新说”的根本宗旨。

第三节　“明体适用”的思想内容

在李颙的实学思想体系中，除了“悔过自新说”外，还有一个极为重要的思想，即“明体适用”思想。

李颙认为，为学之主在于“明学术，正人心”，由此出发，他讨论了学术问题，提出了“明体适用”的学术思想。他认为，这是儒学的传统。他说：“儒者之学，明体适用之学也。”②又说：“《六经》、《四书》，儒者明体适用之学也。”③学术应该有体有用，求学应该明体适用，儒家经典就是明体适用之学。李颙就《大学》一书，对这个问题作了具体的阐释：

> 《大学》，孔门授受之教典，全体大用之成规也。……苟志于学，则当依其次第，循序而进，亦犹农服其先畴，匠遵其规矩，自然德成材达，有体有用，顶天立地，为世完人。
>
> 《大学》一书，为明体适用之书。《大学》之学，乃明体适用之学。④

《大学》就是明体适用之书之学。学者为学当明此义此学。何谓“明体适用”之学？李颙解释说：

① 《二曲集》卷十二《匡时要务》。

② 《二曲集》卷十四《盘厘答问》。

③ 《二曲集》卷十五《富平答问》。

④ 《四书反身录》卷一。

穷理致知，反之于内，则识心悟性，实修实证；逢之于外，则开物成务，康济群生，夫是之谓明体适用。①

这段话明确地概括了“明体适用”学说的基本内容：一是识心悟性，实修实证，反之于内以明体；一是开物成务，康济群生，达之于外以适用。就是说，所谓“明体适用”，即是内修心性为明体，外济群生为适用。

在李颙看来，“天地民物，本吾一体，痛痒不容不关。以学须开物成务，康济时艰”。② 从这种“民胞物与”、“万物一体”思想出发，李颙主张“明体”与“适用”是浑然一体，不可分离的。他说：

明体而不适于用，便是腐儒；适用而不本于明体，便是霸儒；既不明体，又不适用，徒汩没于辞章记诵之末，便是俗儒。

明体适用，乃吾人性分之所不容已。学而不如此，则失其所以为学，便失其所以为人矣。③

“明体”与“适用”是统一不可分割的整体，为学就是要求得体用之学，否则执一端，得一偏，便为腐儒、霸儒；二者皆弃置不讲、不用，便为俗儒。因此，李颙主张“体用兼赅”。他说：“今须勇猛振奋，自拔习俗，务为体用之学。澄心返观，深造默成，以立体。通达治理，酌古准今，以致用。体用兼赅，斯不愧须眉。”④学有体有用，故要“体用兼赅”。那么如何去求“明体适用”之学呢？李颙说：

体非书无以明，用非书无以适。欲为明体适用之学，须读明体适用之书，否则纵诚笃虚明，终不济事。⑤

① 《二曲集》卷十四《盘厘答问》。

② 吴怀清：《二曲先生年谱》。

③ 《四书反身录》卷一。

④ 《四书反身录》卷一。

⑤ 《二曲集》卷十六《答王天如书》。

求“明体适用”之学，就要“读明体适用之书”，否则无济于事。只有读书明理，明体适用，才能齐家、治国、平天下。“问体用?曰：明德是体，明明德是明体。亲民是用，明明德于天下，作新民，是适用。格、致、诚、正、修，乃明之之实。齐、治、均平，乃新之之实。纯乎天理而弗杂，方是止于至善。”①明德是学之体，明明德是宣传体，即明体。亲民是学之用，宣传明德于天下，教育新民，即适明。格物、致知、诚意、正心、修身，是明明德的实际内容。齐家、治国、平天下，是教育新民的实际内容。人们学习、修养做到全是纯然天理，没有人欲之私夹杂，便是“止于至善”。这就是李颙的“明体适用”之学的思想底蕴。

李颙的“明体”之学，实为陆、王的立大本、致良知的“尊德性”之学。他在解释“尊德性”时，说：

> 尊，对卑而言。天之所以与我，而我得之以为一身之主者，惟是此性。耳目口鼻，四肢百骸，皆其所属，以供役使者也。本是尊的，本广大精微，高明中庸，而有德，故谓之德性。只因主不做主，不能钤束所属，以致随其所好，反以役主。灵台俶扰，天君弗秦，尊遂失其为尊。不容不问学以尊此尊。问，是问此德性；学，是学此德性。若学问而不以德性为事，从向博雅人问尽古今疑义，学尽古今典籍，制作可侔姬公，删述不让孔子，总是为耳目所役，不惟于德性毫无干涉，适以累其德性。须是一扫支离锢蔽之习，逐日、逐时、逐念、逐事，在德性参究体验。……德性本吾故物，一意涵养德性而濬其灵源。悟门既辟，见地自新。护节文，矜细行，不耽空守寂，斯造诣平实。夫如是，德岂有不至，道岂有不凝乎!②

李颙为学宗陆、王之学。他认为陆九渊“在宋儒中，横发直指，一洗诸儒之陋，议论剀爽，令人当下心豁目明，简易直捷，孟

① 《四书反身录》卷一。

② 《四书反身录》卷二。

氏之后仅见”。[①] 对王守仁更是尊崇，李颙说：“其(王守仁)书如《年谱》、《传习录》、《尊经阁记》……句句痛快，字字感发，当视如食饮、裘万、规矩、准绳可也。”[②]尤其是王守仁的“致良知”之说，被李颙推尊为“千载不传之秘”。他说：“象山虽云单传直指，然于本体犹引而不发，至先生始拈‘致良知’三字，以泄千载不传之秘。一言之下，令人洞彻体面，愚夫愚妇，威可循之以人道，此万世功也。”[③]足见其对陆、王学说，推崇备至。原因是：李颙认为，陆、王的立大本、尊德性、致良知的学说，与《大学》的明德之教旨义相同，讲的是“明体”之学。

李颙的“适用”之学，指齐家、治国、平天下等实际有用之学。他说：

> 学人贵识时务，奏议皆识一时之务者也。……道不虚谈，学贵实效，学而不足以开物成务，康济时艰，真拥衾之妇女耳，亦可羞已！[④]

李颙强调“道不虚谈，学贵实效”，他对农学、水利、地学、兵学等“经济实学”、“经世之法”，颇为重视。他认为明代思想家吕坤的《实政录》一书价值极高。他说：“此老卓识谙练，经济实学，在世儒中最为适用。……学人无志于当世则已，苟有志于用世，则此书必不可一日无。”[⑤]他主张儒者应当言兵、事兵，他说：“经世之法，莫难于用兵。……今学者……往往于兵机多不致意，以为兵非儒者所事，然则武侯之伟略、阳明之武功非耶？学者于此，苟能深讨细究而有得焉，则异日当机应变，作用必有可观。”[⑥]

---

① 《二曲集》卷七《体用全学》。
② 《二曲集》卷七《体用全学》。
③ 《二曲集》卷七《体用全学》。
④ 《二曲集》卷七《体用全学》。
⑤ 《二曲集》卷七《体用全学》。
⑥ 《二曲集》卷七《体用全学》。

李颙反对空疏无用的虚学，而提倡实功实效的实学。

李颙认为，人的一生为学，就要“务为体用之学”，即“立体”与“致用”之学。据此，李颙主张把儒家先贤所讲求的德业、功业融为一体，要“体用兼赅”，“不堕一偏”。他说：

> 立身要有德业，用功要有功业。德业须如颜、曾、思、孟、周、程、张、朱，功业须如伊、傅、周、召、诸葛、阳明，方有体有用，不堕一偏。①

德业、功业双修、合一，程朱、陆王并举、一堂，便是“有体有用”，这样就可以实现张载提出的“为天地立心，为生民立命，为往圣继绝学，为万世开太平”的理想目标。这就是李颙的“明体适用”的思想特征。

李颙的“明体适用”之学，是针对理学末流的空虚之学而提出的，他企图以实学来修正、补救尚空浮而不务实际的虚学。这是适应时代发展的产物。李颙应弟子张珥的请求开了一个“明体适用”之学的读书目录，分为：明体类和适用类。具体是：

明体类：《象山集》、《阳明集》、《龙溪集》、《近溪集》、《慈湖集》、《白沙集》，以上为“明体中之明体也”。《二程全书》、《朱子语类大全》、《朱子文集大全》、《吴康斋集》、《薛敬轩读书录》、《胡敬斋集》、《罗整庵困知记》、《吕泾野语录》、《冯少墟集》等，以上为“明体中之功夫也”。

适用类：《大学衍义》、《衍义补》、《文献通考》、《吕氏实政录》、《衡门芹》、《经世石画》、《经世挈要》、《武备志》、《经世八编》、《资治通鉴纲目大全》、《大明会典》、《历代名臣奏议》、《律令》、《农政全书》、《水利全书》、《泰西水法》、《地理险要》。②于此可见，李颙的“明体适用”之学，“体”为心性修养之学，“用”为治国平天下之学。这就是他的“明体适用”之学的思想内容。

① 《二曲集》卷十五《授受纪要》。

② 《二曲集》卷七《体用全学》。

第四节 《学髓》的本体与功夫之学

李颙有一篇重要的著作，叫做《学髓》。所谓“髓”，即精髓；“学髓”，指为学精髓，即学术的最切要之旨。

有关《学髓》的切要之旨，张珥在《学髓序》中做了说明：

> 戊申夏，先生至同。不肖珥进随于广成观，后进随于含章子之书室。首请“朝闻夕死”之义。先生开示大指，鞭策笃挚，且曰：年逾半百，不急了当心性，终日沈酣糟粕中，究于自心何得！尔时茫然自失，恨见先生之晚，而先生亦不以不肖为弗可语，遂以《学髓》见示。《学髓》者，先生口授含章子以切要之旨，而含章子手录者也。读之戚戚于心，亦手录而归。①

这是说，戊申夏，即公元1728年夏天，张珥到陕西同州(今陕西大荔县)李颙寓所广成观拜见李颙，后进至李颙门人白焕彩家见到李颙，向李颙请教，李颙以《学髓》见示，教之为学“切要之旨”。

总观《学髓》，我们可以窥见李颙为学的切要之旨，学术精髓是以“良知良能”为本体，由他称为“灵原”的本体之学和以修养心性为功夫的功夫之学而组成的。

我们已经说过，李颙为学宗陆、王之学，尤尊王学的“致良知”说。因此，他把“良知良能”的心性视为人人生来都具有的本体，叫做“灵原”。他说：

> 人人具有此灵原，良知良能，随感而应。日用不知，遂失其正，骑驴觅驴，是以谓之百姓。学之如何？亦惟求日用之所不知者而知之耳。②

---

① 《二曲集》卷二《学髓》。

② 《二曲集》卷二《学髓》。

“灵原”是人人都与生俱有的，它是人和世界万物的本原，世界的一切都是“灵现”的显现。李颙说：

> 通天地万物，上下古今，皆此灵原之实际也。非此灵原，无以见天地万物，上下古今。非天地万物，上下古今，亦无以见此灵原。是以语大语小，莫载莫破。①

在李颙看来，天地万物，上下古今，都是“灵原”所产生的实际显现，如果没有“灵原”，就没有这一切；正是由于这一切的存在，而证明“灵原”的实有。

李颙进一步指出了“灵原”的特性。他说：

> 无声无臭，不睹不闻，虚而灵，寂而神，量无不包，明无不烛，顺应无不成宜。②

就是说，“灵原”是形象、声音、气味，虚灵静寂的神灵本体，是广大无限、无所不包、无所不照的宇宙本体。这就是李颙的《学髓》的本体之学。李颙为了说明他的本体之学，在他的《学髓》卷端，画了一个图，以展现他的《学髓》本体之学。李颙的原图是：

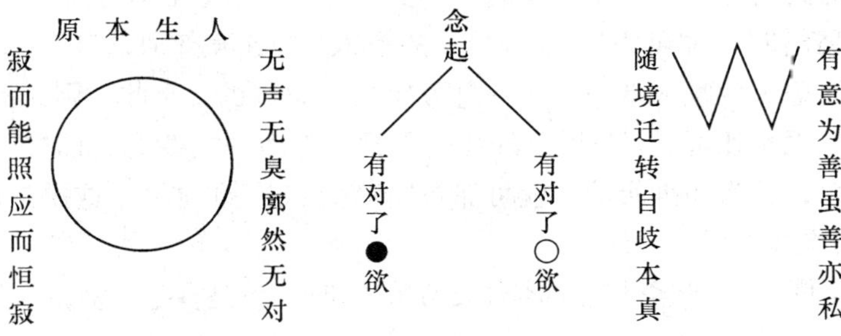

① 《二曲集》卷二《学髓》。

② 《二曲集》卷二《学髓》。

此图照李颙原图所绘。图中最上的大圆圈，表示“人生本原”——“灵原”，是人和天地万物所产生的本原，实则为“心”。

李颙认为“万物皆备于我”。① “形骸有少、有壮、有老、有死，而此一点灵原无少、无壮、无老、无死，塞天地，贯古今，无须臾之或息。会得此，天地我立，万化我出，千圣皆比肩，古今一旦暮。”②形骸有生死变化，“灵原”是永存的。理解此义，则能“天地我立，万化我出”，天地万物，上下古今，无非是我的“灵原”之显现而已。

李颙认为，“心”作为本体，虽然其本性是“虚明寂定”的，但由于念虑之起，而有所为，有其私，故不值得赞同。他说：

> 若无故起念，便是无风兴波，即所起皆善，发而为言，见而为行，可则可法，事业烜卓，百世尸祝，究非行所无事，有为之为，君子不与也。③

有意的念虑，即使是“所起皆善”，“事业烜卓”，也不是“行所无事”，而是“有为之为”的，因此，君子也不赞同。这正是图中所注的“有意为善，虽善亦私”之义。只有“无念之念乃为正念”。“无念之念”是指没有物欲的念虑，它“无声无臭，廓然无对”，不与物欲为对的纯然天理。学者要固守本真，坚守本心，自作主宰，不要“随境迁转”，才可为“与天为一”的圣人。“自策自励，自作主宰，屏缘涤虑，独觑本真……此一念万年之真面目也。至此，则无圣凡可言，无生死可了。”④屏除外物的干扰，洗净一切杂念，即排除一切欲念，不为物欲所动，就可保持“虚明寂定”的“心”。这便是《学髓》的本体之学。

李颙在论述《学髓》的本体之学的同时，论述了《学髓》的功夫

---

① 《二曲集》卷五《锡山要语》。

② 《二曲集》卷二《学髓》。

③ 《二曲集》卷二《学髓》。

④ 《二曲集》卷二《学髓》。

之学。他的功夫之学的图式是：

虚明寂定

斋戒

此神明其德之要务也

静坐

昧爽香　中午香　戌亥香

鸡鸣平旦与此相近起而应事易于散乱先坐一炷以凝之

自朝至午未免纷于应感

急坐一炷以续夜气

日间语默动静或清浊相乘须坐一炷以验之果内外莹彻脱洒不扰否

从李颙的功夫之学的图式看，心体——“灵原”，是“虚明寂定”的，故心体之本然为功夫之首。所谓“虚明寂定”，就是：“虚若太空，明若秋月，寂若夜半，定若山岳。”①做到这些，就是功夫到家了，所以恢复心体之本然就是做到“虚则寂定”。功夫的起点是“斋戒”，这是“神明其德之要务也”。就是使念虑齐一，防止恶念，保持严正的精神状态。

“静坐”是功夫的根基。李颙说：

① 《二曲集》卷二《学髓》。

水澂则珠自现，心澂则性自朗，故必以静坐为基。……虚明寂定为本面，静而虚明寂定，是谓未发之中；动而虚明寂定，是谓中节之和。时时返观，时时体验。一时如此，便是一时的圣人；一日如此，便是一日的圣人；一月如此，便是一月的圣人；终其身常常如此，缉熙不断，则全是圣人，与天为一矣。①

李颙认为，动必本于静，只有“静之能纯”，才能使“动之无妄”，因此他主静，以静坐为修养功夫之基。李颙要求人们一日三次静坐：昧爽、中午、戌亥，每次都坐一炷香。天将明时，静坐一炷香，使心体凝静，而应事不容易散乱。中午时，静坐一炷香，使上午虽应接纷乱杂事，但不为其所扰，以便接续清明的夜气。戌亥时，再静坐一炷香，以检验一天中的动静语默或清浊相乘。如果内外莹彻，洒脱不扰，那就是一天的“虚明寂定”。“虚明寂定”为心体的本来面目。“静而虚明寂定，是谓未发之中；动而虚明寂定，是谓中节之和。”人的感情欲望，无论发与未发、动与静，都能保持虚明寂定。未发时没有一点偏私，是中；已发后能够自然平和中节，是和。达到了“中和”的境界，便是“天地位”、“万物育”的最高境界，即“与天为一”的“圣人”境界。

在李颙看来，静坐功夫到家了，就可以使“灵原”“虚明寂定”了。他说：

屏缘涤虑，独觑本真。毋出入，毋动摇，毋昏昧，毋倚落。湛湛澂澂，内外无物。往后无际，动静一原。合众妙而有余，超言思而迥出。此一念万年之真面目也！至此，无凡圣可言，无生死可了。先觉之觉后觉，觉此也；《六经》之经后世，经此也；《大学》之致和，致此也；《中庸》之慎独，慎此也；《论语》之时学习，学习乎此也；《孟子》之必有事，有事乎此也。以至濂溪之立极，程门之识仁，朱之主敬穷理，陆之先立

① 《二曲集》卷二《学髓》。

> 乎其大，阳明之良，甘泉之认，无非恢复乎此也。外此而言学，即博尽羲皇以来所有之籍，是名玩物；著述积案充栋，是名丧志。总之，为天刑之民。噫！弊也久矣！①

静坐修养功夫到极致了，便是“湛湛澂澂，内外无物。往后无际，动静一原”。这就是“一念万年之真面目也”。达到了这个境界，就可以超圣凡、无生死了。圣经贤传的要旨，先贤们所讲之学，都是“此也”。外此而言学、著书立说，都是“玩物丧志”。这个“此”，就是李颙的“学髓”。

① 《二曲集》卷二《学髓》。

第十二章　唐甄的“富民”和对“君权”的批判思想

第一节　“连蹇不遇”的一生

唐甄原名大陶，字铸万，别号圃亭，四川达州(今四川达县市)人。生于公元1630年(明崇祯三年)，卒于公元1704年(清康熙四十三年)。他是我国清初一位有名的思想家。

唐甄出身于名儒仕宦之家，其祖先为浙江兰溪人，元末因入蜀做官，途定居达州，累世为官，代代为宦。明末硕儒、抗清名臣黄道周在为唐甄的祖父唐自华撰写的《墓志》中说：

> 蜀达州唐氏，世称儒者。其先为浙江兰溪人，元末官于蜀，遂居达州。永乐时，有唐瑜以《五经》荐举。上锡之玺书，予儒籍。故独以儒籍名，世罕俪焉。自《五经》、《七传》至椿，生自华，字棣之，别号西雒，是为封公。公个党，善文章，七困场屋，乃举明经，又逾年，乃子亨予成进士。①

唐甄的父亲唐阶泰(字亨予)，明崇祯三年(公元1630年)举人，十年(公元1637年)进士，任江苏吴江县知县。唐甄自幼居舅父李长祥家，舅母姚淑仲知书达理，对唐甄学习要求甚严，对其影响很大。唐甄8岁时，随父居吴江。明亡后，又随父寓居苏州、杭州等地。公元1650年，其父去世。以后，他远游河南、湖北等省。

---

① 《黄石斋先生集》卷十五《唐棣之墓志》。

唐甄于公元1657年，回四川阆中参加乡试，中举人。翌年，到京参加会试，不第。公元1671年，任山西长子县知县。任职期间，颇有政绩。唐甄的女婿王闻远说：

> 先生之治长子也，首先蚕务，导民树桑，以身率之，日省于乡，三旬而树桑八十万本，民业利焉。其俗狠斗嚣讼，先生拘摭明敏，剖决如神。夹棍非刑，庋置不用。民化其德，狱讼衰息。……都御史逢良辅，称先生为山西循良之冠。至今民有遗爱。①

唐甄只做十个月的知县，“以逃人注误去职”。以后“僦居吴市（苏州）”。② 再次远游，“辱于燕，阨于滑、卫、汝、淝之间”。③他自己说：“吾为贫而仕，为知县十月而革为民。吾犹是市里山谷之民也，不敢与大夫士论尊卑也。”④从此，唐甄再也没有可能步入官宦之途了。

达州唐氏世家，自唐甄的一世祖唐瑜在明洪武十二年（公元1379年）登进士，赐翰林，命以官，教太子以来，到十一世唐甄止，可谓科甲蝉联，在元明两朝，代代为官，“两朝三奉祀，八代四监司”。唐甄在为其父唐阶泰作的《墓表》中说：

> 昔我祖处士瑜，当明成祖时以通《五经》荐，召见，成祖命以官，辞曰：“臣老矣，不能为陛下任使也。”三辞，乃许之。于是赐玺书遗归，命其子孙之试为吏者署籍为儒。瑜归筑室，命曰“儒籍堂”。瑜之后曰宪（按：据唐氏谱考，瑜之长子曰鲲，次子曰鲤。鲲之长子曰宪，次于曰忠，三子曰恕。），曰鲲，试于乡，中第二，大怒曰：“鲲文乃为人下乎！”终身不

① 《西蜀唐圃亭先生行略》。

② 《西蜀唐圃亭先生行略》。

③ 《潜书·独乐》。

④ 《潜书·守贱》。

复会试。瑜之三世曰仁，正德间为兵科给事中。刘瑾乱命，仁劾之，廷杖八十以死。仁生锦舟，与父同榜进士，自御史出为陕西参政。刘瑾既杀仁，锦舟罢官去。锦舟生居于、外外、继凯；继凯生椿，事继母孝，赐七品服。椿四子，长自莘；次自彩，为临安知县，赠太常寺少卿。自华生参议及阶豫。①

唐甄祖辈为官，他因逃犯事连累而被罢官，仕途失败，转而治学，发愤为文。他说：

吾少不知学，四十而后志于学。窃闻圣人之道而略知圣人治天下之法，勤于诵读，笃于筹策。鸡鸣而兴，夜分而寝，以度才权世，可以一试矣。如或知我，怀此以往焉可也。②

唐甄因为“伤天下之民不遂其生”，而探究治天下之法，所以才不分昼夜勤于读书。他怀着忧国忧民的心情，积极治学，怀此以往，以求一试，终因“连蹇不遇”，“炊烟尝绝”而潦倒一生。

唐甄的传世之作是《潜书》，其他著作“《毛诗传笺合义》、《春秋述传》、《潜文》、《潜诗》、《日记》各若刊卷”。③ 只见其目，未见其书，可能散佚。

唐甄先著《衡书》，后改为《潜书》，关于他为什么写此书和改名，王闻远曾作过说明：

先生贯综经史，扬榷风雅，非秦、汉之言弗读也。其著书，不肯一字袭古，曰：“言，释之言也；名，我世所称之名也。令人作述，必袭古人之文；官爵郡县，必反今世之名；何其猥而悖也。”乃研精覃思，著《衡书》九十七篇。天道、人事、前古、后今，具备其中。曰“衡”者，志在权衡天下也。后以

---

① 《唐甄诗文录·唐阶泰墓表》。

② 《潜书·潜存》。

③ 《西蜀唐圃亭先生行略》。

连蹇不遇，更名《潜书》。①

《衡书》之意，“志在权衡天下”，旨在积极有为，有补于世。后因“连蹇不遇”，“志气销亡”，而改为《潜书》，以待后世。关于此意，唐甄自己也做过说明：

> 吾不能身任，而能进言。使我立于明主之侧，从容咨询，拾其短而用其长，以授之能者而善行之，可以任官，可以足民，可以弭乱，不出十年，天下大治矣。甄虽不敏，愿学孟子焉。四十以来，其志强，其气锐，虽知无用于世，而犹不绝于愿望。及其困于远游，厄于人事，凶岁食糠粞，奴仆离散，志气销亡，乃喟然而叹曰：“莫我知也失！”不忧世之不知我，而伤天下之民不遂其生。郁结于中，不可以已，发而为言。有见则言，有闻则言。历三十年，累而存之，分为上下篇：言学者系于上篇，凡五十篇；言治者系于下篇，凡四十七篇，号曰《潜书》。上观天道，下察人事，远正古迹，近度今宜，根于心而致之行，如在其位而谋其改，非虚言也。②

《潜书》是一部思想内容十分丰富，思想价值很高的著作，在中国思想史上占有重要的地位。

第二节　“立国之道”惟在富民

唐甄总结了历朝治国的经验教训，吸取了儒家尤其是孟子的“民本”思想，深刻地认识到：民众是国之本、邦之基，只有国富才能使国治、国强，而国富的根本标志，不是府库充实，而是民富。由此，他提出了“立国之道”，惟在“富民”、“养民”的思想。

在唐甄看来，民众是国家兴衰存亡的根本，只有民众富足起

① 《西蜀唐圃亭先生行略》。

② 《潜书·潜存》。

来，国家才会兴旺发达，因此，立国在于治民，以民为本。他说：

> 徒者，众也。有众，土乃治；土治，财乃生；财生，用乃足。众为邦本，土为邦基，财用为生民之命。①
>
> 国无民，岂有四政(兵、食、度、赏罚)！封疆，民固之；府库，民充之；朝廷，民尊之；官职，民养之，奈何见政不见民也！尧曰："四海困穷，天禄永终。"每诵斯言，心堕体战，为民上者，奈何忽之！②

如果"四海困穷"，民不聊生，必将国弱邦削，以至国危国亡。到那时，"虽九州为宅，九川为防，九山为阻，破之如椎雀卵也；虽尽荆蛮之兵以为兵，尽畿省之籍以为卒，推之如蹶弱童也。"③唐甄在《潜书·远谏》篇中，具体描述了"君惟不义无道于民"而造成的"亡国之惨"，告诫统治者，不要祸民、暴民，而要爱民、保民。

由此出发，唐甄提出了"富民"、"养民"的思想。他说：

> 立国之道无他，惟在于富。自古未有国贫而可以为国者。夫富在编户，不在府库。若编户空虚，虽府库之财积如山丘，实为贫国，不可以为国矣。国家五十年以来，为政者无一人以富民为事，上言者无一人以富民为言。至于为家，则营田园，计子孙，莫不求富而忧贫。何其明于家而昧于国也！④

立国之道，惟在于富，"富"的标志，不在府库，而在编户，就是说，不在统治者的府库财宝的多寡，而在民众衣食的饱暖。能否富民，藏富于民，不仅是国之宝，而且是治之源。唐甄说：

---

① 《潜书·卿牧》。

② 《潜书·明监》。

③ 《潜书·远谏》。

④ 《潜书·存言》。

> 财者，国之宝也，民之命也；宝不可窃，命不可攘。圣人以百姓为子孙，以四海为府库，无有窃其实而攘命者，是以家室皆盈，妇子皆宁。反其道者，轮于倖臣之家，藏于巨室之窟。蠹多则树槁，痈肥则体敝，此穷富之源，治乱之分也。①

唐甄在提出“富国”的立国之道的同时，针对清朝统治者建国五十年以来，无一人以富民为事，无一人以富民为言，而专为自己“营田园，计子孙”的现状，提出了批评，警告他们要“以百姓为子孙，以四海为府库”，不要窃百姓之宝，攘百姓之命。

与此同时，唐甄揭露了贪官污吏遍布各地肆意掠夺的罪行及其给人民所带来的灾难。他列举事实说：

> 虐取者，取之一金，丧其百金；取之一室，丧其百室。兖东门之外，有鬻羊餐者，业之二世矣。其妻子佣走之属，食之者十余人。或诬其盗羊，罚之三石粟。上猎其一，下攘其十，尽鬻其釜甑之器而未足也，遂失业而乞于道。此取之一金，丧其百金者也。潞之西山之中有苗氏者，富于铁冶，业之数世矣。多致四方之买，椎凿鼓泻担挽，所藉而食之者，常百余人。或诬其主盗，上猎其一，下攘其十，其冶遂废。向之藉而食之者，无所得食，皆流亡于河漳之上。此取之一室，丧其百室者也。②

贪官污吏横行无忌，诬陷百姓，掠夺民众，致使民众贫穷破产，无以为生。

唐甄进一步指出，除了贪官污吏掠夺民财使民穷而外，各种苛捐杂税也是造成民穷的一个重要原因。由于清朝实行“半其田之所获”的重赋政策，而使广大民众无法生存，同时使财源枯竭，因而造成了“四海之内，日益困穷，农空、工空、市空、仕空。谷贱而

① 《潜书·鲁富民》。

② 《潜书·鲁富民》。

艰于食，布帛贱而艰于衣，舟转市集而货折赀，居官者去官而无以为家，是四空也”。① 造成“四空”的根本原因是：朝廷“不以富民为功”，官吏“不以富民为务”。② 唐甄对此特别痛恨。他常对人说：

天下之官皆弃民之官，天下之事皆素民之事，是举天下之父兄子弟尽推之于沟壑也，欲治得乎！③

清朝建立五十年，由于无官不贪，官弃民事，而搞得“无人不穷”，无处不空。为了废除“忘民”、“弃民”、“虐民”、“攘民”之政，革除“忘民”、“弃民”、“虐民”、“扰民”、“害民”之官，唐甄提出“考功”、“考绩”、“论功”主张，即根据官吏的功绩，来任官、升迁，重用提拔能“利民”、“为民”、“救民”、“养民”、“富民”的贤人，来推行“养民”、“富民”之“善政”。他说：

古之贤君，举贤以固治，论功以举贤，养民以论功，足食以养民。虽官有百职，职有百务，要归于养民。上非是不以行赏，下非是不以效治。后世则不然。举良吏而拔之高位，既显荣而去矣。……廉者必使民俭以丰财，才者必使民勤以厚利。举廉举才，必以丰财厚利为征。④

根据官吏的政绩、实功，而举廉官、贤才，其标准不只是洁身、决事，更重要是看其能否丰财、厚利，为民治政是否有“实功”、“实效”，为政之要惟在富民，百职之要归于养民。唐甄说：

天下之官皆养民之官，天下之事皆养民之事，是竭君臣之

① 《潜书·存言》。
② 《潜书·考功》。
③ 《潜书·考功》。
④ 《潜书·考功》。

耳目心思而并注之于匹夫匹妇也，欲不治得乎！诚能以是为政，三年必效，五年必治，十年必富，风俗必厚，讼狱必空，灾梗必消，麟凰必至。①

只要举贤图治，以养民、富民作为为政之要务，就会使国家大治，人民富裕。否则，"为治者不以富民为功，而欲幸致太平，是适燕而马首南指者也"。②

唐甄指出，要富民、养民，就要利用自然之利，而不使"害民之官""扰民"。他说：

海内之财，无土不产，无人不生；岁月不计而自足，贫富不谋而相资。是故圣人无生财之术，因其自然之利而无以扰之，而财不可胜用矣。

今夫柳，天下易生之物也，折尺寸之枝而植之，不遇三年而成树。岁剪其枝，以为筐莒之器，以为防河之扫，不可胜用也。其无穷之用，皆自尺寸之枝生之也。若其始值之时，有童子者拔而弃之，安望岁剪其枝以利用哉？其无穷之用，皆自尺寸之枝绝之也。不扰民者，植枝者也，生不已也；虐取于民者，拔枝者也，绝其生也。③

官不扰民，不虐取于民，人民就会因其自然之利而可以做到"财不可胜用"。唐甄以"植枝"与"拔枝"所以造成的不同结果，说明了"养民之道"、"富民之要"在于实行"善政"。

唐甄所说的"善政"，其要仍在于发展农业和商业，使百业兴旺、民众富裕。他说：

养民之善政，十有八焉：勤农丰谷，土田不荒芜，为上善

① 《潜书·考功》。
② 《潜书·考功》。
③ 《潜书·鲁富民》。

政一。桑肥棉茂，麻苎勃郁，为上善政一。山林多材，池沼多鱼，园多果蔬，栏多羊豕，为上善政一。廪蓄不私敛，发济不失时，水旱蝗螽不为灾，为上善政一。①

所谓“善政”，就是“责治者必养民”，要“养民”就必须全面发展农、林、牧、渔，使民众丰衣足食，不为天灾所害。唐甄在长子县做知县时，就教民树桑养蚕，以获厚利。

唐甄认为，发展农业生产是养民、富民之本，因此，“明德之君”要以此为本，施行善政，只要“厚之以生养”之本，辅之以节俭及教化之道，就可以使天下长治久安。他说：

劝农功，课桑麻，厚蓄积，惩奢靡。虽有凶年，民不知菑。谷不可胜食，财不可胜用，而天下大富矣。衣食足而知廉耻，廉耻生而尚礼义，而治化大行矣。……既厚之以生养，又承之以节俭。……于是富日益富，安日益安。中国之民，和乐相忘；远夷之君，慕义永服。……以此养生，以此治天下，皆长久之道也。②

唐甄在主张“以此厚本”“养生”治天下的同时，打破传统的“重农抑商”、“农本商末”思想，而主张农商并重、本末兼举。他说：

为政之道，必先田市。……农不安田，贾不安市，其国必贫。……农安于田，贾安于市，财用足，礼义兴，不轻犯法，是去残去盗之本也。③

唐甄在“民为邦本”的民本思想的基础上，所阐发的“富民”、“养民”以及农商皆本的思想，不仅反映了受剥削的民众愿望，而

① 《潜书·达政》。
② 《潜书·厚本》。
③ 《潜书·善施》。

且表现了适应历史发展的时代特点，因而是有其进步意义的。

第三节　“帝王皆贼”的政治论

中国封建帝王专制制度，从秦以来，已有两千多年的历史，到了清代已行将朽木，日落西山。唐甄总结了历史的经验教训，从自己的切身体会中深刻地认识到封建制度的腐朽，封建专制君主的昏愦，因而对其展开尖锐、猛烈的批判。

历代封建统治者为了维护其封建专制统治，而把封建帝王神圣化，炮制了“君权神授”，“天子受命于天”，胡说封建帝王是得天独厚的“真龙天子”，就是说，他们是超人的“神”，以此论证其统治的合理性。

唐甄在这种神权妖雾弥漫的时代，把批判的锋芒直指封建帝王，把他们从天国拉到人间社会，从至高无上的王位打到盗贼的行列，真可谓大胆的议论，智者的卓见。唐甄以此为契机而展开了他的政治论。

帝王是人还是神？君权是神授的，还是攫取的？唐甄的回答是明确而坚定的。他说：

> 天子之尊，非天帝大神也，皆人也。①

天子虽尊，但也是人，不是神。如果把“人君之尊”，看成是“在天上，与帝同体”，则使公卿大臣不得见，不敢视，只能跪拜应对，不能谏善，这只能是“国亡”之征。唐甄揭露清朝的现状是：“人君之尊，其犹土神乎！”②这不是把人君当成泥塑的偶像了吗？其实，“君者不过”是“一匹夫耳”。③ 如果君主不爱民，不为民谋利，那就得不到人民的拥护，便成了“独夫”，因此，君主不要妄

① 《潜书·抑尊》。

② 《潜书·抑尊》。

③ 《潜书·明监》。

自尊大，脱离人民。唐甄说：“人君之患，莫大于自尊；自尊则无臣，无臣则无民，无民则为独夫。”①唐甄告诫：为君者不要自尊其贵，事君者不要望其尊威。因为“君”亦是“一匹夫耳”。

唐甄不仅指明君主是“一匹夫”、“独夫”，而且揭露君主是“盗贼”、“屠夫”。他说：

> 自秦以来，凡为帝王者皆贼也。……今也有负数匹布，或担数斗粟而行于涂者，或杀之而有其布粟，是贼乎？非贼乎？……杀一人而取其匹布斗粟，犹谓之贼；杀天下之人而尽有其布粟之富，而反不谓之贼乎！②

常人用暴力手段夺取他人的匹布斗粟是盗贼，帝王用暴力手段夺取天下人的财富据为己有，当然更是盗贼了，而且是盗贼之最大者。唐甄认为，帝王不但是盗贼之首恶，而且是杀人之元凶，最大的刽子手。他说：

> 周秦以后，君将豪杰，皆鼓刀之屠人；父老妇子，皆其羊豕也！处平世无事之时，刑狱冻饿，多不得毕命；当用兵革命之时，积尸如山，血流成河，千里无人烟，四海少户口。岂不悲哉！③
>
> 大将杀人，非大将杀之，天子实杀之；偏将杀人，非偏将杀之，天子实杀之；卒伍杀人，非卒伍杀之，天子实杀之；官吏杀人，非官吏杀之，天子实杀之。杀人者众手，实天子为之大手。④

唐甄深刻地认识到，虽然表现为众手杀人，实质为“天子之大

① 《潜书·任相》。
② 《潜书·室语》。
③ 《潜书·止杀》。
④ 《潜书·室语》。

手”杀人。在唐甄看来，从周秦以来的历代帝王，都是鼓刀杀人的“屠人”，而不是“仁君圣人”；从秦以来的封建史，就是封建帝王的杀人史，劳动人民的苦难史。

唐甄指出，二千年以来，每当“时际易命”时，帝王们为了争权夺位，就要兴兵动武，屠杀人民。当“群雄并起”，以武力夺取君位时，“其君其将，皆惨刻少恩，谲诈无实，惟利天下，利爵土，无救民爱人之意。非屠府县为十城，杀无辜数千百万人，绝烟火，绝鸡犬之声千百里者，不可以得天下”。[①] 就是说，凡是帝王都是以武装暴力，屠杀人民而得天下的，所以他们是杀人的屠夫。他们靠武力屠杀得天下后的情景是：

> 天下既定，非攻非战，百姓死于兵兴因兵而死者十五六。暴骨未收，哭声未绝，目皆未干，于是乃服衮冕，乘沄驾，坐前殿，受朝贺，高宫室，庚苑囿，以贵其妻妾，以肥其子孙。彼诚何心，而忍享之！若上帝使我治杀人之狱，我则有以处之矣。匹夫无故而杀人，以其一身抵一人之死，斯足矣；有天下者无故而杀人，虽百其身不足以抵其杀一人之罪。是何也？天子者……乃无故而杀之，其罪岂不重于匹夫![②]

唐甄把封建社会视为至尊至贵、至高无上的帝王、天子视为杀人的元凶、首恶，应当处以死刑。这在当时确实是难能可贵的思想政论。

唐甄在对封建社会的总头子——封建帝王进行批判之后，紧接着对在各级政府中鱼肉百姓，侵暴民众的贪官污吏进行了揭露。他说：

> 虐驭者谁乎？天下之大害莫如贪，盖十百于重赋焉。穴墙而入者，不能发人之密藏；群刃而进者，不能夺人之曰宅；御

① 《潜书·仁师》。
② 《潜书·室语》。

旅于涂者，不能破人之家室；寇至诛焚者，不能穷山谷而遍四海。彼为吏者，星列于天下，日夜猎人之财。所获既多，则有陵己者负箧而去。既亡于上，复取于下，转亡，转取，如填壑谷，不可满也。夫盗不尽人，寇不尽世，而民之毒于贪吏者，无所逃于天地之间。是以数十年以来，富室空虚，中产沦亡，穷民无所为赖，妻去其夫，子离其父，常叹其生之不犬马若也。①

由于贪官污吏无孔不入之敲剥、勒索，而使广大人民妻离子散，无以为生。唐甄极为痛恨那些“害民”、“虐民”、“扰民”之官，而主张对他们必尽革除之。

唐甄根据历史循环发展的理论，推测封建专制制度是要在治与乱的对立转化中改变的。他指出：“自秦以来，屠杀二千余年，不可究止。嗟乎！”何帝王盗贼之毒至于如此其极哉！② 封建帝王及其官吏惨毒百姓、屠杀百姓，走到极点，根据物极必反的道理，这种封建制度，是要转化的，不会长久的。他说：

天地其一形而长久乎？无成乃无毁，有成必有毁。天地之既成也，吾知其必有毁也；知其必有毁也，亦知其必复有成也；知其必覆有成，亦知其后成之不异于前成也。……时之逝也，日月迭行，昼夜相继，如驰马然。世之逝也，自皇以至于帝王，自帝王以至于今兹，如披籍然。③

阴阳者，治乱之道也。阴阳之复，其时不失，冬夏之日至是也。治启于黄帝，二千余岁，至于秦而大乱。乱故于秦，至于今，亦几去黄帝之年矣，或将复乎！④

① 《潜书·鲁富民》。

② 《潜书·全学》。

③ 《潜书·博观》。

④ 《潜书·尚治》。

唐甄由观察天地成毁变化之理和阴阳治乱变化之道，而引出历史治乱变化的必然性，肯定从秦以来的封建专制制度存在二千余年，将要在进化中被历史否定，从而由乱复治。唐甄虽然没有说明以什么样的治世来代替封建制，但其思想寓意是大胆而单纯的。

唐甄由批判专制制度的“势尊”、“君权神授”论，而引出人人平等的思想。

唐甄认为，人类的情欲是一致的，人生来是平等的，这是天下之道、天地之道。他说：

> 天地虽大，其道惟人；生人虽多，其本惟心；人心虽异，其用惟情；虽有顺逆刚柔之不同，其为情则一也。是故君子观于妻子，而得治天下之道；观于仆妾，而得治天下之道。①
>
> 天地之道故平，平则万物各得其所。及其不平也，此厚则彼薄，此乐则彼忧。为高台者，必有洿池；为安乘者，必有满足。王公之家，一宴之味，费上农一岁之获，犹食之而不甘。吴西之民，非凶岁为见粥，杂以荍稈之灰，无食者见之，以为是天下之美味也。人之生也，无不同也，今若此，不平甚矣。②

唐甄依据“天地之道故平”的思想，揭露了封建专制制度各阶级、阶层的人的种种不平等的事实，为了解决经济的不平等，他主张“富民”，为了解决政治的不平等，他主张“抑尊”。与此同时，他还提出男女平等的问题。他认为，男女都是一样的，“男女，一也；男之子，女之子，亦一也”。③ 男人女人都是人，都应当受到公平的待遇。儿女应当平等地对待父母，不应当重父轻母，“父母，一也；父之父母，母之父母，亦一也”。④ 人对待父母、祖父

① 《潜书·尚治》。
② 《潜书·大命》。
③ 《潜书·备考》。
④ 《潜书·备考》。

母、外祖父母都应当一律平等，因为人人都是平等的，所以应当受到同等的待遇。此论冲击了封建社会流行二千余年的“男尊女卑”的观念。

第四节 “心性”具天地万物的心性论

唐甄为学宗陆王、本心性，许多学者早已明示。张廷枢在为《潜书》作的《序》中说：“唐子之书，分为上下篇。其论心性，则尊崇孟子而及陆子静、王阳明；夫先立乎其大与致良知，皆孟子之学。”潘耒在《潜书序》中说：“先生……论学则尊孟宗王，贵心得，贱口耳。”王闻远说：“先生晚年与蔡息关先生讲道，宗阳明良知之学，直探心体，不逐于物。”①足见，唐甄在学术思想上，以孟子、陆九渊、王守仁的心性、良知思想为宗，从而构建自己的心性理论。

唐甄以儒家的道统心传之说，论证万物皆备于我之心性，心具万物，性统天地，离开了心、性，万物就不复存在了。他说：

> 尧舜以来，传道皆以传心。人莫不知焉，人莫不言焉，而道卒不得明者，何也？以其虽知心而学之不一，求之不专，如天象全见而未执其枢也。陆子静读孟子而自得，立其大而小不能夺；阳明子专致良知，而定乱处谗，无所不达。二子者，皆能执枢者也。学问之道，必得所徙入之门；若不得从入之门，误由外入，不由内出。圣人之道，广矣，大矣。失其本心，徒睹其形象，如流大海不见涯矣，其如己之性何哉！其如人之性何哉！其如万物何哉？其如天地何哉？②

唐甄认为，尧舜以来的传心之道，由于传之者没有抓住要害，把握枢纽，因而使心学传之不一，求之不专，得之不明。只有陆九

① 《西蜀唐圃亭先生行略》。

② 《潜书·宗孟》。

渊、王守仁二人，发明了本心，立乎其大者，才算是抓住了要害，掌握了枢纽。唐甄所说的要害、枢纽，就是本心、本性，这种内出的学问，不必求外，只需求内。只要从内出，而不从外入，既能抓住自己的本心、本性，又能抓住别人的心、性。因为在唐甄看来，天地万物都在我的本性之中，性能统天地，备万物，育万物，济广道，达天下，这个无所不包，无所不能的性，亦即是心、良知。唐甄所说的人性，就是指人心、良知，因为“心具天地，统万物”，“良知在我”而为“自身之宝”；“性具天地万物”，所以性、心、良知是一个东西。他说：

> 性具天地万物，人莫不知焉，人莫不言焉；然必真见天地万物在我性中，必真能以性合于天地万物，如元首手趾，皆如我所欲至。夫如是，乃谓之能画性也。①
>
> 性统天地，备万物。不能相天地，不能育万物，于彼有阙，即己有阙。欲反无阙，必修其无阙。……人心亦然。……道贵明，明由于静；道贵通，通由于明；道贵变，变由于通；道贵广，广由于变。发生不穷，是为心之阳。古之圣人，万物为一，功同天地，所施无不合者，皆在于是。②

“性具天地万物”，“性统天地，备万物”，“心亦然”，“心具天地，统万物”，心与性都是充塞宇宙、浑沦无间的本体，是一而二，二而一者。所以人只要使自己的本心、本性无欠缺，就能统天地、备万物了。人之所以不能相天地，育万物，就在于自己心性有缺。人只要修己，使心性无缺，就可以总摄无外、体认万物、繁育万物了。唐甄说：

> 学由自得，则得为真得；良知可致，本心乃见，仁义礼智俱为实功。直探体性，总摄无外，更无疑误。措之于天下，人

① 《潜书·宗孟》。

② 《潜书·性才》。

我无隔，如处一室，各遂其恶欲矣。夫阴阳顺逆，人气所感。百姓既安，沴戾消释，则地无山崩水溢之变，天无恒旸恒雨之灾。万物繁育，咸得其生，皆心之所贯，非异事也。①

天地万物，人间社会，人伦道德，都是吾心性外化的产物，人只要“直探性体”，“心体性德”，就无所不知，无所不得了，何必外求于物。所以唐甄说：

性本在我，终日言性，而卒不识性之所在，于是求性者罔知所措矣。孟子则告之曰：“性非他，仁义礼智是也。”于是求性者乃有所据焉。……良知，在我者也，非若外物，求之不可得也。②

既然心性是宇宙万物之本体，万物都由心性产生、包容、主宰，那么认识万物和万物之理，就不必求之于万物，而要直探心性这个本体。凭先天的良知，就可以无所不知了。所以说：

阳明子以死力格外物，久而不得，乃不求于外，反求于心。一朝有省，会众圣人之学，宗孟子之言，而执良知以为枢。……是良知者，乃江汉之源，非积潦之水，岂有竭焉而不达于海者哉！天之生人，有形即有心。有耳必听，有目必视，有鼻必闻，有口必尝，有手必持，有足必行。听者心听之，视者心视之，闻者心闻之，尝者心尝之，持者心持之，行者心行之。形全而无缺，则知心全而无缺。……良知者，心之见端也。执此致之，直而无曲，显而无隐，如行九轨之途，更无他歧。③

心性为万物之本体，良知为江河之本源，抓住这个本体，认识

① 《潜书·宗孟》。
② 《潜书·宗孟》。
③ 《潜书·法王》。

这个本源，就全而无缺。一切皆知了，当然不要去格外物了。这就是“真圣人之学也”。①

唐甄的心性之学，有一个思想是他把心性与实功、治政紧密地联系在一起。他认为，人要修己、知心、体性，就可以达政、善政、良功。他说：“心体性德，既已自修；天地万物，何以并治？必措之政事而后达。”②唐甄的心性论与他的实功之学、为政之论紧紧相联。就是说，唐甄认为，没有才、没有功，就没有心、没有性；不见才、不见功，就不见心、不见性。他说：

> 生贵莫如人，人贵莫如心，心贵莫如圣，圣贵莫如功。……是故有天地，有万物，不可无圣人。性不尽，非圣；功不见，非性。③
>
> 众人有庸见矣，谓功不必出于心性；皆溺于汉以下之见也。汉以下虽多奇功，然治即梯乱，功即媒乱，君子无取焉。即有良治，必其生质之善，忠厚之行，不学而过于道者也，究不外于心性也。天下岂有功不出于心性者哉？功不出于心性，是无天地而有万物也。岂有心性无功者哉！心性无功，是有天地而不生万物也。④

唐甄主张尽性成圣，明性见功，心性出良功。在他看来，天下奇功伟业都出于心性之功，心性之所以能具万物、统万物、通万物、育万物、除暴乱、安百姓、达天下、广济众，就在于心性有善才、有良功。他在《性才》、《性功》、《取善》、《良功》等篇中，都详细、反复地说明了“心性有功”、“心性有才”的道理。他认为：“孔子教人，罕言心性；谨之以言行，约之以笃实，而心性之功在其中矣。”⑤世俗之

① 《潜书·法王》。
② 《潜书·宗孟》。
③ 《潜书·有为》。
④ 《潜书·良功》。
⑤ 《潜书·取善》。

庸人，由于只知言性，“不见性功”只知德性，“不知性才”，这是不知“功”、“才”为心性的内容，因而不能建功立业。他指出，正是由于心性有其功、其才，人才能建奇功。“非性之才，能小治，不能大治；无才之性，为小贤，不为大贤。”①人有性，性有才，如火有明，明有光。人认识了这个道理，才能建奇功、立伟业。否则，不识心、不尽性，当然也不会治世、达政了。唐甄说：

> 儒惟治世，故仁育，义安，礼顺，智周，天地山河，万物百性，即所成性，离之无以尽性。……舍治世而求尽性……名为治世，实非治世，即非尽性。②

知心、尽性，需有实功，离开实功，则只有空，没有实；只为私，不为公。

唐甄认为，释老之徒都是以空、以私言性，这种“舍治世而求尽性”，既不能治世，也不能尽性。“究其所为，吾见其空，未见其实；吾见其私，未见其公。”③唐甄批评说：

> 今之言性者，知其精不知其广，知其广不能致其广。守耳目，锢思虑，外动利，怵变异，守己以没，不如成一才，专一艺，犹有益于治。破其隘识，乃见性功。④

如何才能“破其隘识，乃见性功”呢？唐甄主张人通过学习，达到“四通六格，备在一身”，才是“见性功”，“能尽性”，“能治世”。唐甄把他的心性论与治世、求功结合起来，这对批评空谈心性的虚浮之学是有积极意义的。

唐甄认为，人生之后，有形体即有心思，这是从尧舜到途人都

---

① 《潜书·性才》。
② 《潜书·性功》。
③ 《潜书·性功》。
④ 《潜书·性功》。

相同的。即使是愚夫愚妇，也能是非自见，不以是为非，以非为是；善恶自见，不以善为恶，以恶为善。既然心知其是，但却背是而为非；心知其善，但却背善而为恶，这是由什么原因造成的呢？唐甄说是“利欲蔽之也”。① 就是说，由于人有了利欲之蔽障而使之背是为非、背善为恶，违反了心性之本。为了使人保持本然的善性，就要节制私欲。因此，唐甄提出了自己的节欲主张。他从人性的角度，根据人们对义利的态度，而把人分为上中下三等。他说：

凡人之性，上者有义无利，其次见利思义，其下见利忘义。上下少而次者多，厚其禄，所以兴义也。②

依据这种人性的不同，唐甄主张“厚禄”、“养重”、“足食”、“节欲”。有欲而不过欲，要节欲而不禁欲。他认为，人只有食足，才能立节，如果连起码的食欲都得不到满足，那还谈什么节呢？因此，唐甄承认人的正常的衣食住行的合理需求，反对纵欲、贪财、淫色。他说：

为学之道，制欲为先。彼出而不能反，申而不能屈，必至溺其身，堕其名。博学智士，蹈此者多矣；此无他，欲败之也。人之情，孰无所欲！得其正而安之，不得其正则弃之，是为君子。得其正而溺之，不得其正而强遂之，是为鄙夫。人所欲者，食色衣处是也。……此数者，君子岂不欲有之哉！③

这是说，食色衣处是人人都具有的欲望，合理的满足，得其正而安之，是为君子；过分的追求，不得其正而强求之，是为鄙夫。

唐甄的足欲而不纵欲，求欲而不溺欲的主张，对所有的人要求都是相同的，他特别强调这对君主也是同样适用的。应当说这对封

① 《潜书·法王》。

② 《潜书·制禄》。

③ 《潜书·贞隐》。

建专制主义最高统治者的纵欲、奢欲行为是一种限制。他指出："君失其道，听命于臣，心失其道，受役于物。彼不自觉其为役，方以为得主，不知其以物狥心，遂诱于物也。"①由于被物欲所蔽、所诱而不知破、不能破，结果招致祸患。因此，他要破物蔽、御物诱。他说：

> 贪财淫色，小人之欲也，非吾之所患也。吾之所患者，欲挟理而处，挟义而行。岂惟人不能辨，亦且不能自辨。是学也者，藏欲之薮也。君子之欲，虽与小人之欲不同，以此治心，同归于灭心；以此治世，同归于乱世。道为治本，欲为乱根。世之攘攘藉藉者，皆由欲起。有欲不除，除之不尽，而欲治天下，欺天下乎！②

唐甄反对贪财、淫色的小人之欲，因为这是祸乱天下之根，但他真正所患的是挟理而处，挟义而行的失道之君及纵欲欺人之人，他们身居高位，自恃理义，口喊欲治天下，其实是欺天下。据此，唐甄主张君主取财有制，用必有节，反对聚敛财富，挥霍无度。他说：

> 好财者，人之恒情也。苟非聚敛之君，取之必有制；取之有制，用之必有节。无功之赏，不易一钱；无益之费，不易一金。惟其爱财，故不伤财，此富国之善机也。③

唐甄认为，"好游"、"好色"、"好财"、"好古器"、"好宫室"，都是"人之恒情"，人们都"欲途其情"。尽管如此，却不能用之无节，取之无制，而要谨慎而有节、有制，用之而合乎礼仪，切不可"君臣昏迷"，滥施其术。就此而言，唐甄的心性论所引出的性功、食足、制欲论，是合理的。

---

① 《潜书·格定》。
② 《潜书·格定》
③ 《潜书·善游》。

第十三章 颜元的倡“实学”、重“习行”的思想

第一节 劳苦求实的一生

颜元字易直，又字浑然，号习斋，河北博野人。生于公元1635年(明崇祯八年)，卒于公元1704年(清康熙四十三年)，是我国清初著名的思想家，颜李学派的创始人。

颜元父亲颜昶，本是直隶(今河北省)博野北杨村人，幼年因家贫过继给蠡县(今属河北省)刘村朱九祚为养子。遂改姓朱。“昶，形貌丰厚，性朴诚，膂力过人，爱与人较跌，善养柸。”①因为在朱家不为养父喜欢，气愤之余，有意逃遁。崇祯十一年(公元1638年)，清兵入关，进窜京畿，颜昶便随清兵去关东，时年22岁，颜元4岁。颜昶到沈阳后，开了一个糖铺，又先后娶了妻王氏和妾刘氏，生了两个女儿。他曾想返里省亲，因入关受阻终未能实现，于康熙十一年(公元1672年)病死关外。颜元生母王氏，因丈夫去关外，杳无音信，便于颜元12岁时改嫁。从此颜元在朱家随养祖父母一起生活。

颜元的养祖父朱九祚，明末清初做过地方小官吏，曾经参与镇压农民起义。清兵入关后，他没有参加“反清复明”的队伍，相反却“率众守里去对抗“反清复明”的队伍。因为他“偕众守蠡城及刘村有功”，结果被清朝“驻蠡姬兵备”委派为“巡捕官”，帮助满人统治汉族人民。由于清朝统治者对汉族压迫日益残酷，终使朱九祚有

---

① 《颜习斋先生年谱》卷上。

所觉悟，做了些好事。“顺治初，刘里被圈，旗奴韩某恣横，率意耕田，失产者日众，公患之，伺其窝盗，围而擒之。鸣于县府，解按部律斩，虽遇赦甦脱，讫弗敢肆，而里闬穷民，不受满人侮，得各租祖田至今日者，公之力也。”①清治七八年间，地方秩序大致安定，省南道裁撤，朱九祚谢任。不久被人控告，曾一度潜遁，颜元代其受讯，讼案结束，家道中落。由于城市用费较大，不能支付，朱九祚便返乡居住。晚年近“二十年来恬退自牧，不入城市，教其子晃及养孙元耕读是事，不与世局，晚节尤称有守”。②

颜元5岁随养祖父迁居蠡城。8岁就学于吴持明，吴师“能骑、射、剑、戟，慨明季国事日靡，潜心百战神机，参以己意，条类攻战守事宜二帙，时不能用，以医隐。又长术数，多奇中”。③ 这些给少年颜元以很大影响。10岁时，颜元经历李自成攻占北京，崇祯自杀，清兵入关等大事件。15岁颜元和蠡县道标巡捕官张宏文养女结婚。由于受城市生活腐蚀，颜元习染轻薄，行为放荡，学神仙妖术，而不与妻子接近。19岁时从贾珍学，因教诲严格，颜元力改前非，习染顿洗。虽因养祖父讼案被系讯，不因患难乱其所学，“作文倍佳”，讼解释出后，未几考中秀才。20岁时，因讼后家落，劝说养祖父返乡居住。从此负责担任家庭费用调度之事，“耕田灌园，劳苦淬厉。初食薥秫如蒺藜，后甘之，体益丰，见者不以为贫也”。22岁时，“以贫为养老计，学医”。④ 23岁时，学习兵法，研究战术。24岁时，开设家塾，教授弟子。“名其斋曰‘思古’，自号‘思古人’，谓治不法三代，终苟道也。举井田、封建、学校、乡举、里选、田赋、阵法，作《王道论》。后更名《存治编》。”⑤始好陆、王之学。26岁时，读《性理大全》，“知周、程、张、朱学旨，屹然以道自任，期于主敬、存诚，虽躬稼胼胝，必乘

① 《习斋记余》卷十。

② 《习斋记余》卷十。

③ 《颜习斋先生年谱》卷上。

④ 《颜习斋先生年谱》卷上。

⑤ 《颜习斋先生年谱》卷上。

闲静坐，人群讥笑之，不恤也”。①

颜元养祖母不育，养祖父另娶侧室杨氏生子晃，小颜元10岁。日后，杨氏母子对颜元有闲言，欲谗害之。颜元便与养祖父别居东舍，田产尽让于晃。但孝愈笃，事养祖父如常。34岁时，养祖母病故，他恪守朱子家礼，尽行愚孝，哀伤过甚，连病带饿，几死。有一朱姓老翁可怜他，告诉他本非朱姓，他十分诧异，待问生母后，才信以为真。当时朱晃决计驱逐他，他便自买宅田于东村居住。养祖父死后，他便回博野县北杨村，复姓颜，教授颜氏子弟，时年39岁。

颜元在居养祖母丧期间，根据亲身体验，校以古礼，发现朱熹对家礼删修失当，有违人的性情，因而对理学发生怀疑，促使其学术思想转变。35岁时，著《存性编》、《存学编》。他认识到：

> 《周官》取士以六德：知、仁、圣、义、忠、和，六行：孝、友、睦、姻、任、恤，六艺：礼、乐、射、御、书、数。孔门数人，以礼、乐、兵、农，心意身世，一致加功，是为正学，不当徒讲；讲亦学习道艺，有疑乃讲之，不专讲书。盖读书乃致知中一事，专为之则浮学，静坐则禅学。定自立常功：日习数、存理、去欲。②

由于他的学术思想日臻成熟，而建立一个较为完整的学术思想体系。“觉思不如学，而学必以习，更‘思古斋’曰‘习斋’。”③他一面从事劳动，一面讲学著书，教授学生学习礼、乐、书、数，研究兵、农、水、火诸学。48岁时，著《唤迷途》，后改名《存人编》，召唤佛僧道徒，各色邪教之徒，改邪归正，遵从儒学。

50岁时，只身赴关东寻父，历时二年，辗转周折，备尝辛酸，时父已逝，葬沈阳附近韩英屯。痛哭父殁，亲自御车，哭导而行，

① 《颜习斋先生年谱》卷上。

② 《颜习斋先生年谱》卷上。

③ 《颜习斋先生年谱》卷上。

招魂奉主而归。

57 岁时，南游中州，历时 8 个月，行程二千余里，拜访河南诸儒，彼此讲道论学，结识豪杰，宣传实学，提倡教习，反对理学，信者甚众。

62 岁时，应肥乡郝文灿三次聘请主持漳南书院，厘订学规，书院规模宏大，设有文事、武备、经史、艺能等科，从学者数十人。后因漳水泛滥成灾，书院被水淹没。颜元迫不得已，只好辞教归里，从此乡居 8 年而卒。颜元一生"劳苦淬厉"，学以致用，思以济世。教育学生要"持身庄竦，力断文墨，爱惜精神，留心人才，佐政仁廉，足民食用，特简武壮，不问小过，出入必慎，交游勿滥"。"心性天所与，存养所以事天；道义师所授，习行所以事师。"他自己则是"思生存一日，当为生民办一事"。"生平无一言非道，无一事不以尧、舜、周、孔相校勘。"他为实现自己为民办事、负荷担道的夙愿，而孜孜以求、努力习行。临终前嘱门人说："天下事尚可为，汝等当积学待用。"①把自己的理想的实现，寄托在学生的身上。

颜元的著作，除《四存编》外，还有《四书正误》、《朱子语类评》、《礼文手钞》、《习斋记余》、《习斋先生记余遗著》、《颜习斋先生辟异录》、《颜习斋先生言行录》等。上述著作由中华书局汇集整理于 1987 年 6 月出版为《颜元集》。

第二节 "气质为性"的人性论

颜元肯定"气"是宇宙万物的本原，宇宙万物都是由气生成的，"理"是宇宙万物所以然的规律，理是气之理。他说：

> 生成万物者，气也；其往来代谢，流行不已者，数也；而所以然者，理也。②

① 《颜习斋先生年谱》卷下。

② 《颜习斋先生言行录》卷上。

气为宇宙万物生成的材料、始基；理为万物之所以然之者，理与气的关系是：

> 气即理之气，理即气之理。①
>
> 知理气融为一片，则知阴阳二气，天道之良能也；元、亨、利、贞四德，阴阳二气之良能也；化生万物，元、亨、利、贞四德之良能也。②

没有离开气而孤立存在的理，理与气是融为一体、打成一片的。气是指阴阳二气，阴阳二气具有元、亨、利、贞四德之理。由于气的变化流行而形成春、夏、秋、冬，四时运行，而产生天地万物。只有气才有这种功能作用，理却没有这种功能作用。理与气融为一片，但气为本体，理为功用。离气无理，理依赖于气。颜元说：

> 若无气质，理将安附?③
>
> 理者，木中纹理也，其中原有条理，故谚云：“顺条顺理。”④

依据无气则无理，理为气之条理，理气融为一片的观点，颜元极力反对“理在气先”、“理为气主”和“心外无理”、“心外无物”的思想，进一步论证了“形性不二”的思想，从而建立了他的人性理论。

颜元认为，理表现在人身上就是人性，理为气之理，所以人性便是气质之性，离开气质就无从言性。他说：

> 不知若无气质，理将安附？且去此气质，则性反为两间无

① 《存性编》卷一。

② 《存性编》卷二。

③ 《存性编》卷一。

④ 《四书正误》卷六。

作用之虚理矣。①

性为人生之理，离开气质而存在的性，是毫无作用的性，不是真正的性，“人为万物之灵”，“人皆可以为尧、舜”，就在于“气质”。所以说：

其灵而能为者，即气质也。非气质无以为性，非气质无以见性。②

有气质才有人性，人的形(气质或机体)是第一性的基础，性(精神或机能)是第二性的派生物。形与性的关系，即气质与性的关系，是统一的、体与用的关系，体与用是一致的，只有体用一致才是真体真用。佛教主张有无用之体，这实际上既取消了用，又取消了真正的体，宋儒袭用佛教的这个思想，亦犯了同样的错误。颜元说：“盖吾儒起手便与禅异者，正在彻始彻终总是体用一致耳。”“盖无用之体，不惟真无用，并非真体也。”③又说：“天地清宁，万世永赖，合古今乾坤通尽其性也。今释氏、宋儒，有伏而无作，有体而无用。不能作之伏，非伏也；无所用之体，非体也。”④割裂了体与用的关系，就否定了实有的形体，因而也就否定形与性的存在。因此，不能把二者割裂开来，对立起来。颜元说：

气质正吾性之附丽处，正吾性作用处，正性功著手处。……如敬之功，非手何以做出恭？孝之功，非面何以做愉色婉容？⑤

形，性之形也；性，形之性也，舍形则无性矣，舍性亦无

① 《存性编》卷一。

② 《存性编》卷一。

③ 《存学编》卷二。

④ 《朱子语类评》。

⑤ 《颜习斋先生言行录》卷下。

形矣。失性者据形求之，尽性者于形尽之，贼其形则贼其性矣。①

理气是统一的，性形也是统一的，所以说：“舍形则无性。”没有气质(形)，就没有性。人的气质、形体正是性的附丽处、作用处。同样，“舍性亦无形”，没有性而求形，则无以见形，无以求形，只有通过性才能体现出形的本质属性。

颜元以理气、性形统一的一元论，反对宋儒把理与气、性与形割裂开来、对立起来的人性二元论。张载、程颢、程颐、朱熹等理学家，把人性分为“天地之性”和“气质之性”，把理和性说成是纯善的，把气和形说成是有善有恶的，即天地之性是纯善的，气质之性是有善有恶的。颜元针对这种人性二元论，提出人性只有一个“气质之性”的人性一元论。他认为，根本不存在离开“气质之性”而虚无缥缈存在的“天地之性”。所谓性，就是气质之性，人禀气而生，生而有性，根本没有超人生、离人生而存在的先天的天地之性，因此，讲人性不能离开人生气质。他说：

> 夫性字从生、心，正指人生以后而言。若“人生而静”以上，则天道矣，何以谓之性哉？
>
> 明言气质浊恶，污吾性，坏吾性。不知耳目、口鼻、手足、五脏、六腑、筋骨、血肉、毛发俱秀且备者，人之质也，虽蠢，犹异于物也；呼吸充周荣润，运用乎五官百骸粹且灵者，人之气也，虽蠢，犹异于物也；故曰：“人为万物之灵。”故曰：“人皆可以为尧、舜。”其灵而能为者，即气质也。②

人的耳目、口鼻、四肢、五脏、六腑、筋骨、血肉、毛发等形体的“质”，与通过呼吸周流全身的“气”，这就是“气质”。人不能离开气质而生，更不能离开气质而言性、见性。所以说“性”就是从生、

① 《存人编》卷一。

② 《存性编》卷一。

从心者，离生则无性，性就是生，所以说："生之谓性，若以天生蒸民，有物有则，人之生也直等生字解去，亦何害?"①人不能于生命之外、气质之外、人心之外找什么"天命之性"、"义理之性"。生、心、性，是一个东西，离生无以见性，离生之心，只是死心，死心没有灵妙之用，则形亦如枯木死灰。颜元说：

> 至予，则见心也、身也，一也。②
>
> 心也，性也，明德也，一也。《大学》言心，即性也；《中庸》言性，即心也。
>
> 性从心、生，正以其虚灵也，正以其具众理，应万事也。不然，则死心矣。③

就是说，心性与形气是统一的，没有精粗之分，更不能以"气质"为性之累害，张、程、朱把气质视为性之累害，是十分错误的。因为在颜元看来，气质是人和万物生命的基础，是生命最高贵的东西，舍此生命也就不存在了。如果把气质看成是粗陋的无用者，是性之累害，这就使心性无处存养，使义理无处附丽，使性成为没有实际作用的虚理。颜元说："心性非精，气质非粗；不惟气质非吾性之累害，而且舍气质无以存养心性。"④颜元指出，张、程、朱把气质看成是性之累害的观点，显然是"将天地予人至尊至贵至有用之气质，反似为性之累者然"。这种以作圣之具而谓其有恶，结果使"人必将贱恶吾气质"，因此，这种祖训"谁肯信而行之乎?"⑤颜元对此不可信、不可行的人性二元论，尤其是气质为恶论，进行了批判。他说：

① 《四书正误》卷六。
② 《四书正误》卷三。
③ 《颜习斋先生言行录》卷上。
④ 《存性编》卷二。
⑤ 《存性编》卷一。

> 程子云：“论性论气，二之则不是。”又曰：“有自幼而善，有自幼而恶，是气禀有然也。”朱子曰：“才有天命，便有气质，不能相离。”而又曰：“既是此理，如何恶？所谓恶者，气也。”可惜二先生之高明，隐为佛氏六贼之说浸乱，一口两舌而不自觉！若谓气恶，则理亦恶，若谓理善，则气亦善。盖气即理之气，理即气之理，乌得谓理纯一善而气质偏有恶哉！
>
> 譬之目矣：眶、疱、睛，气质也；其中光明能见物者，性也。将谓光明之理专视正色，眶、疱、睛乃视邪色乎？余谓光明之理固是天命，眶、疱、睛皆是天命，更不必分何者是天命之性，何者是气质之性；只宜言天命人以目之性，光明能视即目之善性，其视之也则情之善，其视之详略远近则才之强弱，皆不可以恶言。盖详且远者固善，即略且近亦第善不精耳，恶于何加！惟因有邪色引动，障蔽其明，然后有淫视而恶始名焉。然其为之引动者，性之咎乎，气质之咎乎？若归咎于气质，是必无此目而后可全目之性矣，非释氏六贼之说而何！①

颜元认为，理与气、性与形不能分开，不分精粗，“理气俱是天道，性形俱是天命”。② 既然理、性是善的，那么气、形同样也是善的。人的形体禀气而生，理为气之理，舍形则无性。因此，根本不存在天人命之性和气质之性的两个性，更不能说理善、气恶，只能是理善，气亦善。这就好像人的眼睛一样，不论好眼，还是病眼，都是气质构成的。它有能视之理，有光明能见物之性，不能说好眼专能视正色，病眼专能视邪色。其所以能视，就在于光明，在这一点上，好眼与病眼是一样的。由此说来，不必要去分别什么是天命之性，什么是气质之性。既然眼睛的理善、性善，那么为什么眼睛本身却为恶了呢？以此类推耳、鼻、口、心，也同样如此。如果说这些器官都是恶的，无异于说人没有这些器官才是善的；如果说气质之性是恶的，无异于说人没有这些气质才是善的。可是谁都

① 《存性编》卷一。

② 《存性编》卷一。

明白，如果人没有气质，没有形体，没有器官，哪里还有生人的存在呢？没有生人的存在，又何尝可以言“人为万物之粹”，“人为万物之灵”，“人皆可以为尧、舜”呢？颜元指出，人之所以为人、并为万物之灵，就在于“气质也”，可是“今乃以本来之气质而恶之，其势不并本来之性而恶之不已也。以作圣之气质而视为污性、坏性、害性之物，明是禅家六贼之说，其势不混儒、释而一之不已也”。颜元肯定：“宋儒认性，大端既善，不惟证之以孔、孟之旨不合，即以其说互参之，亦自相矛盾、各相牴牾者多矣。如此之类，当时皆能欺人，且以自欺。”①就是说，宋儒的气质为恶论，既与孔、孟人性思想之旨不合，又是自欺以欺人之说，其实质则是佛教的“六贼之说”，“非释氏六贼之说而何！”

颜元在指出“宋儒不识性，并才、情俱误”②的同时，依据“理气融为一片”的理气统一论，阐发了性、情、才三者的关系。他说：

> 发者情也，能发而见于事者才也；则非情、才无以见性，非气质无所为情、才，即无所为性。是情非他，即性之见也；才非他，即性之能也；气质非他，即性、情、才之气质也；一理而异其名也。③

性、情、才三者是相互密切联系、不可分离的统一体，它们统一的基础是气质，“非气质无所为情、才，即无所为性”。颜元进一步说明了什么是性、情、才？他说：“心之理曰性，性之动曰情，情之力曰才。”④性是心之理，其内容是仁、义、礼、智，表现在天道即是元、亨、利、贞。情是性之所发，人的感觉、意识，遇见外物，便会发动，其表现则是恻隐、羞恶、辞让、是非。才是情之

① 《存性编》卷一。

② 《颜习斋先生年谱》卷下。

③ 《存性编》卷二。

④ 《颜习斋先生年谱》卷下。

力，指人的感觉、思维能力，即“目有能视之才，耳有能听之才，口有能言之才，心有能思之才”。一个人没有气质，就没有才力，就不能发情，也就无以见性。所以说：

> 万物之性，此理之赋也；万物之气质，此气之凝也。正者此理此气也，间者亦此理此气也，交杂者莫非此理此气也；高明者此理此气也，卑暗者亦此理此气也，清厚者此理此气也，浊薄者亦此理此气也，长短、偏全、通塞莫非此理此气也。至于人，则尤为万物之粹，所谓“得天地之中以生”者也。二气四德者，未凝结之人也；人者，已凝结之二气四德也。存之为仁、义、礼、智，谓之性者，以在内之元、亨、利、贞名之也；发之为恻隐、羞恶、辞让、是非，谓之情者，以及物之元、亨、利、贞言之也；才者，性之为情者也，是元、亨、利、贞之力也。①

颜元以“气质”为物质基础，对性、情、才的辩证统一关系作了解释。性、情、才都是气质，不过是“一理而异名也”。这就是说，人禀阴阳二气生成之后，便有了生之谓性的性，其内在表现为仁、义、礼、智之四德，其遇外物而发动则表现为恻隐、羞恶、辞让、是非之情，性之所以表现为情在于才力。关于性、情、才的三者关系，颜元做了一幅“孟子性、情、才皆善之图”，并进行了具体说明：“圈，心也；仁、义、礼、智，性也；心一理而统此四者，非块然有四件也。既非块然四件，何由而名为仁、义、礼、智也？以发之者知之也，则恻隐、羞恶、辞让、是非也。”②圆圈代表“心”，即“气质之心”，是感觉思维器官，心遇外物便发之为恻隐、羞恶、辞让、是非之情，为了不使情动过度，就要以仁、义、礼、智之性加以节制。图表如下：

---

① 《存性编》卷二。

② 《存性编》卷二。

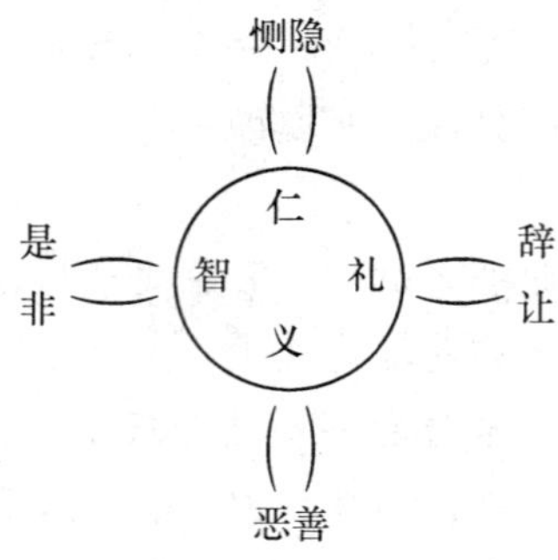

孟子性、情、才皆善之图

颜元在论证性、情、才三者统一的基础上，依据孟子的性善论，说明了性、情、才皆善的理由。颜元指出：孔子的“性相近也”，说的是气质相近；孟子的“乃若其情则可以为善”，“为不善非才之罪”，亦说的是气质为善。由此可见，孔子、孟子没有离开气质言性，他们的思想宗旨是一致的。颜元说：

> 愚谓识得孔、孟言性原不异，方可与言性。孟子明言“为不善非才之罪”，“非天之降才尔殊”，“乃若其情则可以为善”，又曰“形色，天性也”，何尝专言理？况曰性善，谓圣凡之性同是善耳，亦未尝全无差等。……宋儒强命之曰“孟子专以理言”，冤矣！孔子曰：“性相近也，习相远也。”此二句乃自罕言中偶一言之，遂为千古言性之准。性之相近如真金，轻重多寡虽不同，其为金俱相若也。惟其有差等，故不曰“同”；惟其同一善，故曰“近”。将天下圣贤、豪杰、常人不一之恣性，皆于“性相近”一言包括，故曰“人皆可以为尧、舜”；将世人引蔽习染、好色好货以至弑君弑父无穷之罪恶，皆于“习相远”一句定案，故曰“非才之罪也”，“非天之降才尔殊也”，孔、孟之旨一也。①

① 《存性编》卷一。

就是说，孔子、孟子言性主旨是一致的，都没有离开气质而言性。人性为善，所以“相近”；人有个性差等，所以“不曰同”；人的恶行，来自“引蔽习染”，这就是颜元的人性善恶观。颜元肯定性善，情、才亦善，不善非情、才之罪。他认为，孟子一生苦心言性善，就在于要人们明白气质不为恶，性、情、才皆善的道理。他说：

> 孟子一生苦心，见人即言性善，言性善必取才情故迹一一指示，而直指曰：“形色，天性也，惟圣人然后可以践形。”明乎人不能作圣，皆负此形也，人至圣人乃充满此形也；此形非他，气质之谓也。①

气质是善的，性、情、才亦是善的，如果认为气质、性、情、才是恶的，则是根本错误的。因为“人之性即天之道”，如果认为人性有恶，“则必以天道为有恶”；以情为有恶，“则必以元、亨、利、贞为有恶”；以才为有恶，“则必以天道流行，乾乾不息者亦有恶”，既然天道(理)是善的，那么人的性、情、才亦是善的。因为“理不离气，气不离理”，理为气之理，而气质是“性、情、才之气质也”，所以性、情、才皆是善的。颜元还举例比喻说明了这个道理：

> 若谓性善而才、情有恶，譬则苗矣，是谓种麻而秸实遂麦也；性善而气质有恶，譬则树矣，是谓内之神理属柳而外之枝干乃为槐也。自有天地以来，有是理乎？后儒之言性也，以天道、人性搀而言之；后儒之认才、情、气质也，以才、情，气质与引蔽习染者杂而言之。以天道搀人性，未甚害乎性；以引蔽习染杂才、情、气质，则大诬乎才、情、气质矣。此无他，认接树作本树也。呜呼！此岂树之情也哉！②

① 《存性编》卷一。

② 《存性编》卷二。

如果以性为善，以情、才有恶，这就如同植物的根与苗、果实的关系一样，人种的麻，而秸实却是麦；如果以性为善，以气质有恶，这就如同树根是柳树，树干却是槐树，这是开天辟地以来从来没有的道理啊！可是宋儒们所说的人性善，而气质、才、情有恶，正是本末倒置，认接树为本树，这显然是错误的。

颜元又以孟子的仁、义、礼、智四端学说，进一步说明性、情、才皆善的道理。他说：

> 中浑然一性善也。见当爱之物而情之恻隐能直及之，是性之仁；其能恻隐以及物者，才也。见当断之物而羞恶能直及之，是性之义；其能羞恶以及物者，才也。见当敬之物而辞让能直及之，是性之礼；其能辞让以及物者，才也。见当辨之物而是非能直及之，是性之智；其能是非以及物者，才也。不惟圣贤与道为一，虽常人率性，亦皆如此，更无恶之可言，故孟子曰“性善”，“乃若其情，可以为善”，“若为不善，非才之罪也”。①

颜元指出，孟子言性、情、才之善，就是言气质之善。把恶归咎于性、情、才、气质，这是孟子所深恶痛绝的。因此，孟子极力申辩性、情、才、气质皆善的道理。颜元说：

> 凡孟子言才、情之善，即所以言气质之善也。归恶于才、情、气质，是孟子所深恶，是孟子所亟辨也。宋儒所自恃以为备于孟子、密于孟子，发前圣所未发者，不知其蹈告子二或人之故智，为孟子所词而闻之者也。
>
> 罪气因罪才，故曰孟子时人言才、情不善即气质之说。程、张气质之性，即告子二或人之见也。②

---

① 《存性编》卷二。

② 《存性编》卷一。

颜元以他的性、情、才、气质皆善论，批判了宋儒的天地之性纯善、气质之性有善有恶的人性二元论，矛头所向则是张载、二程、朱熹。因为朱熹对张、程所创立的人性二元论推崇备至，认为这是对人性理论的一大贡献。据《朱子语类》卷四载：“道夫问：‘气质之说起自何人?’曰：‘此起于张、程，某以为有功于圣门，有补于后学，读之使人深有感于张、程，前此未有人说到此。……故张、程之说立，则诸子之说泯矣。’”可见，朱熹对张、程的“天地之性”和“气质之性”论是多么服膺、推尊。颜元认为，张、程、朱所自恃的密传于孟子、发前圣所未发、有功于圣门、有补于后学的“气质之性”有恶论，其实是蹈袭告子等三人的人性学说，而不是性善论。《孟子·告子上》篇载：“告子曰：‘性无善无不善也。’或曰：‘性可以为善，可以为不善。’……或曰‘有性善，有性不善。’”颜元所说的“告子二或人之见”，即指此三人的人性观点。在颜元看来，张、程、朱的人性学说，不仅与孟子的人性善论不合，而且与此三人之见同，这既不能自圆其说，又是违背圣人之旨的，这实在是错误之极。

颜元进而指出：“张、程隐为佛氏所惑，又不解恶人所从来之故，遂杜撰气质一说，诬吾心性。”①其思想来源是佛、老之学，并以说明他们名尊孔、孟，实袭佛、老。颜元说：

> 观告子或人三说，是孟子时已有荀、扬、韩、张、程、朱诸说矣，但未明言“气质”二字耳。……当时儒者视气质甚重，故虽异说纷纷，已有隐坏吾气质以诬吾性之意，然终不敢直诬气质以有恶也。魏、晋以来，佛、老肆行，乃于形体之外别状一空虚幻觉之性灵，礼乐之外别作一闭目静坐之存养。佛者曰“入定”，儒者曰吾道亦有“入定”也。老者曰“内丹”，儒者曰吾道亦有“内丹”也。借《四子》、《五经》之文，行《楞严》、《参同》之事，以躬习其事为粗迹，则自以气骨血肉为分外，

① 《存性编》卷一。

> 于是始以性命为精，形体为累，乃敢以有恶加之气质，相衍而莫觉其非矣。贤如朱子，而有“气质为吾性害”之语，他何说乎！①

颜元认为，朱熹“原亦识性”，可是由于“为佛氏所染”，“为世人恶习所混”，又为“张、程气质之论”所误，因而“亦不识性”了，结果造成“宋儒不识性”，而把情、才、气质都看成是恶的。

颜元在肯定性、情、才、气质皆善，指出张、程、朱认为气质有恶之谬的同时，又进一步指出宋儒人性学说之害。颜元认为，气质有恶论的危害是很大的，它一方面助长人的恶性不移，另一方面又把恶归咎于气质而自己不负责任，结果必然是误世、害人。他说：

> 大约孔、孟而前，责之习，使人去其所本无，程、朱以后责之气，使人憎其所本有，是以人多以气质自诿，竟有“山河易改，本性难移”之谚矣，其误世岂浅哉！
>
> 张、程于众论无统之时，独出“气质之性”一论，使荀、扬以来诸家所言皆有所依归，而世人无穷之恶皆有所归咎，是以其徒如空谷闻音，欣然著论垂世。而天下之为善者愈阻，曰：“我非无志也，但气质原不如圣贤耳。”天下之为恶者愈不惩，曰“我非乐为恶也，但气质无如何耳。”且从其说者，至出辞悖戾而不之觉，如陈氏称“程子于本性之外发出气禀一段”。噫！气禀乃非本来者乎？本来之外乃别有性乎？又曰“方见得善恶所从来”，恶既从气禀来，则指渔色者气禀之性也，黩货者气禀之性也，弑父弑君者气禀之性也，将所谓引蔽、习染，反置之不问。是不但纵贼杀良，几于释盗寇而囚吾兄弟子侄矣，异哉！②

① 《存性编》卷一。
② 《存性编》卷一。

这就是说，张、程、朱的“气质之性”为恶论，不仅在理论上是违背圣人之教，而且在实践上使人无所作为，并把自己的恶行推托于气质、归咎于气质，这种祸乱国家、纵贼杀良、释盗寇而害自己的理论，实在是异论、怪论、可怕之论。

既然性、情、才、气质都是善，理亦纯善，可是现实中，却有恶的存在，那么这种恶行、恶习的根源在哪里呢？颜元认为，恶是后天环境使之然的，他提出了“引蔽习染”论。他说人性本来是善的，而“其恶者，引蔽习染也”。①“祸始于引蔽，成于习染”。② 他举出两个例子说明人性本善，而恶是由“引蔽习染”所造成的。一是以“污衣”为例：

> 气质与性，是一是二？而可谓性本善，气质偏有恶乎？然则恶何以生也？则如衣之著尘触污，人见其失本色而厌观也，命之曰污衣，其实乃外染所成。有成衣即被污者，有久而后污者，有染一二分污者，有三四分以至什百全污不可知其本色者；仅只须烦捫涤澣以去其染著之尘污已耳，而乃谓洗去其襟裾也，岂理也哉！是则不特成衣不可谓之污，虽极垢敝亦不可谓衣本有污。但外染有浅深，则捫澣有难易，若百倍其功，纵积秽可以复洁，如莫为之力，即蝇点不能复素。③

颜元的意思是：如一件衣服，由白色的棉花织成布做成的，这棉布本色是白的，染了色后，做成了衣服，衣服本来是干净的，可是由于“著尘触污”，而变成了“污衣”，人们看不到其本来面目，就说衣服原来就是脏的，更看不到棉布原来的素白。颜元指出，不能说衣服本来就是污，即使积秽也不能说衣服本来就是污。由此可见，人性本来不是恶的，是后天“引蔽习染”而恶。衣服虽由素洁之衣变成了污衣，但是经过洗涤捫澣之后，亦可以复洁；而人性虽然由

---

① 《存性编》卷一。

② 《存性编》卷二。

③ 《存性编》卷一。

善变恶，但是经过“百倍其功”之后，亦可以由恶复善。

颜元举的第二个例子是以“浊水”为喻。针对程、朱的以水喻性，来证明气质之性为恶的观点，颜元以“浊水”之喻性，来驳斥程、朱学说之非。程颐曾说：“清浊虽不同，然不可以浊者不为水。”朱熹在解释程颐这段话时，亦说：“善固性也，恶亦不可不谓之性。”他们以此作为气质之性为恶的证据。对此颜元驳斥说：

> 此非正以善恶虽不同，然不可以恶者不为性乎？非正以恶为气质之性乎？请问浊是水之气质否？吾恐澄澈渊湛者，水之气质，其浊之者，乃杂入水性本无之土，正犹吾言性之有引蔽习染也。其浊之有远近多少，正犹引蔽习染之有轻重浅深也。若谓浊是水之气质，则浊水有气质，清水无气质矣，如之何其可也！①

颜元举这些例证，旨在说明人的恶性不是根源于气质，而是由“引蔽习染”所致。既然“污衣”可以“复洁”，“浊水”沉淀可以去浊变为“清水”，当然人性亦可以由恶“复善”了。

颜元认为，人们只有知道污浊为尘土所染，而不是衣、水之质的道理，才可以“知恶者是外物染乎性，非人之气质”②的道理。知道了这个道理，人就应当注意防止“引蔽”而不“习染”成恶性。其办法是：加强伦理道德教育，辨别是非善恶，择善去恶。他说：

> 然则气质偏驳者，欲使私欲不能引染，如之何？惟在明明德而已。存养省察，磨励乎《诗》、《书》之中，涵濡乎礼乐之场，周、孔教人之成法固在也。自治以此，治人即以此。使天下相习于善，而预远其引蔽习染，所谓以人治人也。③

① 《存性编》卷一。
② 《存性编》卷一。
③ 《存性编》卷二。

为了使人由恶变为善，择善而防恶，就要“明明德”，加强封建伦理道德教育，“以人治人”，以礼乐来“调理”人的“性情”。所以说：

> 六行乃吾性设施，六艺乃吾性材具，九容乃吾性发现，九德乃吾性成就；制礼作乐，燮理阴阳，裁成天地，乃吾性舒张，万物咸若，地平天成，太和宇宙，乃吾性结果。①

颜元在教育其弟子时，就是这样施教的。

颜元除了强调封建伦理道德教育对改变人性的作用外，还强调环境教育的作用。他认为，对于人性的形成和改变，环境、习俗起着重要的作用。他肯定“习俗移人，贤者不免”。他说苏轼的人品和学问都很好，“只佞佛一节”不好。苏轼为什么“佞佛”呢？是因为苏轼“自幼生长川、蜀之地，习见僧人，多读佛书，入鲍鱼肆不觉其臭矣”。② 他还举例证明说：

> 人为万物之灵，又非帀帛所可伦也。帀帛既染，虽故质尚在而骤不能复素；人则极凶大憝，本体自在，止视反不反、力不力之间耳。尝言盗蹠，天下之极恶矣，年至八十，染之至深矣，傥乍见孺子入井，亦必有怵惕恻隐之心，但习染重者不易反也。蠡一吏妇，淫奢无度，已逾四旬，疑其习性成矣；丁亥（公元 1647 年）城破，产失归田，朴素勤俭，一如农家。乃知系蹠囹圄数年，而出孔子之堂，又数年亦可复善。③

颜元认为，即使是“习染”恶性太重者，虽然“不易反”，但经过长期的反复的教育也可以反。这就是说，人的恶性、恶习经过教育和改变环境是可以改变而复善的。颜元把他的人性理论与理气理论紧

① 《存性编》卷一。

② 《存人编》卷二。

③ 《存性编》卷二。

密地结合起来，论证了“气质”无恶论，说明了“引蔽习染”为恶的道理，强调后天环境教育的作用，这些思想有其一定的合理性。

第三节　注重“习行”的认识论

颜元在反对理学的空疏、虚浮之学中，建立了重视习行、践履的认识论。

颜元认为，“人是万物之灵”，有知觉意识活动，因此是可以认识万物及其规律的，客观事物是真实存在的，这是人的认识的出发点和基础，没有客观事物，人也就无从认识。他说：

> 知无体，以物为体，以形色为体也。故人目虽明，非视黑视白，明无由用也。人心虽灵，非玩东玩西，灵无由施也。①

认识的主体，必须以客观事物为对象，离开客观事物，人就无法认识，也不能获得知识。认识是主观意识和客观事物相结合的结果。不能离物而静坐冥想求知。据此，颜元对佛教和宋儒的唯心主义认识论进行了批评。

关于佛教的离物冥知的认识论，颜元批评说：

> 彼佛，大之空天、地、君、亲而不恤，小之视耳、目、手、足为贼害，惟阖眼内顾，存养一点性灵，犹瞽目人坐暗室，耳目不接天下之声色，身心不接天下之人事，而方寸率思无所不妙，可谓妄矣，安在其洞照万象哉！②

佛教认为，人的认识根本不需要以外物为对象，只要“阖眼内顾，存养一点性灵”，就能够“洞照万物”。颜元批评，这如同瞎子独坐暗室，“耳目不接天下之声色，身心不接天下之人事”，却吹嘘可

① 《四书正误》卷一。

② 《存人编》卷一。

以“妙悟”万事万物，真是狂妄的胡说。

颜元在批评佛教虚妄胡说的同时，对理学家的“静坐”等说，也进行了批评：

> 洞照万象，昔人形容其妙曰“镜花水月”，宋、明儒者所谓悟道，亦大率精此。吾非谓佛学中无此意也，亦非谓学佛者不能致此也，正谓其洞照者无用之水镜，其万象皆无月之花月也。不至于此，徒若半生，为腐朽之枯禅，不幸至此，自欺更深。……予戊申前，亦尝从宋儒用静坐功，颇尝此味，故身历而知其为妄，不足据也。……今玩镜里花，水里月，信足以娱人心目，若去镜水，则花月无有矣。那对镜水一生，徒自欺一生而已矣。若指水月以照临，取镜花以折佩，此必不可得之数也。故空静之理，愈谈愈惑，空静之功，愈妙愈妄。①

就是说，宋、明儒者所讲的“静坐”“悟道”之功，是脱离客观事物去妄谈天理、良知，自以为是“洞照万象”，其实是“镜中花”，“水中月”，其所得的“镜花水月”，都是虚幻的假象，不是实有的真物。这种做法是自欺欺人的，如果去了镜水，则花月就没有了。颜元把这种离物静坐空谈比作“画鬼”，鬼没有对证可以胡画，脱离客观实物空谈认识，也是不能验证的，所以是“不足据”、毫无意义的虚妄之论。

颜元不仅肯定没有客观外物，人就不可能认识，而且人的认识能力的发挥，也必须依赖于认识对象。他说：

> 明者，目之性也，听者，身之性也。视非礼，则蔽其明而乱吾性矣，听非礼，则壅吾聪而乱吾性矣。绝天下非礼之色以养吾目，贼在色，不在目也，贼更在非礼之色，不在色也。去非礼之色，则目彻四方之色，适以大吾目性之用。绝天下非礼之声以养吾身，贼在声，不在耳也；贼更在非礼之声，不在声

---

① 《存人编》卷一。

> 也。去非礼之声，则耳达四境之声，正以宣吾耳性之用。推之口、鼻、手、足、心意咸若是，推之父子、君臣、夫妇、兄弟、朋友咸若是。①

颜元在这里进一步肯定认识对象在认识中的重要作用。就是说，人要获得对客观事物的认识，就必须“合内外，成人己，通身世”，使主体与客体“打成一片”，“一滚作功”。为此，他提出了重习行、践履的知行观。

颜元平生为学务实功而重习行。所谓务实功，就是不空言天道、义理、性命、静坐之学，而学习正身、有用、经世、利生的知识。所谓习行，就是亲身践履、亲手去做。

颜元极力反对宋儒的主静空谈、涵养用敬的空浮之学，提倡务实、习行之学。他说：

> 为爱静空谈之学，久必至厌事，厌事必至废事，遇事即茫然，贤豪不免，况常人乎？予尝言误人才，败天下事者，宋人之学，不其信夫！②

宋儒的主静空谈之学，教人成天坐在书房里，萎惰精神，疲软筋骨，培养文弱书生，于天下无用，是祸国殃民之学。颜元指出：

> 迨于秦火之后，汉儒掇拾遗文，遂误为训诂之学。晋人又诬为清谈，汉、唐又流为佛、老，至宋人而加甚矣。仆尝有言，训诂、清谈、禅宗、乡愿，有一皆足以惑世诬民，而宋人兼之，乌得不晦圣道，误苍生至此也！仆窃谓其祸甚于杨、墨，烈于嬴秦；每一念及，辄为太息流涕，甚则痛哭！③

---

① 《存人编》卷一。

② 《颜习斋先生年谱》卷下。

③ 《习斋记余》卷三。

颜元在揭露宋儒空浮之学所造成的恶果的同时，又揭露了其实质是禅学的打坐。他说：

> 敬字字面好看，却是隐坏于禅学处。古人教洒扫即洒扫主敬，教应对进退即应对进退主敬；教礼、乐、射、御、书、数即度数、音律、审固、罄控、点画、乘除莫不主敬。故曰“执事敬”，故曰“敬其事”，故曰“行笃敬”，皆身心一致加功，无往非敬也。若将古人成法皆舍置，专向静坐、收摄、徐行、缓语处言主敬，乃是以吾儒虚字面做释氏实工夫，去道远矣。①

就是说，程、朱的“主静”与“用敬”紧密相关。颜元指出，“用敬”虽字面好看，实质是“外儒内释”，“以吾儒虚字面做释氏实工夫”。颜元在这里既揭露了“主静”、“用敬”的禅学本质，又对“敬”字作出了新的解释，所谓“敬”就是执事、敬事、笃行的实际活动，皆身心一致加工之意，而不是离此的空言。

颜元指出，人要认识客观事物及其规律，就必须接触事物，深入到事物中去。针对朱熹的“岂有见理已明而不能处事者”的观点，颜元批评说：

> 见理已明而不能处事者多矣，有宋儒诸先生便谓还是见理不明，只教人明理。孔子则只教人习事，迨见理于事，则已彻上彻下矣。此孔子之学与程、朱之学所由分也。②

颜元断定这种空谈义理性命，穷理居敬之学，是不能认识事物及其规律的，当然是毫无用处的。“若只凭口中所谈，纸上所见，心内所思之理义养人，恐养之不深且固也。”③“凡从静坐读书中讨来实

① 《存学编》卷四。

② 《存学编》卷二。

③ 《存学编》卷四。

见议论，便如望梅画饼，靠之饥食渴饮不得。”①因此，颜元对这种纸上、口上的禅学功夫，极力反对。

颜元认为，人的正确认识来源于“习行”，因此，他特别强调，重视习行。他把自己的书斋改名为“习斋”，并自号“习斋”。足见，他对“习行”是何等重视。他不仅在理论上重视习行，而且在实践中身体力行。他自己就习礼、习琴、习射、习书、习拳法、习骑术、习数目、习医、习农等。“习”字的本义是指小鸟的反复试练飞行。颜元说：“习者，学之不已，如鸟数飞。”“温有三义：习也，暖也，焨也。重习其所学，如鸟数飞以演翅。又将所以得者暖之，不令冷。又脱洗一层，另焕发一番，如以汤沃毛，脱退之意。盖古人为学，全从真践履、直涵养做工夫。”②“习”就是反复实行、践履，不断演练、躬行等义。“习”与“行”密切相关，不可分离。因此，颜元重视“习行”。他说：

> 孔子开章第一句，道尽学宗。思过，读过，总不如学过。一学便住也终殆，不如习过。习三两次，终不与我为一，总不如时习方能有得。习与性成，方是乾乾不息。
>
> 人之为学，心中思想，口内谈论，尽有百千义理，不如身上行一理之为实也。人之共学，印证《诗》、《言》，规劝功过，尽有无穷道德，不如大家共行一道之为真也。③
>
> 某谓心上思过，口上讲过，书上见过，都不得力，临事时依旧是所习者出，正此意也。④

因为一切知识、认识都来源于习行、实践，所以只有从习行、实践中所获得的知识，才是真知。从心思、口说、书上所得之知，不经过习行、实践的检验，则不是真知。颜元以亲身的体会来说明这个

① 《存学编》卷二。

② 《四书正误》卷三。

③ 《颜习斋先生言行录》卷下。

④ 《存学编》卷一。

道理：“吾尝谈天道、性命，若无甚扞格，一著手算九九数辄差。……以此知心中醒，口中说，纸上作，不从身上习过，皆无用也。”①打算盘、演算术是这样，做其他学问亦是如此：“天文、地志、律历、兵机数者，若洞究渊征，皆须日夜讲习之力，数年历验之功，非比理会文字可坐而获也。”②一切真知都是从亲身实历的习行中获得的，不是从静坐中获得的。

颜无从重“习行”的“实学”观点出发，对“格物致知”作出了新的解释。他说：

> 格物之格，王门训正，朱门训至，汉儒训来，似皆未隐。……但观圣门如何用功，便定格物之训矣。元谓当如史书“手格猛兽”之格，“手格杀之”之格，乃犯手捶打搓弄之义，即孔门六艺之教是也。如欲知礼，凭人悬空思悟，口读身听，不如跪拜起居，周旋进退，捧玉帛，陈笾豆，所谓致知乎礼者，斯确在乎是矣；如欲知乐，凭人悬空思悟，口读身听，不如手舞足蹈，搏拊考击，把吹竹，口歌诗，所谓致知乎乐者，斯确在乎是矣。推之万理皆然，似稽文义、质圣学为不谬，而汉儒、朱、陆三家失孔子学宗者，亦从可知矣。③
>
> 此格字乃“手格猛兽”之格，“格物”谓犯手实做其事，即孔门六艺之学是也。且如讲究礼乐，虽十分透彻，若不身为周旋，手为吹击，终是不知，故曰“致知在格物”。④

所谓“格物”就是“犯手实做其事”，“手格其物”，“手格猛兽”，不能光听讲，口说而不实做，只说不做不算“致知”，只有亲手去做，方为真知、实知。颜元一再强调要“亲下手一番”。他在回答李秀植所问“格物致知”时，说：

---

① 《存学编》卷二。

② 《存学编》卷三。

③ 《习斋记余》卷六。

④ 《颜习斋先生言行录》卷上。

> 今之言致知者，不过读书、讲问、思辨已耳，不知致吾知也，皆不在此也。譬如欲知礼，任读几百遍礼书，讲问几十次，思辨几十层，总不算知。直须跪拜周旋，捧玉爵，执币帛，亲下手一番，方知礼是如此，知礼者斯至矣。譬如欲知乐，任读乐谱几百遍，讲问、思辨几十层，总不能知。直须搏拊击吹，口歌身舞，亲下手一番，方知乐是如此，知乐者斯至矣。是谓物格而后知至。故吾断以为物即三物之物，格即手格猛兽之格，手格杀之之格。①

颜元认为，知识来源于实际，“格物致知”之“格”就是“亲下手一番”，格要实格、真格，如同格杀猛兽之格，只有实格、真格，才能取得实知、真知。所谓“致知”，就是“手格其物而后知至”。他列举大量事例来说明这个道理。“如此菔蔬，虽上智、老圃，不知为可食之物也。虽从形色料为可食之物，亦不知味之如何辛也，必箸取而纳之口，乃知如此味辛。故曰：‘手格其物，而后知至。’”②颜元此思想是非常可贵的。

第四节　注重功利的社会政治论

颜元从他的心性、习行、实学思想出发，建立了他的社会政治思想。他主张实行王道政治，希望建立像“三代”那样强盛的封建国家。

颜元指出，要匡世救民，就应当注重事功。因此，他提倡功利主义思想。他认为董仲舒的“正其谊不谋其利，明其道不计其功”的说法是错误的。宋明理学家之所以喜欢，就是为了掩盖自己的“空疏无用之学”。颜元将其改为“正其谊以谋其利，明其道而计其

① 《四书正误》卷一。

② 《四书正误》卷一。

功"。[①] 颜元力主把道与功、义与利统一起来，即"正谊便谋利，明道便计功"。当郝公函问颜元"正谊明道"之旨时，他回答说：

> 世有耕种，而不谋收获者乎？世有荷纲持钩，而不计得鱼者乎？抑将恭而不望其不侮，宽而不计其得众乎？这"不谋、不计"两"不"字，便是老无、释空之根；惟吾夫子"先难后获"、"先事后得"、"敬事后食"三"后"字无弊。盖正谊便谋利，明道便计功。[②]

据此，颜元称赞王安石变法的与利除弊之举，尤其推崇陈亮的事功之学。他极力抨击宋儒之学，把朱熹视为提倡空浮之学、误人误世之罪魁祸首。颜元说："入朱门者便服其砒霜，永无生气、生机。""千余年来率天下入故纸堆中，耗尽身心气力，作弱人、病人、无用人者，皆晦庵为之，可谓迷魂第一、洪畴水母矣。""先生济了甚事？盲了自己两目，坏了五百年人才世运耳。""朱子之立说教人，真如颠人说安静，瘟疥者教人避传染方也。伤哉！"[③]可见批评之厉。而对王安石所推行的新法，富国强兵，励精图治之策，则给予肯定。颜元说："荆公之所忧，皆司马、韩、范辈所不知忧者也。荆公之所见，皆周、程、张、邵辈所不及见者也。荆公之所欲为，皆当时隐见诸书生所不肯为、不敢为、不能为者也。"[④]因为王安石所想、所为，皆富国强兵、兼利天下之策，所以遭到诬谤。对此颜元深为慨叹，他说："荆公者，是耶，非耶？虽然，一人是非何足辨，所恨诬此一人，而遂普忘君父之仇也；而天下后世，遂群以苟安颓靡为君子，而建功立业、欲措柱乾坤者为小人也；岂独荆公之不幸，宋之不幸哉！"[⑤]颜元认为，由于王道功利主义思想长期沦

① 《四书正误》卷一。

② 《颜习斋先生言行录》卷下。

③ 《朱子语类评》。

④ 《习斋记余》卷六。

⑤ 《颜习斋先生年谱》卷下。

丧，而使国弱民贫。他要以王道功利主义思想实现自己的政治理想，作为评价历史人物功过是非的标准。

颜元认为，古代王道政治的“精慧良法”是兵农合一、文武并教的富国强兵、奖励耕战的功利主义制度。他早年在《存学编》中系统地提出了他的政治、经济主张。后来作为政治、经济纲领提出来，这便是：

> 如天不废予，将以七字富天下：垦荒，均田，兴水利；以六字强天下：人皆兵，官皆将；以九字安天下：举人材，正大经，典礼乐。①

在颜元的治国强天下的纲领中，包括“垦荒，均田，兴水利”的经济纲领；“人皆兵，官皆将”的军事纲领；“举人材，正大经，典礼乐”的政治纲领。经济纲领在于发展生产，致富济贫；军事纲领在于寓兵于农，图强救弱；政治纲领在于安民防暴、天下太平。在这里包含了他的政治理想，即设计了封建国家的经济、政治、文教蓝图。他说：

> 吾每叹三代之良法。……苟使民之有恒业者得遂其耕获；无恒业者能免于饿寒，家给人足焉，即谓之今日之井田可也。……苟使民之有德行者各任之约、耆，有能干者可任之保练，分职效力焉，即谓之今日之封建可也。……苟使民之朴愿者皆知孝、弟、忠、信，士之俊秀者皆能礼、乐、兵、农，即谓之今日之学校可也。②

井田、封建、学校三者相互联结，相辅为用，才是治国之良法。不过颜元也看到经济是第一要义，是政治、军事的基础。他说：“使予得君，第一义在均田。田不均，则教养诸政俱无措施处，纵有施

① 《颜习斋先生年谱》卷下。

② 《习斋记余》卷一。

为，横渠所谓‘终苟道’也。”[①]颜元看到了土地在国家人民生活中的重要地位和封建土地分配的不合理性。因此，他提出均田平土、实行井田制的主张。他说：

> 或问于思古人曰：井田之不宜于世也久矣，子之《存治》，尚可执乎？曰：噫！此千余载民之所以不被王泽也！夫言不宜者，类谓亟夺富民田，或谓人众而地寡耳。岂不思天地间田宜天地间人共享之，若顺彼富民之心，即尽万人之产而给一人，所不厌也。王道之顺情，固如是乎？况一人而数百顷，或數十百人而不一顷，为父母者，使一子富而诸子贫，可乎？[②]

颜元反对土地兼并，使土地高度集中在大地主、大官僚手中，他借古代井田制，来论证他的均田思想，主张“可井则井，不可则均”。[③] 颜元的井田、均田并不是“夺富民产”分给穷人，而是“如赵甲田十顷，分给二十家，甲止得五十亩，岂不怨咎。法使十九家仍为甲佃，给公田之半于甲，以半供上终身甲；其子贤而仁，仍食之，否则一夫可也。”[④]颜元是站在中小地主立场上提出他的井田、均田思想，反对大地主的土地兼并政策，对缓和当时的阶级矛盾有一定作用。

在政治上，颜元主张恢复古代的分封诸侯制，以此挽救行将就木的封建制。他对当时的重文轻武的政习学风，十分痛恶，指斥这是朱熹的遗风、流毒。他说：

> 朱子重文轻武……其遗风至今日，衣冠之士羞与武夫齿，秀才挟弓矢出，乡人皆惊，甚至子弟骑射武装，父兄便以不才

---

① 《颜习斋先生言行录》卷上。

② 《存治编》。

③ 《存治编》。

④ 《颜习斋先生年谱》卷上。

目之。长此不返，四海溃弱，何有已时乎?①

颜元指出，宋元以来儒者无事袖手空谈心性，而不能负荷担道、利济苍生，为国家出力，这是理学家“溃弱四悔”之过。有人把“六艺”分为高下精粗，认为礼、乐是高、精者，应当学习；“射御粗，下人事”。对此颜元批评说：“贤者但美礼乐名目，遂谓宜学，未必见到宜学处也；若见到，自不分精粗。喜精恶粗，是后世所以误苍生也。……宋、元来儒者却习成妇女态，甚可羞。无事袖手谈心性，临危一死报君王，即为上品矣。”②为了富国强兵，颜元主张兵农合一，寓兵于农，“治农即以治兵”，兵皆为农，农皆为兵。文事与武备并重，寓兵于学，“教文即以教武”。他说：

> 慨自兵农分而中国弱。……迨于其衰，顶名应变，皆乞丐、滑棍，或一人而买数粮；支点食银，人人皆兵；临障遇敌，万人皆散。呜呼！可谓无兵矣，岂止分之云乎？即其盛时，明君贤将理之有法，亦用之一时，非久道也。况兵将不相习，威令所摄，其为忠勇几何哉！问论王道，见古圣人之精意良法，万善皆备。一学校也，教文即以教武；一井田也，治农即以治兵。③

颜元认为，军人是最光荣的职业，他特别提倡军事。他说：“军者，天地之义气，天子之强民，达德之勇，天下之至荣也。故古者童子荷戈以卫社稷，必葬以成人之礼，示荣也。明政充军以罪，疆场岂复有敌忾之军乎?”④颜元在教育上，就实行文事、武备并重，讲孙、吴兵法，攻守战阵，陆水战法和射御技击等军事科目为国家培养文武双全的人材。

① 《存学编》卷二。

② 《存学编》卷一。

③ 《存治编》。

④ 《颜习斋先生言行录》卷下。

颜元还提出了“举人材，正大经，兴礼乐”的主张。他认为，为了巩固国家的政治、经济制度，就必须培养人材；为了培养人材，就必须加强教育，而学校是培养人材的基本阵地，因此他特别强调兴办学校。他说：

> 教以济养，养以行教，教者养也，养者教也。①
>
> 圣道不明，苍生无命矣。盖学术者，人才之本也；人才者，政事之本也；政事者，民命之本也。无学术则无人才，无人才则无政事，无政事则无治平，无民命，其如儒统何！②
>
> 人才为政事之本，而学校尤人才之本也。③

学校教育的目的就是为国家培养有用的专门人材，为国家政治、经济服务，有人材才有政事，有政事才有太平。因此，他极力主张兴办学校。颜元所说的人材，是能“实文、实行、实体、实用，卒为天地造实绩，而民以安、物以阜”④的有用人材。而不是“崇尚诗文”，“以章句误乾坤”，“以口舌致党祸”、“以空言乱天下”的虚浮、空疏、无用之人。因此，颜元极为反对科举制度、以八股文取士的制度。他认为，这不能培养、选拔身兼文武、体用兼优、德才兼备的人材。只有从国家的实际需要出发，以经世致用的标准教育培养人材，才能为国家造就“斡旋乾坤，利济苍生”的人材。颜元从社会功利出发，所阐发的教育思想，确实有其真知灼见。

---

① 《存治编》。

② 《习斋记余》卷一。

③ 《颜习斋先生年谱》卷下。

④ 《习斋记余》卷三。

第十四章　戴震的察“分理”、重“心知”的哲学思想

第一节　“有志闻道”的一生

戴震字东原，又字慎修，安徽休宁(今属屯溪市)人。生于公元1724年(清雍正元年)，卒于公元1777年(清乾隆四十二年)。他是我国清代著名的哲学家、考据学家、自然科学家。

戴震出生于小商人家庭，年轻时曾随父做过小商贩。他自幼聪颖过人、勤奋好学。据他的学生段玉裁在《戴东原先生年谱》中记载：他10岁时，“乃能言，盖聪明蕴蓄者深矣。就傅读书，过目成诵，日数千言不肯休”。“先生十六七以前，凡读书，每一字必求其义。”塾师授《说文解字》，“三年尽得其节目。又取《尔雅》、《方言》及汉儒传、注、笺之存于今者参伍考究，一字之义，必本六书，贯群经以为定诂，由是尽通。前人所合集《十三经注疏》，能全举其辞”。戴震曾对段玉裁说：“余于疏不能尽记，经注则无不能背诵也。”并在给段玉裁的信中说：“仆自十七岁时，有志闻道，谓非求之《六经》、孔、孟不得，非从事于字义、制度、名物，无由以通其语言。宋儒讥训诂之学，轻语言文字，是犹渡江河而弃舟楫，欲登高而无阶梯也。为之三十余年，灼然知古今治乱之源在是。”①足见，戴震治经、为学，颇重字义，由字通词，由词通道。他从17岁时起，就“有志闻道”，并把文字训诂作为“闻道”的舟楫、阶梯。就是说，“训诂之学”、“语言文字”是手段，“闻道”、

① 《戴东原先生年谱》。

“明义理”才是治经的目的。这个从17岁时确立的治经方法、宗旨、目的，戴震奉之终生。他一再申明：

> 经之至者道也，所以明道者其词也，所以成词者字也。由字以通其词，由词以通其道，必有渐。①
>
> 治经先考字义，次通文理，志存闻道，必空所依傍。②

戴震重视训诂、经籍、考据，旨在闻道、明理、救世。

18岁时，戴震因家贫，随父经商到邵武，一面教学，一面读书。19岁时，“经学日进”。20岁时，自邵武归，从学于江永，江永“治经数十年，精于《三礼》及步算、钟律、声韵、地名沿革，博综淹贯，岿然大师”。③ 江永之学，惟戴震“能得其全”。此后戴震于算学、经学、文字学、科学技术等，无所不工，无所不究，同时著书立说。29岁时，补休宁县学生。30岁时，受迫害，处困境，此后十年在北京、山西、扬州等地避祸、逃难。同时结识纪昀、王鸣盛、钱大昕、王昶、朱筠等学界名流。40岁时，中乡举。41岁后的十几年间，六次会试均未考中进士。51岁时，从举人特诏入四库全书馆任纂修官，校订天文、算学、地理等书籍。

在四库全书馆任职本非戴震所愿，但又不得不委曲求全。他虽有“归山之志”，但终南归未成。由于积劳成疾，戴震于55岁时，病逝于北京。

戴震的一生，是贫困、坎坷的一生，是同理学斗争、“有志闻道”的一生。他的知识渊博，对音韵、训诂、数学、天文、地理、哲学等，都很有研究，造诣很深。

戴震的著作宏富，后人编为《戴氏遗书》。其主要哲学著作有：《原善》、《绪言》、《孟子私淑录》、《孟子字义疏证》、《与某书》、《答彭进士允初书》等。

---

① 《与是仲明论学书》。

② 《与某书》。

③ 《戴东原先生年谱》。

第二节 “气化即道”的自然观

戴震继承和发展了中国古代，尤其是张载、王夫之的气化论，批判了二程、朱熹的“理在气先”、“理为气主”的理气观，提出了“气化即道”、“理在气中”的自然观。

戴震认为，元气是宇宙万物化生的本原，自然万物的发生、发展、变化，都根源于气，气是产生和构成宇宙的物质实体，“阴阳五行”就是指这种物质实体，“道”就是指“气化流行”的物质实体。他说：

> 道，指其实体实事之名。……人道本于性，而性原于天道。天地之气化流行不已，生生不息。……故语道于天地，举其实体实事而道自见，“一阴一阳之谓道”，“立天之道曰阴与阳，立地之道曰柔与刚”是也。……故语道于人，人伦日用，咸道之实事，“率性之谓道”，“修身以道”，“天下之达道五”是也。出于身者，无非道也，故曰“不可须臾离，可离非道”；“可”如“体物而不可遗”之可。……道者，居处、饮食、言动，自身而周于身之所亲，无不该焉也。①

“道”或“气”，都是指产生、构成人和万物的物质实体，所以“道，指其实体实事之名”，存在于宇宙万物之中，周流于人的自身之内，宇宙一切，“道”都无所“不该”。

“道”作为“阴阳五行”的变化流行，是客观存在的，不是神秘不可知的超物质的精神主宰者。所以说，“道”就是“生生不息”的“气化流行”。戴震说：

> 道犹行也，气化流行，生生不息，是故谓之道。《易》曰：“一阴一阳之谓道。”《洪范》：“五行：一曰水，二曰火，三曰

① 《孟子字义疏证》卷下。

木，四曰金，五曰土。”行亦道之通称。举阴阳则赅五行，阴阳各具五行也；举五行即赅阴阳，五行各有阴阳也。……阴阳五行，道之实体也。①

“道”就是“阴阳五行”的气化流行的运动过程和总的法则，宇宙万物就是在生生不息的无穷运动变化中产生、形成的，正因为有道的存在，万物才生生不息、变而不乱。所以戴震说：

道，言乎化之不已也。……是故生生者，化之原；生生而条理者，化之流。……生则有息，息则有生，天地所以成化也。②

凡天之文，地之义，人之纪，分则得其专，合则得其和。分也者，道之条理也；合也者，道之统会也。……盈天地之间，道，其体也；阴阳，其徒也；日月星，其运行而寒暑昼夜也。……生生者，化之原；生生而条理者，化之流。③

古人言道，恒赅理气；理乃专属不易之则，不赅道之实体。而道、理二字对举，或以道属动，理属静……或道主统，理主分；或道赅变，理主常。此皆虚以会之于事为，而非言乎实体也。④

在戴震的思想观念中，道、理、气三个范畴是有确定涵义的。道即阴阳气化，即阴阳五行生生不息、变化不已的运动过程，是主统、主合的；理是具体事物固有的运动规律、法则，“有物有则”，“不易之则”，是主专、主分的；气是宇宙万物产生的本原、实体，“天地间百物生生，无非推本阴阳”。⑤ 戴震坚持气一元论的自然观。

---

① 《孟子字义疏证》卷中。

② 《原善》卷上。

③ 《法象论》。

④ 《绪言》卷上。

⑤ 《孟子字义疏证》卷上。

戴震依据元气一元论，“气化即道”的自然观，对程颐、朱熹的以道为理，理是“形而上”者，气是“形而下”者的观点，进行了批判，并对“形而上”与“形而下”作出了新的解释。他认为，程、朱把理与道等同起来，说成是“形而上”者，是气的主宰者，这种理气分离论是违背《周易》原意的。他说：

> 《易》“形而上者谓之道，形而下者谓之器”，本非为道器言之，以道器区别其形而上形而下耳。形谓已成形质，形而上犹曰形以前，形而下犹曰形以后。阴阳之未成形质，是谓形而上者也，非形而下明矣。器言乎一成而不变，道言乎体物而不可遗。不徒阴阳非形而下，如五行水火木金土，有质可见，固形而下也，器也；其五行之气，人物咸禀受于此，则形而上者也。《易》言“一阴一阳”，《洪范》言“初一曰五行”，举阴阳，举五行，即赅鬼神；《中庸》言鬼神之“体物而不可遗”，即物之不离阴阳五行以成形质也。由人物溯而上之，至是止矣。《六经》、孔、孟之书不闻理气之辨，而后儒创言之，遂以阴阳属形而下，实失道之名义也。①

这就是说，“形而上”是阴阳气化流行浑沦未分之时，还没有形成水、火、木、金、土和具体的人、物形质以前，这就是“道”；当形成人和具体物之后，就是“形而下”，这就是“器”。“气化之于品物，则形而上下之分也。形乃品物之谓，非气化之谓。”②“气”作为浑沦无间的无限实体是没有什么“形而上”与“形而下”之分的，只有形成千差万别的具体器物，才有“形而上”与“形而下”之分。但不论“形而上”，还是“形而下”，都是气化流行的不同状态。因此，在性质上并不是截然不同的东西，而是同一个物质实体在变化流行过程中的不同表现。一是指构成具体器物的原始物质及形成物质世界的总体、过程，“道言乎体物而不可遗”；一是气化形成的

① 《孟子字义疏证》卷中。

② 《孟子字义疏证》卷中。

具体事物，“器言乎一成而不变”。它们都是实实在在的物质存在，只是“形以前”和“形以后”的差别而已。

戴震指出，朱熹所谓“阴阳，气也，形而下者也；所以一阴一阳者，理也，形而上者也”“太极生阴阳，理生气也。阴阳既生，则太极在其中，理复在气之内也”“太极，形而上之道也；阴阳，形而下之器也”，这种把气看成是“阴阳”者，把理看成是“所以阴阳”者，是在“气”之上之先别求一个更高、更原始的精神性本体“太极”来产生和主宰阴阳，“后世儒者以两仪为阴阳，而求太极于阴阳之所由生”。这种“形而上”与“形而下”的观点，不是“孔子之言”，“实失道之名义”。戴震指出程、朱的错误是：

> 程、朱……盖其学借阶于老、庄、释氏，是故失之。……在老、庄、释氏就一身分言之，有形体，有神识，而以神识为本。推而上之，以神为有天地之本，遂求诸无形无迹者为实有，而视有形有迹为幻。在宋儒以形气神识同为己之私，而理得于天。推而上之，于理气截之分明，以理当其无形无迹之实有，而视有形有迹为粗。……此别理气为二本。……其以理为气之主宰，如彼以神为气之主宰也。以理能生气，如彼以神能生气也。①

戴震认为程、朱的错误与老、庄、释氏的错误是一样的。老、庄、释氏把人的整体机能分为形体和精神两部分，并以精神为本；由此推论，在有形有迹的物质世界之外，去设置一个无形无迹的精神本体，并视为产生天地万物的本原。程、朱一派与老、庄、释氏一样，在气之外去设立一个理，并以理作为产生天地万物的本原和主宰。究其实质，程、朱的理，就是老、庄、释氏的神。因此，程、朱的“太极，形而上之道也；阴阳，形而下之器也”的理学宇宙观，就是把“太极”（“理”）说成是超越万物、产生万物、主宰世界的精神本体。针对这种观点，戴震断定“阴阳”就是“形而上”的物质本

① 《孟子字义疏证》卷中。

体，“太极”就是“气化流行”的总称。他说：

> 太极指气化之阴阳……一阴一阳之谓道，万品之流形，莫不会归于此。极有会归之义，太者，无以加乎其上之称。①

“太极”不是超物质的精神主宰者，而是指世界万物所会归之物质极致，没有别的物质加乎其上，故为“太极”。戴震把“太极”赋予物质内容，这是他的唯物主义解释，也是他对唯物主义自然观的贡献。

戴震对唯物主义自然观的重要贡献，还在于他对“理”的解释和对“理一分殊”的批评。程、朱认为，“万物皆只是一个天理”，“总只是一个理”，“理为气主”，“理能生气”。为了驳斥这种观点，戴震对“理”及“理气”关系，作出了具体的论证。

戴震认为，理不是超物质的所以阴阳者，是存在于事物之中的物质运动规律，是具体事物自身所固有的规律。他在《孟子字义疏证》中，开宗明义：

> 理者，察之而几微必区以利之名也，是故谓之分理；在物之质，曰肌理，曰腠理，曰文理；得其分则有条而不紊，谓之条理。……《中庸》曰：“文理密察，足以有别也。”《乐记》曰：“乐者，通伦理者也。”郑康成注云：“理，分也。”许叔重《说文解字序》曰：“知分理之可相别异也。”古人所谓理，未有如后儒之所谓理者矣。②

所谓“理”，就是各种事物所以存在的道理、理由，一事物与他事物相互区别的根据、性质。理作为事物固有的规律、根据，只能存在于具体事物之中，千差万别的事物都有自己存在的理。就这个意义来说，“理，分也”。事物各有理，“以各如其区分曰理”，“分

---

① 《绪言》卷上。

② 《孟子字义疏证》卷上。

之，各有其不易之则，名曰理。……是故明理者，明其区分也”。[①] 戴震强调“分理”，即强调不同事物有各自固有的规律，反对万物“总只是一个理”的超物质之“一理”。只有明分理，才能认识事物存在的法则、性质。戴震说：

> 凡物之质，皆有文理，粲然照著曰文，循而分之、端绪不乱曰理。故理又训分，而言治亦通曰理。……盖气初生物，顺而融之以成质，莫不具有分理，则有条而不紊，是以谓之条理。[②]

戴震讲“理”，重“分”，旨在反对“理一分殊”。因为在戴震看来，“举凡天地、人物、事物，求其必然不可易，理至明显也”。如果像理学家那样，将理“从而尊大之，不徒曰天地、人物、事为之理，而转其语曰‘理无不在’，视之‘如有物焉’，将使学者皓首茫然，求其物不得”。[③] 所以戴震强调“分理”。

戴震的“分理”论是与“气化”论紧密相联的。他认为，阴阳气化，生生不息，其所以化而有序，生而不乱，就在于理在其中。他说：

> 气化流行，生生不息，仁也。由其生生，有自然之条理，观于条理之秩然有序，可以知礼矣；观于条理之截然不可乱，可以知义矣。……在天为气化推行之条理，在人为其心知之通乎条理而不紊，是乃智之为德也。惟条理，是以生生；条理苟失，则生生之道绝。[④]
>
> 生生者，化之原；生生而条理者，化之流。……生生者，仁乎；生生而条理者，礼与义乎！何谓礼？条理之秩然有序，

① 《孟子字义疏证》卷上。

② 《绪言》卷上。

③ 《孟子字义疏证》卷上。

④ 《孟子字义疏证》卷下。

其著也；何谓义？条理之截然不可乱，其著也。得乎生生者谓之仁，得乎条理者谓之智。①

万事万物在气化流行、生生不息的过程中，其所以变化而不紊乱，井然而有秩序，就在于有理的存在，所以说"理"就是"生生而条理者"，不是超万物的主宰者。不过应当看到，戴震把自然万物的气化流行过程和封建伦理道德观念混同起来，认为"生生而条理"则表现了仁、义、礼、智之德，这表明他没有把自然规律和伦理道德规范区别开来。

第三节 "就事求理"的认识论

在认识论上，戴震坚持"血气心知"、"就事求理"的反映论，反对"理得于天而具于心"、"冥心求理"的先验论。

戴震肯定自然万物是认识的本原，先有天地自然，然后才有人和人的认识。他说："有天地，然后有人物。"②又说："人也者，天地至盛之征也。""人之才，得天地之全能，通天地之全德，其见于思乎。"③人得阴阳之气的全、厚、精、清者而生，故为"天地至盛之征"，"万物之灵"者，人作为天地之间最高等的动物，具有全德，能够思维。人的认识是以生理条件为基础的，感觉器官是认识的出发点，客观外物是认识的来源，人不能离开客观事物而求什么认识、知识。戴震说："有血气，斯有心知，天下之事能于是乎出。"④"有血气，夫然后有心知。"⑤人的生理机构——血气具备之后，外界事物作用于人的感觉器官便引起了反映，认识也就开始了。这就是戴震说的"内外相通"。"心知"既然来自"血气"，当然

① 《原善》卷上。
② 《原善》卷上。
③ 《原善》卷中。
④ 《原善》卷上。
⑤ 《原善》卷中。

"心知"与外物自然有其相通之处。戴震说：

> 耳之于声也，天下之声，耳若其符节也。目之于色也，天下之色，目若其符节也。鼻之于臭也，天下之臭，鼻若其符节也。口之于味也，天下之味，口若其符节也。耳、目、鼻、口之官接于物，而心通其则。心之于理义也，天下之理义，心若其符节也。是皆不可谓之外也，性也。耳能辨天下之声，目能辨天下之色，鼻能辨天下之臭，口能辨天下之味，心能通天下之理义，人之材质得于天，若是其全也。①
>
> 盈天地之间，有声也，有色也，有臭也，有味也，举声色臭味，则盈天地间者无或遗矣。外内相通，其开窍也，是为耳、目、鼻、口。②

戴震这些话的意思是说，人的感觉器官的感觉是思维的基础，而感觉必须依赖于客观的物质世界，感觉是思维接近外物的通道。声、色、臭、味都是客观存在的，只有感官与之接触，才能产生感性认识，"耳之能听也，目之能视也，鼻之能臭也，口之知味也，物至而迎而受之者也"。③ 物质世界是感觉认识的来源。

戴震在肯定感觉器官感知外物的同时，承认感官之外还有心知，心是思维器官。他说：

> 心之精爽，有思辄通。……故孟子曰："耳目之官不思，心之官则思。"是思者，心之能也。精爽有蔽隔而不能通之时，及其无蔽隔，无弗通，乃以神明称之。④
>
> 人之神明出于心，纯懿中正，其明德与天地合矣。……心之精爽以知，知由是进于神明，则事至而心应之者，胥事至而

---

① 《读孟子论性》。

② 《孟子字义疏证》卷上。

③ 《原善》卷中。

④ 《孟子字义疏证》卷上。

以道义应，天德之知也。……心之精爽，驯而至于神明也，所以主乎耳目百体者也。①

“心”作为思维器官，它能主宰、支配感觉器官，心的知识是思则通、通则进入神明，达到解除蔽隔、无所不通的境界。心虽然能“主乎耳目百体”，支配感官，认识义理，但心却不能代替感官的作用，所以不能轻视更不能取消感官的作用，因为感官与心思各有其不同的功能作用。所以说“心能使耳、目、鼻、口，不能代耳、目、鼻、口之能，彼其能者各自具也，故不能相为”。感官的职能是“接于物”，心思的职能是“通其则”。只有感官接于物，心思加工才能通其则，再进入神明。“精爽”的初级知觉活动，是“神明”的高级思维活动的前提，二者都是不可偏废的。戴震指出，“神明”是人与动物的根本区别，人有心灵，进一步发展，才进到“神明”的高级思维活动阶段。所以说“人之异于禽兽者，虽同有精爽，而人能进入神明”在于“心之神明也”。② 人的心知、心灵、神明不是独立于血气、气禀之外的，而是依赖于血气、气禀存在的。离开了物质，精神也就不存在了。物质是精神之本原、基础。戴震说：

本阴阳五行以为血气心知，方其未感，茫然无失，是谓天之性，非有殊于血气心知也。是故血气者，天地之化；心知者，天地之神；自然者，天地之顺；必然者，天地之常。③

血气心知之得于天，形色其表也。由天道以有人物，五行阴阳，生杀异用，情变殊致。是以人物生生，本五行阴阳，征为形色。④

这就是说，人的肉体和精神都来自物质世界，“本阴阳五行以为血

① 《原善》卷中。

② 《孟子字义疏证》卷上。

③ 《原善》卷上。

④ 《原善》卷中。

气心知"，"人物生生，本五行阴阳，征为形色"。所谓"血气心知之得于天"，这个"天"是指物质自然界，不是天神。人的生命和意识都离不开物质世界，离开了物质自然，人的生命就不存在了，当然也就谈不上意识活动了。这就是告诉人们，血气是心知的物质基础，没有血气，就没有心知可言。心知从血气而来，因此心知必须遵循血气发展的规律而发展；血气既然是心知的基础，那么就不能说血气比心知卑贱了。由心知而进入神明，神明也不是超越物质世界而先天具有的或者是上帝赋予的，是后天获得的，这是合乎认识发展的自然规律的。戴震说：

> 有血气，斯有心知，天下之事能于是乎出，君子是以知人道之全于性也。呈其自然之符，可以知始；极于神明之德，可以知终。由心知而底于神明，以言乎事，则天下归之仁；以言乎能，则天下归之智。①

戴震认为，心知发展而进于神明，是后天从客观世界的学习中得来的，不是先天固有的神明，心也不能从自身内省体验中达到神明，因此，不需要什么"圣心"或"人心"之外的更高的主宰者来操纵人的认识和宇宙万物。这就说明血气、心知、神明都是与气紧密相联而不可分离的。戴震指明，心与气相通，才可以入神，即有思维能力，血气与气相融，才有心灵，即有感觉能力。他说："心者，气通而神；耳、目、鼻、口者，气融而灵。"②心与气通、感觉与气融，旨在说明心、身都是气的发展变化过程中的不同表现。心、身在认识中的作用虽然不同，但都是不可缺少的，究其实质，则是同出一个本原。戴震说：

> 天下惟一本，无所外。有血气，则有心知；有心知，则学以进于神明，一本然也；有血气心知，则发乎血气心知之自然

① 《原善》卷上。

② 《答彭进士允初书》。

> 者，明之尽，使无几微之失，斯无往非仁义，一本然也。苟岐而二之，未有不外其一者。①

所谓“一本”，即本原于物质的“气”，这是气一元论的自然观在认识论上的表现，这是戴震在认识论上的一个重要的贡献。

戴震在认识论上的另一个重要贡献则是他提出的“就事求理”的方法论。

戴震针对程、朱的“心是理，理是心”，“理与心一”，“心包万理，万理具于一心”，“理得于天而具于心”的“冥心求理”的先验论，提出“于事求理”，“以学求理”的方法论。

戴震明确指出，理不是“得于天而具于心”的，理是存在于客观事物之中的。心所具有的只是思维的认识作用，由于有了这种认识作用，心才能认识、辨别客观事物千差万别之理。离开了客观事物，就没有什么理的存在了，所以要于事求理。戴震说：

> 天地、人物、事为，不闻无可言之理者也。《诗》曰“有物有则”是也。……举凡天地、人物、事为，求其必然不可易，理至明显也。
>
> 理义非他，可否之而当，是谓理义。然又非心出一意以可否之也，若心出一意以可否之，何异强制之乎！是故就是事物言，非事物之外别有理义也。“有物必有则”，以其则正其物，如是而已矣。就人心言，非别有理以予之而具于心也；心之神明，于事物咸足以知其不易之则，譬有光皆能照，而中理者，乃其光盛，其照不谬也。②
>
> 事物之理，必就事物剖析至微而后理得。③

“理”是事物之理，不是超越事物而单独存在的精神本体和万物主

---

① 《孟子字义疏证》卷上。

② 《孟子字义疏证》卷上。

③ 《孟子字义疏证》卷下。

宰。人通过感官接触外界事物，思维作出判断，找出条理，认识规律。事物之理，必须就事物剖析至微而后，才能得理。所谓“理义”，是指客观事物的条理、法则而言，不是“心出一意以可否”之者，如果以“心出一意以可否”来决定事物的规则，就是主观冥想的意见，根本不是事物之理。人的认识，就是在寻求客观事物的规律中不断地增加、扩充知识。这如同容光照物，只要运用合理，便如光之盛大，所照之物清晰可见而不谬。由于感觉是可靠的，因此感觉所反映的客观事物是真实的，感觉到的事物之理，就是真实之理。如果不分析、解剖事物而去求理、讲理，这便不是客观事物之理，只能是主观的意见。把少数人的意见作为理，必然是错误的。从客观事物中所求之理，必然是大家共同承认的真理；把意见作为理，只能是少数人的臆断。戴震说：

> 心之所同然始谓之理，谓之义；则未至于同然，存乎其人之意见，非理也，非义也。……人莫患乎蔽而自智，任其意见，执之为理义。吾惧求理义者以意见当之，孰知民受其祸之所终极也哉！①

这就是说，把主观的意见当作真理，不合乎客观事实，不符合实际需要，就必然“害于事，害于政”，而使“天下被其祸”。

戴震指出，程、朱所讲的“得于天而具于也”的理，不仅是对客观事物及其规律的歪曲，而且是对古圣先贤所讲的理的篡改，是以意见为理。他说：

> 宋以来儒书之言，以理为“如有物焉，得于天而具于心”。……因以心之意见当之也。……夫以理为“如有物焉，得于天而具于心”，未有不以意见当之者也。今使人任其意见则谬。②

① 《孟子字义疏证》卷上。

② 《孟子字义疏证》卷上。

戴震认为，程、朱关于"理"的观点，不是"在事情之条分缕析"之理，不是古人所说的理，这种关于"理"的见解，既不符合理的原义，又强加于古人。自宋以来，以理为"得于天而具于心"的说法，虽然"习以成俗"，但却是以个人意见为理。这在理论上是荒谬的，在实践上是有害的，致使大道失却，乖事横行。戴震说：

> 宋以来儒者，以己之见，硬坐为古贤圣立言之意，而语言文字实未之知。其于天下之事也，以己所谓理，强断行之，而事情原委隐曲实未能得，是以大道失而乖事行。
>
> 宋人则恃胸臆为断，故其袭取者多谬，而不谬者在其所弃。①

在戴震看来，从程、朱以来的理学家，所讲的天理，只是以个人的主观臆断为理，抄袭古人理的概念，没有弄清古人的本来意义，也没有弄清事情的原委隐曲，就大谈天理，结果是摄取了谬论、抛弃了真理。

既然理是客观事物之理，不是"得于天而具于心"的，人认识事物之理，当然就要面对事物，向外物寻求，而不能面向本心，向内心体省。人的认识就是扩充知识、向外学习，而不是什么"复其初"，"返其本"。戴震积极提倡人要不断地扩充知识，从而达到"神明"。他认为，人和动物生来都有知觉运动，由于人能够发展自己的认识能力，达到理性思维的高度，因而具备了仁、义、礼、智之德。仁、义、礼、智不是别的什么东西，是思维活动达到的最高境界，认识能力发挥的最大限度。由于人和动物的禀气不同，而形成了不同的本性；不同的本性，而形成不同的知觉活动，人具有高级的理性思维意识和道德伦理规范，动物则不具有。戴震说：

> 《易》、《论语》、《孟子》之书，其言性也，咸就其分于阴阳五行以成性为言；成，则人与百物，偏全、厚薄、清浊、昏

① 《与某书》。

> 明限于所分者各殊，徒曰生而已矣。……阴阳五行之运而不已，天地之气化也，人物之生生本乎是，由其分而有之不齐，是以成性各殊。知觉运动者，统乎生之全言之也，由其成性各殊，是以本之以生，见乎知觉运动也亦殊。……若夫乌之反哺，雎鸠之有别，蜂蚁之知君臣，豺之祭兽，獭之祭兽，獭之祭鱼，合于人之所谓仁义者矣，而各由性成。人则能扩充其知至于神明，仁义礼智无不全也。仁义礼智非他，心之明之所止也，知之极其量也。知觉运动者，人物之生；知觉运动之所以异者，人物之殊其性。①

人与物禀不同的气而有不同的性和不同的知觉。人有高级的思维意识而能扩充知识“至于神明”之境，故“仁义礼智无不全也”。

戴震还以火光照物为例，说明人有认识和发现客观事物真理的能力。他肯定：凡是“血气之属”，都有认识能力，但是精爽程度是各不相同的。“精爽”就像“火光”一样，愈大愈明，愈照愈明，也就愈能反映外界事物。他说：

> 凡血气之属，皆有精爽。其心之精爽，巨细不同，如火光之照物，光小者，其照也近，所照者不谬也，所不照斯疑谬承之，不谬之谓得理；其光大者，其照也远，得理多而失理少。且不特远近而已，光之及又有明暗，故于物有察有不察；察者尽其实，不察斯疑谬承之，同乎不照，疑谬之谓失理。失理者，限于质之昧，所谓愚也。惟学可以增益其不足而进于智，益之不已，至乎其极，如日月有明，容光必照，则圣人矣。……故理义非他，所照所察者之当否也。②

火光照物并不是认识、反映事物，只有心思才能认识、反映事物，辨别事物之理，这是心所特有的作用。认识之所以有正确与错误的

① 《孟子字义疏证》卷中。

② 《绪言》卷中。

差异，主要在于对物的“有察有不察”，察就是观察、察知外物，察之当、尽其实，则得其理，反之，则失其理。因为事物是客观存在的，理是存在于事物之中的，所以人要认识事物及其规律，就必须观察、接触事物，否则是不能认识事物及其规律的。戴震的“察”是以天文学的观察，来说明察知事物的理，要人们做到“文理密察”，“察之不谬”，“察尽其实”，这个思想是科学的、可贵的。

戴震认为，人要使自己的认识正确而不谬，除了观察扩充知识之外，还要勤学好问，不断求知以扩充知识。同此，他特别重视学习求知的问题。戴震就是一个勤学好问善思的人。据《戴东原先生年谱》记载：他十岁那年“授《大学章句》，至右经一章以下，问塾师：‘此何以知为孔子之言而曾子述之？又何以知为曾子之意而门人记之？’师应之曰：‘此朱文公所说。’即问：‘朱文公何时人？’曰：‘宋朝人。’‘孔子、曾子何时人？’曰：‘周朝人。’‘周朝、宋朝相去几何时矣？’曰：‘几二千年矣。’‘然则朱文公何以知然？’师无以应，曰：‘此非常儿也。’”从这一连串的问答中，可以看出戴震从小就是一个勤学好问的少年，这对于他后来成为通晓各种知识的大学问家有直接的关系。其实，朱熹对《大学》的注释，本来是一种推测之言，没有什么历史事实根据，塾师的照本回答，当然也无事实根据，因而经不住戴震的这一连串的追问。戴震的治学方法是：凡事必穷根究际，以明其真相；旁征博引，以断其是非。他自己总结说：

> 立身守二字曰“不苟”，待人守二字曰“无憾”。事事不苟，犹未能寡耻辱，念念求无憾，犹未能免怨尤，此数十年得行于事者。其得于学，不以人蔽己，不以己自蔽，不为一时之名，亦不期后世之名。有名之见其弊二，非掊击前人以自表襮，即依傍昔儒以附骥尾。二者不同，而鄙陋之心同，是以君子务在闻道也。①

正因为他有切身体会，所以他非常注意学习，常对人讲学习对于扩

① 《答郑丈用牧书》。

充知识的重要性，强调“惟学可以增益其不足而进于智，益之不已，至乎其极”。……此《中庸》“虽愚必明”，《孟子》“扩而充之之谓圣人”。①在戴震看来，正像人的形体(血气)必须从食物中吸取营养强壮身体一样，人的知识(心知)也必须从外界事物中进行学习，扩充知识。他说：

> 人之初生，不食则死；人之幼稚，不学则愚；食以养其生，充之使长；学以养其良，充之至于贤人圣人；其故一也。②

因为认识只是扩充知识，这扩充是在接触外物中不断地增加知识，所以学习扩充知识和饮食资养身体的道理是一样的，根本不是什么“复其初”，“返其本”。他说：

> 试以人之形体与人之德性比而论之，形体始乎幼小，终乎长大；德性始乎蒙昧，终乎圣智。其形体之长大也，资于饮食之养，乃长日加益，非“复其初”；德性资于学问，进而圣智，非“复其初”明矣。……古贤圣知人之材质有等差，是以重问学，贵扩充。③

就是说，人通过问学、扩充知识、增益才能，便可以由“狭小”变为“广大”，由“暗昧”变为“明察”，最终可以达到智勇双全的“神明”、“圣人”之境。戴震说：

> 就人言之，有血气，则有心知；有心知，虽自圣人而下，明昧各殊，皆可学以牖其昧而进入明。
>
> 如血气资食以养，其化也，即为我之血气，非复所饮食之

① 《孟子字义疏证》卷上。

② 《孟子字义疏证》卷下。

③ 《孟子字义疏证》卷上。

物矣。心知之资于问学，其自得之也亦然。以血气言，昔者弱而今者强，是血气之得其养也；以心知言，昔者狭小而今也广大，昔者暗昧而今也明察，是心知之得其养也，故曰："虽愚必明。"人之血气心知，其天定者往往不齐，得养不得养，遂至于大异。苟知问学犹饮食，则贵其化，不贵其不化。记问之学，入而不化者也。自得之，则居之安，资之深，取之左右逢其源，我之心知，极而至乎圣人之神明矣。①

学以牖吾心知，犹饮食以养吾血气，虽愚必明，虽柔必强。可知学不足以益吾之智勇，非自得之学也；犹饮食不足以增长吾血气，食而不化者也。②

人虽有智愚之差，但只要认真问学、注重扩充，就可以由愚变明，人认识了外物及其规律，就可以使心知进入神明之境，这样人人都可以为尧舜、为圣人。因此，戴震"重问学，贵扩充"。这个"学"不是记诵古籍食古不化之学，而是自得之学。自得之学，才能"取之左右逢其源"，"以益吾之智勇"。"记问之学"是"食而不化者"，当然是没有用的。因此，戴震强调"问学""贵其化，不贵其不化"。

戴震还指出，扩充心知之明，光靠空谈心性之学也不成，而要把学与行结合起来。他重知亦重行。知识必须由博学、审问、慎思、明辨而后笃行得之，他反对空谈心性的玄学、虚学，注重笃行、履而后知的实践之学。他说：

老聃、庄周、告子、释氏，以自然为宗，不知性之区别而徒贵其神，去其情欲之能害是者，即以为已足，与圣贤之由博学、审问、慎思、明辨以求牖于明者异，是故断之为异说，不得同于荀子也。③

凡异说皆主于无欲，不求无蔽；重行，不先重知。人见其

① 《孟子字义疏证》卷上。

② 《与某书》。

③ 《绪言》卷下。

> 笃行也，无欲也，故莫不尊信之。圣贤之学，由博学、审问、慎思、明辨而后笃行，则行者，行其人伦日用之不蔽者也，非如彼之舍人伦日用，以无欲为能笃行也。
>
> 圣人之言，无非使人求其至当以见之行；求其至当，即先务于知也。凡去私不求去蔽，重行不先重知，非圣学也。①

戴震认为，知是重要的，因为只有学而知之进于智，认识了事物的规律、本质，才能指导行；不得理的行，是茫然的行。戴震所批评的“重行不先重知”，是指宋儒同老、释一样，只讲去欲，不求去蔽，只讲“冥心求理”，坐禅修养，不讲“学问思辨”，笃行践履。他说：

> 宋以来儒者，以己之见，硬坐为古贤圣立言之意……自以为于心无愧，而天下受其咎，其谁之咎？不知者，且以躬行实践之儒归焉，不疑夫躬行实践，劝善惩恶，释氏之教亦尔也。②

在戴震看来，宋儒的重去欲、轻去蔽的修养之学，不是圣学，而是老、释的“去欲”、“弃智”的“绝学”。为了强调知指导行，戴震批评宋儒的“重行不先重知”之学。但不能就此断定戴震重知不重行。其实他是重知亦重行的，他批评宋儒的目的“无非使人求其至当以见之行”，而“求其至当，即先务于知也”。这是有的放矢之见。这种先知后行，只是他的知行观的一个方面。另一个方面，他还强调“凡事履而后知，历而后难”。③这是他的行先知后论。如果把这两个方面综合起来考察，就可以看到戴震的知行观合理之处。他说：

> 《六经》、孔、孟之书，语行之约，务在修身而已；语知

① 《孟子字义疏证》卷下。

② 《与某书》。

③ 《与方希原书》。

> 之约，致其心之明而已；未有空指一而使人知之求之者。①

就是说，“修身之行”与“心知之明”是“一事”，这就是孔门“一以贯之”的含义。

戴震认为，人的认识是否正确、合不合乎理，要靠身行而检验之。他说：“据其实而言谓之事，以本诸身行之不可废谓之道。”“人伦日用之事，实责诸身，观其行事，身之修不修乃见，故曰：修身以道。”“凡言与行得理之谓懿德，得理非他，言之而是、行之而当为得理，言之而非、行之而不当为失理。”②认识是否合乎真理，要靠行之来验证，把“行之”作为是否“得理”的标准，无疑是科学的见解。

程、朱认为，人心本来具有理，由于“为私欲所蔽”，所以使理不明了。针对这种观点，戴震区别了“私”和“蔽”的不同。戴震指出，程、朱把“私”和“蔽”混为一谈，是极端错误的。其实二者是不同的，不能混淆的。“私”是指欲望，“蔽”是指知识的障碍。私和蔽都是人之大患。他说：

> 朱子亦屡言“人欲所蔽”，皆以为无欲则无蔽，非《中庸》“虽愚必明”之道也。有生而愚者，虽无欲，亦愚也。凡出于欲，无非以生以养之事，欲之失为私，不为蔽。自以为得理，而所执之实谬，乃蔽而不明。天下古今之人，其大患，私与蔽二端而已。私生于欲之失，蔽生于知之失；欲生于血气，知生于心。因私而咎欲，因欲而咎血气；因蔽而咎知，因知而咎心。③
>
> 人之患，有私有蔽；私出于情欲，蔽出于心知。无私，仁也；不蔽，智也；非绝情欲以为仁，去心知以为智也。是故圣贤之道，无私而非无欲；老、庄、释氏，无欲而非无私；彼以

① 《孟子字义疏证》卷下。

② 《孟子私淑录》卷上。

③ 《孟子字义疏证》卷上。

无欲成其自私者也；此以无私通天下之情，遂天下之欲者也。凡异说皆主于无欲，不求无蔽。①

“私”为欲之失，人有贪邪之欲表现为私，私出于情欲；“蔽”为知之失，人没有知识而表现出差谬为蔽，蔽出于心知。私和蔽是人的两个最大祸患。私和蔽为什么是人之大患，如何除掉这两个大患，戴震作了进一步的说明。他说：

人之不尽其才，患二：曰私，曰蔽。私也者，生于其心为溺，发于政为党，成于行为慝，见于事为悖，为欺，其究为私己。蔽也者，其生于心也为惑，发于政为偏，成于行为谬，见于事为凿、为愚，其究为蔽之以己。……私者之安若固然为自暴，蔽者之不求牖于明为自弃，自暴自弃，夫然后难于言善，是以卒之为不善，非才之罪也。去私莫如强恕，解蔽莫如学。②

“私”是指人在思想上执迷不悟，在政治上结党营私，在行动上为非作歹，办事情表现为悖逆欺诈，追究其根源是由于私己造成的；“蔽”是指人在思想上疑惑不解，在政治上行为不正，在行动上表现为错误，办事情表现为强词夺理，愚昧无知，追究其根源是由于蔽造成的。要去私最好宽以待人待事；要解蔽就没有比学习再好的了。戴震把“私”与“蔽”严格地区别开来，并提出了“去私”、“解蔽”的方法，这在认识论和道德论上都是有意义的。

第四节　“理存乎欲”的伦理观

戴震在元气产生人的自然观的基础上，建立了人性论和伦理观。戴震哲学思想的突出特点是他坚决主张理和欲的统一，反对天

① 《孟子字义疏证》卷下。

② 《原善》卷下。

理和人欲的对立。

在人性理论上，戴震用元气一元论的观点说明人性，反对张、程、朱把人性分为“天地之性”和“气质之性”的人性二元论。戴震认为，人和万物都是天地阴阳之气细缊化生的。他说：

> 人物之初，何尝非天之阴阳细缊凝成？……然男女之生生不穷，以内之生气通乎外之生气，人在生气之中，如鱼在水之中，其生也何莫非天！
>
> 夫天地间有阴阳斯有人物，于其推行谓之化，于其合一谓之神，天道之自然也。①

人和物都禀气而生，由气化而成，这是人和物的共同性。但是，由于人和物所禀之气不同，人禀气之全、精、清、明，物禀气之偏、粗、浊、昏，所以人和物便有其差别性。戴震说：

> 气化生人生物以后，各以类滋生久矣；然类之区别，千古如是也，循其故而已矣。……有偏全、厚薄、清浊、昏明之不齐，各随所分而形于一，各成其性也。……天道，阴阳五行而已矣；人物之性，咸分于道，成其各殊者而已矣。
>
> 凡有生，即不隔于天地之气化。……人物之生生本乎是，由其分而有之不齐，是以成性各殊。……气运而形不动，卉木是也；凡有血气者，皆形能动者也。②
>
> 人之材，得天地之全能，通天地之全德。从生，而官器利用以御；横生，去其畏，不暴其使。智足知飞走蠕动之性，以驯以豢，知卉木之性，以生以息，良农任以莳刈，良医任以处方。③

---

① 《绪言》卷下。

② 《孟子字义疏证》卷中。

③ 《原善》卷中。

戴震看到人和万物的统一性和差别性的思想，在当时是难能可贵的。

戴震认为，人禀气而生，有生而有性，人性不是先验的道德范畴，而是人的自然物质属性。“性”就是人和万物赖以存在的自然本性。他说：

> 性，言乎本天地之化，分而为品物者也。限于所分曰命，成其气类曰性。①

人性就是“血气心知”，是人赖以生存的特性。所以戴震说：

> 性者，血气心知本乎阴阳五行，人物莫不区以别焉是也。
>
> 性者，分于阴阳五行以为血气、心知、品物，区以别焉，举凡既生以后所有之事，所具之能，所全之德，咸以是为其本，故《易》曰“成之者性也”。②

人禀全、清、精、明之气而生，生而有形、有气、有神，形、气、神三者结合而有人的材质。在人的“一身中，分而言之，曰形、曰气、曰神，三者材也。《易》言‘精气为物’是也。心为形君，耳、目、鼻、口者气融而灵，心者气通而神”。③ 人的材质分为血气和心知两个部分。“血气资饮食以养”，人靠消化饮食以滋养自己的血气；心知为人的知觉思维活动，人靠心知识事物、知理义。人的物质欲望和理义活动，都由材质产生，所以血气与心知离不开材质，“由成性各殊，故才质亦殊。才质者，性之所呈也；舍才质安睹所谓性哉！”④血气与心知，欲与理的结合、统一就是人性。所以说人性就是人的“血气心知之欲”，包括“欲、情、知”三个方面，这三者都是人生之后“感而接于物”而产生的，不是人生之前就先

① 《原善》卷上。

② 《孟子字义疏证》卷中。

③ 《绪言》卷下。

④ 《孟子字义疏证》卷下。

天固有的。戴震说:

> 人生而后有欲,有情,有知,三者,血气心知之自然也。给于欲者,声色臭味也,而因有爱畏;发乎情者,喜怒哀乐也,而因有惨舒;辨于知者,美丑是非也,而因有好恶。……是皆成性然也。①

戴震认为,“欲”的要求是声色臭味;“情”的发动是喜怒哀乐;“知”的辨别是美丑是非。这些物质欲望要求是人形成之后其本性的必然表现。人生之后,便有人性;有人性,便有欲求,“有天地,然后有人物;有人物,于是有人物之性。人与物同有欲,欲也者,性之事也”。②戴震肯定欲望是人生而具有的,是生理的自然要求。这种“以生以养之事”的生活欲望要求,即饮食男女,穿衣吃饭,既是人欲,也是人性,这是人人都具有的自然本性。戴震说:

> 凡有血气心知,于是乎有欲,性之征于欲,声色臭味而爱畏分。……耳目百体之所欲,血气资之以养,所谓性之欲也。③
>
> 饮食男女,生养之道也,天地之所以生生也。……是故去生养之道者,贼道者也。细民得其欲,君子得其仁。遂己之欲,亦思遂人之欲,而仁不可胜用矣;快己之欲,忘人之欲,谓私而不仁。④

“人性”就是人的物质欲望要求,是以生以养之事,“即口之于味,目之于色,耳之于声,鼻之于臭,四肢于安佚之为性”。⑤人人都有人欲,人欲合乎人性,保持人性,离开人欲就成了死人,当然也就

① 《孟子字义疏证》卷下。

② 《读易系辞论性》。

③ 《原善》卷上。

④ 《原善》卷下。

⑤ 《孟子字义疏证》卷中。

没有人性，所以人欲不是恶的、坏的。

戴震依据这个人性的基本观点，对程、朱的“天地之性”和“气质之性”的人性二元论，即“天理”和“人欲”对立论进行了批评。宋明理学家把人性分为“天地之性”和“气质之性”，说天地之性是纯善的、是道心、体现天理；气质之性是有善有恶的，是人心，体现人欲的。而天理和人欲是绝对对立的，不可并存的，为了存天理，就必须减人欲。对这种人性二元论推演出的理欲对立论，戴震提出了尖锐的批评。他说：

> 《论语》言性相近，《孟子》言性善，自程子、朱子始别之，以为截然各言一性……创立名目曰“气质之性”，而以理当孟子所谓善者为生物之本，人与禽兽得之也同……是谓性即理，于孟子且不可通矣，其不能通于《易》、《论语》固宜。
>
> 孟子曰：“口之于味也，目之于色也，耳之于声也，鼻之于臭也，四肢之于安佚也，性也，有命焉，君子不谓性也；仁之于父子也，义之于君臣也，礼之于宾主也，智之于贤者也，圣人之于天道也，命也，有性焉，君子不谓命也。”宋儒以气质之性非性，其说本此。张子云：“形而后有气质之性，善反之，则天地之性存焉。故气质之性，君子有弗性者焉。”程子云：“论性不论气，不备；论气不论性，不明。”在程、朱以理当孟子之所谓善者，而识其未备。……朱子答门人云：“气质之说，起于张、程。韩退之《原性》中说三品，但不曾分明说是气质之性耳；孟子谓性善，但说得本原处，下面不曾说得气质之性，所以亦费分疏；诸子说性恶与善恶混；使张、程之说早出，则许多说话自不用纷争。”是又以荀、杨、韩同于孔子。至告子亦屡援性相近以证其生之谓性之说，将使告子分明说是气质之性，孟子不得而辨之矣；孔子亦未云气质之性，岂犹夫告子，犹夫荀、杨之论气不论性不明欤？程子深訾荀、杨不识性，以自伸其谓性即理之异于荀、杨。……今以孟子与孔子同，程、朱与荀、杨同，孔、孟皆指气禀气质，而人之气禀气质异于禽兽，心能开通，行之不失，即谓之理义；程、朱以理

> 为如有物焉，实杂乎老、庄、释之言。然则程、朱之学殆出老、释而入荀、杨，其所谓性，非孔、孟之所谓性，其所谓气质之性，乃荀、杨之所谓性欤?①

“天地之性”和“气质之性”，由张载创立，经过程、朱的发挥充实，而使之理论化、系统化、完整化。朱熹认为这种人性理论，“极有功于圣门，有补于后学”，由于它的创立，而使以前各家的人性理论都站不住脚了。只有它才是圣人万世不易的理论。戴震对此则持不同看法，他依据孟子的人性理论，论述了自己的人性学说。他指出，孟子所讲的口、目、耳、鼻、四肢之欲是宋儒否认气质之性是性的根据，其实是篡改、修正了孟子的人性善论。戴震认为，人性就是指人的气禀、气质不同于禽兽，其区别就在于人能掌握理义，禽兽则不能。宋儒离开气禀、气质而空谈义理，把理看成是另外一个超物质而存在的精神实体，这种“离人而空谈夫是理”，表面上同于孟子而实质不同。究其实质，是掺杂了老、庄、释的观点，是“出老、释而入荀、杨”，即背叛了孔、孟，而与荀、杨相同。

戴震指出，宋儒的“天地之性”论，不仅与孔、孟的人性理论相矛盾，而且与事实相违背。在戴震看来，宋儒所讲的“天地之性”为纯粹的本然至善之性，是根本不存在的空谈。所谓性善，就是改变人的行为，去掉“邪僻”，择善从之，达到“中正”，符合多数人的要求，这就是善。他说：

> 善，以言乎天下之大共也。性，言乎成于人人之举凡自为。性，其本也。所谓善，无他焉，天地之化，性之事能，可以知善矣。君子之教也，以天下之大共正人之所自为，性之事能，合之则中正，违之则邪僻，以天地之常，俾人咸知由其常也。明乎天地之顺者，可与语道。察乎天地之常者，可与语善。道乎天地之德者，可与语性。②

① 《孟子字义疏证》卷中。

② 《读易系辞论性》。

性善不是先天的本性纯善，而是改变人的恶行，使人由恶变为善，这就是性善。变善在于养养，养善在于给欲，因此，“人欲”是必需的，不是恶的。人只要在其特有的“心知”的理智指导、控制下，使欲得到合理的满足和需求，这种合乎生理要求的“欲”就是“善”，这正是人的本性，所以说人性是“善”的。戴震肯定孟子所讲的“养心莫善于寡欲”是“明乎欲不可无也，寡之而已”。① 就是说，孟子只是讲“寡欲”、“节欲”，不是讲“无欲”、“绝欲”，更不是根本消灭人的正常的合理的欲望。由此证明宋儒的“存天理，灭人欲”，是与孟子的学说相对立的。

为了说明“欲”不可无，只可节的道理，戴震把“性”和“欲”的关系，比作“水”和“流”的关系，人们只要能够合理的节制自我欲望，合乎自然规律的发展，就是合乎天理；节制欲望使其适度而不奢欲，欲望不可根绝，也不可过度，这样才合乎生养之道．亦是依乎天理。他说：

> 性，譬则水也；欲，譬则水之流也。节而不遇，则为依乎天理，为相生养之道，譬则水由地中行也；穷人欲而至于有悖逆诈伪之心，有淫佚作乱之事，譬则洪水横流，泛滥于中国也。……恶泛滥而塞其流，其立说之工者且直绝其源．是过欲无欲之喻也。“口之于味也，目之于色也，耳之于声也，鼻之于臭也，四肢之于安佚也”，此后儒视为人欲之私者，而孟子曰“性也”，继之曰“有命焉”。命者，限制之名，如命之东则不得而西，言性之欲之不可无节也。节而不过，则依乎天理；非以天理为正、人欲为邪也。天理者，节其欲而不穷人欲也。是故欲不可穷，非不可有；有而节之，使无过情，无不及情，可谓之非天理乎？②

---

① 《孟子字义疏证》卷上。

② 《孟子字义疏证》卷上。

戴震以“性”比作“水”，以“欲”比作“流”，说明对欲望节制而不过分，就是合乎天理，就是人们相生养之道，这如同水在田中流行一样；如果过分放纵欲望以至产生悖逆诈伪之心，干出淫佚作乱之事，这如同洪水泛滥一样，危害全国。人要按水的规律去因势利导，使它自然顺利地流行，这好像大禹治水一样。如果怕水泛滥而加以堵塞，阻止水的自然流行，这是那些装作很巧妙的人所干的事，其实他们堵绝了水源。戴震以大禹治水为例，以性欲与水流之喻，说明节欲与绝欲的区别，批判宋儒的绝源塞流的遏欲无欲的错误观点。戴震强调正当欲望的必要性和合理性，肯定人的生活欲望是“可节”不可“无”的，要“节而不过”，欲而不穷，不可无节，有而不过，节而不穷，这就是“依乎天理”，“合乎天理”。所谓天理，就是“节其欲而不穷人欲也”。结论是“欲不可穷，非不可有”。

据此，戴震提出“理存乎欲”的伦理观。他认为，理与欲是统一的、不可分割的，不是对立不相容的，“天理”不在“人欲”之外，而存在于“人欲”之中。他坚决反对宋儒的“天理人欲，不能并立”，“天理存则人欲亡，人欲胜则天理灭的”的“理欲之辨”。戴震断定：理不能离开人的感情欲望而单独存在，感情欲望的合理满足就是“天理”。他说：

> 理也者，情之不爽失也，未有情不得而理得者也。……天理云者，言乎自然之分理也；自然之分理，以我之情絜人之情，而无不得其平是也。
>
> 宋以来之言理也，其说为“不出于理则出于欲，不出于欲则出于理”，故辨乎理欲之界，以为君子小人于此焉分。今以情之不爽失为理，是理者存乎欲者也。①

“理”与“欲”是不可分割的，没有欲的满足就没有理的体现，理即在欲之中，理不是在欲之外的主宰者，而是在欲之中的体现者。天下人都得到合理的欲望要求，做到合理的自我节制，这是人的“天

① 《孟子字义疏证》卷上。

之性”，也合乎“天之理”。戴震说：

> 天之性，及其感而动，则欲出于性。一人之欲，天下人之同欲也，故曰性之欲。……情得其平，是为好恶之节，是为依乎天理。古人所谓天理，未有如后儒之所谓天理者矣。①

“欲”和“理”都是人性中本来就有的东西，人有血气，就有欲望；有心知，就明礼义，因此，物欲是不能绝灭的。“欲，其物；理，其则也。”②无血气心知，无欲望情感，只有死人才这样。假如天下都是无欲的死人，还有何事可为？岂不是死而无为？所以说：“凡事为皆有于欲，无欲则无为矣。有欲而后有为，有为而归于至当不可易之谓理，无欲无为，又焉有理？”③“欲”与“理”是密切相关的，无欲则无理，人的一切作为都是以欲为基础的。离开这个基础，理也就无从谈起。欲望是天下人所共有的，一人之欲，亦是天下人所同欲也；我有欲，他人同样也有欲。因此，不能只顾己之欲，而忘人之欲。戴震说：

> 天下之事，使欲之得遂，情之得达，斯已矣。……遂己之欲者，广之能遂人之欲；达己之情者，广之能达人之情。道德之盛，使人之欲无不遂，人之情无不达，斯已矣。④
>
> 遂己之欲，亦思遂人之欲，而仁不可胜用矣；快己之欲，忘人之欲，则私而不仁。⑤

“欲”是人人都所必求之者，自己求欲，也要想到他人求欲；自己得欲，也要想到使他人得欲，这才有仁义道德可言，离开人的物质

① 《孟子字义疏证》卷上。
② 《孟子字义疏证》卷上。
③ 《孟子字义疏证》卷下。
④ 《孟子字义疏证》卷下。
⑤ 《原善》卷下。

欲望，还有什么仁义道德可言呢？

因此，仁义礼智等伦理道德观念都离不开欲望而存在，人们的道德规范都是在“欲”的基础上建立起来的。戴震反对孟子提出的，又为程、朱所继承的人天生固有的仁义礼智“四端”的先天道德观念。戴震认为，人的道德观念、道德行为，并不是先天固有的，是出于自然之“欲”的。他说：

> 然人之心知，于人伦日用，随在而知恻隐，知羞恶，知恭敬辞让，知是非，端绪可举，此之谓性善。于其知恻隐，则扩而充之，仁无不尽；于其知羞恶，则扩而充之，义无不尽；于其知恭敬辞让，则扩而充之，礼无不尽；于其知是非，则扩而充之，智无不尽。仁义礼智，懿德之目也。孟子言“今人乍见孺子将入井，皆有怵惕恻隐之心”，然则所谓恻隐、所谓仁者，非心知之外别“如有物焉藏于心”也。己知怀生而畏死，故怵惕于孺子之危，恻隐于孺子之死，使无怀生畏死之心，又焉有怵惕恻隐之心？推之羞恶、辞让、是非亦然。使饮食男女与夫感于物而动者脱然无之，以归于静，归于一，又焉有羞恶、有辞让、有是非？此可以明仁义礼智非他，不过怀生畏死，饮食男女，与夫感于物而动者之皆不可脱然无之，以归于静，归于一，而恃人之心异于禽兽，能不惑乎所行，即为懿德耳。古贤圣所谓仁义礼智，不求于所谓欲之外，不离乎血气心知。①

戴震认为，理义不是别的，就是调节人的欲望，使之合乎仁义礼智，不是在人伦日用等各种欲望之外，从天降的，从外入的。人的恻隐、羞恶、辞让、是非之心等仁义礼智，都不在“欲之外”，不能离开“血气心知”。如见孺子将入井而主动急救，也不是发自先天的“恻隐之心”，而是出于自然之欲。因为人都有“怀生畏死”的欲望，所以看到孺子将入井有死亡的危险，于是便产生“怵惕恻隐

① 《孟子字义疏证》卷中。

之心”，才有跑上去抢救的行动，并不是先有一种先验的“恻隐之心”而存在于心中的。所以仁义礼智不在欲之外，而在欲之中；天理存在于人欲之中，不在人欲之外。

戴震进一步以“自然”和“必然”的关系，来说明理与欲的关系是物与则的关系。他说：

> 欲者，血气之自然。……由血气之自然，而审察之以知其必然，是之谓理义；自然之与必然，非二事也。就其自然，明之尽而无几微之失焉，是其必然也。如是而后无憾，如是而后安，是乃自然之极则。若任其自然而流于失，转丧其自然，而非自然也；故归于必然，适完其自然。①

戴震说明了自然与必然的紧密联系，它们不是二事，是完全统一的，“欲，其物；理，其则也”，欲为自然，理为必然。则离不开物，理离不开欲。必然是自然的合理满足，是自然所要达到的合格标准；以必然控制自然，才可以完成自然，任自然而丧自然，所以必然是自然的完成和极致，结论是：“故归于必然，适完其自然。”

戴震在肯定自然与必然、人欲与天理相统一、非二事的基础上，对宋明理学家所宣扬的“存天理、灭人欲”的理论，进行了严厉的批评。在批评中，戴震既指出其理论之谬，又指出其实践之害。他说：

> 宋儒程子、朱子、易老、庄、释氏之所私者而贵理。……于是辨乎理欲之分，谓“不出于理则出于欲，不出于欲则出于理”，虽视人之饥寒号呼，男女哀怨，以至垂死冀生，无非人欲，空指一绝情欲之感者为天理之本然，存之于心。……不幸而事情未明，执其意见，方自信天理非人欲，而小之一人受其祸，大之天下国家受其祸，徒以不出于欲，遂莫之或寤也。凡以为“理宅于心”，“不出于欲则出于理”者，未有不以意见为

① 《孟子字义疏证》卷上。

> 理而祸天下者也。
>
> 宋以来儒者，盖以理说之。其辨乎理欲，犹之执中无权；举凡饥寒愁怨、饮食男女、常情隐曲之感，则名之曰“人欲”，故终其身见欲之难制；其所谓“存理”，空有理之名，究不过绝情欲之感耳。……此理之辨使君子无完行者，为祸如是也。……此理欲之辨，适成忍而残杀之具，为祸又如是也。①

就是说，程、朱等理学家的“天理人欲之辨”，把广大劳动人民的“饥寒愁怨、饮食男女、常情隐曲之感”，都说成是必须根绝的人欲，这种理论危害甚大、为祸甚烈，成为残杀人民的工具，是祸国殃民之大者。

戴震进一步指出，程、朱等理学家所讲的“理”，完全是长者、尊者、贵者等在上之人，以“意见”残杀幼者、卑者、贱者等在下之人的工具；有权有势者杀害广大劳苦群众的口实，这就是“以理杀人”。他说：

> 理欲之分，人人能言之。……尊者以理贵卑，长者以理责幼，贵者以理责贱，虽失，谓之顺；卑者、幼者、贱者以理争之，虽得，谓之逆。于是下之人不能以天下之同情、天下所同欲达之于上；上以理责其下，而在下之罪，人人不胜指数。人死于法，犹有怜之者；死于理，其谁怜之?②

在戴震看来，宋明理学家所说的“理”，完全是“在上之人”压迫“在下之人”的工具，在下者无理可讲，在上者却为所欲为。在这种“理”的残害下，不可胜数的在下者，成了无辜的受害者。戴震痛斥说：“挟其势位，加以口给者，理伸；力弱气慴，口不能道辞者，理屈。呜呼！其孰谓以此制事，以此制人之非理哉!”③这

① 《孟子字义疏证》卷下。

② 《孟子字义疏证》卷上。

③ 《孟子字义疏证》卷上。

“理”是有权有势的达官显贵用以制人的特权，根本不是什么道理、真理。戴震抨击说：

> 呜呼！今之人其亦弗思矣！圣人之道，使天下无不达之情，求遂其欲而天下治。后儒不知情之至于纤微无憾，是谓理。而其所谓理者，同于酷吏之所谓法。酷吏以法杀人，后儒以理杀人，浸浸乎舍法而论理死矣，更无可救矣！……后儒冥心求理，其绳以理，严于商、韩之法，故学成而民情不知，天下自此多迂儒。及其责民也，民莫能辨，彼方自以为理得，而天下受其害者众也。①

戴震猛烈抨击宋明理学家的“天理人欲之辨”是挟势居位的封建统治者，残杀广大劳苦民众的口实、工具，这种“以理杀人”比酷吏“以法杀人”更加酷烈惨毒，惨死者不计其数。戴震的批判是深刻而中的的，这种批判在当时有重大的进步意义。

戴震在一生中，用很大的精力与封建礼教、宋明理学进行斗争，他揭露了封建宗法制度和封建礼教的罪恶本质，表现了对广大劳苦群众的同情之心。因此，他的功绩是不可磨灭的。

---

① 《与某书》。

第十五章　龚自珍的变法革新思想

第一节　志在“开风气”的一生

龚自珍，又名巩祚，字璱人，号定庵，浙江仁和(今杭州)人。生于公元1792年(清乾隆五十七年)，卒于公元1841年(清道光二十一年)。他是我国19世纪上半期著名的政论家、思想家。

龚自珍的高祖、曾祖均有功名。祖父龚禔身曾任内阁中书、军机处行走。过继祖父龚敬身，曾任云南楚雄知府，迤南兵备道。父亲龚丽正，嘉庆元年进士，授礼部主事，后累官至徽州知府、江南苏松兵备道署江苏按察史等。母亲段训，是著名文字学家段玉裁的女儿，是一位有名的女诗人。龚自珍从小在一个书香世家生活，深受汉学熏陶，12岁便随外祖父段玉裁学习文字学，奠定了“以经说字，以字说经”的考据基础。但在当时社会危机的刺激下，他并没有沿着正统的考据学的道路走下去，而开始写一些批评现实的政论文章。21岁他由刘榜贡生考充武英殿校录以后的几年中，便写了《明良论》等文，“由是益肆意著述，贯串百家，究心经世之务”①，抨击清王朝的种种社会积弊。

嘉庆二十三年，龚自珍27岁，应浙江乡试，中式第四名举人。翌年，应恩科会试，不第。他留京从刘逢禄学习《公羊春秋》，“遂大明西京微言大义之学”。② 从此他由考据学转向今文经学，“是为天地东西南北之学始，而于西北两塞外部落、世系、风俗、山川形

① 《定庵先生年谱》。

② 《定庵先生年谱》。

势、源流分合、尤役心力”。① 即注意研究经世致用之学。

龚自珍在科场中多次落第，从29岁始，以后近十年间，任内阁中书、礼部主事等闲职，受到当权宦僚的歧视和排挤。道光九年，龚自珍38岁，考中进士。由于他在廷试对策中，仿王安石《上仁宗皇帝书》，就张格尔甫平后新疆的善后问题，洒洒千余言，直陈无隐，而使“阅卷诸公皆大惊，卒以楷法不中程，不列优等”。② 自此后十余年间，仍居京师，充任闲差。至48岁，近二十年间，他始终在京师过着冷署闲曹生活。他自称自己“一生”“困阨下僚”，“不得志于今之宦海，蹉跎一生”。③ 这对性格豪迈奔放的龚自珍，在精神上是一个折磨。道光十九年，48岁的龚自珍，辞官南归。两年后，病逝于丹阳云阳书院，终年50岁。

龚自珍生活的时代，正是中国封建社会处于巨大的历史转折时期，清王朝由“康乾盛世”而走向腐朽衰落。社会危机加深，阶级矛盾、民族矛盾尖锐。面对这个“衰世”，龚自珍预感到农民起义的风雨即将来临。他说：“朝士寡助失亲，则山中之民，一啸百吟，一呻百问疾矣。……山中之民，有大音声起，天地为之钟鼓，神人为之波涛矣。”④他对国家民族的命运极为关心，因此在他的诗文中，“伤时之语，骂坐之言，涉目皆是”，其笔锋所向“上关朝廷，下及冠盖，口不择言，动与世迕”。⑤ 他要挽救社会危机，开一代社会新风，自称是一个“开风气”的人物。他的抱负是：“河汾房杜有人疑，名位千秋处士卑。一事平生无齮龁，但开风气不为师。”⑥又说：“黄河女直徙南东，我道神功胜禹功。安用迂儒谈故道？犂然天地划民风。”⑦龚自珍为了进行社会改革，十分强调发掘人材，发挥人的主观能动作用，打破万马齐喑的局面。他说：“九

① 《定庵先生年谱》。

② 《定庵先生年谱》。

③ 《龚自珍全集》第四辑《跋某帖后》。

④ 《龚自珍全集》第一辑《尊隐》。

⑤ 《定庵先生年谱外纪》。

⑥ 《龚自珍全集》第十辑《己亥杂诗》。

⑦ 《龚自珍全集》第十辑《己亥杂诗》。

州生气恃风雷，万马齐喑究可哀！我劝天公重抖擞，不拘一格降人材。”①他针对当时的弊政、鄙风，发表了大胆的议论，阐发了自己的思想。龚自珍的著作编为《龚自珍全集》。

第二节 “平均”论的变法思想

龚自珍生活的晚清时代，中国在清王朝极端腐朽、愚昧的反动统治下，已经步入了衰世，行将就木。龚自珍认为，在这个衰世中，一切都是衰败的，没有黑白、是非、善恶，一切正义被抹杀了，真理被掩埋了，人材被扼杀了。统治者所实行的反动高压政策，不仅摧残了人们的肉体，而且毁灭了人们的精神。社会是一片死气沉沉、“万马齐喑”的可哀局面。龚自珍面对这种腐朽社会，他把批判的锋芒集中在腐朽的封建制度上。他说：

> 贫相轧，富相耀；贫者阽，富者安；贫者日愈倾，富者日愈壅。或以羡慕，或以愤怨，或以骄汰，或以啬吝，浇漓诡异之俗，百出不可止，至极不祥之气，郁于天地之间，郁之久乃必发为兵燹，为疫疠，生民噍类，靡有孑遗，人畜悲痛，鬼神思变置。②
>
> 今中国生齿日益繁，气象日益隘，黄河日益为患，大官非不忧，主上非不谂，而不外乎开捐例、加赋、加盐价之议。譬如割臀以肥脑，自啖自肉，无受代者。自乾隆末年以来，官吏士民，狼艰狈蹷，不士、不农、不工、不商之人，十将五六；又或飧菸草，习邪教，取诛戮，或冻馁以死；终不肯治一寸之丝、一粒之饭以益人。……自京师始，概乎四方，大抵富户变贫户，贫户变饿者，四民之首，奔走下贱，各省大局，岌岌乎皆不可以支月日，奚暇问年岁？③

① 《龚自珍全集》第十辑《己亥杂诗》。

② 《龚自珍全集》第一辑《平均篇》。

③ 《龚自珍全集》第一辑《西域置行省议》。

龚自珍目睹当时社会的种种危机，尤其是贫富悬殊的社会矛盾，面对社会的深刻危机，当权的“高居政要”，只知保持自己的禄位，而不顾国计民生，“苟安其位一日，则一日荣”①，这些无耻之官，都是些庸庸碌碌的无能之辈，“尽奄然而无有生气”。由于封建制度的腐朽和“政要之官”的无能，而使当时处于“衰世”。龚自珍形象地描绘说：

> 履霜之屩，寒于坚冰；未雨之鸟，戚于飘摇；痺痨之疾，殆于痈疽；将萎之华，惨于槁木。②
>
> 入境而问之，天下法宗礼族修心，鬼修祀，大川修道，百实万货，奔命涌塞，喘车牛如京师，山林冥冥，但有窒士，天命不犹，与草木死。日之将夕，悲风骤至，人思灯烛，惨惨目光，吸饮莫气，与梦为邻，未即于床。③

就是说，清王朝的封建专制统治已经步入日薄西山、气息奄奄的险境。面对当时的社会现状，龚自珍预感到要爆发更大的社会危机，“起视其世，乱亦竟不远矣”。④ 为了挽救社会，龚自珍考察和研究了社会治乱和王朝兴衰的原因，作为变法革新的理论依据。他认为，“贫富不均”是造成社会危机的根源，“千万载治乱兴亡之数”，“不过贫富不相齐之为之尔”。⑤ 由于社会财产分配不均而形成贫与富的悬殊差别，是历代王朝治乱兴亡的原因。为了阻止贫富“大不相齐”的膨胀，挽救社会危机，龚自珍提出了“平均”论。他说：“有天下者，莫高于平之之尚也。”⑥在龚自珍看来，治理天下最高

---

① 《龚自珍全集》第一辑《明良论二》。

② 《龚自珍全集》第一辑《乙丙之际箸议第九》。

③ 《龚自珍全集》第一辑《尊隐》。

④ 《龚自珍全集》第一辑《乙丙之际箸议第九》。

⑤ 《龚自珍全集》第一辑《平均篇》。

⑥ 《龚自珍全集》第一辑《平均篇》。

理想的社会是财富“平均”。要实现这个理念，就必须“王心平”。皇帝之“心平”，就会使人心正，这样就会使物产丰富，贫富差别消失，人民得到幸福，所以说：“王心则平，听平乐，百僚受福。……王心诚深平，畜产且腾跃众多，而况于人乎?”①龚自珍把解决社会财富分配不均的问题寄托在皇帝的心平、善心之上。他的“平均”论是要解决“大不相齐”的问题，至于“小不相齐”，他认为是必要的、合理的。

为了解决社会矛盾、挽救社会危机，龚自珍以公羊三世说为理论基础，提出了“更法”的主张。他认为一个朝代的历史可以分为“治世”、“衰世”和“乱世”，而当时的清王朝已经走到了“日之将夕，悲风将至”的“衰世”阶段；要挽救“衰世”，就要“更法”。他说：

> 拘一祖之法，惮千夫之议，听其自陊，以俟踵兴者之改图尔。一祖之法无不敝，千夫之议无不靡，与其赠来者以劲改革，孰若自改革?抑思我祖所以兴，岂非革前代之败邪?前代所以兴，又非革前代之败耶?何莽然其不一姓也?②

龚自珍认为，历史是发展的，朝代是变迁的，没有一成不变的祖宗之法，要适应时代的发展而改革弊法，解除积弊。他针对清朝顽固守旧势力不思进取、不思改革的现状大声疾呼：“奈之何不思更法。”③他警告统治者说，与其不改革弊法等着被推翻而让新王朝来改革，倒不如自己主动改革，挽救衰世。他在《上大学士书》中，提出了他的改革思想主张：

> 自珍少读历代史书及国朝掌故，自古及今，法无不改，势无不积，事例无不变迁，风气无不移易，所恃者，人材必不绝于世而已。

① 《龚自珍全集》第一辑《平均篇》。

② 《龚自珍全集》第一辑《乙丙之际箸议第七》。

③ 《龚自珍全集》第一辑《明良论四》。

龚自珍的"更法"主张，涉及朝政的政治、经济、科制等诸多方面，如均平土地、敬宗收族、兴修水利、打击豪强、自造银元、取消八股等。解决社会危机的根本措施是"尚平"，关键环节是"人材"，"所恃者，人材必不绝于世而已"，因此要"不拘一格降人材"。龚自珍所说的"人材"，是指有胸肝、有耳目、有见识、有是非、有正义感的干练之材。有了一批这样的人材，就会"法改胡所弊？势积胡所重？风气移易胡所惩？事例变迁胡所惧？"①龚自珍深知人材对于变法、解除社会积弊的重要作用。因此，他把人材作为国家治乱和朝代兴衰的关键和标准。他说：

> 书契以降，世有三等，三等之世，皆观其才；才之差，治世为一等，乱世为一等，衰世别为一等。衰世者，文类治世，名类治世，声音笑貌类治世。②

根据这个标准，龚自珍肯定自己是生活在"衰世"里，他认为当时的情况是：

> 左无才相，右无才史，阃无才将，庠序无才士，陇无才民，廛无才工，衢无才商，巷无才偷，市无才驵，薮泽无才盗，则非但尟君子也，抑小人甚尟。③

不仅将、相、士、农、工、商无才，就连小偷、强盗也无才，整个社会找不到一个人材。龚自珍指出，造成无人材的原因是由于社会多方面的扼杀，尤其是"戮其心"，而使人无廉耻之心，结果成了"不知耻"之人。为了培养人材，龚自珍主张用"教之耻为先"的办法教育人。他认为，经过这种教育，就可以使"士皆知有耻，则国

① 《龚自珍全集》第一辑《上大学士书》。

② 《龚自珍全集》第一辑《乙丙之际箸议第九》。

③ 《龚自珍全集》第一辑《乙丙之际箸议第九》。

家永无耻矣”。否则，“士不知耻，为国之大耻”。[①] 龚自珍的人材观，是与政治变法论紧密相联的。龚自珍之后，中国涌现了一大批优秀人材，与庸人世界进行了搏斗，这与龚自珍的思想影响有直接关系。梁启超在《清代学术概论》中说：“晚清思想之解放，自珍确与有功焉；光绪间所谓新学家者，大率人人皆经过崇拜龚氏之一时期；初读《定庵文集》，若受电然。”足见，龚自珍思想影响之深广。

第三节 “心力”造一切的哲学思想

龚自珍作为改良主义先驱，虽然他一生都在对哲学进行积极的探索，对程、朱理学作了某些批判，但由于他信奉春秋公羊学，采取今文经学派的“微言大义”，用以揭露当时弊政，强调发挥人的主观能动性进行社会改革时，却夸大了心力的作用。当他的政治改革主张不能实现，感到政治上受压抑，精神上没出路时，便从佛教思想中寻找精神安慰，因而使他的哲学思想既没有形成完整的思想体系，又呈现矛盾状态。

龚自珍在批判统治者的“天地养万物，圣人养万民”和上帝创造一切、主宰一切的神秘主义时，强调“众人”造一切、“心力”造一切，这在当时有积极的意义。然而，他却夸大了人的主观精神的作用，认为众人的精神创造了宇宙万物。他说：

> 天地，人所造，众人自造，非圣人所造。圣人也者，与众人对立，与众人为无尽。众人之宰，非道非极，自名曰我。我光造日月，我力造山川，我变造毛羽肖翘，我理造文字言语，我气造天地，我天地又造人，我分别造伦纪。众人也者，骈化而群生，无独始者。有倮人已，有毛人，有羽人，有角人，有肖翘人。毛人、羽人、角人、肖翘人也者，人自所造，非圣造，非天地造。[②]

---

① 《龚自珍全集》第一辑《明良论二》。

② 《龚自珍全集》第一集《壬癸之际胎观第一》。

这个众人之我是无所不包、无所不能、无所不造的主宰者，从自然界的日月山川、毛羽肖翘，到社会生活的言语伦纪，都是众人主观精神造成的。这个众人之“我”，表面看来是“众人”，究其质则为“真神”。龚自珍认为，众人的群言，虽然可以说东道西，“名我”，“名物”，但是实际上都“无算数”，只有“真神”、“元神”说了才“算数”。他说：

群言之名我也无算数，非圣人所名；圣何名？名之以不名。群言之名物也无算数，非圣人所名；圣何名？名之曰我。城中之极言曰神，乃曰立元神，乃曰元神返而已矣，元神得养而已矣，去非元神而已矣。①

龚自珍认为，元神是至高无上的万物之极，人对神要恭恭敬敬、老老实实的“因之”、“尊之”，仰而颂之，敬而供之，而不能有丝毫的“返之”、“去之”，更不能加之、减之。在这里，龚自珍表现了有神论的倾向。

在天命与人事的关系上，龚自珍不仅相信天人感应论、天命决定论，而且论证了天降灾异说、神不灭论。他把天神圣化、人格化了。他说：

人之初，天下通，人上通，旦上天，夕上天，天与人，旦有语，夕有语。万人之大政，欲有语于人，则有传语之民，传语之人，后名为官。②

天与人不仅朝夕相处，时时对话，而且上来下去，时时往来。特别是有天子和百官作为天与人的联络官，使天与人的联系更加密切，来往更加方便。在龚自珍的思想中的天，不是指自然运行的天，而

① 《龚自珍全集》第一辑《壬癸之际胎观第九》。

② 《龚自珍全集》第一集《壬癸之际胎观第一》。

是一个有义理性、意志性、主宰性的人格神。他用这个神圣化、人格化的天，来论证君权神授的神学目的论，以说明封建君主专制统治是合乎天意的。他认为："(清)高宗皇帝又应天运而生，应天运而用武，则遂能以承祖宗之兵力，兼用东南北之众，开拓西边。"① 这就是说，统治者的权力、地位是"应天运"、"受天命"的。

龚自珍赞同董仲舒的天人感应论，认为天与人可以相感、相通。他说："天神倘下来，清明可与通。"②又说："五伦之事，天人互孳，人天迭为始，知不死之说者，亦不耻欲寿命。"③由于天与人相感、相通、相类，所以"人亦小天"。④ 龚自珍由天人感应论出发，进一步论述了天能赏善罚恶的思想，他相信《河图》、《洛书》一类神话传说。他说：

> 善言人者，必有譣乎天。《洛诰》之终篇，称万年焉；《般》、《时迈》之诗，胪群神焉；《春秋》获麟，以报端门之命焉。《礼运》曰："山出器车，河出马图，凤凰在椒。"孔子述作之通例如是，是亦述周公也。⑤

就是说，这个显"万灵"、称"万福"、存"万年"的万能之"天"，实际是至高无上的"真神"、"元神"。它具有意志性、威吓性、人格性，能赏善罚恶。如果当权者能通天，当好天与人的联络官，管好民，事好天，天就能降祥瑞，赏善行，神龙来，凤凰至，祥云出现；如果当权者"绝民不通天"，"绝天不通民"，天就要降灾异，罚恶行，神龙去，凤凰飞，祥云不见。龚自珍说：

> 龙、鸟、云，天所部，非人所部。后政不道，使一人绝天

① 《龚自珍全集》第一辑《西域置行省议》。
② 《龚自珍全集》第九辑《丁亥诗》。
③ 《龚自珍全集》第一辑《壬癸之际胎观第四》。
④ 《龚自珍全集》第五辑《拟上今方言表》。
⑤ 《龚自珍全集》第一辑《五经大义终始答问六》。

不通民，使一人绝民不通天，天不降之，上天不降之，上天所天，又不降之。诸龙去，诸鸟不至，诸云不见，则不能以绝。比其久也，乃有大圣人出，天敬降之，龙乃以部至，鸟以部至，云以部至，民昂首见之者，天之藉也。众人以为天，大政之主必敬天，名日月星为神，名山川为祇，名天之人亦曰神。天神，人也；地祇，人也；人鬼，人也。①

龚自珍具体论证了天、地、人、神互为一体的实际作用。

在龚自珍的哲学思想中，天与人虽然是互相感应、彼此相通、合为一体的。但是天与人毕竟有所不同，这不同就在于谁高谁低，谁本谁副。关于这个问题，龚自珍说：

圣人之道，本天人之际，胪幽明之序，始乎饮食，中乎制作，终乎闻性与天道。民事终，天事始，鬼神假，福禔应，圣迹备。……民之耳目，本乎天也。民之耳目，不能皆肖天。肖者，聪明之大者也，帝者之始也。……上帝万灵，可得而昼夜通也。是故有善可得而荐也，有命可得而受也，有作可得而合也。……天也者，福之所自出也。②

文王、箕子、周公、仲尼，其未生也，在上天。其死也，在上天。其生也，教凡民必称天，天故为群言极。③

在龚自珍的这些言论中，我们可以看到，天高于人，人的一切是“受之天”，“本于天”，“出于天”的。尤其是那些圣人、王者，在他出世之前就在“上天”，出生之后“必称天”，死了之后必归“上天”，因为“天为群言极”。应当说这是董仲舒的天人论的清代版。

龚自珍反复说明了尊天、事天的重要性，其目是为了证明尊君、事亲的合理性，即证明“三纲五常”的合理性。他说：“事天如

① 《龚自珍全集》第一集《壬癸之际胎观第一》。

② 《龚自珍全集》第一辑《五经大义终始论》。

③ 《龚自珍全集》第一辑《壬癸之际胎观第八》。

事亲，谁云小儿弄。我身我不有，周旋折施奉。"①又说："庖牺氏之《易》。……是故教王者上勤天，教子上勤父，教臣上勤国君。"②人间的上下尊卑之差，富贵贫贱之别，吉凶福祸之变，都是天命注定的，不可改变的。人们只有安贫乐道，安分守己，才是符合天意。他说："贫贱，天所以限农亩小人；富贵者，天所以待王公大人君子。"③人的贫贱、富贵等，都是"天命"决定的，人力不可违抗。任何人都逃脱不了天命的主宰，即使倍加小心，也是逃脱不掉的。"亦有小心人，天命终难夺。"④足证，龚自珍是相信天命的。

由于龚自珍要进行社会改革，而在社会现实中找不到改革的物质力量，所以只好求助于"心"了。他认为，人心决定宇宙万物的生死存灭、发展变化，人心是决定万物的根本。只要人心好了，宇宙中的一切都会好的，王运可以中兴，世俗能够太平，万物可以改变。人能"发大心"，以"发心为先"，就无所不通，无所不能，法力无限。特别是那些圣人、王者之心，更能改变世界，主宰时运。他说：

> 人心者，世俗之本也；世俗者，王运之本也。人心亡，则世俗坏；世俗坏，则王运中易。……上有五气，下有五行，民有五丑，物有五才，消焉息焉，渟焉决焉，王心而已矣。⑤

在龚自珍看来，只要"王者"发善心，做到"心诚深平"，不仅能使百官享受福禄，人民免受灾祸，而且可以使万物腾跃众多，百畜腾欢雀跃。这样的"王心"，实为真神的代名词。

龚自珍的哲学思想是矛盾的，他在批评程、朱理学的同时，又笃信陆、王心学，强调"尊心"、"修心"。其目的是发挥人的心力

---

① 《龚自珍全集》第九辑《丁亥诗》。

② 《龚自珍全集》第一辑《壬癸之际胎观第五》。

③ 《龚自珍全集》第一辑《明良论一》。

④ 《龚自珍全集》第九辑《庚辰诗》。

⑤ 《龚自珍全集》第一辑《平均篇》。

作用，进行社会改革。当他的政治改革主张不能实现，在现实生活中受压抑、无出路时，便企图在佛教宣扬的彼岸世界中寻求精神安慰，而追求来世的美好天堂。因而他精信天台宗，自称是天台宗的"弟子"，最终步入了神学唯心主义。

与这种世界观紧密相联系的是龚自珍提出了"辩知觉"的认识论。在他的"辩知觉"的认识论中，同样表现出唯心主义神秘性质。他一方面认为"知，就事而言"，是"有形"的"人事"，这似乎是讲认识客观事物；另一方面又认为"觉，就心而言"，是"无形"的"天事"，这种觉是佛教的"顿悟"，是由无形的天事决定的，是圣人独具的。他既讲圣人之知是学来的，又讲圣人之觉是不可认识的，只有圣人通过"顿悟"，才能得到，是禀"天事"而来的，凡人是永远达不到这种高超的神境的。龚自珍最终是要说明有先天的先知先觉的超人，即"神"的"觉"的存在。这种超人的"觉"是不可认识的。他说：

> 伊君曰：先知知后知，先觉觉后觉。知与觉何所辩也？自珍对曰：知，就事而言也；觉，就心而言也。知，有形者也；觉，无形者也。知者，人事也；觉，兼天事言矣。知者，圣人可与凡民共之；觉，则先圣必俟后圣矣。……夫可知者，圣人之知也；不可知者，圣人之觉也。①

龚自珍的"辩知觉"本意不在于说明"知"与"觉"的区别，而在于说明有"先知知后知，先觉觉后觉"的"圣人"，这种圣人之觉，是"兼天事"的，他们是先知先觉者，并能前知千载，后知万世。他们的"觉"是永远不可知的神秘物。龚自珍说："圣人神悟，不恃文献而知千载以上之事，此之谓圣不可知，此之谓先觉。"②他认为，那些先天的博大圣人，根本不必要去向外认识客观事物，因为他们天生聪明睿智，又能"神悟"一切，只要"神悟"，就一切都能豁然贯通，万般疑难，顿时可知。所以这种圣人根本不需要学习，也不

① 《龚自珍全集》第一辑《辩知觉》。

② 《龚自珍全集》第八辑《语录》。

必积累知识，只靠内省体验顿悟就行了。这显然是一种神秘主义的认识方法。

在名与实的关系问题上，龚自珍也表现出思想的矛盾性。他说：

> 万物不自名，名之而如其自名。是故名之于其合离，谓之生死；名之于其生死，谓之人鬼；名之于其聚散，谓之物变；名之于其虚实，谓之形神；名之于其久暂，谓之客主；名之于其客主，谓之魂魄；名之于其淳浊、灵蠢、寿否、乐否，谓之升降；名之于其升降，谓之劝戒；名之于其劝戒取舍，谓之语言文字。①

在这里，我们可以看到龚自珍的重名轻实倾向。他认为，任何事物的“名”，不是随意决定的，要有它的标准，就是说人们给事物下个概念要符合这个事物的名称，“名之而如其名一，否则便不能算数。龚自珍的这个思想是合理的，即承认名与实是相对待的，概念与事物是有差别的。但是，龚自珍更强调的是名的作用。他认为，“名不成”则事“不立”，他不要求名与实相符合，而是要名不顾实，抛实以求名。他说：

> 万物不自立。……万物名相对者，势相待，分相职，意相注，神相耗，影相藏；势不相待，分不相职，意不相注，神不相耗，影不相藏，将相对之名不成，万事皆不立。②

就是说，名决定实，有名才有实，名成事才立，名不成则事不立，这就颠倒了名与实的真正关系，因而是错误的。龚自珍思想的矛盾性，正是当时社会危机、矛盾的反映。

---

① 《龚自珍全集》第一辑《壬癸之际胎观第八》。

② 《龚自珍全集》第一辑《壬癸之际胎观第七》。

第十六章 魏源的“变古”、“重行”思想

第一节 爱国济民的一生

魏源，原名远达，字良图，又字默生、墨生、汉生，湖南邵阳人。生于公元1794年(清乾隆五十九年)，卒于公元1857年(清咸丰七年)。他是当时与龚自珍齐名的著名学者和进步思想家。

魏源祖籍江西泰和，明初迁居湖南邵阳。他7岁入家塾读书，勤奋好学，常读书至深夜。15岁入邵阳县学，熟读经史。20岁到湖南长沙岳麓书院读书，举拔贡。21岁随父北上入京，曾记载沿途见闻之状为“去岁大兵后，大祲今苦饥。黄沙万殍骨，白月千战垒。至今禾麦地，极目森蒿藜。借问酿寇由，色哽不敢唏。”①这里描述了饥民遍野、满目疮痍的悲惨景象。在北京，魏源结识了龚自珍、邓显鹤、陈沆等人，从刘逢禄学习公羊学。他们研讨学问、议论时政，奠定了魏源社会改革的思想基础。

魏源29岁时，在北京考中举人。此后在科场路上一直不顺，屡试不第，到51岁才考中进士。52岁任扬州府东台县知县。56岁任兴化县知县。57岁任高邮知州，兼海州分司运判。公元1853年，太平军攻战扬州，魏源在高邮抵抗太平军。3月，南河总督杨以增奏劾魏源迟误驿报，“以致南北信息不通”，魏源“著即革职”。② 此后，魏源再也没有做官，居兴化、杭州，潜心佛学，整

① 《魏源集》下册《北上杂诗》。

② 《清文宗实录》卷八。

理著述，最终以“扫地焚香坐，心与香俱灭。沈沈寥寂中，冥冥花雨来”①而了此一生。

魏源生活的时代，正是清王朝由康乾盛世走向道咸衰世，魏源身历鸦片战争前后两个阶段，面对种种的社会危机，而着重研究当时的政治、经济等实际问题，并从爱国济民的实际出发，提出了解决问题的方案，这种“经世致用”之学，在当时确实是积极的、进步的。

魏源是一个学识渊博、著作宏富的思想家，他“以经术为治术”，忧国著书，力主经世。当他满腔热忱受到挫折后，他便追求“佛道出世”，最后终老于空寂的佛舍。

魏源的著作，主要有《古微堂集》、《古微堂诗集》、《元史新编》、《老子本义》、《孙子集注》、《圣武记》、《海国图志》等。

第二节 “师夷之长技”的革新思想

魏源一生跨越鸦片战争前后两个历史阶段，他亲历鸦片战争的全部过程，目睹了西方列强的残暴和清朝政府的腐朽，因而在他的思想中，表现出强烈的反对侵略和要求改革的内容。

鸦片战争前，魏源就深感清王朝所面临的社会危机和民族危机，尤其是鸦片的输入，给中国人民的身心健康和财政收入都造成了严重危害。他说：

> 夷烟蔓宇内，货币漏海外，漕鹾以此日敝，官民以此日困，视倭患尤剧也。②
>
> 鸦片耗中国之精华，岁千亿计，此漏不塞，虽万物为金，阴阳为炭，不能供尾闾之壑。今不能禁外夷，何难禁内地?③

① 《魏源集》下册《偶拈》。

② 《魏源集》上册《明代食兵二政录叙》。

③ 《魏源集》下册《军储篇一》。

魏源揭露了外国资本主义侵略势力对中国的威胁和给中国人带来的危害。他面对鸦片“蔓宇内”而造成“货币漏海外”，“耗中国之精华”的局面，特别是“醉我士女如醇酿”①的惨景，极为痛心。因此，魏源力主禁烟。

魏源对清王朝所奉行的内外政策和封建统治集团的腐朽极为不满。他说：

> 长夜国，莫愁湖，销金锅里乾坤无。溷六合，迷九有，上朱邸，下默首，彼昏自痼何足言，藩决膏殚付谁守。语君勿咎阿芙蓉，有形无形朋则同。边议之朋曰养痈，枢臣之朋曰中庸，儒臣鹦鹉巧学舌，库臣阳虎能窃弓。中朝但断大官朋，阿芙蓉烟可立尽。②

腐朽的清王朝的当权者，对外国侵略势力一味忍让迁就，姑息纵容；对内庸庸碌碌，反对改革图存。上下浑浑噩噩，贪贿成风，吸毒成瘾。魏源尖锐指出，不改变这种局面，就不能根绝烟毒泛滥和抵御外来侵略。

为了改革弊政、鄙风，挽救清王朝的覆灭，魏源主张“变古”，提出“师夷之长技以制夷”的革新思想。为了寻求国家富强之路，论证改革的必要，他具体考察了历史，肯定历史是前进的。随着历史的前进，各种法律制度亦随之变化，“法无久不变，运无往不复”③，而且是“变古愈尽，便民愈甚”。④ 魏源指出，历史上的郡县制代替封建制，科举制代替里选制，一条鞭法代替两税法，以雇役制代替差役等，都是合乎历史发展的因时变革的结果。他说：

> 虽圣王复作，必不舍条编而后两税，合两税而复租、庸、

---

① 《魏源集》下册《江南吟》。

② 《魏源集》下册《江南吟》。

③ 《魏源集》下册《军储篇一》。

④ 《魏源集》上册《默觚下·治篇五》。

调也。……虽圣王复作，必不舍科举而复选举，舍偏役而为差役也。……虽圣王复作，必不舍营伍而复为屯田为府兵也。天下事，人情所不便者变可复，人情所群便者变则不可复。①

据此，魏源积极主张变法改革，革除弊法，实行新法，因为“天下无数百年不弊之法，无穷极不变之法，无不除弊而能兴利之法，无不易简而能变通之法。”②与此同时，他对当时封建顽固保守势力的复古守旧思想，进行了批判。他说：

庄生喜言上古，上古之风必不可复，徒使晋人糠粃礼法而祸世教；宋儒专言三代，三代井田、封建、选举必不可复，徒使功利之徒以迂疏病儒术。君子之为治也，无三代以上之心则必俗，不知三代以下之情势则必迂。读父书者不可与言兵，守陈案者不可与言律，好剿袭者不可与言文；善琴弈者不视谱，善相马者不按图，善治民者不泥法；无他，亲历诸身而已。读黄、农之书，用以杀人，谓之庸医；读周、孔之书，用以误天下，得不谓之庸儒乎?③

就是说，学习、了解过去的知识，一定要结合当前的具体情况加以运用，不能剿袭旧文、固守陈案。他主张“履不必同，期于适足；治不必同，期于利民”。④ 根据不同的情况，实行不同的政治措施，不能拘守于一成不变的样式和祖制。所以魏源说：“天有老物，人有老物，文有老物。柞薪之木，传其火而化其火；代嬗之孙，传其祖而化其祖。古乃有古，执古以绳今，是谓诬今；执今以律古，是为诬古；诬今不可以为治，诬古不可以语学。”⑤

① 《魏源集》上册《默觚下·治篇五》。
② 《魏源集》下册《筹鹾篇》。
③ 《魏源集》上册《默觚下·治篇五》。
④ 《魏源集》上册《默觚下·治篇五》。
⑤ 《魏源集》上册《默觚下·治篇五》。

魏源还亲自到香港、澳门作实地考察，肯定资本主义制度优越于封建主义制度，因而极力反对顽固势力的闭关自守政策，主张打开眼界，了解世界情况，向西方资本主义学习。为此，他在鸦片战争后，编写了《海国图志》一书，介绍了世界各国的政治、经济等情况，提出“师夷之长技以制夷”的思想主张，号召人们学习西方国家的科学技术。他说：

> 是书何以作？曰：为以夷攻夷而作，为师夷之长技以制夷而作。……故同一御敌，而知其形与不知其形，利害相百焉；同一款敌，而知其情与不知其情，利害相百焉。①

魏源深刻地认识到知敌才能胜敌，只有学习西方的生产技术，才能迎头赶上，并与之并驾齐驱，从而克敌制胜，“知己知彼，可款可战”。②“因其所长而用之，即因其所长而制之。风气日开，智慧日出，方见东海之民犹西海之民。”③在这里可以看出，魏源把学习西方资本主义，发展中国的资本主义看成是富国强兵的途径。

魏源本着“知己知彼，可款可战”的思想，分析了敌我双方在军事上的优点和缺点。他认为“夷之长技”有三：“一、战舰，二、火器，三、养兵练兵之法。”他主张在中国建立兵工厂和造船厂，学习西方制造新式武器，从而“尽得西洋之长技为中国之长技”④，达到富国强兵的目的。

在魏源的“师夷之长技以制夷”的思想主张中，不仅是学习西方的兵器工业技术，更重要的是他提出了发展民族工业的主张。他说：“沿海商民，有自愿仿设厂局以造机械或自用或出售者，听之。”⑤在魏源看来，这是中国独立富强的根本所在。当时中国的封

---

① 《魏源集》上册《海国图志叙》。

② 《魏源集》上册《海国图志叙》。

③ 《海国图志》。

④ 《海国图志》。

⑤ 《海国图志》。

建顽固守旧派,“皆徒知侈张中华,未睹寰瀛之大”①,孤陋寡闻,把机器生产诬为“奇技淫巧”,是“形而下”的“器”,发展机器生产将“坏我人心”。对此,魏源驳斥说:如果照顽固派所说,那么中国古代的“刳舟剡楫,以济不通,弦弧剡矢,以威天下”也是“奇技”。他指出:“西洋器械借风力、水力、火力,无非竭耳目心之力。”这些“有用之物,即奇技而非淫巧”。② 只要对国计民生有利的工业技术生产,就应当提倡、发展。魏源的“师夷之长技以制夷”的革新思想,在当时无疑是进步的,但由于封建顽固势力的反对,因而是不可能实现的。

第三节 “重行”、“重变”的哲学思想

魏源吸取了中国古代各家的哲学思想内容而建立了自己的庞杂的哲学思想体系。他的哲学思想既有许多新颖的思想见解,又不能突破封建主义的思想束缚,因而呈现出矛盾与混乱。魏源哲学思想最有价值的内容则为“重行”、“重变”思想。

魏源反对空谈心性、玄虚之理,主张“亲历诸身”和“验诸实事”,如此才能获得“经世致用”的学问。表现在认识论上,则是“重行”的认识路线。

魏源认为,人的知识才能、聪明才智,都是后天学习而来的,不是“生而知之”的。他说:

> 敏者与鲁者共学,敏不获而鲁反获之;敏者日鲁,鲁者日敏。岂天人之相易耶?曰:是天人之参也。③

这是说,聪明的人与愚笨的人共同学习,聪明人不努力,结果变得愈来愈愚笨,愚笨人不断努力,结果愈来愈聪明。这难道说是天资

① 《圣武记》卷十二《武事余记》。

② 《海国图志》。

③ 《魏源集》上册《默觚上·学篇二》。

和人相互变易了吗？不是，是天资和人力相结合的结果。在魏源看来，一个人即便有了聪明的天资，后天不努力学习、求索，也不能获得知识，变为聪明；反之，一个人即便天资愚笨，如果后天努力学习，孜孜以求，也能获得知识，变为聪明。思之得之，这是“精诚之极也”，“非鬼神之力也”。① 后天的努力，完全能够改变天资的自然差别。所以人求知不能靠天赐，只能靠人力。他说：“技可进乎道，艺可通乎神；中人可易为上智，凡夫可以祈天永命；造化自我立焉。……是故人能与造化相通，则可自造化。”②由此出发，魏源反对“生而知之”的先验论。他认为，人都是“学而知之”者，即使是“圣人”，也不例外。他说：

> 圣其果生知乎，安行乎？孔何以发愤而忘食？姬何以夜坐而待旦？文何以忧患而作《易》？孔何以假年而学《易》乎？……故志士惜年，贤人惜日，圣人惜时。③

圣人之所以为圣人，不是先天注定的，而是后天惜时学习的结果，天下没有“生而知之”的圣人。

魏源还看到集众智、参众见的重要性。人的知识、才能就是在不断地“学问”中，向他人求教、积累而形成的。所以魏源说：

> 人有恒言曰“学问”，未有学而不资于问者也。土非土不高，水非水不流，人非人不济，马非马不走。绝世之资，必不如专门之夙习也；独得之见，必不如众议之参同也。巧者不过习者之门，合四十九人之智，智于尧、禹，岂惟自视欿然哉？④

努力学习、学问，参同众人之议、之见，就会使自己聪明起来。

---

① 《魏源集》上册《默觚上·学篇二》。

② 《魏源集》上册《默觚上·学篇二》。

③ 《魏源集》上册《默觚上·学篇三》。

④ 《魏源集》上册《默觚下·治篇一》。

魏源在认识论上尤为可贵的是，他重视客观效果、注重实行。他说：

> 及之而后知，履之而后艰，乌有不行而能知者乎？翻十四经之编，无所触发，闻师友一言而终身服膺者，今人益于古人也；耳聒义方之灌，若罔闻知，睹一行之善而中心惕然者，身教亲于言教也。披五岳之图，以为知山，不如樵夫之一足；谈沧溟之广，以为知海，不如估客之一瞥；疏八珍之谱，以为知味，不如庖丁之一啜。①

魏源肯定：知识来源于实际行动，身教重于言教，现代人的经验比古代人的经验重要。只有亲身履行，才能知之真切。没有不经过亲身接触和实行而能获得的知识。因此，魏源反对不亲身实行、不接触实际的"闭门造车"的求知方法。他说：

> 世固有负苍生之望，为道德之宗，起而应事，望实并损者，何哉？以匡居之虚理验诸实事，其效者十不三四；以一己之意见质诸人人，其合者十不五六。古今异时，南北异俗，自非设身处地，乌能随盂水为方圆也？自非众议参同，乌能闭户造车出门合辙也？历山川但壮游览而不考其形势，阅井疆但观市肆而不察其风俗，揽人材但取文彩而不审其才德，一旦身预天下之事，利不知孰兴，害不知孰革，荐黜委任不知孰贤不肖，自非持方枘纳圆凿而何以哉？夫士而欲任天下之重，必自其勤访问始。②

这是说，客观世界是十分复杂的，人要负荷担道，利济苍生，起而应事，就必须亲身考察事物，"设身处地"去认识事物，只有这样才能认识、了解形势、风俗、人材的各种情况，作出符合古今、南

① 《魏源集》上册《默觚上·学篇二》。
② 《魏源集》上册《默觚下·治篇一》。

北不同情况的判断。否则，凭空虚构的理论，拿到实际中去检验，能够行之有效的，十个中连三、四个也没有。这里说的“盂水方圆”，是把人的认识比作“水”，把客观事物比作“盂”，“水”的形状随着“盂”的方圆而为方圆。同样“方枘圆凿”是说方形的榫头不能放进圆形孔内。这都是说，要依据具体情况来解决实际问题，不能脱离实际而坐在屋子里谈论空洞的道理。“闭户造车出门合辙”是肯定要失败的。

在主观与客观的关系上，魏源承认主观要符合客观，但他强调发挥主观认识能力的作用。他认为“事必本夫心”，“法必本于人”，“物必本夫我”①，如果仅就此而言，魏源强调的是“心”、“人”、“我”的作用，似有主观唯心主义之嫌，但他紧接着便说：“然无星之秤不可以秤物，故轻重生权衡，非权衡生轻重。善言心者，必有验于事矣。”②这就是说，人的认识、思想是否正确，固然要发挥主观的正确思维，但思想认识必须和客观实际结合，并受到客观实际的检验。这两者的关系，好比秤和物的关系。思想认识是否正确，必须经过事物的验证。秤上如果没有标志轻重的星，也无法秤物的轻重，然而秤上的星是根据物的轻重标志上去的，这样秤才有衡量的作用。所以说是有了物的轻重才产生秤的衡量作用，不是秤的衡量作用产生物的轻重。就是说，思想认识产生于客观事物，并受到客观事物的验证。法与人的关系也如此。“法必本于人”，“然恃目巧，师意匠，般、尔不能闭造而出合。善言人者，必有资于法矣”。③ 人是法的制定和运用者，但是人必须根据客观的法则去制定和运用，不能凭自己的主观想像去制造。即使像鲁般、王尔那样高明的能工巧匠也不能闭门造车出门合辙。再如：我与物的关系，“物必本夫我。然两物相摩而精者出焉，两心相质而疑难形焉，两疑相难而易简出焉。……善言我者，必有乘于物矣。”④通过参照不

① 《魏源集》上册《皇朝经世文编叙》。

② 《魏源集》上册《皇朝经世文编叙》。

③ 《魏源集》上册《皇朝经世文编叙》。

④ 《魏源集》上册《皇朝经世文编叙》。

同的意见，经过讨论、分析、比较，才能得出符合实际的认识。魏源的这些认识论思想都是合理的。

但是，应当看到，由于魏源夸大了“心”的作用，而认为人有一种与生俱来的“光明”，即“人身之元神”，“人人灵觉之本明”。他夸大“心源”的“大知大觉”作用。他说：

> 灵光如日，心也；神光如月，目也。光明聚则生，散则死；寤则昼，寐则夜；全则哲，昧则愚。……故光明者，人身之元神也。神聚于心而发于目，心照于万事，目照于万物。……诚能心不受垢如目之不受尘者，于道几矣。回光反照，则为独知独觉；彻悟心源，万物备我，则为大知大觉。①

魏源认为，人有一种先天的能认识万物的“大知大觉”，即人自身具有的“光明”，这个“人心本觉之光明”，若能“回光反照”，就“为独知独觉；彻悟心源，万物备我”。魏源断定“人之心即天地之心，诚使物交物引之际，回光反顾，而天命有不赫然方寸者乎?”②就是说，人之心就是天地之心，天地万物与人心为一体，而认识就是“回光反顾”“方寸”之心，因为天地与人是合一的，所以认识不必外求。他批评说：“人知地以上皆天，不知一身内外皆天也。”③人知觉自己的身心与天地合一，就是“万物备我”的“大知大觉”。魏源认为：“己之灵爽，天地之灵爽也。”④由此，他进而认为：

> 意之所构，一念一虑皆物焉；心之所构，四端五性皆物焉；身之所构，五事五伦皆物焉；家国天下所构，万几百虑皆物焉；夫孰非理耶性耶，上帝所以降衷耶？图诸意，而省察皆格焉；图诸心，而体验皆格焉；图诸身，而阅历讲求皆格焉；

① 《魏源集》上册《默觚上·学篇五》。

② 《魏源集》上册《默觚上·学篇五》。

③ 《魏源集》上册《默觚上·学篇五》。

④ 《魏源集》上册《默觚上·学篇二》。

图诸家国天下，而学问思辨识大识小皆格焉。①

宇宙万物皆是心意之所构，要认识万物，不必去接触外物，只要图诸心意、省察意、体验心、求诸身，就是“格本末之物”了。因为“人心本觉”是“光明”的，所以没有“离人人灵觉之本明而别有光明也哉?”②万物离开人的“本觉”、“灵觉”就不存在了。魏源在这里陷入了唯心主义的泥潭。

魏源所说的“大知大觉”，就是“圣人”“独知独觉”之“心”。在魏源看来，“心为天君，神明出焉”。“众人以物为君”，只有“圣人以心为君”。③ 由此他断定圣贤君子与众人之“觉”则是完全不同的。他说：

> 天之生斯民也，使先觉觉后觉，而觉之小、大、恒、暂分焉。大觉如日，明觉如月，独觉如星，偏觉如燎炬，小觉如灯烛，偶觉如电光，妄觉如磷火。日光，圣也；月，贤也；星，君子也；燎，豪杰也；灯，儒生也；电，常人也；磷，小黠也。星月借日以为光，灯燎假物以为光，电磷乍隐乍见，有光如无光，岂知光之本体得于天，人人可以为日，可以为月乎？胡为小之而星、燎、灯、烛也，胡为暂之而电光、石火、萤火也?④

魏源由于区分了不同的人所具有的不同之觉，而把“常人”、“小黠”所有的“电”、“磷”之光，视为“有光如无光”，需要借“圣”、“贤”、“君子”之光而为光。在这里，他既陷入了自相矛盾，又进入了神秘主义境地。

在魏源的哲学思想中，包含着辩证法的内容，他总结了自然物和社会中的事物，论证了他的矛盾观点，肯定万物都是运动变化

---

① 《魏源集》上册《默觚上·学篇一》。

② 《魏源集》上册《默觚上·学篇五》。

③ 《魏源集》上册《默觚上·学篇七》。

④ 《魏源集》上册《默觚上·学篇五》。

的。他说:“一生变,变生化,化生无穷。”①又说:“气化无一息不变者也。”②这种变化是由事物自身具有的对立面的矛盾决定的。他说:

> 天下物无独必有对;而又谓两高不可重,两大不可容,两贵不可双,两势不可同,重、容、双、同必争其功。何耶?有对之中必一主一辅,则对而不失为独。③

天下万物皆无独必有对,这就肯定了矛盾的普遍性,而矛盾对立的双方之中,必有“一主一辅”,由于矛盾的主辅双方彼此相争,推动事物的变化、转化。这种变化、转化是相互依赖、相反相成、物极必反的。魏源说:

> 暑极不生暑而生寒,寒极不生寒而生暑。屈之甚者信必烈,伏之久者飞必决。故不如意之事,如意之所伏也;快意之事,忤意之所乘也。众所福,君子不福,不福其祸中之福也;众所利,君子不利,不利其害中之利也。消与长聚门,祸与福同根。岂惟世事物理有然哉?学问之道,其得之不难者,失之必易;惟艰难以得之者,斯能兢业以守之。④

事物的相互依赖、物极必反,既包括世事、物理,又包括学问、事业,这是个普遍的道理。

魏源以这种转化思想为理论基础,提出了“变古”、“变法”的改革主张。既然天地万物是在不断变化的,社会上的各种制度同样亦在不断变化,所以应当因时制宜,实行变法,改革旧制、弊政。

魏源还提出了一些历史进化的观点,肯定历史是前进的,“后

---

① 《魏源集》上册《默觚上·学篇十一》。
② 《魏源集》上册《默觚下·治篇五》。
③ 《魏源集》上册《默觚上·学篇十一》。
④ 《魏源集》上册《默觚上·学篇七》。

世之事”，一定“胜于三代”的。他说：

> 后世之事，胜于三代者三大端：文帝废肉刑，三代酷而后世仁也；柳子非封建，三代私而后代公也；世族变为贡举，与封建之变为郡县何异？三代用人，世族之弊，贵以袭贵，贱以袭贱，与封建并起于上古，皆不公之大者。……秦人崛起，乃广求异国之人而用之……由是六国效之，游士大起……秦、汉以后，公族虽更而世族尚不全革，九品中正之弊，至于上品无寒门，下品无世族……自唐以后，乃仿佛立贤无方之谊，至宋、明而始尽变其辙焉，虽所以教之未尽其道，而其用人之制，则三代私而后世公也。①

魏源列举“三大端”，具体说明了“后世”胜过“三代”，从而证明历史是进化的观点，驳斥了复古主义者美化三代之非理。

魏源的历史进化观，是建立在顺乎人情、适合人群需要、重视“人群”作用的基础上的。他说：

> 人者，天地之仁也。……“天地之性人为贵”，天子者，众人所积而成，而侮慢人者，非侮慢天乎？人聚则强，人散则尫，人静则昌，人讼则荒，人背则亡，故天子自视为众人中之一人，斯视天下为天下之天下。②

魏源看到众人的巨大作用，提出天子是众人所积而成，属于众人之一员，这表现了他的民主思想。

魏源的历史进化观是不彻底的，他承认“气化无一息不变者”，而封建社会制度“道”是永恒不变的，“其不变者道而已”。③他的历史进化观是公羊三世说的历史循环论，周而复始的变化。他把这种

① 《魏源集》上册《默觚下·治篇九》。

② 《魏源集》上册《默觚下·治篇三》。

③ 《魏源集》上册《默觚下·治篇五》。

变化的动力，归于“气运”。他说：“三代以上之人材，由乎教化；三代以下之人材，乘乎气运。乘气运而生者，运尽则息。”[①]由于“气运”推动历史按照“太古”、“中古”、“末世”的循环往复的变化。“气运”是什么，魏源虽然没有具体说明，但似乎是一种神秘的推动力量。魏源以“微言大义”的方法，提出一些历史进化观点，为他的社会改革主张立论，最终是不彻底的。

① 《魏源集》上册《默觚下·治篇十一》。

第十七章　严复的“物竞天择”的进化思想

第一节　宣传“西学”的代表

严复，原名宗光，字又陵，后改名复，字几道，福建侯官（今福州）人。生于公元1854年（清咸丰三年），卒于公元1921年。他是19世纪末向西方寻找真理、宣传“西学”的重要代表人物，是中国晚清时期著名的思想家、翻译家，自称“天演祖哲学家”。

严复父振先，以行医为业。严复从7岁始读四书五经。14岁时，父亲去世，家中生活困苦，故不能像当时富家子弟那样，走科举入仕的道路，而是考入洋务派所创办的海军学堂——福州船厂的船政学堂。在学堂中，除学习传统的文献典籍、军事学说外，还学习科学知识。严璩在《侯官严先生年谱》中说：严复在校期间学习的课程“为英文、算术、几何、代数、解析几何、割锥、平三角、弧三角、代积微、动静重学、水重学、电磁学、光学、晋学、热学、化学、地质学、天文学、航海术”等。他在校学习五年，以最优等毕业后，在军舰上实习、工作五年，后被选派到英国海军大学留学三年。回国后，在福州船政学堂教书一年，被李鸿章调天津北洋水师学堂任职，先后任总教习（教务长）、会办（副校长）、总办（校长），共20年，到1900年才离开这个学校。李鸿章对严复并不重用，严复对李鸿章也不满意。严复不相信李鸿章所办的洋务事业能救中国。严复认为，必须学习西方，才能使中国富强，而免于灭种亡国。

中日甲午战争以前，严复曾想走科学致仕之路，几次参加科举考试，均不中第。甲午战争失败，给他刺激很大。严重的民族危机，使他猛醒过来，积极参加改良派的变法维新活动。自甲午战争后至戊戌政变前的三年时间，严复致力于变法理论的研究与宣传活动。1895年，他在天津《直报》上连续发表了《论世变之亟》、《原强》、《辟韩》、《救亡决论》4篇重要论文，系统地阐发了他的政治主张和理论根据，批判了封建君主专制的思想理论。1897年，严复在天津创办《国闻报》，报道国内外大事，宣传变法主张。1895年，他翻译了英国著名的生物学家赫胥黎的《天演论》，1898年此书正式出版后，在当时产生了巨大影响，并使严复名声大振，被称为"中国西学第一"。

戊戌政变失败后，改良派人物杀的杀，逃的逃，有的被革职，有的被充军。严复心情极为沉痛，发出"伏尸名士贱，称疾诏书哀"①的诗句，表示他对戊戌六君子被害和光绪被囚的愤慨。

1900年义和团运动爆发，严复离开天津北洋水师学堂，过着奔走于南北的游历生活。他先后在上海开会讲学，到天津任开滦煤矿华人总办，到北京任京师大学堂译局总办，到上海任复旦大学校长，到安庆任安徽高等师范学堂校长，到北京任学部(教育部)名词馆总纂。他对这些工作，都是尽力为之。但是，其精神所寄，仍在提倡、宣传西学方面。他从1898年戊戌政变到辛亥革命前的13年中，主要精力在翻译介绍西方著名学者的著作。在翻译正文后面加上自己的按语，用以发挥自己的见解。其间翻译出版的名著有：亚当·斯密的《原富》，斯宾塞的《群学肄言》，约翰·穆勒的《群己权界论》，甄克思的《社会通诠》，孟德斯鸠的《法意》，约翰·穆勒的《穆勒名学》，耶芳斯的《名学浅说》等八部著作。

严复通过翻译、评介西方哲学、政治著作，宣传西学，提倡天赋人权和自由、平等、博爱等思想，批评封建君主专制，主张君主立宪。他认为，中学与西学是不同的。"尝谓中西事理，其最不同而断乎不可合者，莫大于中之人好古而忽今，西之人力今以胜古；中之人以一治一乱、一盛二衰为天行人事之自然，西之人以日进无疆，既盛不可复衰，既治不可复乱，为学术政化之极则。""如中国

① 《严复集》第二册《戊戌八月感事》。

最重三纲，而西人首明平等；中国亲亲，而西人尚贤；中国以孝治天下，而西人以公治天下；中国尊主，而西人隆民；中国贵一道而同风，而西人喜党居而州处；中国多忌讳，而西人众讥评。其于财用也，中国重节流，而西人重开源；中国追淳朴，而西人求欢虞。其接物也，中国美谦屈，而西人务发舒；中国尚节文，而西人乐简易。其于为学也，中国夸多识，而西人尊新知。其于祸灾也，中国委天数，而西人恃人力。”①据此，严复肯定中学与西学各有长短，“吾实未敢遽分其优绌也”。② 严复平生的大部分精力介绍西学，这对于宣传变法、反对封建是有重要意义的。

辛亥革命后，严复追随袁世凯复辟帝制，反对共和，主张专制，晚年成为封建复古派。

严复的著作，由王栻主编为《严复集》，由中华书局 1986 年 1 月出版。

第二节 “物竞天择”的进化思想

严复自称是“天演祖哲学家”，人们称之为“严天演”。他对《天演论》极为重视。所谓“天演”，就是进化的意思。严复在翻译介绍《天演论》一书时，系统论述了进化的道理。

严复接受并赞扬达尔文的进化论思想，认为这是西方资本主义发展进步的主要原因。他说达尔文的《物种探原》一书所阐发的生物进化的原理，其意义超过一般自然科学著作，使整个思想界都“一新耳目，更革心思”。因此，他不仅给予很高评价，而且介绍到中国来。他说：

> 达尔文者，英之讲动植之学者也。……穷精眇虑，垂数十年，而著一书，曰《物种探原》。自其书出，欧美二洲几于家有其书，而泰西之学术政教，一时斐变。论者谓达氏之学，其

① 《严复集》第一册《论世变之亟》。

② 《严复集》第一册《论世变之亟》。

> 一新耳目，更革心思，甚于奈端(牛顿)氏之格致天算，殆非虚言。……其书之二篇尤著，西洋缀闻之士，皆能言之，谈理之家，摭为口实，其一篇曰：物竞。又其一曰：天择。物竞者，物争自存也；天择者，存其宜种也。……此所谓以天演之学言生物之道者也。①
>
> 物竞、天择二义，发于英人达尔文，达著《物种由来》一书，以考论世间动植物类所以繁殊之故。先是言生理者，皆主异物分造之说。……至咸丰九年(公元1859)，达氏书出，众论翕然，自兹厥后，欧美二洲治生学者，大只宗达氏。②

这是说，生物在自然界进行着生存竞争，种与种竞争，群与群竞争，经过竞争，优胜劣汰，适者生存，这种物竞天择的规律是适用于整个生物界的。这就是所谓“天演之学”。

严复通过翻译介绍赫胥黎的《天演论》，来介绍达尔文的进化论。赫胥黎运用比较解剖学和古生物学等方面的材料，宣传和捍卫达尔文的进化论。赫胥黎强调“合群”、“恃人力”、“与天争胜”等思想，严复吸取了这些合理思想，纠正了斯宾塞的“任天为治”的思想，从而告诉人们，要努力奋起，自强不息，发挥自己的主观能动作用，靠人力、人为，不靠天命、自然，就可以“自强保种”。他说：

> 荀卿言人之贵于禽兽者，以其能群也。③
>
> 夫既以群为安利，则天演之事，将使能群者存，不群者灭；善群者存，不善群者灭。……不能爱则不能群，不能群则不胜物；不胜物则养不足。④

严复认为，人由散而合为群，是为了安利，这是天演之必然。人合

① 《严复集》第一册《原强》。

② 《天演论》卷上《察变》按语。

③ 《严复集》第一册《原强》。

④ 《天演论》卷上《制私》按语。

群而有力，有力才能同自然环境和社会环境进行斗争，人类才能不断进步。严复说：“人欲图存，必用其才力心思，以与是妨生者为斗，负者日退，而胜者日昌，胜者非他，智、德、力三者皆大是耳。”①生为斗争，胜者日昌，负者日退，胜者在于合群、有智、德、力。因此，严复主张“合群”，“恃人力与天斗”。

严复认为，“合群”进化思想不仅是合乎生物界的科学理论，而且是合乎一切事物发展的普遍规律。他说：“万类之所以底于如是者，咸其自己而已，无所谓创造者也。”②人是由进化而来的，不是由神创造的，人之所以成为“万物之灵”，并不是神的有意安排和上帝的恩惠，而是人自己努力奋斗的结果。人类在其发展、进化的过程中，也是遵循优胜劣汰、适者生存的规律的。他说：

> 盖生民之大要三，而强弱存亡莫不视此：一曰血气体力之强，二曰聪明智虑之强，三曰德行仁义之强。是以西洋观化言治之家，莫不以民力、民智、民德三者断民种之高下，未有三者备而民生不优，亦未有三者备而国威不奋者也。③

就是说，衡量一个民族的优劣、强弱，要以民力、民智、民德为标准。三方面都比较高强的民族，就是优秀的民族，在竞争中就能取得胜利。但是，高下、强弱并不是永恒固定不变的，而是通过实际斗争可以转变的。因此，人要不断地运用民力、民智、民德在竞争中取胜、前进。只有发愤图强，适时变法，才能救亡图存、救国保种。严复赞同梁启超的变法思想。他说：

> 善夫吾友新会梁任公之言曰：“万国蒸蒸，大势相逼，变亦变也，不变亦变。变而变者，变之权操诸己；不变而变者，

① 《天演论》卷上《最旨》按语。

② 《天演论》卷上《察变》按语。

③ 《严复集》第一册《原强》。

变之权让诸人。”①

严复面对当时中华民族的危亡局面，中国“积贫积弱”，“民力已茶，民智已卑，民德已薄”的形势，主张变法图强，自存保种。他认为，只要发挥主观的能动性，“鼓民力，开民智，新民德”，奋发图强，实行新法，“淘洗改革，以求合于当前之世变”，就能自强保种，自立于世界民族之林。在严复看来，外国侵略势力并不可怕，只要采取相应对策，就能与之竞争。他说：

> 可知外物之来，深闭固拒，必非良法，要当强立不反，出与力争，庶几磨砺玉成，有以自立。至于自立，则彼之来皆为吾利，吾何畏哉！②

面对外国侵略势力，不要畏惧，也不要闭关自守，而要自强自立，出与力争。严复利用进化论的思想，宣传自强保种、鼓舞民志，在当时产生了很大的作用。

严复还运用进化论思想对封建旧学和顽固派的保守思想进行了批判。

他认为，社会历史是不断进化的，社会的法制不是一成不变的。他说：“法犹器也，犹道涂也，经时久而无修治精进之功，则格扞芜梗者势也。以格扞芜梗而与修治精进者并行，则民固将弃此而取彼者亦势也。此天演家所谓物竞天择之道固如是也。此吾前者所以言四千年文物俛然有不终日之势力，固以此也。”③就是说，法制如器具、道路，使用长久而不维修改进，器具则不好用，道路也不畅通，这是事物发展的必然趋势。根据“物竞天择”进化道理，没有固定不变的事物，也没有永恒不变的势力，不变则“无以自存，无以保种”。这是显而易明的道理。然而对封建顽固势力，不

① 《严复集》第一册《原强》。
② 《严复集》第一册《有如三保》。
③ 《严复集》第一册《原强》。

了解人类社会历史发展的规律和西方各国发展的情况，而盲目“高睨大谈于夷夏轩轾之间”，自傲为“冠带之民，灵秀之种，周孔所教，礼义所治”①，而不知“力今以胜古”的道理，更不知西方国家的富强是其人民一二百年来不断努力创造的结果。“远之亦不过二百年，近之亦不过五十年已耳，则我何为而不奋发也耶？”②何况西方国家的富强，也没有达到“至治极盛”时代，只要我们奋发、奋进就可以与之并驾齐驱，因此，盲目高傲自大与消极保守悲观，都是没有道理的。

严复公开申明自己的观点是：

> 夫士生今日，不睹西洋富强之效者，无目者也。谓不讲富强，而中国自可以安；谓不用西洋之术，而富强自可致；谓用西洋之术，无俟于通达时务之真人才，皆非狂易失心之人不为此。③

为了国家、民族的利益、生存，严复举起西学旗帜，对旧学进行了批判。他指出，旧学主要包括：汉学考据、宋学义理和词章之学，其思想主旨是“五伦”，其表现则为科举制的八股文。严复具体分析了旧学之弊是尊君害民，八股之害是锢智慧、坏心术、滋游手。他认为，对这些“积将千年之弊”，必须统统废掉。“固知处今而谈，不独破坏人才之八股宜除，与(举)凡宋学、汉学、词章小道，皆宜且束高阁也。”④只有废除旧学，创立学校，宣讲西学，才能培养富国强民的有用人材。

严复指出，旧学的主旨是“五伦”，要害是“忠君”。因此，他抓住“君权”这个要害，进行了批判。他主张要适应社会的发展、进化，变封建君主专制制度为资产阶级民主制度。他认为：“自秦

① 《严复集》第一册《原强》。

② 《严复集》第一册《原强》。

③ 《严复集》第一册《论世变之亟》。

④ 《严复集》第一册《救亡决论》。

以降，为治虽有宽苛之异，而大抵皆以奴虏待吾民。”①由于封建专制制度扼杀民生、奴虏人民，而使中国落后于西方。他说：

> 西之教平等，故以公治众而贵自由。自由，故贵信果。东之教立纲，故以孝治天而首尊亲。尊亲，故薄信果。然其流弊之极，至于怀诈相欺，上下相遁，则忠孝之所存，转不若贵信果之多也。②

就是说，西方平等、自由、尊信而进步；中国重纲常名教、尊亲、尊君而落后。严复认为，中国尊君，是为那些“窃国大盗”唱颂歌，为了揭露这种“尊君”思想的危害，他抓住韩愈的《原道》一文，进行批判。他说：

> 往者吾读韩子《原道》之篇，未尝不恨其于道于治浅也。……而韩子又曰：“君者，出令者也；臣者，行君之令而致之民者也；民者，出粟米麻丝、作器皿、通货财以事其上者也。君不出令，则失其所以为君；臣不行君之令。则失其所以为臣；民不出粟米麻丝、作器皿、通货财以事其上，则诛。”嗟呼！君民相资之事，固如是焉已哉？……孟子曰：“民为贵，社稷次之，君为轻。”此古今之通义也。而韩子不尔云者，知有一人而不知有亿兆也。老子言曰：“窃钩者诛，窃国者侯。”夫自秦以来，为中国之君者，皆其尤强梗者也，最能欺夺者也。窃尝闻“道之大原出于天”矣。今韩子务尊其尤强梗，最能欺夺之一人，使安坐而出其唯所欲为之令，而使天下无数之民，各出其苦筋力、劳神虑者，以供其欲，少不如是焉则诛，天之意固如是乎？道之原又如是乎？……苟求自强，则六经且有不可用者，况夫秦以来之法制！如彼韩子，徒见秦以来之为君。秦以来之为君，正所谓大盗窃国者耳。国谁窃？转相

① 《严复集》第一册《原强》。

② 《严复集》第一册《原强》。

窃之于而已。①

君主是“窃国大盗”，旧学为君主统治立论，说什么“君权神授”，其实哪有什么“天之意”，“道之原”？在严复看来，“民贵君轻”才是“古今之通义”。他以此宣传西学，提倡变法立论。这在当时是有进步意义的。

第三节　唯物主义的自然观和无神论

严复在哲学思想上，用进化论的观点把西方自然科学的成就加以综合、贯通，来说明各种自然现象。他说：

> 天演者，翕以聚质，辟以散力。方其用事也，物由纯而之杂，由流而之凝，由浑而之画，质力杂糅，相剂为变者也。……所谓质力杂糅，相剂为变者，亦天演最要之义。②

由于事物的质点相互吸引而凝结成物体，“翕以聚质”；物体在凝结过程中，发散出能量，产生出热、光、声和运动，“辟以散力”。“力既定质，而质亦范力”，能量表现为物质，物质亦表现为能量，这种相互作用和变化，产生各种事物及现象。宇宙万物就是这样由简单到复杂不断演变而成的。

严复从这种自然演化理论出发，肯定万物都是自己演化而成的，不是上帝、造物主创造而成的。他说：

> 大宇之内，质力相推，非质无以见力，非力无以呈质。凡力皆乾也，凡质皆坤也。……有斯宾塞者，以天演自然言化，著书造论，贯天地人而一理之，此亦晚近之绝作也。其为天演界说曰：翕以合质，辟以出力，始简易而终杂糅。③

---

① 《严复集》第一册《辟韩》。

② 《天演论》卷上《广义》按语。

③ 《译天演论自序》。

> 天地元始，造化真宰，万物本体是已。①

整个宇宙万物及其运动，都是物质内部的矛盾运动，由于其自身的“质力相推”，而呈现化合、分解、吸引、排斥等状况，物质的种种表现是元始造化的真宰，万物本体就是这样，不是由神力作主宰的。物质的本性就是运动，没有物质就没有运动。严复以中国古代的“太虚”之气和《周易》的乾坤变化来说明物质的变化性及变化的统一性原理，在这里表现出他的唯物主义自然观。

严复吸取西方自然科学理论，用以解释自然变化的规律。他说：“夫西学之最为切实而执其例可以御蕃变者，名数质力四者之学是已，而吾易则名数以为经，质力以为纬，而合而名之曰易。”②他认为，逻辑学、数学、物理学、化学是解释宇宙事物及其规律的切实科学，逻辑学、数学是“经”；物理学、化学是“纬”。学习、掌握此四者，就能解释宇宙万物的各种发展变化。所以又说：

> 非为数学、名学，则其心不足以察不遁之理，必然之数也；非为力学、质学，则不知因果功效之相生也。力学者，所谓格致之学是也。质学者，所谓化学是也。名数力质四者已治矣，然其心之用，犹审于寡而荧于纷，察于近而迷于远也，故非为天地人三学，则无以尽事理之悠久博大与蕃变也。③

逻辑学、数学是考察事物之间的必然关系和规律的理论，物理学、化学是研究事物之间的因果关系和变化的学说。将此四者综合起来，就可以认识宇宙万物的产生变化规律，也就可以解释天文、地理各种现象，并形成天文学和地理学，“于名数知万物之成法，于力质得化机之殊能，尤必藉天地二学，各合而观之，而后有以见物

① 《天演论》卷下《佛法》按语。

② 《译天演论自序》。

③ 《严复集》第一册《原强》。

化之成迹"。[①] 严复认为："名数虚，于天地征其实；力质分，于天地会其全，夫而后有以知成物之悠久，杂物之博大，与夫化物之蕃变也。"[②]逻辑学、数学是虚的，但在天文、地理的宇宙现象中能得到证明；物理学、化学，是分别考察物质现象的，在天文、地理等全宇宙现象的会合中可以得到说明。如果把六门学科结合起来，就能对自然界形成物质的历史的悠久，种类的复杂，领域的广大，变化的多样等现象，作出合理的解释，推而广之，运用这些知识还可以解释各种社会现象。因为"通天地人禽兽昆虫草木以为言，以求其会通之理，始于一气，演成万物"。[③] 自然与社会万物都"始于一气"，同于一理，所以用同样的理论可以说明了。

在严复的"一气之行，物自为变"的自然观中，排除了上帝创世说、神创造人的神创论。他说：

> 万类之所以底于如是者，咸其自己而已，无所谓创造者也。……古者以人类为首出庶物，肖天而生，与万物绝异。自达尔文出，知人为天演中一境，且演且进，来者方将，而教宗抟土之说，必不可信。[④]
>
> 日月之经天，江河之行地，寒暑之推迁，昼夜之相代，生之万物以成毁生灭于此区区一丸之中。其来若无始，其去若无终，同彼真宰，何因为是，虽有大圣，莫能答也。[⑤]

宇宙万物是自然演化、自己生成的，不是造物主创造的，人亦是演化而来的，不是上帝抟土创造的。一切都"无所谓创造者也"，至于说万物有始终，成毁有真宰，即使是圣人，也不能回答这个问题。因为自然界从来就是自然而然这样的，是由其自身原因决

① 《严复集》第一册《原强》。
② 《严复集》第一册《原强》。
③ 《严复集》第一册《原强》。
④ 《天演论》卷上《察变》按语。
⑤ 《庄子评语》。

定的。

为了说明无神论，反驳有神论，严复把“学”与“教”区别开来。他认为，“学”与“教”是“绝殊”不可混淆的。他所说的“学”，是指中学、西学，学知、科学而言；“教”是指“事天神”的“宗教”而言。他说：

大抵中外古今，言理者不出二家：一出于教，一出于学，教则以公理属天，私欲属人；学则以尚力为天行，尚德为人治。言学者期于征实，故其言天不能舍形气；言教者期于维世，故其言理不能外化神。①

是故西学之与西教，二者判然绝不相合，“教”者所以事天神，致民以不可知者也。致民以不可知，故无是非之可争，亦无异同之足验，信斯奉之而已矣。“学”者所以务民义，明民以所可知者也。明民以所可知，故求之吾心而有是非，考之外物而有离合，无所苟焉而已。“教”崇“学”卑，“教”幽“学”显；崇幽以存神，卑显以适道，盖若是其不可同也。②

“学”与“教”是判然不相同、不相合的二事，“学”是求知人事，考察外物，探求真理；“教”是笃信鬼神，不察是非，只求信奉。所以说：“学之事在知，而教之事在信。”③“可以知道者为学，不可以知道者为教，不知区此，将不徒其学为谬悠无实也!”④“学”与“教”的主要区别在于是否“知道”，“知道”者为学，不能“知道”者为教。由于“学”是为求知明理，“教”是为使民事神，因此二者是“绝殊”不同的。严复说：

今夫教之为物，与学绝殊。学以明理，而教由信教，方其

① 《天演论》卷下《群治》按语。
② 《严复集》第一册《救亡决论》。
③ 《严复集》第四册《支那教案论》按语。
④ 《严复集》第四册《原富》按语。

> 为信，又不必与理皆合也。五百年以往，教力之大盛于欧也，彼皆隤然以旧新二约为古初之天语，上帝运无穷悲智，于以默示下民。凡说之与此异者，皆殃民之妖魅也。乃三百年以还，其中无实虚诬之言，在在为科学之所发覆。逮至法人革命，急进者乃悍然取全体而弃之，则当时势力之衰，入于人心之浅，可想见已。……夫由是而言之，则五洲宗教，一涉于神灵默示之说，固无所谓其独真，而其遭犹绵延不坠者，正在与人为善一言而已。①

“学以明理”，旨在求知；“教由信起”，要在信仰。学为科学，教为宗教。故二者“绝殊”，不可混同。因此他从进化论角度对宗教的产生、作用、危害作了揭露和批判，进而阐发了无神论思想。

第四节　唯物主义的经验和方法论

严复在介绍和宣传进化论的过程中，还着力介绍和宣传了唯物主义的经验论和科学方法论。

严复认为，西方国家之所以富强，就在于其科学发展，有一套科学方法论。他们讲究“致思穷理”，把自然界作为自己研究的对象，强调“第一要知读无字之书”，因而使“学术昌明”，科学发达。严复指出，西方自然科学发展居首功者是佛兰西斯·培根的归纳法。他说：

> 是以制器之备，可求其于奈端；舟车之神，可推其原于瓦德；用电之利，则法拉第之功也；民生之寿，则哈尔斐之业也。而二百年学运昌明，则又不得不以柏庚(即培根)氏之摧陷廓清之功为称首。学问之士，倡其新理，事功之士，窃之为术，而大有功焉。②

① 《严复集》第四册《法意》按语。

② 《严复集》第一册《原强》。

严复把培根的归纳逻辑方法，视为开“民智者”，致“富强之原”，所以对于国家富强有很大的功劳。严复认为，由于培根等人“倡为实测内籀之学(归纳法)”，牛顿、伽利略、哈维等人“踵用其术”，而使他们“大有发明”。因此，他把培根的逻辑方法，看成是一切科学方法的哲学基础。他说：

> 本学之所以称逻辑者，以如贝根(即培根)言，是学为一切法之法，一切学之学；明其为体之尊，为用之广，则变逻各斯为逻辑以名之。学者可以知其学之精深广大矣。①

严复认为，西方科学发明之所以层出不穷，就在于逻辑学发达。他说：“若问西人后出新理，何以如此之多，亦即此而是也。而于格物穷理之用，其涂术不过二端。一曰内导；一曰外导。此二者不是学人所独用，乃人人自有生之初所同用者，用之，而后智识日辟者也。”②他指出，内籀(归纳法)和外籀(演绎法)是西方自然科学的两种方法，运用这两种方法，而使西方发明创造不断出现。所谓“内籀云者，察其曲而知其全者也，执其微以会其通者也”。③ 即从考察诸多事物的现象，概括出一般规律、法则。所谓“外籀云者，据公理以断众事者也，设定数以逆未然者也”。④即根据一般公理、法则，推断各种具体事物的发展及其未来的变化。

严复进一步论述了归纳法和演绎法的关系。他认为，演绎法虽是根据公理来推断各种事物的，如果因此“而遂谓其理之根于良知，不必外求于事物，则又不可也”。科学的公理是由归纳法所得出的结论，“公例无往不由内籀”，数学公理也同样如此，“不必形数公理而独不然也”。有人认为数学、几何公理“根于人心所同

---

① 《严复集》第四册《穆勒名学》按语。

② 《严复集》第一册《西学门径功用》。

③ 《译天演论自序》。

④ 《译天演论自序》。

然”，不需要以感性经验做基础。严复指出，这种看法是错误的。他依据洛克的“白板”说，肯定人类的认识来源于经验，有些人年轻时就形成这类经验，像是先天具有这类经验一样，其实根本不存在“良知之说”，有关这个思想“洛克言之最详”。①公理是根据事例归纳而来的，如果只凭主观成说，“心成之说”，不考察事物，就必然造成“执因言果”的错误。他说：“于此见内外籀之相为表里，绝非二途，又以见智慧之生于一本，心体为白板，而阅历为彩和，无所谓良知者矣。”②这是说，归纳法和演绎法是相互补充，互为表里，相互一致，绝非二途的。人心如同白板，是说人生下来心灵如同白板，没有任何先验之知；阅历如彩和，是说人的经历和经验正如在一张白板上写出各种调和的彩色。也就是说，不论是演绎法的公理，还是归纳法的例证，都来源于实际经验，而不是先验的良知。所谓“心成之说”，“根于良知”，“不求事物”，是根本错误的。

严复根据他的唯物主义的认识论和方法论，对中国传统的唯心主义的先验论和方法论进行了分析批判。他说：

> 旧学之所以多无补者，其外籀非不为也，为之又未尝不如法也，第其所本者大抵心成之说，持之似有故，言之似成理，媛姝者以古训而严之，初何尝取其公例而一考其所推概者之诚妄乎？此学术之所以多诬，而国计民生之所以病也。③

在严复看来，中国哲学并非没有演绎法，也非不会运用演绎法，而是在演绎法中作为大前提的公理，是“大抵心成之说”，即以先验论的良知说为大前提、出发点。这种先验论，表面说来，“持之似有故，言之似成理”，并认为古圣先贤的遗训都是真理，不敢怀疑，当然对这些古训也不去认真地考察其真妄，结果在学术中造成

① 《严复集》第四册《穆勒名学》按语。

② 《严复集》第四册《穆勒名学》按语。

③ 《严复集》第四册《穆勒名学》按语。

许多谬误，又危害了国计民生。

严复认为，中国旧学的先验论，“心成之说”，是以陆、王心学为典型代表，因此，他对陆、王之学进行了批判。他说：

> 陆王二氏之说，谓格致无益事功，抑事功不俟格致，则大不可。夫陆王之学，质而言之，则直师心自用而已。自以为不出户可以知天下，而天下事与其所谓知者，果相合否？不径庭否？不复问也。自以为闭门造车，出而合辙，而门外之辙与其所造之车，果相合否？不龃龉否？又不察也。向壁虚造，顺非而泽，持之似有故，言之若成理。其甚也，如骊山博士说瓜，不问瓜之有无，议论先行蜂起。……其为祸也，始于学术，终于国家。①

严复在这里批判了陆、王之学的“师心自用”，“闭门造车”，“出门合辙”的先验论，这种理论根本不考察客观实物，是“向壁虚造”，“强物就我”，结果于学术、国家都有害。

严复还批评了宋、明道理的无实、无用之害。他说：

> 周、程、张、朱，关、闽、濂、洛。学案几部，语录百篇。……褒衣大袖，尧行舜趋。訑訑声颜，距人千里。灶上驱虏，折箠笞羌。经营八表，牢笼天地。夫如是，吾又得一言以蔽之，曰：无实。②

这种无实之学，对于挽救国家之危亡是无用的。严复认为：“西学格致，则其道与是适相反。一理之明，一法之立，必验之物物事事而皆然，而后定之为不易。其所验也贵受，故博大；其收效也必恒，故悠久；其究极也，必道通为一，左右逢原，故高明。”③西学

① 《严复集》第一册《救亡决论》。
② 《严复集》第一册《救亡决论》。
③ 《严复集》第一册《救亡决论》。

之所以有用、博大、高明，就在于“验之物物事事而皆然，而后定之为不易”，不是凭主观臆造。因此，严复主张于物穷理，用事实验证认识是否合乎真理。他说：“今夫理之诚妄，不可以口舌争也，其证存乎事实。歌白尼、奈端之言天运，其说所不可复摇者，以可坐致数千万年过去未来之躔度而无杪忽之差也。”①经过事实验证的不可动摇的理论，才为真理，不是靠口争舌辩来验证理论、学说的真理性。严复的这些思想认识、思想方法都是有价值的。

① 《原富》译事例言。

第十八章　康有为的进化论和博爱哲学

第一节　变法的佼佼者与时代的落伍者

康有为，原名祖诒，字广厦，号长素，广东南海人。生于公元1858年(清咸丰八年)，卒于公元1927年。他是我国19世纪末资产阶级改良运动——“戊戌变法”的发动者和领导者，也是当时重要的思想家。

康有为自幼受中国传统思想文化教育。祖父赞修，为连州教谕，治程朱理学；父达初，曾任江西补用知县。康有为幼孤，初从番禺简风仪学经，继从祖父赞修学诗文。公元1876年，康有为乡试未取，从朱次琦学理学。朱次琦治程朱理学，兼采陆王心学，主张为学要“济人经世”。公元1879年，康有为入西樵山，居白云洞，读佛、道之书，“哀物悼世，以经营天下为志”。① 同时，他游历香港，兼读西书，开始接触西学，走上向西方寻求真理的道路，逐渐形成糅合中西古今的思想理论体系。

公元1882年，康有为应顺天乡试，游京师，路经上海，研读了更多的西书。公元1884年，康有为还乡，居澹如楼，研究婆罗门教、佛教、耶稣教、回教的教义。同时，研习数学，阅读西书，“悟大小齐同之理”，为以后撰写《大同书》奠定了思想基础。是年，中法战争爆发，中国的失败对康有为刺激很大，他深感“大厦将倾”、“国运之废兴存亡，未有追于此也”。②

---

① 《康南海自编年谱》。

② 《与潘文勤书》。

公元1888年，康有为鉴于中法战争以后列强的侵略和中国的“积弱”、清廷的腐败，开始有了变法维新的要求，他趁进京应试的机会，第一次向清朝光绪皇帝上书，提出变法的主张，请求改良政治，以“挽救世变”，由于顽固派的阻挠，上书未能直达光绪帝，遂回广东，在广州万木草堂讲学，潜心于学术研究，为其变法维新作理论准备。公元1890年，康有为遇今文经学家廖平，读廖平的《知圣》、《辟刘》等文章，深受影响，遂探究“公羊之说”，阐发“三世进化”理论，用改良主义的观点对儒家学说重新解释，陆续写成《新学伪经考》、《孔子改制考》、《春秋董氏学》等著作，奠定了变法维新的理论基础。

公元1894年，中日甲午战争爆发，中国失败，于公元1895年签订了《马关条约》，民族危机加重。此时，康有为正在北京应试，他发动了应试举人一千三百余人联名上书，即有名的“公车上书”，反对《马关条约》，提出“拒和、迁都、练兵、变法”等一整套的救亡图存主张。同年5月3日，康有为中进士，授工部主事。此后，他在北京、上海等地分别组织强学会，创办《万国公报》、《中外纪闻》、《强学报》等，宣传鼓动变法，并不断地上书光绪皇帝，提出自上而下的政治改革主张。

公元1898年春，康有为先后写了《上清帝第五书》、《上清帝第六书》、《上清帝第七书》、《日本变政考》、《俄大彼得变考》等著作，主张学习欧美、日本，提出“能变则全，不变则亡，全变则强，小变仍亡”的思想，同时在北京成立了保国会，广泛争取、发动知识分子参加变法运动，拯救国家、民族的危亡。同年6月11日，光绪帝“诏定国是”，宣布变法，16日召见康有为。康有为在奏折中，提出了改革政治、经济、军事、文教的建议。光绪帝支持康有为、梁启超、谭嗣同等维新派的变法和参政。由于变法维新运动触犯了封建顽固派的利益，因而遭到他们的死命反对，在以慈禧太后为首的封建顽固派的打击下，变法维新运动很快就失败了。9月21日，慈禧再次出来“训政”，光绪帝被囚。9月28日，谭嗣同、杨锐、刘光第、林旭、杨深秀、康广仁等被害，史称“戊戌六君子”。康有为、梁启超逃亡日本，“百日维新”失败。

公元1899年4月，康有为去加拿大，5月去伦敦，7月又回加拿大，组织保皇会，反对孙中山所领导的民主革命运动。公元1911年辛亥革命，推翻了清王朝统治，结束了中国两千多年的封建帝制，康有为则认为“共和政体不能行于中国”，仍幻想恢复清朝的统治。公元1917年，康有为拥护溥仪复辟。同时大搞孔教会活动，鼓吹尊孔读经，成为时代的落伍者。

康有为的著作很多，主要有《新学伪经考》、《孔子改制考》、《大同书》、《春秋笔削大义微言考》、《春秋董氏学》、《论语注》、《孟子微》、《中庸注》、《礼运注》、《诸天讲》、《康子内外篇》、《长兴学记》、《桂学答问》、《万木草堂口说》等。

第二节　仁爱哲学

康有为吸取中国古代的元气自然论思想，认为“万物皆始于气”、“既有气然后有理”，批评了程、朱的“理在气先”论，说：“朱子以理在气之前，其说非。”①康有为把“元”作为世界的本原、根本、起源。他认为，天地万物都由“元”产生、形成。他说：

> 太一者，太极也，即元也。无形以起，有形以分，造起天地，天地之始，《易》所谓乾元统天者也。天地阴阳，四时鬼神，皆元之分转变化，万物资始也。其元气之降于人，为性灵明德者曰命。②
>
> 元为万物之本，人与天同本于元。③
>
> 孔子之道，运本于元，以统天地，故谓为万物本，终始天地。④

① 《万木草堂口说》。

② 《礼运注》。

③ 《春秋董氏学》。

④ 《春秋董氏学》。

“元”为人和天地万物之本原，宇宙中的一切，都由“元”产生。那么，“元”是什么呢？康有为继承中国古代元气本体论的思想，把“元”解释为“气”。他引用何休《春秋公羊传》注的话说：

> 元者，气也。无形以起，有形以分，造起天地，天地之始也。①
>
> 《易》称：“大哉乾元，乃统天。”天地之本，皆运于气。《列子》谓：“天地空中之细物。”《素问》谓：“天为大气举之。”何休谓：“元者，气也。”《易纬》谓：“太初为气之始。”《春秋纬》：“太一含元，布精乃生阴阳。”②

“元”为“气”，天地万物同资始于“元”，而“本为一气”。在这里，康有为肯定了世界的物质性及其对人和万物的根源性。这个思想是合理的。

康有为在继承中国古代元气自然论的同时，又吸取了西方自然科学知识，把中国古代传统的哲学观念与西方近代科学知识机械地混杂在一起，构成了他的哲学思想体系。他认为，中国古代的气，与西方近代科学的电、元素、以太等，都是天地万物的本原。他用当时力学的机械物理运动解释事物的变化规律，来说明中国古代哲学的“道”、“阴阳”等哲学范畴。他说：

> 夫一阴一阳之谓道……太始之气，皆本于热，有热则生，反热则冷，冷则死。有热则有力，有动重力则强，反动为静，静动力则弱。……热也，动也，光白也，吸也，离也，拒也，皆阳也。冷也，静也，暗黑也，无拒力而被吸也，皆阴也。③
>
> 理皆有阴阳，则气之有冷热，力之有拒吸，质之有凝流，形之有方圆，光之有白黑，声之有清浊，体之有雌雄，神之有

① 《春秋董氏学》。

② 《春秋董氏学》。

③ 《诸天讲》。

> 魂魄，以此八统物理焉。①

由于各种矛盾对立面的斗争和统一，而产生和形成各种事物，这便是“物理”。

康有为在把“元”训为“气”的同时，又把“元”解释为“太极”、“太一”，视为有意志的精神本体。他认为，“元”是“无臭，无声，至精，至奥”②者。他说：

> 孔子发此大理，托之《春秋》第一字，故改“一”为“元”焉，此第一义也。老子所谓“道”，婆罗门所谓“大梵天王”，耶教所谓“耶和华”。③

在这里，康有为把“元”解释为宗教神学的至上神，因而把“元”神秘化、神圣化了。

由于康有为对近代西方自然科学理解的肤浅，因此，他把“气”解释成“电”，而“电”又是一种“神”——“知气”，结果使“气”成为一种神秘的精神力量，走向了物质有知论。他说：

> 光电能无所不传，神气能无所不感。④
>
> 神者，有知之电也。……无物无电，无物无神。神者，知气也，魂知也，精爽也，灵明也，明德也，数者异名而同实。⑤
>
> 知气者，灵魂也，略同电气，物皆存之。⑥

① 《康南海自编年谱》。
② 《春秋董氏学》。
③ 《春秋笔削大义微言考》。
④ 《大同书·绪言》。
⑤ 《大同书》。
⑥ 《礼运注》。

康有为把精神、意识与物质的“电”、“气”等同起来，结果混淆了精神与物质的界限。既然精神、灵魂就是电，那么它们就可以离开人体而单独存在，而且是永恒地存在着，这就使他陷入了灵魂不灭的泥坑。

康有为由把精神与物质混为一体，并把“气”视为精神性的本体，而使他的“万物皆始于气”的命题，变成了精神产生万物的命题了。他用“物我同气”来否定“物我”差别，最终以主观精神吞并了客观世界，得出了“物我一体”的结论。他说：

> 物我一体，无彼此之界；天人同气，无内外之分。……无外，则大而无尽；无内，则小而无穷。贯彻圆融，不能离断，物即己，而己即物，天即人，而人即天。……知此以元元为己，以天天为身，以万物为体。①

在康有为看来，由于“万物皆备于我”，“物我一体”，故宇宙万物都是我意识的产物，“山河大地，皆吾遍现；翠竹黄花，皆我英华”。② 如此说来，精神为物质之源，比物质更重要了。

康有为在夸大、强调精神作用的基础上，把物质赋予了精神性的道德属性，从而建立了“以仁为本”的“仁爱”哲学。他认为，人皆有“不忍人之心”，即“爱”的意识，也叫做“仁”。他说：

> 不忍人之心，仁也，电也，以太也，人人皆有之。……即有此不忍人之心，发之于外即为不忍人之政。……故知一切仁政皆从不忍之心生，为万化之海，为一切根，为一切源。……人道之仁爱，人道之文明，人道之进化，至于太平大同，皆从此出。……不忍人之心，仁心也；不忍人之政，仁政也。虽有内外体用之殊，其为道则一，亦曰仁而已矣……以人行仁，人人有相爱之心，人人有相为之事，推之人人皆同，故谓合人与

① 《中庸注》。

② 《中庸注》。

仁即为道也。①

“仁”“为万化之海，为一切根，为一切源”，就是说，宇宙万事万物都由“仁”产生。在这里，康有为把“元”转换为“仁”，把“以元为本”转换为“以仁为本”。“仁”是康有为哲学思想中的一个重要的范畴，是产生、发育万物的唯一者，是沟通人和天的关系的桥梁。所以说：“仁者，在天为生生之理，在人为博爱之德。……天，仁也。天覆育万物，既化而生之，又养而成之，人取仁于天而仁也。”②人的仁是取之于天的，天与人靠仁贯通、联系起来而成为一体，这便是“物我一体”，“天人合一”。孔子重仁、贵仁的道理，就在于此。康有为说：

> 孔子本天，以天为仁，人受命于天，取仁于天，凡天施、天时、天数、天道、天志皆归之于天。故尸子谓“孔子贵仁”。孔子立教宗旨在此。③
>
> 尸子曰：“孔子本仁。”凡圣人主教，必有根本。……孔子以天地为仁。……取仁于天而仁，此为道本。……学圣人者，以得圣意为贵。孔子之道，最重仁。人者，仁也。④

人人都有“不忍人之心”，即“仁爱”之心，如果把这种“仁爱”之心“推己及人”，推而广之，就会实行“不忍人之政”，即“仁政”，这样就会达到“人人爱己若人”的“太平世”⑤，在康有为看来，“仁心”可以产生“爱力”，“爱力”是一种可以扭转乾坤的神奇力量。所以他的学生梁启超在概括他的哲学思想主旨时，说：“先生之哲学，博爱派哲学也。先生之论理，以仁字为唯一之宗旨，以为世界

---

① 《孟子微》。
② 《中庸注》。
③ 《春秋董氏学》。
④ 《春秋董氏学》。
⑤ 《孟子微》。

之所以立，众生之所以出，家国之所以存，礼义之所以起，无一不本于仁，苟无爱力，则乾坤应时而灭矣。……故先生之论政论学，皆发于不忍人之心。人人有不忍人之心，则其救国救天下也，欲已而不能自已。……其哲学之大本，盖在于是。”①康有为把“仁爱”作为其哲学的核心、宗旨，把发扬“人人皆有之”的“仁爱”之心看作是实现“大同”理想的关键。他认为，人人都发扬、扩充其所具有的“仁爱”之心，就会产生强大无比的“爱力”，并为全民的“去苦求乐”而努力奋斗，如此去“仁济天下”，就可以“行大同太平之道”了。康有为说：“以其本有爱质而扩充之，因以裁成天道，辅相天宜，而止于至善，极于大同。”②因此，他把“仁爱”视为万物之本、万化之源。

第三节　进化观点

康有为发挥了《周易》的“变易之义”的哲学思想、“公羊三世”说的思想内容，吸取西方传入的庸俗进化论，而为其变法维新的政治主张作论证的理论根据。

康有为认为，世界上的一切事物都是变化的，“变”是自然界和人类社会的一个普遍适用的法则。他说：

> 盖变者，天道也。天不能有昼而无夜，有寒而无暑，天以善变而能久。火山流金，沧海成田，历阳成湖，地以善变而能久。人自童幼而壮老，形体颜色气貌，无一不变，无刻不变。③

自然界的寒暑往来，沧海桑田，人的体态气色，都是不断变化的。社会政治制度、法治措施同样也是不断变化的。康有为说：“圣人

---

① 《饮冰室文集》之六《南海康先生传》。

② 《大同书》。

③ 《进呈俄罗斯大彼得变政记序》。

之为治法也，随时而立义，时移而法亦移矣。”①一切都在变，没有一成不变的事物。

康有为把“天、地、人”三者的变化看成是“孔子系《易》，以变易为义”。在他看来，《周易》就是讲“变易”，穷“变通”之理的。他把这种“变通”之理和变法主张紧密结合起来。他说：“易者，随时变易，穷则变，变则通。”“中国今日不变日新不可，稍变而不尽变不可，尽变而不兴农工商矿之学不可。”②又说：“法既积久，弊必丛生，故无百年不变之法。”③康有为援引《周易》的“变易”思想，论证其变法主张和发展资本主义经济的合理性。

在康有为的变易思想中，蕴涵着“新”的代替“旧”的内容。他说：

> 《大学》言：日新，又新；《孟子》称：新子之国；《论语》：孝子毋改父道，不过三年，然则三年之后，必改可知。夫物新则壮，旧则老；新则鲜，旧则腐；新则活，旧则板；新则通，旧则滞：物之理也。④

新的代替旧的，新的胜过旧的，这是宇宙中普遍存在的法则，是“物之理也”，以此驳斥了“天不变，道亦不变”的形而上学观点，论证了变法维新的理论根据。所以说：“变法而强，守旧而亡。……观万国之势，能变则全，不变则亡，全变则强，小变则亡。”⑤只有变法维新，“除旧布新，兴民更始”⑥，才能富强保种，否则便是守旧而亡。

康有为在阐发他的变化日新思想时，用《周易》的对立统一思

---

① 《日本书目志序》。
② 《日本书目志序》。
③ 《上清帝第六书》。
④ 《上清帝第六书》。
⑤ 《上清帝第六书》。
⑥ 《上清帝第六书》。

想加以说明。他说：

> 若就一物而言，一必有两。《易》云："太极生两仪。"孔子原本天道，知物必有两，故以阴阳括天下之物理，未有能出其外者。……观天下之物，无一不具阴阳者，不独男女、牝牡、雌雄、正负、奇耦也。孔子穷极物理，以为创教之本，故系《易》立卦，不始太极，而始乾坤，阴阳之义也。元与太极、太一，不可得而见也，其可见可论者，必为二矣，故言阴阳而不言太极。①

康有为肯定任何事物中都存在着阴阳两个矛盾着的对立方面，由于统一物中的两个对立面的矛盾斗争，而促使事物不断地运动变化、前进演化。"一必有两"，"物必有两"，这是物之理。只有知道这个物之理，才能认识物之变，适应势之进。他说："盖太极两仪之理，物不可不定于一，有统一而后能成物；不可不对为二，有对争而能进。"②康有为的"物必有两"，"有对而后能进"包含着对立统一的辩证法思想。

康有为依据这种辩证法思想批评了周敦颐的"太极说"的形而上学观点。他说：

> 周子谓："太极动而生阳，动极而静，静极而生阴。"动静互根，专主天地车轮终而后始之义，不知生物之始，一形一滋，阴阳并时而著。所谓天道之常，一阴一阳，凡物必有合也。有合为横，互根为从，周子尚未知之也。③

周敦颐把"太极"视为产生万物的根源。康有为指出，周敦颐的看法，是不懂得"一必有两"，"物必有两"的道理，并且违反了《周

---

① 《春秋董氏学》。

② 《论语注》。

③ 《春秋董氏学》。

易》的本义。因为“太极”是“不可得而见”者，“其可见可论者，必为二”，所以万物之生，只有“阴阳并时而著”，阴阳相合，方能生成万物。离开阴阳之合，万物不能生成、进化，这就是“物之理”。

但是，由于康有为信仰庸俗进化论，当他用这种庸俗进化论解释社会现象时，依据《公羊传》的“公羊三世”说，提出了“三世”说的进化观。

康有为把《公羊传》的“所见世”、“所闻世”、“所传闻世”与《礼记·礼运》所讲的“大同”、“小康”联系起来，加以发挥，认为“公羊三世”是孔子制定的三个循序渐进的历史阶段，即由“据乱世”进到“升平世”(“小康”)，再由“升平世”进到“太平世”(“大同”)，这便是孔子在《春秋》中所阐发的“微言大义”。康有为说：

> 三世为孔子非常大义，托之《春秋》以明之。所传闻世托据乱，所闻世托升平，所见世托太平。乱世者，文教未明也；升平者，渐有文教小康也；太平者，大同之世，远近大小如一，文教全备也。大义多属小康，微言多属太平。……此为《春秋》第一大义。①

康有为认为，由“据乱世”到“升平世”，再到“太平世”，只能是渐化的，“循序而行一，“不能躐等”。“三世”中的每一世，又分为“小三世”，“小三世”还可以分为更小的三世，由此可以无穷地分解下去。他说：

> 一世之中可分三世，三世可推为九世，九世可推为八十一世，八十一世可推为千万世，为无量世。②
>
> 每世之中，又有三世焉。则据乱亦有乱世之升平、太平焉，太平世之始亦有其据乱、升平之别。每小三世中，又有三世焉，于大三世中，又有三世焉。故三世而三重之，为九世，

① 《春秋董氏学》。

② 《论语注》。

> 九世而三重之，为八十一世。展转三重，可至无量数，以待世运之变，而为进化之法。①

历史就是这样一点一滴的渐化，没有飞跃。康有为把历史的进化看成是只有量的点滴进化，没有质的飞跃突变。实际上是用形而上学的历史循环论来否定历史进化根本变革的历史辩证法。康有为的庸俗进化观是为其政治改良主义立论的。

第四节 大同思想

康有为把"三世"说中的"大同"阶段加以发挥，提出了一种空想的社会蓝图，即"大同"的理想社会。他在《大同书》中具体地描绘了这种最高理想的社会图景。

中国社会步入晚清时代，由于帝国主义的侵略和封建主义的压迫，使国家和民族陷入危亡之中，为了挽救国家和民族于危亡之中，许多求进步的中国人都在寻求、探索救国救民的真理，康有为则是这方面的一个重要的代表人物。在戊戌变法前，康有为就认为，人类社会发展的最高理想阶段是"人理至公"、"天下为公"的大同社会。他描述了这个社会的具体情况是：

> 只有天下为公，一切皆本公理而已。公者，人人如一之谓，无贵贱之分，无贫富之等，无人种之殊，无男女之异。……无所谓君，无所谓国，人人皆教养于公产，而不恃私产，人人即多私产，亦当分之于公产焉，则人无所月其私，何必为权术诈谋以害信义？更何肯为盗窃乱贼以损身名？非徒无此人，亦复无此思，内外为一，无所防虞。故外户不闭，不知兵革，此大同之道，太平之世行之。惟人人皆公，人人皆平，故能与人大同也。②

① 《中庸注》。

② 《礼运注》。

在这个社会中，没有阶级，没有人压迫人的现象存在，人人都是平等的，财富是平均分配的，一切以公理办事，这种“人人皆公，人人皆平”的“大同”社会，便是最理想的“太平”盛世。

康有为在《大同书》中，进一步描写了人类未来的远景——“大同”社会的蓝图：

“大同之世”，财产公有，“凡农工商之业，必归之公”。土地公有，“人无得私有”。百汇之业，皆归公有，“不许有独人之私业”。

“大同之世”，没有阶级，没有压迫，人人平等，“既无帝王、君长，又无官爵、科第，人皆平等”。

“大同之世”，工人最重要，最高贵，“工最贵，人之为工者亦最多”，既是工人，又是“学人”。

“大同之世”，生产力高度发展，全部采用机器生产，“一人之用可代古昔百人之劳”，大大提高了劳动生产率，缩短了劳动时间，有了更多的“游乐读书之时”。

康有为认为，人类有史以来的各种社会，都是充满各种痛苦的社会，造成这些痛苦的根源，就在于世界上存在着差别和界限。诸如：国家、种族、等级、男女、家庭、贫富等差别和界限。破除了这些差别和界限，人类就可以实现没有任何痛苦的“极乐世界”——大同社会。

为了实现“大同”世界，康有为在《大同书》中设计了种种方案，即“去九界”：去国界、去级界、去种界、去形界、去家界、去产界、去私界、去类界、去苦界，而以“明男女平等各自独立之权”的“去形界”为去其他各界的开始和关键。康有为说：

> 故全世界人欲去家界之累乎，在明男女平等各有独立之权始矣，此天予人之权也；全世界人欲去私产之害乎，在明男女平等各自独立始矣，此天予人之权也；全世界人欲去国之争乎，在明男女平等各自独立始矣，此天予人之权也；全世界人欲去种界之争乎，在明男女平等各自独立始矣，此天予人之权也；全世界人欲致大同之世、太平之境乎，在明男女平等各自

独立始矣，此天予人之权也。①

康有为用天赋人权的理论来说明男女平等，把实行君主立宪作为实现大同理想的道路。他认为，人类之所以有各种界限和痛苦，就因为人们不能彼此相爱，人人都发扬“仁爱”之心，就可以实现大同了。因此，他把走君主立宪的改良道路，视为实现大同理想的必由之路。其实，康有为的大同理想，只是资产阶级改良派的一种空想。

第五节　人性学说

康有为的仁爱思想、大同理想是以其人性学说为基础的。在人性学说上，康有为表现出自相矛盾之处，既主张人性是人生之自然本性，又认为仁爱之善性是先天具有的。他从自然人性走向先验人性，从自然人性论走向性三品说，并认为“上智与下愚”之性是不可改变的。康有为人性思想的变化与其政治立场的转化是一致的。

康有为肯定，性是人和物所生之质，“性者，生之质也，未有善恶”。② 这种“生之质”的自然之性，“不独人有之，禽兽有之，草木亦有之。附子性热，大黄性凉是也”。③ 他在分析评论各家的人性学说时，赞同告子的性无善恶论，反对孟子的性善论，批评张载、二程、朱熹的分性为二的人性二元论，提出“性全是气质”的人性论。康有为说：

凡论性之说，皆告子是而孟子非。④

孟子性善之说，有为而言；荀子性恶之说，有激而发；告子生之谓生，自是确论，与孔子说合，但发之未透。使告子书

① 《大同书》。

② 《万木草堂口说》。

③ 《长兴学记》。

④ 《万木草堂口说》。

> 存,当有可观。王充、荀悦、韩愈即发挥其说。程子、张子、朱子分性为二,有气质,有义理,研辨较精。仍分为二者,盖附会孟子。实则性全是气质,所谓义理,自气质出,不得强分也。①

在康有为看来,“人性”是“受天命之自然”者,是人的性理的本能、气质、特性,是人能接受、辨别声、色、嗅、味的自然属性,这个“性”,“全是气质”,没有超然于“气质之性”之上的“义理之性”,所以不可“分为二者”。他说:

> 人禀阴阳之气而生也。能食味、别声、被色,质为之也。于其质宜者则爱之,其质不宜者则恶之,儿之于乳已然也。见火则乐,暗则不乐,儿之目已然也。故人之生也,惟有爱恶而已。②

康有为认为,人性就是自然气质之性,没有离气质而单独存在的义理之性。他对宋儒的人性二元论提出了批评,他说:“宋儒专以理言性,不可。”③这种批评在当时有一定的积极意义。

康有为从自然人性论的观点出发,根据孔子的“性相近”的思想,提出了“人性平等”的思想主张,批判了封建的等级人性理论。他说:

> 人性必不远,故孔子曰:“性相近也。”……夫相近,则平等之谓。故有性无学,人人相等,同是食味、别声、被色,无所谓小人,无所谓大人也。④

中国古代的许多思想家认为,由于人性有善恶之分,所以人有大人

① 《长兴学记》。
② 《康子内外篇》。
③ 《万木草堂口说》。
④ 《长兴学记》。

与小人、圣贤与下愚之别，义理之性是天理、至善的，大人、圣贤生来是体现天理的，所以是纯善无恶的；气质之性是人欲，是可善可恶的，小人、下愚生来就为人欲所蔽障，所以使天理不明，只有变化气质，排除物欲之蔽障，才可以恢复天理，达到性善。康有为提出的“性相近”就是“平等之谓”，“人人平等”，“无所谓大人、小人”的观点，是用资产阶级的平等观念反对封建主义的等级观念。这在当时是进步的。

康有为认为，“人欲”就是“人性”，人生来就有“求乐免苦”的本性，这就肯定了人欲的合理性，并与宋儒的“存天理，灭人欲”的观点对立起来。他说：

> 普天之下，有生之徒，皆以求乐免苦而已，无他道矣。其有迂其途，假其道，曲折以赴，行苦而不厌者，亦以求乐而已。虽人之性有不同乎，而可断断言之曰：人道无求苦去乐者也。立法创教，令人有乐而无苦，善之善者也，能令人乐多苦少，善而未尽善者也，令人苦多乐少，不善者也。①

人性虽然有不同，但都有“去苦求乐”之道，这是人与生俱来的共同本性，人的这种欲望要求，是合乎天性的，正是这种人欲所“使然”，才使人“顺天性”，“相欢乐”，人类才能生存，社会才能发展。康有为说：

> 人为有知之物，则必恶独而欲群；人为有欲之物，则必好偶而相合。道有阴阳，兽有牡牝，鸟有雌雄，即花木亦有焉。人有男女之质，乃天之生是使然。人道者因天道而行之者也，有以发挥舒畅其质则乐，窒塞闭抑其欲则郁。太古之时，雌雄乱作于前，故圣人顺天之道，因人之欲，知其不可已也，故制为夫妇以相判合。始之以顺天性，令其相欢相乐；继之以成家

① 《大同书》。

室，令其相保相爱。①

因为人人都有“求乐免苦”之性，都有“去苦求乐”之道，都有“仁爱之心”，所以人类应当建立一个“仁寿极乐善慧无边”的“大同之世”。这种“大同之世”是人类最美好的世道。在这里，人人都可以体现自己的天性，享受天所赋予的权利，这才是达到了“人道之至”的极乐世界。康有为说：

> 大同之道，至平也，至公也，至仁也，治之至也。虽有善道，无以加以此矣。②
>
> 人人有天授之体，即人人有天授自由之权。故凡为人者，学问可以自学，言语可以自发，游观可以自如，宴飨可以自乐，出入可以自行，交合可以自主，此人人公有之权利也。禁人者，谓之夺人权，背天理矣。③

人人都有天授自由之权，彼此实行仁人之道，这种“人道自由”就是“人权天赋之义”，遵循了这个原则就是合乎“天理”，顺乎“天性”。人和禽兽都有这种爱质、天性。“父母与子之爱，天性也，人之本也，非人所强为也。”“此天性也，仁之本也，爱其生也，爱其类也，万物所以能繁衍孳长其类而不灭绝者，赖此性也。若物类无此爱质，则人物之生不育而万类灭绝久矣；故生生之道，爱类之理，乃一切人物之祖也。夫以鸟类之爱其子、慕其母犹如此，而况于人乎！”④这种同类相爱的天性，是康有为建立理想的“大同”世界的理论基础。

康有为认为，由于人类有了“竞争”之意，“自私”之心，为了“国家”之利，因而破坏了“人性皆善”的天性，于是便产生了自私

① 《大同书》。
② 《入世界观众苦》。
③ 《大同书》。
④ 《大同书》。

自利、争夺仇杀的行动，为了进入“大同之世”，就必须去掉家庭、私产、国界。他说：

> 夫欲人性皆善，人格皆齐，人体得养，人格皆具，人体皆健，人质皆和平广大，风俗道化皆美，所谓太平也。然欲致其道，舍去家无由。故家者，据乱世、升平世之要，而太平世最妨害之物也。以有家而欲至太平，是泛绝流断港而欲至于通津也。不宁唯是，欲至太平而有家，是犹负土而浚川，添薪以救火也，愈行而愈阻矣。故欲至太平独立性善之美，惟有去国而已，去家而已。①

康有为在“公羊三世”说中所设想的“太平世”里，认为人人都可以享受天所赋予的自由权利，完美爱类的天性，实现“免苦求乐”的人性。在这种人人平等，个人自由，没有私产，没有君主，没有臣妾奴隶，没有教皇教主的大同世界实现以后，人类如同“去乎人境而入乎仙、佛之境”。② 因此，康有为主张尽快实现他的这个理想，使人及早进入“免苦求乐”之境。“吾采得大同、太平、极乐、长生、不生、不灭、行游诸天、无量、无极之术，欲以度我全世界之同胞而永救其疾苦焉，其惟天予人权、平等独立哉！……吾之道早行早乐，迟行迟乐，不行则有苦而无乐。”③这种神仙佛国的极乐的大同世界，只是一种不可能实现的幻想。

康有为在戊戌变法失败以后，便抛弃了自然人性说，走向了先验的人性论。他说：“性者，天赋之知气、神明，合于人身而不系于死生者。”④把人性看成是先天的神秘者和不死的精神性的永恒者。

与此同时，康有为极力主张、阐发董仲舒以来的性三品说。他

---

① 《大同书》。

② 《去苦界之极乐》。

③ 《大同书》。

④ 《孟子微》。

说："人之材性万品，略区为三：自上智、下愚外，皆中人也。"①并用性三品说来解释人性的善恶问题。他说：

> 实者，人性有善有恶，犹人才有高有下也。高不可下，下不可高。……故有……上中下之差。……余固以孟轲言人性善者，有中人以上者也；孙卿言人性恶者，中人以下者也；扬雄言人性善恶混者，中人也。②

康有为认为，善性是上智之性，恶性是下愚之性，善恶混之性是中人之性。上智与下愚之性是不可改变的，只有中人之性才可以教而改之。康有为人性理论的变化，与他在政治思想主张上的倒退是一致的。

① 《论语注》。
② 《孟子微》。

第十九章　谭嗣同的"仁学"哲学思想和"冲决网罗"的政治思想

第一节　"冲决网罗"的斗士

谭嗣同，字复生，号壮飞，湖南浏阳人。生于公元1865年（清同治四年），在公元1898年（清光绪二十四年）戊戌政变中被害。他是我国19世纪末资产阶级维新派的激进者。

谭嗣同父亲谭继洵，官至湖北巡抚。谭嗣同幼年丧母，"为父妾所虐，备极孤孽苦"。[①] 他少年时从欧阳中鹄学习，喜好今文经学，欣赏颜元、龚自珍的著作，爱读《船山遗书》，同时也学习自然科学知识。他自称"自少至壮，遍遭纲伦之厄，涵泳其苦。……私怀墨子摩顶放踵之志矣"。[②] 后来，谭继洵在甘肃做官，谭嗣同曾随父入兰州，多次往来于直隶、陕西、甘肃、湖南、湖北、山西、安徽、江苏、浙江等十余省，观察社会风土，结交社会名士，目睹灾民流离失所之状，感慨甚深，而有"风景不殊，山河顿异，城廓犹是，人民复非"[③]之叹。

公元1894年中日甲午战争，中国战败。公元1895年签订了丧权辱国的《马关条约》，深重的民族危机，对具有强烈爱国思想的谭嗣同触动尤深，使他再也不能"守文因旧"、"苟且图存"了。因此，他怒斥清政府是"竟忍以四百兆人民之身家性命，一举而

① 梁启超：《谭嗣同传》。

② 《仁学・自叙》。

③ 《三十自纪》。

弃之”。① 谭嗣同“经此创巨痛深，乃始屏弃一切，专精致思。”②他立志变法，倡导新政，反对科举，讲求实学，推崇西学。

公元1896年，谭嗣同在北京结识了梁启超，听到了康有为的变法主张，“始备闻一切微言大义，竟与嗣同冥思者，十同八九”。③ 并曾谒见翁同龢，畅谈洋务。后奉父命，以同知入赀为候补知府，分司浙江，遂到南京候缺一年。其间除一度去湖北外，均在南京闭户养心读书，“会通群哲之心法”，勤于著述，撰写他的哲学代表著作《仁学》等，建立了哲学思想体系，阐发了君民平等的思想观念，批判了封建专制主义制度，提出了“冲决网罗”的战斗口号。

公元1897年5月，谭嗣同与杨文会、刘聚卿、茅子贞等人倡设金陵测量学会，学习西方科学技术，并往返沪、宁，与梁启超、汪康年等人研讨学术，规划天下事，发起成立不缠足会。后到湖南长沙，与湖南维新志士开办了时务学堂，编辑出版了《湘学新报》、《湘学报》等，积极宣传维新思想主张。

公元1898年6月11日，光绪帝“诏定国是”，宣布变法。谭嗣同由侍读学士徐致靖的保荐，于8月21日到京，被光绪帝任命为四品卿衔军机章京，与杨锐、林旭、刘光第等共同参与新政。变法为慈禧太后所反对，在帝党、后党的新旧势力斗争十分尖锐化时，光绪担心皇位“不保”，他为保皇、变法，主动去与袁世凯密商杀后党荣禄，结果为袁世凯所出卖。9月21日，光绪帝被囚。康有为、梁启超逃亡日本，谭嗣同与杨锐、林旭、刘光第、杨深秀、康广仁等被捕下狱，9月28日6人同时被害，史称“戊戌六君子”。临刑时，他以“我自横刀向天笑，去留肝胆两昆仑”的无畏精神，慷慨就义，以此实现他“冲决网罗”之志。

谭嗣同的著作大部分汇集于《谭嗣同全集》，由中华书局1981年1月出版。

---

① 《上欧阳中鹄书》。

② 《上欧阳中鹄书》。

③ 《壮飞楼治事十篇·治事篇第十》。

第二节 “仁学”哲学思想

谭嗣同在闭户读书、冥思变法的过程中，“会通群哲之心法”，撰著了其哲学代表著作《仁学》一书。《仁学》的写作，标明他从“旧学”开始转向“新学”。由于新旧思想的交替、冲撞、汇集，而使其思想呈现出矛盾。谭嗣同在构造其思想体系时，从多方面吸取思想资料，他在说明《仁学》的思想来源时，说：

> 凡为仁学者，于佛书当通《华严》及心宗、相宗之书；于西书当通《新约》及算学、格致、社会学之书；于中国书当通《易》、《春秋公羊传》、《论语》、《礼记》、《孟子》、《庄子》、《墨子》、《史记》，及陶渊明、周茂叔、张横渠、陆子静、王阳明、王船山、黄梨洲之书。①

从这些书目和人物中可以看出，《仁学》的思想来源十分驳杂，包括中学与西学、科学与宗教等，谭嗣同把各种思想糅合起来，合为一体。谭嗣同把中外古今的许多思想资料吸取过来，虽然加以融合，但由于没有消化，故使他的思想出现了许多的矛盾。正如梁启超在《清代学术概论》中指出的那样，这是当时的历史产物，即谭嗣同想“构成”一种不中不西即中即西之新学派，已为时代所不容。盖固有之旧思想，既根深蒂固，而外来之新思想，又来源浅汲而易竭，其支绌灭裂，固宜然矣”。这个说法是有道理的确论。

在中国古代的哲学家中，对谭嗣同思想影响较大的为张载、王夫之、黄宗羲，尤其是王夫之的道器论和黄宗羲的政治论影响更大。如谭嗣同在引述王夫之的“道者器之道”的道不离器的观点后评论说：

> 由此观之，圣人之道，果非空言而已，必有所丽而后见。

① 《仁学》。

> 丽于耳目，有视听之道；丽于心思，有仁义智信之道；丽于伦纪，有忠孝友恭之道；丽于礼乐征伐，有治国平天下之道。故道，用也；器，体也。体立而用行，器存而道不亡。自学者不审，误以道为体，道始迷离徜恍，若一幻物，虚悬于空漠无朕之际，而果何物也邪？于人何补，于世何济，得之何益，失之何损邪？将非所谓惑世诬民异端者耶？夫苟辨道之不离乎器，则天下之为器亦大矣。器既变，道安得不变？变而仍为器，亦仍不离乎道，人自不能弃器，又何以弃道哉？①

谭嗣同将宋明理学家的“道体”、“器用”说，颠倒过来，而认为“道，用也；器，体也”。就是说，“道必依于器而后有实用”②，而不是“虚悬于空漠无朕之际”者。谭嗣同在批评理学家“误以道为体，道始迷离徜恍，若一幻物”的同时，谴责守旧派固守封建政治制度，不思变法的行径，是于人无补，于世无济的。

在谭嗣同的“仁学”体系中，“仁”和“以太”是两个主要范畴，他把“仁”和“以太”等同起来，融合起来，即把精神性的“仁”和物质性的“以太”融为一体而建立了他的哲学体系。

“仁”是孔子思想的核心，孔子以仁为核心建立了哲学政治思想体。谭嗣同继承孔子的“仁”的思想和康有为“仁爱”哲学的影响，肯定“仁为天地万物之源”。③ 由于“仁”为天地万物的根源，所以“仁”是充塞宇宙之中，无所不在的，“天地间亦仁而已矣”，“通塞之本，惟其仁不仁”；“仁”为人的智慧、知识和力量的源泉，“智慧生于仁”，“仁之至，自无不知也”，“知不知之辨，于其仁不仁”，“仁者必有勇……勇不勇之辨，于其仁不仁”；“仁”居于万物之上，没有运动变化，永恒存在着，“仁者寂然不动”，“不生不灭，仁之体”；“仁”是绝顶无对之词，是消除一切差别、矛盾的本

① 《报贝元徵》。

② 《上欧阳中鹄书》。

③ 《仁学》。

体，“仁”而已；凡对待之词，皆当破之。① 可见，“仁”在谭嗣同的哲学体系中，是一个无所不生、无所不在、无所不能的唯一者和万能者。

由于谭嗣同受张载、王夫之的元气论的影响，并以“为天地立心，为生民立命，以续衡阳王子之绪脉”②自任。谭嗣同又把“元气”作为化生万物之源。他说：

> 元气絪緼，以运为化生者也，而地球又运于元气之中。③
>
> 夫浩然之气，非有异气，即鼻息出入之气。理气此气，血气亦此气，圣贤庸众皆此气。④
>
> 夫天地非幻，即声光亦至实，声光虽无体，而以所凭之气为体。⑤

宇宙万物皆为元气絪緼化生而来，一切都为阴阳消息、往来运动变化而成的，不是由神主宰的，因此人不要相信《河图》、《洛书》与《先天图》一类谶纬迷信，而要相信人为之力。

谭嗣同把中国传统的元气论与西方近代自科学的“以太”说融合起来，又把“以太”作为宇宙本体，建立起一个矛盾、庞杂的哲学思想体系。他说：

> 遍法界、虚空界、众生界，有至大至精微，无所不胶粘、不贯洽、不筦络而充满之一物焉，目不得而色，耳不得而声，口鼻不得而臭味，无以名之，名之曰：“以太。”其显于用也，孔谓之“仁”，谓之“元”，谓之“性”；墨谓之“兼爱”；佛谓之“性海”，谓之“慈悲”；耶谓之“灵魂”，谓之“爱人如己”、

---

① 《仁学》。
② 《上欧阳中鹄书》。
③ 《石菊影庐笔识》。
④ 《石菊影庐笔识》。
⑤ 《石菊影庐笔识》。

> “视敌如友”；格致家谓之“爱力”、“吸力”，咸是物也。法界由是生，虚空由是立，众生由是出。①

由此可见，谭嗣同又把“以太”看成是世界的本体，产生万物的根源，小至化学元素的构成，大至宇宙空间的联系，无一不由“以太”产生、决定。他认为，人身之骨节、筋肉、血脉、脏腑之所以“成是而粘砌是不使散去者”；“由一身而有夫妇、父子、兄弟、君臣、朋友乃至家、国、天下，而相继系不散去者”；从“质点一小分，以至于无”；从地球，乃至广大无垠的宇宙银河系统的大千世界，“而皆互相吸引不散去”，“其间之声、光、热、电、风、雨、云、露、雪之所以然”，宇宙中的“山河动植”、“微生物”等的产生和存在，统统“曰惟以太”。② 在谭嗣同看来，“以太”是神奇无限者，所以为万物的根源。

谭嗣同认为，由于“以太”为世界的本源，所以是永恒存在的，“不生不灭”的。他举出具体事例，加以证明。他说：

> 本为不生不灭，乌从生之灭之？譬于水加热则渐涸，非水灭也，化为轻气养气也。使服其轻气养气，重与原水等，且热去而仍化为水，无少减也。……譬如陶埴，失手而碎之，其为器也毁矣。然陶埴，土所为也。方其为陶埴也，在陶埴曰成，在土则毁；及其碎也，还归乎土，在陶埴曰毁，在土又以成。但有回环，都无成毁。……往返者，远近也，非生减也；有无者，聚散也，非生灭也。③

谭嗣同列举许多具体事例，说明物质是永恒存在的，就某具体事物来说，是有生与灭、成与毁、存与亡的不同形式的转化，但作为宇宙本原的“以太”则是“不生不灭”的。所以说：“至于原质之

---

① 《仁学》。
② 《仁学》。
③ 《仁学》。

原，则一以太而已矣。一故不生不灭；不生故不得言有；不灭故不得言无。"①"以太"是无始无终、不生不灭的永恒存在本原，正因为此，才使世界万物永恒存在着。

世界万物之所以能不生不灭地存在着，就在于"以太"的"微生灭"的作用。谭嗣同说：

> 不生不灭乌出乎？曰：出于微生灭。……乃以太中自有之微生灭也。……旋生旋灭，即生即灭。生与灭相受之际，微之又微，至于无可微；密之又密，至于无可密。夫是以融化为一，而成乎不生不灭。成乎不生不灭，而所以成之之微生灭，固不容掩焉矣。②

宇宙万物的不生不灭是由"以太"的"微生灭"的作用形成的，而"以太"的这种"微生灭"作用又是从哪里来的呢？谭嗣同觉得不好回答，不好回答又不能不回答，在回答中，他以对立两种力量的矛盾斗争予以说明。他说：

> 微生灭乌乎始？曰是难言也。……譬之如云，两两相遇，阴极阳极，是生两电。两有异同，异同攻取……有有之生也，其惟异同攻取乎？③
>
> 日新乌乎本？曰：以太之动机而已矣。独不见夫雷乎？虚空洞杳，都无一物，忽有云雨相值，则合两电，两则有正有负，正负则有异有同，异则相攻，同则相取，而奔崩轰䃜发焉。④

谭嗣同认识到事物的同异、阴阳、正负等对立两端的矛盾冲突，是事物运动转化的机制，这个思想是极具积极意义的。

① 《仁学》。
② 《仁学》。
③ 《仁学》。
④ 《仁学》。

在谭嗣同的哲学思想体系中，他一方面以“仁”为世界的本原，“仁为天地万物之源”，而“以太”是体现“仁”的“通”的性质的工具；一方面又以“以太”为世界的本原，世界万物都为“以太”所生，而“仁”只是“以太”的一种作用，这就使他的哲学思想出现了矛盾、混乱。究其实，他的“仁”和“以太”是二而一者，即“仁”为“以太”，“以太”为“仁”。他说：

> 是何也？是盖遍法界、虚空界、众生界，有至大至精微，无所不胶粘、不贯洽、不筦络而充满之一物焉。目不得而色，耳不得而声，口鼻不得而臭味，无以名之，名之曰：“以太。”其显于用也，为浪、为力、为质点、为脑气。法界由是生，虚空由是立，众生由是出。无形焉，而为万形之所丽；无心焉，而为万心之所感，精而言之，夫亦曰“仁”而已矣。①

“以太”“精而言之，夫亦曰‘仁’而已矣”。“仁”和“以太”都为世界万物的根源，所 以“仁”和“以太”是二而一的。谭嗣同在这里把物质性的“以太”和精神道德观念的“仁”混同起来，当他在说明世界万物的最终根源时，便无限地夸大了“心力”的作用，把“心”作为决定宇宙万物的根源。他说：

> 仁为天地万物之源，故唯心，故唯识。②
>
> 人力或做不到，心当无有做不到者。……惟一心是实。心之力量虽天地不能比拟，虽天地之大可以由心成之、毁之、改造之，无不如意。③

“心”为决定、产生世界万物的根源，“一切惟心所造”。④“心力”

① 《以太说》。
② 《仁学》。
③ 《上欧阳中鹄》。
④ 《仁学》。

是无所不造、无所不能的万能者和本源者。

谭嗣同所说的“心”或“心力”，就是佛教所说的“识”。他说：“三界惟心，万法惟识。”“佛之所谓藏，孔子所谓心。”①“藏识”即佛教法相宗的“第八识”——“阿赖耶识”。法相宗认为，阿赖耶识通过第七识——末那识的联系，产生人的眼、耳、鼻、舌、身等感觉和意识，然后又产生各种“相分”——天地万物，所以第八识是产生宇宙万物的最根本的精神本体。谭嗣同套用法相宗的这些理论，认为“以太者，亦唯识之相分，谓无以太可也”。② 就是说，客观的物质世界只是主观意识所显现的一种虚幻现象(“相分”)，如此说来，物质存在是不真实的，说它不存在也是可以的，“谓无以太可也”。在这里，谭嗣同与佛教唯心主义合流了，并使他的哲学思想呈现着种种的矛盾状态。

第三节　自相矛盾的认识论

在认识论上，谭嗣同的思想矛盾也突出地表现出来。他一方面承认感觉是认识的出发点，当他进一步探讨人的主观认识能否反映客观外物时，他由怀疑人的感观的认识能力和可靠性，而使他相信佛教的“顿悟”论，并走向了神秘主义的认识论。

谭嗣同认为，人的感官及其认识对象，都是客观真实存在的。他说：

> 耳目之所构接，口鼻之所摄受，手足之所持循，无所往而非实者。即彼流质气质，以至太虚洞窅之际，莫不皆有实理实物。③

万物都是真实存在的，如声、光、电，虽然“神奇”，但也“非幻”，

① 《仁学》。

② 《仁学》。

③ 《壮飞楼治事十篇·治事篇第二》。

是“至实”的物质存在形式。人们的感官对它们也是可以认识的。谭嗣同的这些观点是正确的。

谭嗣同看到人的认识的相对性和客观事物的不可穷尽性。由于他夸大了认识的相对性，而没有正确处理人的认识有限与无限的辩证统一关系(这是他不可能解决的问题)，因而使他由相对主义走向了怀疑论，以致否认了感官认识的可能性和可靠性。他说：

> 眼耳鼻舌身所及接者，曰色声香味触五而已。以法界虚空界众生界之无量无边，其间所有，必不止五也明矣。仅凭我所有之五，以妄度无量无边，而臆断其有无，奚可哉!①

感官接触外物是有限的，只有五官是不可能认识“无量无边”的事物的真理的。肉眼看不见的，用望远镜、显微镜可以看到，可是还有望远镜、显微镜看不见的东西。更何况“眼耳所见闻，又非真能见闻也”。这是因为“眼有帘焉，形入而绘其影，由帘达脑而觉为见，则见者见眼帘之影耳，其真形实万古不能见也。岂惟形不得见，影既缘绘而有是，必点点线线而缀之，枝枝节节而累之……迨成为影，彼其形之逝也亦已久矣；影又待脑而知，则影一已逝之影，并真影不得而见也。……眼耳之果足恃耶否耶？鼻依香之逝，舌依味之逝，身依触之逝，其不足恃，均也。”②这就是说，眼耳鼻舌身等感觉不仅不能认识客观事物的真形，甚至连事物的真影像也不能认识。结论是：“恃五以接五，犹不足以尽五，况无量无边之不止五!”③在谭嗣同看来，仅凭感官去认识客观事物是不可能的，也就是说用感官是不能认识世界万物的。

既然感官不能认识世界万物，那么怎样才能认识世界万物呢？谭嗣同搬用了佛教的“转识成智”论。他说：

---

① 《仁学》。

② 《仁学》。

③ 《仁学》。

> 苟不以眼见，不以耳闻，不以鼻嗅，不以舌尝，不以身触，乃至不以心思，转业识而成智慧，然后“一多相容”、“三世一时”之真理乃日见乎前，任逝者之逝而我不逝，任我之逝而逝者卒未尝逝。真理出，斯对待不破以自破。①

谭嗣同认为，用佛教的“转识成智”，就可以取消一切时间、空间差别，一下子就可以认识、把握绝对真理，做到无所不知。

最终，谭嗣同把人的认识纳入宗教的领域，把“心”、“识”视为“灵魂”。他离开人的现实耳目闻见之知，而转入佛教“顿悟”的神秘之知。他认为：“手足之所接，必不及耳目之远；记性之所至，必不及悟性之广；权尺之所量，必不及测量之确；实事之所肇，必不及空理之精；夫孰能强易之哉？僻儒所患能知而不能行者，非真知也，真知则无不能行矣。”②离开人的感性实践而追求一种灵魂顿悟之知，这种灵魂之知是无所不知的。谭嗣同说：

> 吾贵知，不贵行也。知者，灵魂之事也；行者，体魄之事也。……知亦知，不知亦知。是行有限而知无限，行有穷而知无穷也。且行之不能及知，又无可如何之势也。③

谭嗣同把“知”视为“灵魂之事”，这种灵魂之知是无限的、无所不知的，所以他“贵知”，而“不贵行”。

谭嗣同还推断将来世界上会出现“别生种人”，这种人与常人不同，他们“纯用智，不用力；纯用灵魂，不用体魄。……今人灵于古人。人既日趋于灵，亦必集众灵人之灵，而化为纯用智、纯用灵魂之人。可以住水，可以住火，可以住风，可以住空，可以飞行往来于诸星诸日。虽地球全毁，一无所损害，复何不能容之有？”④

---

① 《仁学》。
② 《仁学》。
③ 《仁学》。
④ 《仁学》。

谭嗣同所描绘的这种人，在现实世界中是不存在的，不过是他的神仙佛国中的“佛”罢了。这是他夸大“心”、“识”、“灵魂”无所不知的必然结论。

第四节 “以太即性”的人性论

谭嗣同从他的“仁”和“以太”为世界万物本原的世界观出发，建立了人性理论。谭嗣同认为，“以太”就是“仁”，就是“性”，“以太即性”。他说：

> 谓以太即性，可也；无性可言也。
>
> 就性名之已立而论之，性一以太之用，以太有相成相爱之能力，故曰性善也。①

谭嗣同把“仁”、“元”、“性”、“兼爱”、“性海”、“灵魂”、“爱力”、“吸力”等视为“以太”之用。他认为，“相成相爱”是人的天性，这种永恒不灭的“仁爱”之性来自“以太”。人与人相互仁爱、彼此兼爱的能力，就是性，所以说：“以太即性。”

因为“以太”、“仁”是“性”之本原；“以太”、“仁”是善的，所以“性”亦是善的。人有性、有情，性情不可分，故性善情亦善。谭嗣同说：

> 生之谓性，性也。形色天性，性也。性善，性也；性无，亦性也。无性何以善？无善，所以善也。有无善然后有无性，有无性斯可谓之善也。善则性之名固可以立。就性名之已立而论之，性一以太之用，以太有相成相爱之能力，故曰性善也。性善，何以情有恶？曰：情岂有恶哉？从而为之名耳。所谓恶，至于淫杀而止矣。淫固恶，而仅行于夫妇，淫亦善也。杀固恶，而仅行于杀杀人者，杀亦善也。礼起于饮食，而以之沉

① 《仁学》。

湎而饕餮者，即此饮食也；不闻惩此而废饮食，则饮食无不善也。民生于货财，而以之贪黩而劫夺者，即此货财也；不闻戒此而去货财，则货财无不善也。妄喜妄怒，谓之不善，然七情不能无喜怒，特不意其可耳，非喜怒恶也。忽寒忽暑，谓之不善，然四时不能无寒暑，特不顺其序耳，非寒暑恶也。皆既有条理，而不循条理之谓也。故曰：天地间仁而已矣，无所谓恶也。恶者，即其不循善之条理而名之。用善者之过也，而岂善外别有所谓恶哉？……岂惟情可言恶，性亦何不可言恶？言性善，斯情亦善。生与形色又何莫非善？故曰：皆性也。①

谭嗣同认为，人性是人与人之间相成相爱的天性，这种天性来自“仁”和“以太”，“仁”和“以太”是善的，故人性亦是善的。他列举种种具体事实证明人性为善，而不为恶。人的饮食、男女，喜、怒、哀、乐、爱、恶、欲之情，都是出自于自然，亦是善的，没有什么恶可言，所谓恶，只是“其不循善之条理而名之”者，是“用善者之过也”，而不是在善之外还有恶的存在。一切人之生都是善的，这是至精不可怀疑的真言。所以谭嗣同说：

性无不善，故性善之说，最为至精而无可疑。而圣人之道，果为尽性至命，贯彻天人，直可弥纶罔外，放之四海而准。②

人性无不善，情是合于天性之自然，故情亦为善，不可说性为善，情为恶。结论是：“言性善，斯情亦善。”

谭嗣同认为，性善是一切人的共同天性，中国人的人性是善的，外国人的人性同样亦是善的，人们只要“相成相爱”、“视敌如友”，彼此以“同胞”相待，不要分什么“华夏”与“夷狄”，就可以做到“无国则畛域化，战争息，猜忌绝，权谋弃，彼我亡，平等

① 《仁学》。

② 《报贝元徵》。

出”。最终便可以实现“千里万里，一家一人”的“太平”盛世。谭嗣同认为中国向西方学习有用的东西，符合圣人之道，是完善人类善性的义举。他说：

> 说者谓周衰，畴人子弟相率而西，故西人得窃中国之余绪而精之，反以陵驾中国之上。此犹粗浅之论，未达夫性善之旨，与圣人之道之所以大也。同生于覆载之中，性无不同，即性无不善。彼即无中国之圣人，固不乏才士也。积千百年才士之思与力，其创制显庸，卒能及夫中国之圣人，非性善而能然欤？……就令如说者之言，西法皆原于中国，则中国尤亟宜效法之，以收回吾所固有而复于古矣。①

在谭嗣同看来，中国与西方所有的人的人性都是善的，这种共同之善性，使他们彼此之间互相亲爱，互相学习，不断前进。只有这样认识人性，才算认识了性善之旨，实践了圣人之道，达到了圣人之境。

谭嗣同从性善、情亦善的思想出发，肯定了人欲的合理性。这就是说，天理——性是善的，人欲——情亦是善的。人们对于饮食、男女、七情的正当要求，合乎条理，不过分追求，就是善，而不是恶。他以理与欲统一论，批评了宋明理学家以天理为善、人欲为恶的人性论和“存天理，去人欲”的说教。他说：

> 世俗小儒，以天理为善，以人欲为恶，不知无人欲，尚安得有天理！吾故悲夫世之妄生分别也。天理，善也；人欲，亦善也。王船山有言曰：“天理即在人欲之中，无人欲，则天理亦无从发见。”②

宋明理学家力主“天理人欲之辨”。他们认为，人性分为“义理之

① 《报贝元徵》。

② 《仁学》。

性”和“气质之性”，义理之性是纯粹的善性，是体现天理的；气质之性是有善有恶的，是体现人欲的，人要存善去恶，就要变化气质之性，返回义理之性，就要排除物欲的蔽障。据此，他们提出“存天理，去人欲”的理论，而为封建主义的“三纲五常”的宗法道德规范制造理论根据。谭嗣同依据“天理即在人欲之中”，“天理人欲皆善”的观点，对理学家的理欲观、道德观，进行了批评。他说：

> 以名为教，则其教已为实之宾，而决非实也。又况名者，由人创造，上以制其下，而不能不奉之，则数千年来，三纲五伦之惨祸烈毒，由是酷焉矣。君以名桎臣，官以名轭民，父以名压子，夫以名困妻，兄弟朋友各挟一名以相抗拒，而仁尚有少存焉者得乎？然而仁之乱于名也，亦其势自然也。中国积以威刑箝制天下，则不得不广立名为箝制之器。①

谭嗣同以人性为善，人人平等的观点，批判了封建社会中视为天经地义、永恒不变的“三纲五常”等纲常名教，指出这是统治、压迫人民的政治工具，“为箝制之器”，特别是“夫妇之道苦”，“实亦三纲之说苦之也。夫既自命为纲，则所以遇其妇者，将不以人类齿。……自秦垂暴法，于会稽刻石，宋儒炀之，妄为‘饿死事小，失节事大’之瞽说，直于室家施申、韩，闺闼为岸狱，是何不幸而为妇人，乃为人申、韩之，岸狱之！”②在封建宗法伦常的压榨下，广大人民，尤其是妇女所受之苦，如同在监狱里生活一样，真是悲惨啊！

谭嗣同要以平等观念，“冲决网罗”的精神，批判封建纲常名教，冲破其束缚，实现人的平等、仁爱。他认为，只要能实现“仁爱”，就能实现平等。因为“仁以通为第一义”。“通有四义：中外通……上下通，男女内外通……人我通。”“不识仁，故为乱名；乱于名，故不通。”“通之象为平等。”“平等者，致一之谓也，一则通

① 《仁学》。

② 《仁学》。

矣，通则仁矣。”“平等者，代数之方式是也。”①谭嗣同把“仁——通——平等”，说成是宇宙万物的普遍规律。人们应当以这个公式、规则，去冲破种种不平等的“网罗”的束缚，打破封建枷锁，恢复事物的真实面目和人的平等自由，不要相信、固守封建名教不平等的“名”。因为这些“名”都是“由人创造”的“箝制之器”。它既非天意，又非天命，当然是没有根据的政治统治工具。谭嗣同主张变法要从“三纲五常”开始，否则便“无从起点”。因此他向封建网罗发起了冲击！

① 《仁学》。

第二十章　梁启超的思想和宗教观点

第一节　维新与保皇的一生

梁启超，字卓如，号任公，又号饮冰室主人，广东新会人。生于公元1873年(清同治十二年)，卒于公元1929年。他是19世纪末资产阶级维新派的代表人物。

梁启超在公元1884年，补博士弟子员。公元1889年，中举人。公元1890年后，曾三次赴京会试，均落第。公元1891年至1894年，师从康有为，在广州万木草堂学习，读《公羊传》、《资治通鉴》、《宋元学案》等，闻大同学说，深受康有为改良主义思想的影响。公元1895年与康有为同赴北京会试，积极参与康有为领导的"公车上书"活动。公元1896年，与汪康年办《时务报》，任主笔，撰写了《变法通义》等宣传变法维新的政论文章。公元1897年，任湖南时务学堂总教习，和谭嗣同、唐才常等组织南学会，提倡新学，宣传变法。

公元1898年，梁启超到北京协助康有为，积极参加"戊戌变法"，被光绪帝赐六品衔办理保国会并主持京师大学堂译书局事务。"戊戌变法"失败，他逃亡到日本。

从公元1898年到1903年，梁启超在《清议报》和《新民丛报》上发表了许多文章，介绍西学，宣传改良，批判封建思想，抨击当政的守旧派。

辛亥革命后，梁启超曾一度拥护民主共和，依靠袁世凯。公元1913年参加孔教会活动，并被任命为熊希龄内阁的司法总长，币制局总裁等。公元1915年，因反对帝制，策动并参加了反袁武装起义。公元1917年，出任段祺瑞内阁的财政总长。年底，离开政界，从事学术活动。次年，赴欧洲考察，先后到过英、法、比利时、荷兰、意大利、德国等，于1920年回国。先后写了《欧游心影录》、《后张东荪书论社会主义运动》等文。

晚年，梁启超把主要精力集中于学术活动、教学事业方面，曾一度任京师图书馆馆长，执教于清华研究院。公元1929年1月，病逝于北京。他一生既倡变法，又主尊孔。

梁启超著述颇丰，他的著作，由后人集中起来，编为《饮冰室合集》。

第二节　保皇尊孔论

20世纪初，当中国资产阶级革命派主张用革命手段推翻封建帝制，建立资产阶级共和国，在思想文化领域对封建旧文化采取批判态度时，梁启超则极力宣扬社会改良主义，维护封建君权，反对民主共和制度，在思想文化领域维护旧文化，宣扬尊孔论，这便是他的保皇尊孔论。

梁启超同意其老师康有为的“满汉不分，君民同治”的说法，而反对种族革命，反对“排满”，即反对以革命武力推翻满清王朝的封建专制统治。他认为，“排满”就是“复仇”，“复仇”必引起“内乱”，而导致亡国。因此，他反对暴力革命，主张政治改良，要向清朝皇帝“请求立宪”。在梁启超看来，只要劝告皇帝实行“开明专制”，要求君主实行立宪，就可以拯救中国。据此，他提出了“开明专制论”。他说：“与其共和，不如君主立宪，与其君主立宪，又不如开明专制。”①梁启超提出的“开明专制论”是靠皇帝推行一些改良措施，来维护封建专制统治的。

梁启超在资产阶级高潮时期要维护封建专制统治，不得不标榜“新思想”，“新道德”，于是他提出了“新民说”。

梁启超在“新民说”中，提出了“公德”和“私德”的概念。他认

① 《饮冰室合集·文集之十七·开明专制论》。

为，只有树立起这些“公德”和“私德”，才能救中国。关于“公德”与“私德”的涵义及其相互之间的关系。梁启超说：

> 私德与公德，非对待之名词，而相属之名词也。……夫所谓公德云者，就其本体言之，谓一团体中人公共之德性也；就其构成此本体之作用言之，谓个人对于本团体公共观念所发之德性也。……故一私人而无所私有之德性，则群此百千万亿之私人，而必不能成公有之德性，其理至易明也。……是故欲铸国民，必以培养个人之私德为第一义；欲从事于铸国民者，必以自培养其个人之私德为第一义。
>
> 且公德与私德，岂尝有一界线焉区划之为异物哉！德之所由起，起于人与人之交涉。……就泛义言之，则德一而已，无所谓公私，就析义言之，则容有私德醇美，而公德尚多未完者，断无私德浊下，而公德可以袭取者。……公德者，私德之推也，知私德而不知公德，所缺者只在一推；蔑私德而谬托公德，则并所以推之具而不存也。①

“私德”为个人之德性，“公德”为团体中人公共之德性。团体中人的公共德性是由每个具体人的德性推而共之形成的，“公德者，私德之推也”。“公德”与“私德”是紧密联系而不可分割的，不可划一截然之界限而为“异物”，就其泛义而言之，“则一德而已”，没有绝对分开的“所谓公私”。

梁启超的“新道德”来源于古代思想。他承认他的“国家思想”、“公法”观念和“自治力”等，就是古人的“忠、爱之德”和孔子所讲的“克己复礼为仁”。他说：

> 吾畴昔以为中国之旧道德，恐不足以范围今后之人心也，而渴望发明一新道德以补之，由今思之，此直理想之言，而决非今日可以见诸实际者也。夫言群治者，必曰德，曰智，曰

① 《饮冰室合集·专集之四·新民说》。

力，然智与力之成就甚易，惟德最难。今欲以一新道德易国民，必非徒以区区泰西之学说所能为力也。……何也？道德者行也，而非言也，苟欲言道德也，则其本原出于良心之自由，无古无今无中无外，无不同一，是无有新旧之可云也。

夫忠之德、爱之德，则通古今中西而为一者也。①

因此，梁启超认为，可怕的“不在守旧”，而在“无真能守旧者”。在梁启超看来，先秦“诸家道术，大率皆得一察焉以自好，承于前者既希，其传于后也亦自不广”，只有“孔学则祖述尧舜，宪章文武”，故便于后学“自附”。② 因为孔子是一个“述而不作，信而好古，非先王法书不敢道，非先王法行不敢行”的“崇古保守”的思想家，而思想道德学说是“固宜万古而无变者也”③，所以孔子的学说，才便于传授，就是说，正因为孔于思想崇古，而优胜于先秦其他诸子学说，才能不断传授、发展。

梁启超所提倡的孔子的崇古思想，所宣扬的新思想、新道德，实际是“忠君保皇”思想，是为了维护清王朝的封建专制统治。因此，他公开主张“守旧”。他说：“惟其日新，正所以全其旧。”又说：“世或以守旧二字为一极可压之名词……吾所患不在守旧，而患无真能守旧者。”④梁启超认为，只要能把旧的道德加以“淬厉”，进行“擢之拭之”，“锻之链之”，使之发扬光大，就可以“保存”“国民精神”，挽救中国社会的危机。

梁启超认为，先秦“诸子之立教”，“未尝有借助于君之心”，由于他们不尊君、忠君，因此是脱离现实的。孔子却不同，他“以用世为目的，以格君为手段”，儒家后学亦遵循祖师之训，对君主“恭顺有加，强聒不舍”，故能“捷足先得”。⑤ 据此，梁启超极为

① 《饮冰室合集·专集之四·新民说》。

② 《饮冰室合集·专集之四·新民说》。

③ 《饮冰室合集·专集之四·新民说》。

④ 《饮冰室合集·专集之四·新民说》。

⑤ 《饮冰室合集·文集之七·论中国学术思想变迁之大势》。

推崇孔子，他认为孔子是“哲学家、经世家、教育家，而非宗教家也”。“孔子人也，先圣也，先师也，非天也，非鬼也，非神也。”①孔子学说不是宗教，无教可保，所以梁启超把保教与尊孔区别开来，提出“保教非所以尊孔论”。

梁启超把孔子学说视为永恒不灭的绝对真理。他说：“孔教者，悬日月，塞天地，而万古不能灭者也。”②梁启超之所以推尊孔子，信奉孔教，就在于他认为孔教“所教者，人之何以为人也，人群之何以为群也，国家之何以为国也。凡此者，文明愈进，则其研究之也愈要”③。尤其是孔子提倡“人格教育”。④ 因此，他要“光大孔教”，大讲尊孔。他说：“大哉孔子！海阔从鱼跃，天空任鸟飞，以是尊孔，而孔之真乃见，以是演孔，而孔之说乃长。”⑤梁启超的“尊孔”，是为了“保皇”，所以他的尊孔论，是保皇尊孔论。

第三节　哲学观点和英雄史观

梁启超吸收了中国古代的唯心论，搬来了西方近代的先验论，并将二者糅合起来，鼓吹唯心主义，反对唯物主义。

梁启超认为，唯物主义只追求“物质上之乐利”，不讲道德理想；唯心主义则是不求功利，讲究美德。因此，二者的作用、意义是不相同的。他说：

> 哲学亦有两大派：曰唯物派，曰唯心派。唯物派只能造出学问，唯心派时亦能造出人物。……唯心哲学亦宗教之类也。吾国之王学，唯心派也，苟学此而有得者，则其人必发强刚毅，而任事必加勇猛，观明末儒者之风节可见也。本朝二百余

① 《饮冰室合集·文集之九·保教非尊孔论》。

② 《饮冰室合集·文集之九·保教非尊孔论》。

③ 《饮冰室合集·文集之九·保教非尊孔论》。

④ 《饮冰室合集·文集之九·保教非尊孔论》。

⑤ 《饮冰室合集·文集之九·保教非尊孔论》。

> 年，斯学销沉，而其支流超渡东海，遂成日本维新之治，是心学之为用也。心学者实宗教之最上乘也。①

就是说，唯物主义只能造出学问，而唯心主义则能造就出伟大人物。唯心主义与宗教神学一样造出伟大人物来，并能改良社会政治，所以唯心主义是“宗教之最上乘”。

梁启超在戊戌变法失败以后，写了《唯心》一文，具体阐发了其唯心主义哲学观点。他说：

> 境者，心造也。一切物境皆虚幻，惟心所造之境为真。……然则天下岂有物境哉？但有心境而已。……故曰：三界惟心。②

在梁启超看来，客观世界的一切都不是真实存在的，而是由心创造的，心是真实的，外物是虚幻的。他以种种例证说明其“三界惟心”的思想。如同一事物、情景，各人所见不同而决定其差异，戴绿眼镜者见一切物皆绿，戴黄眼镜者见一切物皆黄；口含黄连者所食物一切皆苦，口含蜜糖者所食物一切皆甜。由此，他认为：“一切物非绿、非黄、非苦、非甜；一切物亦绿、亦黄、亦苦、亦甜；一切物即绿、即黄、即苦、即甜。然则绿也、黄也、苦也、甜也，其分别不在物，而在我，故曰：三界惟心。”③这就是：“仁者见之谓之仁，智者见之谓之智，忧者见之谓之忧，乐者见之谓之乐，吾之所见者，即吾所受之境之真实相也。故曰：惟心所造之境为真实。”④事物及事物属性之存在与否，不在事物自身，而在人的主观感觉，这就从根本上否定客观事物存在的真实性，是典型的主观唯心主义观点。

---

① 《饮冰室合集·文集之九·论宗教家与哲学家之长短得失》。

② 《饮冰室合集·专集之二·自由书·惟心》。

③ 《饮冰室合集·专集之二·自由书·惟心》。

④ 《饮冰室合集·专集之二·自由书·惟心》。

梁启超从这种主观唯心主义观点出发，在认识论上，宣扬唯心主义的先验论。他认为，先有思想和理论，然后才有事实和实事，故思想、理论为事实、实事之母。他说：

思想者，事实之母也。欲建造何等之事实，必先养成何等之思想。①

天下先有理论，然后有事实。理论者，事实之母乜。②

天下必先有理论，然后有实事。理论者，事实之母也。凡理论皆所以造实事。③

在这里，梁启超不仅抹杀了认识主体与认识客体的界限，而且以主体吞并了客体，把主体与客体的关系完全颠倒了、歪曲了。为了宣扬唯心主义的先验论，梁启超搬来了王守仁的良知论。我们知道，所谓良知，就是"不虑而知，不学而能"的先天固有的"不假外求"的认识能力，它是人的认识、知识的来源，又是衡量、决定是非、善恶的标准。梁启超把王守仁的"致良知"论，看成是"今日学界独一无二良药"，认为王守仁"提出致良知为唯一之头脑，是千古学脉，超凡入圣不二法门"。④ 足见梁启超对王守仁的唯心主义先验论是何等推崇。

既然人的认识、知识是先天固有之良知，那么人的认识、求知、寻理就不必求于物了，只要格心、求心，便无所不知了。梁启超说："我有耳目，我物我格；我有心思，我理我穷。"⑤真理来源于主观意识，真理本来就存在于我心之中，所以我心是判断、决定是非的标准。梁启超认为，人求知"真是真非"，就在于"返诸最初之一念"，即"良知"。他说：

① 《饮冰室合集·文集之六·国家思想变迁异同论》。

② 《饮冰室合集·专集之四·新民说》。

③ 《饮冰室合集·文集之七·新民议·叙论》。

④ 《饮冰室合集·专集之二十六·德育鉴·知本》。

⑤ 《饮冰室合集·文集之十三·近世文明初祖二大家之学说》。

夫人心之灵，莫不有知，固也。……我辈生于学绝道丧之今日，为结习熏染，可谓至极，然苟肯返诸最初之一念，真是真非，卒于未尝不有一隙之明，即此所谓良知也。①

梁启超把“良知”视为人的固有之知和决定真理的标准的思想，是与王守仁等心学家的“良知”说一脉相承的。

梁启超为了宣传、论证唯心主义的先验论，还搬用了康德的先验主义哲学。他认为，康德哲学，“以良知说本性，以义务说伦理，然后砥柱狂澜，使万众知所趋向”。② 康德哲学与王守仁的学说是一致的。梁启超说：

王子良知之教……此在泰东之姚江，泰西之康德，前后百余年间桴鼓相应，若合符节，斯所谓东海西海有圣人，此心同，此理同。③

梁启超认为，王守仁的“良知”，就是康德的“真我”，他们的思想基础是完全相同的。因此，他把康德称为“百世之师，而黑暗时代之救世主也”。④ 在梁启超看来，康德的“真我”，就是人的自由意志，就是佛教所说的“一切唯识所现”。依据康德的先验论，梁启超把人们关于外物的知识、认识都说成是主观自生的、先天具有的。他说：“今专以色言。吾人所见之色，特就其呈于吾目者自我名之而已。……如戴着色眼镜，则一切之物，皆随眼镜之色以为转移。自余声香味等，其理亦复如是。是故当知我之接物，由我五官及我智慧两相结构而生知觉，非我随物，乃物随我也。”⑤就是说，人的认识不是主观感官接触外物而对外物产生的反映，而是由主观

① 《饮冰室合集·专集之二十六·德育鉴·知本》。
② 《饮冰室合集·文集之十三·近世第一大哲康德之学说》。
③ 《饮冰室合集·专集之四·新民说》。
④ 《饮冰室合集·文集之十三·近世第一大哲康德之学说》。
⑤ 《饮冰室合集·文集之十三·近世第一大哲康德之学说》。

感官决定外物的性质，“非我随物，乃物随我”。梁启超根据康德的先验论，论证了他的良知论。因此，他把康德的先验论哲学与王守仁的良知学说，视为“若合符节”。

梁启超从他的“天赋良能”和自由意志出发，说明他的人性“个性”论和“自由之性”善的人性论。他认为，人只要尽力发挥其“天赋良能”，就可以自立于世，这就是“尽性”；就国家而言，也必须发挥人的“天赋良能”，才可以使国家强盛，社会进步。他说：

> 尽性主义，是要把各人的天赋良能，发挥到十分圆满。就私人而论，必须如此，才不至成为天地间一赘疣。人人可以自立，不必累人，也不必仰人鼻息。就社会国家而论，必须如此，然后人人各用其所长，自动的创造进化，合起来便成为强固的国家、进步的社会。①

梁启超认为，人人都能发挥其“天赋良能”和“自由个性”，就能无往而不胜。他说，在第一次世界大战中，德国之所以战败，是因为其国家主义过于发达，“人民个性”“被国家吞灭了”；而英、法、美等国家人民的“个性最发展”，所以“到底抵敌不过”。梁启超断言：要救亡图存、使国家强盛，当务之急“是人人抱定这尽性主义”，“这便是个人自立的第一义，也是国家生存的第一义”。② 所以他主张要尽力发挥人的“自由个性”。

梁启超指出，人之所以“贵于万物”，就在于人有“绝对自由”的“意志”。他说：

> 人类意志之绝对自由，确为不可磨灭之真理，此即理性所由发寄，而人之所以贵于万物也。吾侪既自觉我躬之具有此自由意志，又觉乎多数圆颅方趾与吾并立于宇宙间者，亦同具有

① 《饮冰室合集·专集之五·欧游心影录》。

② 《饮冰室合集·专集之五·欧游心影录》。

此自由意志。……此则社会观念所由成立也。①

这种绝对自由的意志是"与生俱来"的，主观自生的，不假外物而先天固有的。梁启超说："夫惟自由之性，与生俱来，故择善趋恶，悉我主之，更无丝毫可容假借。"②这种"与生俱来"的"自由之性"，不依靠外物而存在，是人之"理性所由发寄"的。由于"自由之性"、"自由意志"是自然向善的，所以人性也是善的。梁启超说：

然吾之理性，本自向善，试观行偶不慊，斯良心立加督责，羞恶应时而发，则性善之义，夫何容疑？③

梁启超把自由之性、自由意志说成是与生俱来的先天具有的善性，这是一种先验唯心主义的性善论。这种人性论，与他的先验主义认识论是紧密相联的。

人的自由之性、自由意志是本然自善、天然向善的，这是不容怀疑的。可是，现实中的人，却有恶性、恶行的表现，那么恶是怎么产生的呢？梁启超认为，"恶"是由"渐习"、"物蔽"产生的。他说："其渐习于为恶也，不过为四肢百骸之欲所构煽，而心君忽失其宰制之力；质言之，则心为形役也。夫四肢百骸，物也，而非我也。"④由于人们为渐习所染、物欲之诱，"为四肢百骸之欲所构煽"，而使心之官失去其"宰制之力"，即"心为形役"，所以使善性变为恶性。为了使本来的善性不为"形役"而恢复自由，就要排除物欲之蔽，不为外物所累。所以说："我为之役，宁复得云自由？标自由意志之义以为教者，正所以使我躬超然于气拘物蔽之外，而

① 《饮冰室合集·文集之十二·菲斯的人生天职论述评》。

② 《饮冰室合集·文集之十二·菲斯的人生天职论述评》。

③ 《饮冰室合集·文集之十二·菲斯的人生天职论述评》。

④ 《饮冰室合集·文集之十二·菲斯的人生天职论述评》。

荡荡以返其真也。”①于此便可以返回本然真正的善性。

根据这种人性理论，梁启超引申和发挥了儒家的“忠恕之道”和“不忍人之心”的仁爱思想，进而提出了“利导人性之合类而相亲”的政治思想主张。他说：

> 儒家之政治思想，与今世欧美最流行之数种思想，乃全异其出发点，彼辈奖励人情之析类而相嫉。吾侪利导人性之合类而相亲。彼辈所谓国家主义者，以极褊狭的爱国心为神圣，异国则视为异类，虽竭吾力以蹙之于死亡，无所谓“不忍”者存。结果则靡烂其民而战以为光荣。正孟子所谓“不仁者以其所不爱及其所爱”也。②

梁启超认为，人类社会的存在和发展的动力，“全由各个人常出其活的心力，改造其所欲至之环境”。这就是“儒家”所说的“欲立立人，欲达达人”，“能尽其性，则能尽人之性”③的主旨。只有人人都能去实践儒家的这些思想主张，就可以建立并实现发挥人的“个性中心之仁的社会”，这便是“全人类之一大责任也”。④ 就是说，发挥人的自由个性，实践仁爱思想，就可以实现人类最美好的社会政治理想。

在历史观上，梁启超极力主张英雄造时势、英雄创造历史的英雄史观。他认为，世界历史是由英雄豪杰创造出来的。他说：

> 世界者何？豪杰而已矣。舍豪杰则无有世界。一国虽大，其同时并生之豪杰，不过数十人乃至数百人止矣，其余四万万人，皆随此数十人若数百人之风潮而转移奔走趋附者也。⑤

---

① 《饮冰室合集·文集之十二·菲斯的人生天职论述评》。

② 《饮冰室合集·专集之十三·先秦政治思想史》。

③ 《饮冰室合集·专集之十三·先秦政治思想史》。

④ 《饮冰室合集·专集之十三·先秦政治思想史》。

⑤ 《饮冰室合集·专集之二·自由书·豪杰之公脑》。

宇宙者，崇拜英雄之祭坛耳；治乱兴废者，坛前燔祭之云烟耳。①

梁启超断定世界是由英雄创造的，历史是英雄活动的舞台，没有英雄豪杰，就没有世界历史。他论证说：

世界果藉英雄而始成立乎？信也。吾读数千年中外之历史，不遇以百数十英雄之传记磅礴充塞之，使除出此百数十之英雄，则历史殆黯然无色也。②

梁启超把整个世界的历史看成是少数英雄豪杰的创造史和传记史，在这种历史观的指导下，他写了许多关于中外古今“英雄”、“伟人”的“传记”，借以宣扬他的英雄史观。

梁启超在宣扬英雄造时势的同时，又承认时势造英雄。他说：

或云英雄造时势，或云时势造英雄，此二语皆名言也。为前之说者曰：英雄者，人间世之造物主也。人间世之大事业，皆英雄心中所蕴蓄而发现者，虽谓世界之历史，即英雄之传记，殆无不可也。……为后之说者曰：英雄者，乘时者也，非能造时者也。……余谓两说皆是也，英雄固能造时势，时势亦能造英雄。英雄与时势，二者如形影之相随，未尝少离，既有英雄，必有时势，既有时势，必有英雄。③

梁启超既讲“英雄造时势”，又讲“时势造英雄”，这似乎是将英雄与时势的地位、作用并列、平行的二元论。究其实，他是把“英雄造时势”放在首要地位的。他在解释“英雄与时势”“互相为因，互相为果”时，说：“故英雄之能事，以用时势为起点，以造时势为

① 《饮冰室合集·专集之十三·新英国巨人克林威尔传·叙论》。
② 《饮冰室合集·专集之二·自由书·文明与英雄之比例》。
③ 《饮冰室合集·专集之二·自由书·英雄与时势》。

究竟。"①可见，他把"时势造英雄"，仅仅看成是英雄利用时势罢了。因此，他认为，只要有"二三豪俊为时出"，就可以"整顿乾坤"，使中国免除"厄运"，使地球免遭"杀气"。

梁启超的英雄史观与天才论是紧密相联的。他说：英雄"常秀出于万人之上，凤毛麟角，为世界珍。……万人愚而一人智，万人不肖而一人贤，夫安得不珍之？"②英雄是"全知全能"者，英雄不仅创造世界历史，而且"世界藉英雄而始成立"。因此，英雄"如天如神"，人们只能对他们"崇之拜之"。其所以如此，是因为英雄是超然于群众之上的"天才"人物，其生来就"能见寻常人所不及见，行寻常人所不敢行"，没有他们就会"终古长如夜"，对于这种"先知先觉"者，群众只好"顶礼祝之"了。

在吹捧、抬高英雄的同时，梁启超极力贬抑群众。在他看来，人民群众不过是英雄豪杰的"趋附者"，是芸芸众生的愚昧无知的"群氓"。他把"四万万"中国人说成是"隐居而无教"的"禽兽"。诬蔑中国民众"朴而愚"，"蠢而野"，没有学问，智识不开。他把义和团的反对帝国主义的斗争比做"蜂屯蚁聚"，是"一呼而蜂蚁集，一哄而鸟兽散，不顾大局，徒以累国"。③ 在梁启超的思想观念中，英雄是"天才"、"神圣"者；群众是"愚昧无知"者，是"群氓"、"群盲"、"群聋"。"愚昧无知"的"群氓"，只有靠"神通广大"、"天生之才"、"神仙下凡"的英雄才能生活。没有救世主的英雄创造历史，开化群氓，就没有世界和人类进步。梁启超的英雄史观与保皇主张是融为一体的，其思想实质和政治用意是显而易见的。

---

① 《饮冰室合集·专集之二·自由书·英雄与时势》。

② 《饮冰室合集·专集之二·自由书·文明与英雄之比例》。

③ 《饮冰室合集·专集之四·新民说》。